D1705358

Dieter Kimpel
PARIS

REISE UND STUDIUM

Dieter Kimpel

PARIS

Führer
durch die Stadtbaugeschichte

Aufnahmen von
Max und Albert Hirmer

Hirmer Verlag München

CIP-Kurztitelaufnahme der Deutschen Bibliothek

Kimpel, Dieter:
Paris: Führer durch d. Stadtbaugeschichte /
Dieter Kimpel. – München: Hirmer, 1982.
    (Reise und Studium)
    ISBN 3-7774-3380-2

© 1982 by Hirmer Verlag München GmbH

Lithos: Chemigraphia Gebr. Czech, München
Papier: Papierfabrik Scheufelen, Lenningen
Satz, Druck und Bindearbeiten: Passavia, Passau
Schutzumschlagentwurf: Wolfgang Balk, München
Printed in Germany

ISBN 3-7774-3380-2

VORWORT

Der Versuch, die Stadtentwicklungsgeschichte von Paris in nur einem
Band zu resümieren und dabei gleichzeitig die herausragenden architektonischen Leistungen zu würdigen, mag vermessen erscheinen, insbesondere dann, wenn er auch noch mit dem Anspruch auftritt, die
planerisch-baulichen Phänomene in ihrem jeweiligen gesellschaftshistorischen Kontext zu deuten. Es versteht sich, daß ein solches Unter-
fangen auf weite Strecken den Charakter eines Essays annehmen muß.
Da der Text den vom Verleger gewünschten Umfang ohnehin schon
überschreitet, mußte auf Anmerkungen verzichtet werden, und auch
die Bibliographie nennt nur die wichtigsten und jene Titel, die in den
allgemein zugänglichen Bibliographien älterer Standardwerke nicht
aufgeführt und die gleichzeitig besonders erhellend für den Gegenstand sind.

Bezüglich der Abbildungen wurde weitgehend auf das Archiv des
Hirmer Verlages zurückgegriffen, trotzdem sind sie nur zum Teil iden-
tisch mit denen des Paris-Bandes, den Fleury, Erlande-Brandenburg,
Babelon und Max und Albert Hirmer 1974 herausgebracht haben.
Eine ganze Anzahl neuer ist hinzugekommen, während auf andere
verzichtet wurde.

Es wurde Wert darauf gelegt, den Text als eine kontinuierlich les-
bare Stadtbaugeschichte zu fassen. Es war der ausdrückliche Wunsch
von Max Hirmer, daß bei einer derart chronologisch orientierten Dar-
stellungsweise Zusammengehöriges jedoch nicht auseinandergerissen
werden sollte, was manchmal der Quadratur des Kreises gleich kommt.
Aus diesem Grunde erhielt der Louvre einen Exkurs, und die Beispiele überschreiten gelegentlich die durch die Kapitelüberschriften
gesetzten Grenzen.

Ein besonderes Problem stellte die Gewichtung der Kapitel dar, bei
der ich mich von zwei vorrangigen Kriterien habe leiten lassen, deren
Berechtigung man jedoch bestreiten könnte. Zum einen sollten die
Abschnitte ein Übergewicht bekommen, in denen kulturelle Phänomene von übergreifender, ja europäischer Bedeutung abgehandelt
werden. Zum anderen galt das Prinzip, historisch weit Zurückliegen-
des, auch wenn die Überreste spärlich sind, um so ausführlicher zu
behandeln. Daraus folgt, daß bestimmte Kapitel – etwa das über die
Gotik, das »Grand Siècle« oder das 19.Jh. – übergewichtig scheinen
mögen und daß die Relation von Text und Bild sehr unterschiedlich
ausgefallen ist. Aber darin liegt ein generelles Problem der Kulturge-
schichte, das dort, wo es fast keine visuellen Zeugnisse mehr gibt,
besonders gravierend in Erscheinung tritt. Eine solche Gewichtung
muß immer etwas Subjektives behalten. Im vorliegenden Fall wird dies
vielleicht deutlich an der relativen Ausführlichkeit, mit der z. B. Archi-

tektur und Skulptur der Kathedrale erörtert sind, während sich die
»Magasins au Bon Marché« als erstes europäisches Kaufhaus mit einem Bruchteil an Text begnügen mußten. Daß sie in älteren Stadtbau-
geschichten von Paris überhaupt nicht auftauchen, kann dieses scheinbare Mißverhältnis nicht begründen, wohl aber die Tatsache, daß in
dem Bau des 19. Jh. für den modernen Betrachter alles viel evidenter
ist als in dem hochmittelalterlichen.

Die Forschungsvorlieben des Verfassers gelten eindeutig dem 12.
und 13. Jh., die privaten der Zeit Heinrichs IV. und vor allem dem
19. Jh. Mag sein, daß die Finessen der Spätgotik und des 18. Jh. dabei
etwas zu kurz kommen und daß andere die kulturellen Leistungen
anders gewichten würden, aber dies ist kein Stadtführer, der sich um
Ausgewogenheit und zwangsläufig scheinbare Objektivität bemüht,
sondern der Versuch, eine gestalterisch so vielfältige Stadt wie Paris
aus durchaus subjektiver Sicht wahrzunehmen. Wenn städtebauliche
Strukturen und wenn Gebäude nach einem Wort Benjamins »Beweisstücke im historischen Prozeß« sind, dann gilt es eine Wahrnehmung
für Geschichtlichkeit in ästhetischem Gewande zu entwickeln, die uns
fähig macht, gebaute Umwelt als bessere Zukunft zu konzipieren. Und
es scheint, als hätten wir angesichts des Drucks, der von seiten der
verschiedenen Interessenten auf unserer Umwelt lastet, geradezu die
Pflicht, Alternativen zu entwickeln. Daß die Geschichte (und auch die
der Architektur) dabei nicht zur Requisitenkammer degradiert werden
darf wie so oft im 19. Jh., daß sie aber andererseits nicht einfach über
Bord geworfen werden kann wie in sog. »Kulturrevolutionen«, dürfte
klar sein. Wir müssen uns das kulturelle Erbe, das gerade in diesem
Bereich ja nicht einfach abzuschütteln ist, also aneignen, und wir müssen möglichst produktiv mit ihm umgehen. Die Auseinandersetzung
mit der Planung und Architektur von Paris ermöglicht das in einer –
wie mir scheint – durchaus lustvollen Weise.

Oldenburg, Februar 1982   DIETER KIMPEL

DAS ANTIKE PARIS
ANFÄNGE, ERSTE BLÜTE UND DUNKLE ZEIT

Im Jahre 53 v.Chr. wird Paris – bzw. damals Lutetia – in einem Text zum erstenmal erwähnt, nämlich von Julius Cäsar in seinem »De bello Gallico« (VI, 3). In diesem Jahre hatte er dort Garnison gemacht. Bei der Beschreibung des im darauffolgenden Jahre 52 durchgeführten Feldzuges, den sein Leutnant Labienus leitete und gewann, definiert er Lutetia genauer: »Id est oppidum Parisiorum quod positum est in insula fluminis Sequanae« (Dies ist die Ansiedlung der Pariser, welche auf einer Insel der Seine gelegen ist).

Wie diese Ansiedlung aussah und welche Bedeutung sie innerhalb des gallischen Volksverbandes hatte, läßt sich nur mutmaßen. Aus der spärlichen Schriftquelle wissen wir nur, daß die ortsansässige Bevölkerung stark genug war, dem römischen Heer – wenn auch vergebens – Widerstand entgegenzusetzen. Und angesichts der durchgehenden Besiedlung und der damit verbundenen Baumaßnahmen bis hin zu der übereilten Anlage einer Tiefgarage auf dem Parvis vor Notre-Dame ist die Chance, über archäologische Bodenfunde Rückschlüsse zu gewinnen, in zunehmendem Maße gesunken.

Die Stadt liegt im Zentrum des Pariser Beckens, welches von der Seine und ihren Nebenflüssen aus einem Plateau etwa 140 m tief ausgespült worden ist. Hier überlagern sich Kalkstein, Gips, Sand und Mühlstein, Gesteinsarten und Rohstoffe, die wegen ihres reichhaltigen Vorkommens die Baukultur der Ile-de-France nachhaltig prägen sollten. Die Erosionswirkung der Flüsse war im Norden des heutigen Stadtgebietes größer als im Süden und hat dort auch höhere Erhebungen zurückgelassen. Während die Montagne Ste-Geneviève, die Butte aux Cailles und der »Mont Parnasse« auf der rive gauche nur etwa 60 m Höhe über dem Meeresspiegel erreichen, sich also nur etwa 30 m über das Niveau der Seine erheben, sind der Montmartre, die Anhöhen von Belleville und Menilmontant mit etwa 130 m Höhe sehr viel weniger abgetragen worden. Und auch die Colline de Chaillot und der Hügel an der Stelle der heutigen Place de l'Etoile waren bis zu Beginn des 18.Jh. wesentlich höher als heute.

Zu den natürlichen Gegebenheiten, die die urbanistische Entwicklung bis heute mitgeprägt haben, gehört die Flußlandschaft. Ehemals entließ die Seine nach Norden, an der Stelle etwa des heutigen Canal St-Martin, einen Nebenarm, der z.T. sumpfiges Gebiet, das »Marais«, durchquerte. Kleinere Nebenflüsse wie die Sèvre und die Bièvre sind heute verschwunden bzw. in der Kanalisation aufgegangen. Wichtig vor allem aber waren die Inseln mit ihrem ziemlich trockenen Boden, die zum einen im Schutz des Flusses und der umliegenden Sümpfe eine relativ sichere Siedlungsmöglichkeit boten, zum anderen aber auch die

Überquerung der Seine an dieser Stelle nahelegten. So kreuzen sich denn bei der Ile-de-la-Cité seit je der wichtige Wasserweg und eine Straße, die zwischen Montmartre und Belleville über die Schwelle von la Chapelle auf die Cité zuläuft und die Stadt zwischen Montagne Ste-Geneviève und Montparnasse nach Süden verläßt.

Schon lange vor Ankunft der Römer, etwa seit 2000 v. Chr., war das Pariser Becken ständig besiedelt. Wann sich jedoch die Parisii auf der Cité niedergelassen haben, ist ungewiß. Mit Sicherheit wohnen sie dort um 100 v. Chr. und haben eine relativ hochstehende Kultur entwickelt, wie ihre Münzprägung erweist. Die Verbreitung dieser schönen keltischen Münzen läßt auf einen lebhaften Handel in Nordsüdrichtung und auf dem Wasserwege schließen. Über das Aussehen der Siedlung lassen sich jedoch nur ganz allgemeine Mutmaßungen anstellen. Sie hatte wohl hölzerne Brücken, eine Anlegestelle für Schiffe, eine Hauptstraße, eine Palisade und vermutlich runde Holzhäuser, die von den Bewohnern angesichts der römischen Bedrohung 52 v. Chr. aufgegeben und in Brand gesteckt worden sind.

Erst in römischer Zeit, um die Zeitenwende, beginnt die eigentliche Pariser Stadtbaugeschichte und damit eine Planung, die neben den geographischen Rahmenbedingungen und dem Vorhandensein der alten Handelswege den Grundstock für die Stadtentwicklung legte. Die Grundzüge der gallo-römischen Stadtanlage sind seit der Mitte des letzten Jahrhunderts vor allem durch Straßenbauarbeiten und in den letzten Jahren durch die Anlage von Tiefgaragen hinreichend bekannt geworden.

Schon wegen des sumpfigen Geländes auf dem nördlichen Ufer erstreckte sich die Bebauung fast ausschließlich nach Süden. Der Cardo, also die nordsüdliche Hauptstraße römischer Stadtanlagen, verläuft hier von Nordosten nach Südwesten von der Schwelle la Chapelle über die Ile-de-la-Cité in gerader Linie weiter nach Süden. Er entspricht dem heutigen Straßenverlauf der Rue St-Martin und St-Jacques, unter denen an verschiedenen Stellen bis zu fünf antike Straßendecken übereinander ausgegraben worden sind. Man vermutet, daß der Verlauf der Rue St-Denis auf dem Norduhfer ein sekundärer Cardo ist und daß die Rue St-Antoine einem nördlichen Dekumanus, also einer Querachse entspricht. Im Süden zweigte von dem Cardo, dem Verlauf der heutigen Rue Gay-Lussac entsprechend, eine Straße ab. Ein Nebencardo verlief entlang der Rue de La Harpe und dem Boulevard St-Michel. Der Dekumanus maximus, also die Hauptquerachse, entspricht vermutlich der Rue Cujas und Vaugirard, der noch heute längsten Pariser Straße überhaupt.

Weitere antike Querachsen befanden sich nördlich des Hôtel de Cluny und wahrscheinlich im Verlauf der heutigen Rue des Ecoles und Rue Soufflot. Nimmt man noch die an der Ostseite der Montagne Ste-Geneviève schräg zu diesem Rechteckraster verlaufende Straße hinzu, die den Verlauf der heutigen Rue Descartes und Rue Mouffetard wahrscheinlich bestimmt hat, dann wird verständlich, daß Pierre Lavedan im Pariser Stadtgefüge eines der besten Beispiele für ein urbanistisches Gesetz sehen konnte: die Beständigkeit des Plans. Wenn man sich diesen Raster einmal klar gemacht hat, dann ist die römische Straßenführung trotz der großen Durchbrüche und Veränderungen seit der Mitte des 19. Jh. noch heute erlebbar. Noch immer sind die Rue St-Jacques, St-Antoine, die Rue de Vaugirard und die Rue des Ecoles, die Rue Gay-Lussac, und die Rue Soufflot wichtige Verkehrsadern, die Rue St-Martin und St-Denis sind es noch zum Teil, und auch die Rue de La Harpe und Mouffetard haben noch als Fußgängerstraßen ihren prägenden Charakter für das jeweilige Quartier erhalten. Und gerade im Gegensatz zu den Haussmannschen Durchbrüchen dokumentieren sie den Unterschied zwischen historisch gewachsenen Stadtstrukturen und modernen Planungsmaßnahmen auf eindringliche Weise.

Von der Bebauung des antiken Lutetia ist nicht viel übriggeblieben und noch weniger zu sehen. Wenn die Stadtanlage auch als einigermaßen großzügig charakterisiert werden kann, so übertraf sie an Größe und Ausstattung doch kaum andere vergleichbare Provinzhauptstädte. Sowohl das Forum als auch die Thermen und das Amphitheater finden sich in ähnlicher Ausführung in einer Reihe anderer gallischer Städte wieder.

Im Grunde handelt es sich bei der römischen Lutetia um zwei Städte, eine auf der Cité und die andere im Süden auf der Montagne Ste-Geneviève. Aus der frühen Kaiserzeit hat sich auf der Cité so gut wie nichts erhalten; das Zentrum des öffentlichen Lebens scheint die Südstadt gewesen zu sein. Als gegen Ende des 3. Jh. die Barbareneinfälle einsetzen, wird diese Südstadt zwar nicht völlig, aber doch weitgehend aufgegeben. Man zieht sich auf die Insel zurück, befestigt diese mit einem steinernen Wall, der, weil er wiederverwendete Steine aus älteren Bauten und sogar Grabstelen als Baumaterial aufweist, in aller Eile errichtet worden sein muß. Teile dieser Mauer und die Reste eines aus derselben Spätzeit stammenden großen Gebäudes sind heute in der archäologischen Krypta unter dem Parvis Notre-Dame zu sehen. Die Reste eines anderen großen spätkaiserlichen öffentlichen Gebäudes hat man im Norden der Insel auf dem Gelände des heutigen Blumenmarktes gefunden, und an der Stelle des Justizpalastes, wo sich ehemals der Königspalast befand, vermutet man nicht zu Unrecht als Vorvorgängerbau die Residenz von Julian Apostata, der Paris 360 n. Chr. kurzfristig zur Hauptstadt des Westreiches gemacht hatte. Mag sein, daß diese intensiven spätrömischen Baumaßnahmen die Spuren von älteren, aus der frühen Kaiserzeit stammenden Gebäuden für immer verwischt haben. Und wenn es auch einiges für sich hat, daß an der Stelle der heutigen Kathedrale ein antikes Heiligtum gestanden hat, so ist dies doch keineswegs gesichert. Denn der bei Ausschachtungen in der Notre-Dame gefundene Nautenpfeiler, von dem noch die Rede sein wird, braucht nicht unbedingt auf der Insel gestanden zu haben.

In der Südstadt sind die Befunde etwas deutlicher. Abgesehen von den gleich zu besprechenden Bautenkomplexen hat man dort ein *Theater* an der Stelle des heutigen Lycée St-Louis, zwei weitere *Thermenanlagen* am Anfang der Rue Gay-Lussac und dort, wo heute das Collège de France steht, eine vornehme Wohngegend im Bereich des Jardin du Luxembourg und ein *Aquädukt* nachgewiesen, das das Wasser aus dem 15 km entfernten Rungis meist unterirdisch mit einem Gefälle von 75 cm pro Kilometer entlang der Rue St-Jacques herbeigeführt hat. In Arcueil (lat. »arcae« = Bögen), wo die Wasserleitung das Bièvre-Tal auf einer Bogenstellung überquerte, ist noch ein Pfeilerrest zu sehen. Ein Zirkus wurde bisher nicht entdeckt. Außerhalb der eigentlichen Stadt befand sich auf dem Montmartre ein im Grundriß nachgewiesener *Merkurtempel,* und im Süden lagen zwei *Nekropolen:* eine heidnische in der Gegend der heutigen Rue Pierre Nicole und eine christliche, spätere im Faubourg St-Marcel bei der Gobelinmanufaktur.

Wenn es auch andere Zentren des öffentlichen Lebens im antiken Lutetia gegeben haben mag – Nebenforen oder ein Verwaltungszentrum als Vorgänger des ebenfalls hypothetischen »Kaiserpalastes« auf

1 der Westspitze der Cité –, so lag das *Hauptforum* doch sicher unweit des höchsten Punktes der Montagne Ste-Geneviève entlang der heutigen Rue Soufflot zwischen Boulevard St-Michel und Rue St-Jacques. Im 19.Jh. durch Vacquer aufgrund von Teilbefunden und durch neuerliche Aufnahmen anläßlich des Baus einer Tiefgarage zeichnerisch

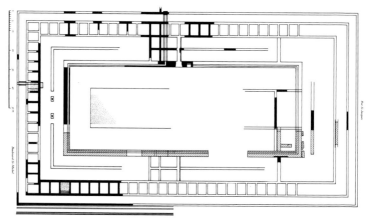

1   Das Forum von Lutetia (schwarz die von Vacquer Ende des 19.Jh. registrierten Teile, weiß seine Ergänzungen, schraffiert die Funde von 1971)

2 Luftbild der Arènes de Lutèce

rekonstruiert, läßt sich die Anlage hinreichend deutlich erschließen. Noch im frühen Mittelalter waren Teile sichtbar (die Legende sah in ihnen die Reste von Ganelons Schloß Hautefeuille), und auch beim Bau der Stadtmauer unter Philipp August um 1200 bzw. bei der Anlage der großen Gräben in der Mitte des 14. Jh. stieß man hier auf umfangreiche Fundamente, die man damals den Sarazenen zuschrieb.

Es handelt sich um eine große terrassierte Rechteckanlage am Westhang der Montagne Ste-Geneviève. Im Osten grenzt sie an den Cardo und liegt auf dessen Niveau, während nach Westen umfangreiche Aufschüttungen und Mauersubstruktionen erforderlich waren. Die Umfassungsmauer mißt 195 × 98 m. Der mittlere erhöhte Platz enthält im Westen einen großen Fundamentblock, auf dem einst der Tempel für den Kaiserkult gestanden haben muß. Er ist umgeben von einer zweischiffigen Portikus, die sich mit einer Säulenstellung, von deren reichem Gebälk sich Reste erhalten haben, nach innen öffnete. Im Norden, Westen und Süden wird dies Plateau von einer Reihe niedriger liegender Rechteckräume gestützt, die sich als Läden zur Umfassungsmauer hin geöffnet haben. Während die Anlage von Westen her nicht zugänglich gewesen sein dürfte, befand sich der Haupteingang wohl im Osten beim Cardo. Ob es hier auch eine Basilika gab oder ob die

Basilika jenseits des Cardo gelegen war, ist strittig und angesichts der nur spärlichen Befunde in diesem Bereich bislang nicht zu klären. Seitliche Zugänge mit Treppen, die zu den Läden hinab und zum Platz hinaufführten, haben sich vermutlich in der Mitte der beiden Längsseiten befunden bei der jetzigen Rue Victor Cousin und Le Goff. Im Inneren der Stützmauer zwischen Läden und großer Portikus hat man 1971 einen durchgehenden Stollen (wohl für die Entwässerung) entdeckt. In der späten Kaiserzeit ist er im Zuge der Befestigung des Forums zum Teil vermauert worden. Das deutet darauf hin, daß die Montagne Ste-Geneviève auch in spätrömischer Zeit nicht völlig verlassen worden ist. Wie prächtig diese Anlage gewesen ist, für die es in anderen gallischen Städten wie Arles, Augst, Bavay oder St-Bertrand-de-Comminges Parallelbeispiele gibt, können die skulpierten Architravstücke und auch das Modell im Musée Carnavalet verdeutlichen.

2 Am Osthang der Montagne Ste-Geneviève und außerhalb der antiken Stadt liegen die sog. *Arènes de Lutèce,* bei denen es sich um einen Bau mit doppelter Funktion handelt, wie er in Gallien häufiger anzutreffen ist: Zum einen wurde er für dramatische Theateraufführungen, zum anderen wohl auch für Arenaspiele wie Tierkämpfe und dergleichen benutzt und hatte ein Fassungsvermögen von mehr als 15 000 Zuschauern. Es ist ein ovales Amphitheater, bei dem Teile der östlichen Cavea durch das Bühnenhaus ersetzt sind, das nach klassischrömischer Tradition (vgl. Vitruv) eigentlich dem normalen Theater mit halbrund angelegten Zuschauerrängen vorbehalten war. Einen Eindruck von seinem ursprünglichen Aussehen vermittelt wohl am besten die Rekonstruktionszeichnung von J.-C. Formigé.

Auch wenn diese Anlage, die man als Steinbruch genutzt hat, schon im Mittelalter verschwunden war, so blieb ihre ungefähre Lage doch im Bewußtsein: auf mehreren älteren Plänen ist hier ein »Clos des Arènes« verzeichnet. Als man 1869 beim Durchbruch der Rue Monge auf die mächtigen Substruktionen stieß und ein Großteil des Geländes für die Bebauung mit Mietshäusern und einem Omnibusdepot vorgesehen wurde, erhob sich der Proteststurm einer großen Bürgerinitiative, die jedoch ohne Erfolg blieb. Zwei Drittel des Geländes wurden überbaut, wobei bestehende Reste zerstört worden sind. Erst 1883 legte man das verbleibende Drittel frei und gestaltete dies 1917 und 1918 zu der heutigen Parkanlage. Sie enthält die leicht ovale Arena, die Fundamente des Bühnenhauses und Teile der Cavea, also des ursprünglich sehr viel höher aufragenden Zuschauerraums.

Die beiden unteren Drittel der Cavea hatte man, wie in Gallien üblich, unter Ausnutzung der Hanglage durch Ausschachtung der Arena und durch Aufschüttung des abgetragenen Erdreiches erstellt. Nur für die oberen Ränge benötigte man etwa 35 Mauergewölbe aus Bruchstein, von denen 10 wiederaufgebaut sind. Nach außen hatte die

Cavea eine Hausteinfassade, deren Aussehen aufgrund von Fundstük-
ken rekonstruierbar ist: sie bestand aus 41 großen Rundbogenöffnungen zwischen Halbsäulenvorlagen, die ein Gesims mit profilierten
Konsolen trugen, und war im Gegensatz zu anderen ähnlichen Thea-
terfassaden wie Nîmes und Arles nur eingeschossig. Die Schauwand
(scaenae frons) des Bühnenhauses hatte abwechselnd halbrunde und
rechteckige Nischen, in denen wohl ehemals Statuen standen. Die
Arena war von einem Podium mit Brüstung umgeben und durch zwei
breite, leicht abfallende Tunnelgänge an den Längsseiten zugänglich.
Fünf kleine Räume unter dem Podium dienten wohl ehedem als Tier-
käfige.

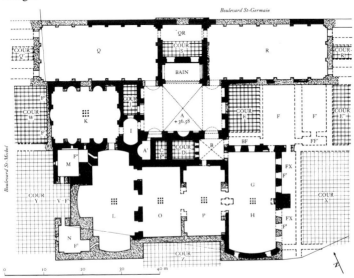

3 Erdgeschoß-Grundriß der Cluny-Thermen (nach J. Trouvelot).
A Frigidarium, K Tepidarium, L Caldarium

Die bedeutendsten architektonischen Überreste des antiken Lutetia
sind uns in den *Cluny-Thermen* erhalten, die zugleich das einzige römische Bauwerk sind, welches die Zeiten trotz Veränderungen und Zer-
störungen auch im Aufriß überdauert hat. Man hat in dieser mit etwa
100×65 m Grundfläche größten Pariser Badeanlage früher einen Palast und gar den des Julian Apostata sehen wollen; aber das ist schon
aus bauarchäologischen Gründen unsinnig: schon die Art des Mauerwerks aus Handquaderlagen, die in bestimmten Abständen mit mehr-
schichtigen Ziegellagen wechseln, verweist auf eine Bauzeit kurz vor
oder nach 200.

Die Thermen liegen am Nordhang der Montagne Ste-Geneviève
unmittelbar am Rande der Flußniederung und markieren zusammen

4   Die Cluny-Thermen von Nordwesten

mit der an ihrer Nordseite verlaufenden Uferstraße die Nordgrenze
der antiken Südstadt. Auch sie nutzen den Geländeabfall vorteilhaft
aus, indem die tiefer liegenden nördlichen Teile unterkellert, die süd-
6 lichen dagegen nur eingeschossig sind. Ein Wasserleitungssystem um-
gürtet und durchquert die Anlage. Die von Norden her betretbaren
Kellerräume dienten wohl der Lagerung von Brennstoff, Wäsche und
3 dergleichen. Das eigentliche Bad im Erdgeschoß betrat man von Süden vielleicht über denselben Hof, der heute von dem spätmittelalter-
lichen Hôtel de Cluny umschlossen ist. Nachdem man sich seiner Klei-
der entledigt hatte, betrat man durch einen Zwischraum B das Frigi-
5 darium A mit dem Kaltwasserbassin in der nördlichen Nische. Dieser
Raum ist samt seinen Gewölben, die auf vier Konsolen in Form waf-
fenbeladener Schiffsbuge ruhen, erhalten. Von hier aus begab man
sich entweder in die zwei großen Räume Q und R, die sich mit großen

14

5   Das Frigidarium der Cluny-Thermen

Fenstern auf die Seine öffneten und wo vermutlich Gymnastik betrieben wurde, oder aber über den Zwischenraum I in das Tepidarium K. An seinen Wänden wechseln runde und rechteckige Nischen, die ehemals individuelle Badewannen mit lauwarmem Wasser enthielten. Dieser und die folgenden Räume wurden von großen Öfen bei M und N über Hypokausten, von denen sich viele Reste gefunden haben, beheizt. Im Südwesten liegt das Calidarium L mit dem Schwitzbad, an welches nach Westen zwei weitere Räume O und P sowie der Saal GH anschließen, die alle ebenfalls eine Fußbodenheizung besaßen. Da dieser letzte früher ähnliche Bugkonsolen hatte wie das Frigidarium, hat man in ihm den Versammlungssaal der Nautenkorporation sehen wollen. Bautechnisch gesehen handelt es sich um einen typisch römischen Massenbau mit verschiedenartig gefügten und gegossenen Gewölben großer Dicke, der – wie viele ähnliche Anlagen auch – in mehrfacher

Weise auf die antike Gesellschaft verweist: er diente einer bürgerlichen Schicht, die die Muße zur Körperertüchtigung und Schönheits-
pflege hatte. In seiner Massivität und dem Reichtum seiner Ausstattung verweist er gleichzeitig auf die billigen Arbeitskräfte, die in der
antiken Sklavenhaltergesellschaft für die Erstellung solcher Luxusbauten zur Verfügung standen. Es gibt Indizien, daß die Anlage nie ganz
fertig geworden bzw. nicht sehr lange in Betrieb gewesen ist, denn die
Wasserversorgung mußte mit der Verunsicherung des südlichen Ufers
durch die Barbaren problematisch werden. Somit wären die Cluny-
Thermen ein letztes großes Zeugnis einer Kultur und Gesellschafts-
ordnung, die bald von Grund auf erschüttert werden sollten.

Von den zahlreichen antiken Statuenfragmenten, Reliefs, Grabstelen und Baufragmenten, die heute im Cluny-Museum und im Lapi-
darium des Musée Carnavalet aufbewahrt werden, soll nur noch der
sog. *Nautenpfeiler* Erwähnung finden. Von ihm wurden 1711 fünf
skulpierte Quaderblöcke bei Ausschachtungen im Chor von Notre-
Dame gefunden. Sie waren in der spätantiken Mauer der Cité wiederverwendet worden, so daß der ursprüngliche Aufstellungsort ungewiß

6 Kanalisations-
tunnel unter dem
Frigidarium der
Cluny-Thermen

7 Inschrift des
Nautenpfeilers
(Cluny-Museum)

bleibt. Es handelt sich nicht um Teile eines Altars, sondern um einen
Votivpfeiler, wie er in Gallien vielfach üblich war. Stifter und Ent-
stehungszeit gehen aus der Inschrift hervor: TIB (ERIO) · CAESARE ·   7
AVG (USTO) · IOVI · OPTVMO[O ·] MAXSVMO · [S (ACRVM) ·] NAVTAE · PARISIACI
[·] PVBLICE · POSIERVN [T ·], was sich folgendermaßen übersetzen läßt:
»Unter der Regierungszeit von Tiberius Caesar Augustus haben die
Nauten des Parisis dem besten, größten Jupiter dieses Weihdenkmal
auf öffentliche Kosten gesetzt.« Schon unter Tiberius (14–37 n.Chr).
scheint die Korporation der Nauten (Seineschiffer), deren Repräsen-
tanten mit Lanze und Schild als Teilnehmer an der Weihezeremonie
auf den drei anderen Seiten des Inschriftenblocks dargestellt sind, also
eine bedeutende Rolle im öffentlichen Leben der Stadt gespielt zu
haben. Besonders bemerkenswert ist aber auch, daß die Pfeilerreliefs
nicht nur Götter des römischen Pantheons wie Castor und Pollux,
Mars, Merkur, Venus und Fortuna wiedergeben, sondern daß hier
auch gallische Gottheiten gleichberechtigt dargestellt sind: (C)ernun-
nos mit dem Hirschgeweih und der Schlangenbekämpfer Smert(rios).
Auf einem anderen Block erscheinen neben Jupiter und Vulkan Esus   8
und Tarvostrigaranus. Der Holzfällergott fällt einen Baum, dessen   9
Krone nach einem gallischen Mythos »den Stier mit den drei Kranichen« (»tarvos trigaranus«) verbirgt. Hier springt nicht nur die kräftige Stilisierung bei der Wiedergabe der Größenverhältnisse, sondern
auch die Erzählweise des provinzialrömischen Bildhauers ins Auge,
der zwei Aspekte desselben Vorgangs auf zwei Reliefs erzählt, die
gleichzeitig jedes für sich die Einzelgottheit repräsentieren. Warum die
römische Besatzungsmacht sich derart tolerant gegenüber der Darstellung nichtrömischer Gottheiten auf einem öffentlichen Monument ver-

17

8, 9   Der Nautenpfeiler: Esus (links) und Tarvostrigaranus, der Stier mit den
drei Kranichen

halten hat und inwieweit diese Toleranz in der Machtstellung der ein-
heimischen Nautenkorporation begründet ist, bleibt eine offene Frage.
   Die Geschicke der Stadt seit dem Verfall der römischen Herrschaft,
der schon im 3.Jh. evident wurde, brauchen uns hier nur in aller Kürze
zu interessieren. Auch wenn es der römischen Zentralgewalt im 4.Jh.
durch Zurückdrängung der Franken und Alemannen gelungen sein
mag, die Stadt zu einer relativ beruhigten Periode zurückzuführen und
eine Wiederbesiedlung des linken Ufers zu ermöglichen, so handelte es
sich dabei doch nur um die partielle und bescheidene Reurbanisierung
eines ehemals blühenden Stadtgebietes, die keine nennenswerten architektonischen Zeugen hinterlassen hat. Der Übergang von der antiken Sklavenhaltergesellschaft zu den Anfängen des mittelalterlichen
Feudalismus vollzieht sich im Abendland unter sehr verschiedenarti-
gen Vorzeichen. Zwar wird man heute kaum noch die These vertreten,
daß sich der Wandel durch völlige Entvölkerung der Städte bei Auflö-
sung sämtlicher urbaner Strukturen vollzogen hat, doch auch die Kon-
tinuitätstheorie, wonach sich urbanes Leben über die sog. »dunkle
Zeit« hinweg wenigstens rudimentär erhalten hat, leugnet nicht die
langwährende Stagnation, die die städtischen Gemeinwesen je nach
den örtlichen Bedingungen stärker oder schwächer betroffen hat. Man
kann darüber streiten, ob Paris (der Name ersetzt seit der Spätantike

die Bezeichnung Lutetia) von der allgemeinen Entwicklung im Verhältnis zu anderen Kommunen begünstigt oder benachteiligt gewesen ist. Denn einerseits erlebten seine Bewohner zu Zeiten, wo es anderenorts drunter und drüber ging, unter Chlodwig eine relative Stabilität und Prosperität, auf der anderen Seite dauerten die Verunsicherungen und Übergriffe, also die Spätwirkungen der Völkerwanderung in Gestalt der Normanneneinfälle sehr viel länger an als anderswo, so daß eine wirkliche Konsolidierung des Gemeinschaftslebens erst vergleichsweise spät stattfinden konnte.

Von allgemeinen historischen Epochengesichtspunkten, insbesondere aber von der spezifisch pariserischen urbanistischen Entwicklung her gesehen scheint es gerechtfertigt, die Übergangszeit von der Antike zum Mittelalter ins 5.Jh. zu datieren. Man kann dieser gängigen Periodisierung entgegenhalten, daß sich noch die merowingische Stadt in den spätantiken Strukturen eingenistet hat und daß die bis heute reichende Stadtbautradition erst im 11.Jh. eingesetzt habe. Aber auch wenn man die relative Blüte unter den Merowingern im 6.Jh. als Nachleben der Antike charakterisieren will, so bleibt doch unverkennbar, daß sich schon zu dieser Zeit neuartige gesellschaftliche und politische und damit auch raumordnende Strukturen herausgebildet haben, die trotz der mißlichen Umstände der folgenden Jahrhunderte die eigentliche Umstrukturierung eingeleitet haben. Wenn sich das Frankenreich als bedeutendste Reichsbildung des frühen Mittelalters auch in vielen Punkten an antikem Staatswesen orientiert hat (und das haben andere Reichsbildungen immer wieder getan bis hin zu Napoleon), so beseitigt es doch ein für allemal die römische Herrschaft von gallischem Boden und funktioniert nach neuen Prinzipien, die zum Feudalismus führen sollten. Es ist hier nicht der Ort, die komplizierte Problematik der Entstehung des Feudalismus zu behandeln, wir können jedoch konstatieren, daß man über das Paris des 5.Jh. fast gar nichts weiß. Und es läßt sich zeigen, daß die Stadt trotz der auf die merowingische Wohlstandsphase folgenden relativen Stagnation letztlich eine Entwicklung genommen hat, die kontinuierlicher ist als die zwischen dem 4. und 6.Jh.

Das römische Paris mag in seinen noch stehenden oder archäologisch erschließbaren Baudenkmälern beachtlich sein. Trotzdem war es, auch wenn die Feldherrn des 4.Jh. es wegen der verschobenen Grenzen vermehrt aufgesucht haben, nie mehr als eine Provinzialhauptstadt und temporäre Garnison und stand an Bedeutung hinter vielen anderen Orten zurück. Obwohl Julian Apostata hier zum Kaiser ausgerufen wurde, war die Stadt, bevor Chlodwig sie zur Residenz erhob, nie eine wirkliche Metropole. Dazu konnte sie sich erst aufgrund ganz neuartiger Bedingungen entwickeln. Im Grunde ist das antike Lutetia nur insofern interessant, als es die Strukturen der späteren Metropole mitbestimmt hat.

Seit dem 3. Jh. waren die Franken des salischen Kernstammes aus dem Gebiet von Niederrhein und Maas immer weiter nach Westen und Süden vorgedrungen und hatten unter den Merowingern Chlodio und Childerich I. im 5. Jh. eine Herrschaft mit dem Mittelpunkt Tournai begründet. Childerichs Sohn Chlodwig hatte sich seiner fränkischen Mitkönige entledigt und 486 die Reste der römischen Herrschaft in Gallien um Soissons beseitigt. Nach der Eroberung von Teilen des Alemannenlandes und des Westgotenreichs mit dem Zentrum Toulouse war die Grundlage für ein fränkisches Einheitsreich gegeben. 508 wählte Chlodwig, der inzwischen den katholischen Glauben angenommen hatte, Paris zu seinem bevorzugten Regierungssitz. Zwar gab es auch in der Folge noch andere Königssitze wie Soissons, Reims, Metz, Cambrai und Châlons-sur-Saône, doch war Paris durch mehrere Umstände ausgezeichnet. Zum einen lag es noch am ehesten in der Mitte des großen Reiches, das sich schon bald von den Pyrenäen bis zur Weser und über Passau hinaus erstreckte. Zum anderen hatte Chlodwig die Stadt vor allem dadurch zur Hauptstadt gemacht, daß er hier in der von ihm gestifteten Apostelkirche Peter und Paul, von der nichts mehr steht, die königliche Grablege festlegte. In dieser Kirche wurde dann 512 auch die hl. Genoveva als Schutzpatronin der Stadt begraben, deren Patrozinium schließlich das der Apostelfürsten verdrängte. Wenn auch Chlodwigs Nachfolger in Chelles und dann vor allem in St-Denis begraben werden sollten, so waren dies doch Vororte von Paris. Erlande-Brandenburg hat zu Recht betont, daß das Begräbnisprivileg von kaum zu überschätzender Bedeutung für die künftige politische Rolle der Hauptstadt war; denn Chlodwigs Grab war in der Tat Symbol für die Einheit des fränkischen Reichs.

Für die urbanistische Entwicklung waren neben derart politischen Konstellationen aber noch andere Faktoren ursächlich: ökonomische und ideologisch-kulturelle, insbesondere religiöse. Die Standortvorteile, die der Stadt schon in der Antike zugute gekommen waren, bestanden auch im Mittelalter weiter; denn nach wie vor lag sie ja an der Kreuzung eines wichtigen Wasserwegs mit der großen nordsüdlichen Handelsstraße. Allerdings hatte sich die Richtung des Handelsverkehrs allmählich verlagert. War die Wirtschaft der Antike auf das Mittelmeer als Binnenmeer zentriert, so gewinnt im Mittelalter die nordeuropäische Produktion an Bedeutung, so daß sich auch der Handel von Paris zunehmend in diese Richtung – nach Flandern, ins Rhein-Maas-Gebiet und später nach England – orientiert hat. Auch nach dem Mittelalter sollten solch allgemeine wirtschaftsgeschichtlichen Entwicklungen (wie die zunehmende Bedeutung der Atlantikschiffahrt und die Herausbildung von Industriezentren an Rhein und

Ruhr, in Lothringen und Nordfrankreich) Paris, das an der Südwestecke dieses großen Produktionsgebietes liegt und gleichzeitig eine Verbindung zum Atlantik hat, begünstigen. Die wirtschaftliche Umstrukturierung des Abendlands wirkt sich schon seit dem frühen Mittelalter beständig auf die Pariser Stadtstruktur aus. Eigentlich wäre ja zu erwarten gewesen, daß die Stadt mit dem Frieden ihre ehemals besiedelten südlichen Gebiete zurückgewonnen und von diesen aus expandiert hätte. Zwar findet diese Rückgewinnung im 6. Jh. statt, schon in diesem frühen Stadium ist aber auffällig, wie stark die Expansion nach Norden tendiert, wo keine Infrastrukturen wie auf dem Südufer vorgegeben waren. Es ist ganz offensichtlich – und dieser Trend hat bis in unser Jahrhundert hinein angehalten –, daß sich der wirtschaftlich aktive Teil der Stadt und damit die Stadt selber zunehmend nach Norden orientierten.

Neben der politischen Macht des Königs und der ökonomischen Macht der Stadtbürger, die zwar de facto vorhanden war, ohne schon institutionelle Formen gefunden zu haben, spielte die Kirche als Ausdruck und Institution der vorherrschenden Ideologie eine hervorragende Rolle bei der Herausbildung des Stadtbildes, zumal deren Befugnisse weit in das hineinreichten, was wir heute unter »weltlicher Gewalt« verstehen.

Die Christianisierung von Paris reicht in die Antike zurück. Auch wenn man alle Legendenbildungen beiseite schiebt, wonach der hl. Dionysius mit dem in der Apostelgeschichte genannten Dionysius Areopagita identisch sei und folglich im 1. Jh. als erster Bischof von Paris gewirkt habe, so lassen sich die Anfänge des Bistums doch ins 3. Jh. datieren. Damit ist nicht ausgeschlossen, daß die neue Religion hier, wenn auch nur partiell, schon früher Fuß gefaßt hatte; denn im Rahmen des Verfalls des römischen Herrschaftssystems spielte sie ja eine eminent wichtige Rolle. Zum einen verlieh sie den Ängsten der unterprivilegierten Bevölkerung Ausdruck und verwies sie angesichts der ständigen Verunsicherungen an ein besseres Jenseits, zum anderen beförderte sie durch ihr radikales Gleichheitsprinzip (zumindest vor Gott) die Emanzipation der Sklaven und derer, die kein römisches Bürgerrecht besaßen, war also ein demokratisches Ferment. Wenn gesagt worden ist, »daß zwischen dem römischen Kolonen und neuen Hörigen (des ausgebildeten Feudalismus) … der freie fränkische Bauer gestanden« hatte (Engels), so läßt sich mit ähnlicher Berechtigung sagen, daß das Christentum aus dem Sklaven einen prinzipiell freien Bürger gemacht hat, über den der Feudalherr mit Unterstützung der Kirche, sofern sie nicht selber dieser Feudalherr war, dann wieder verfügt hat.

Die Kirche nahm ihre Funktionen in der Frühzeit auf verschiedene Weisen wahr. Zum einen erfüllte sie über die Etablierung von Bistümern in den bestehenden städtischen Gesellschaften »seelsorgerische«

Aufgaben, wobei sie sich gleichzeitig weltliche Macht sicherte. Zum anderen bot sie in Form der frühen Klosterkulturen vielen gesellschaftlichen Subjekten – gerade wegen des bestehenden Machtvakuums – Assoziationsmöglichkeiten, die für die Erschließung des Abendlandes über viele Jahrhunderte hinweg von überragender Bedeutung bleiben sollten. So auch für die Herausbildung des neuen Paris.

Auf der Ile-de-la-Cité, die als Rückzugsgebiet während der spätantiken Barbareneinfälle den Nukleus der späteren urbanen Entwicklung darstellt, ist schon zu Beginn der fränkischen Herrschaft eine an die antiken Strukturen anknüpfende Aufteilung festzustellen, die bis heute nachwirkt. Im Westen befindet sich das *Palais* (der Königspalast) als Sitz der weltlichen Herrschaft, dessen Folgeinstitution über die Cour du Parlement, den obersten, vom König kontrollierten Gerichtshof, das heutige Palais de Justice geworden ist. Im Osten – vermutlich anstelle eines heidnischen Heiligtums – etabliert sich das *Bistum mit seiner Verwaltung* und einem eigenen Wohnbereich. Von diesem Komplex, der neben einer ganzen Kirchenfamilie den Bischofspalast, weitläufige Administrationen und den Kapitelsbezirk umfaßte, zeugt heute nur noch die *Kathedrale.* Zwischen diesen Machtpolen lag die *Bürgerstadt,* von der heute kaum noch etwas vorhanden ist außer ihren wichtigen Institutionen: Polizeipräfektur, Handelskammer, Krankenhaus.

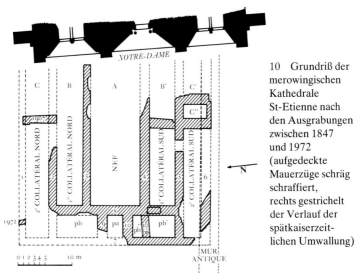

10   Grundriß der merowingischen Kathedrale St-Etienne nach den Ausgrabungen zwischen 1847 und 1972 (aufgedeckte Mauerzüge schräg schraffiert, rechts gestrichelt der Verlauf der spätkaiserzeitlichen Umwallung)

Von dem Palast Chlodwigs wissen wir außer seiner ungefähren Lage
10 nichts. Nur von der alten *Kathedrale St-Etienne,* die unter Childebert I. (511–558) gebaut worden ist und die Gregor von Tours 583 erwähnt, haben sich sowohl schriftliche als auch archäologische Zeugnisse erhal-

11 Bei St-Etienne
gefundene Säulen
(Cluny-Museum)

ten. Venantius Fortunatus hat ihr im 6. Jh. die poetische Beschreibung
»De Ecclesia parisiaca« gewidmet und den Reichtum ihres Dekors aus
Mosaiken, Marmorverkleidungen und Wandbehängen gerühmt. Dieser Bau, in dem 839 ein Konzil stattfand, wurde nach Zahlung eines
Lösegeldes im Jahre 857 von den Normannen verschont, dafür jedoch
vier Jahre später bei einem erneuten Überfall schwer in Mitleiden-
schaft gezogen. Nach der Restaurierung fiel die Kirche wohl im 11. Jh.
einem Brand zum Opfer und war, als sie zu Anfang des 12. Jh. zum
letztenmal erwähnt wurde, wohl nur noch eine Ruine, ehe sie dann
auch mit ihrem Patrozinium in dem Neubau der heute noch stehenden
Kathedrale aufging.

Seit 1845 haben Ausgrabungen auf dem Parvis Notre-Dame die
Fundamente der Westpartien dieses Baus zutage gefördert, von denen
ein Teil nun in der archäologischen Krypta zu sehen ist. Die Fassade
dieser ältesten Pariser Kathedrale, die zugleich die größte Kirche des
Merowingerreiches gewesen sein soll, lag etwa 35 m westlich der heutigen Kathedralfassade. Die südliche Außenmauer stützte sich auf die
spätantike Stadtmauer, die man zu diesem Zweck anscheinend eigens
ein Stück abgetragen hatte.

Es handelte sich um eine fünfschiffige, insgesamt 36 m breite Basilika nach dem Vorbild der konstantinischen Basiliken im Lateran und Alt-Sankt-Peter. Die Schiffe waren durch Säulen voneinander getrennt und von einem offenen Dachstuhl bedeckt. Während die äußeren Seitenschiffe bis an die Westfassade heranreichten, war den inneren und dem Mittelschiff eine Gruppe von drei Räumen – einem annähernd quadratischen mittleren zwischen zwei querrechteckigen – vorgelagert. Aus diesem Fundamentbefund hat man sowohl eine Zweiturmfassade mit mittlerer Eingangshalle, mit mehr Wahrscheinlichkeit jedoch eine Einturmfassade mit flankierenden Räumen rekonstruiert. Weitere Eingangshallen scheinen sich an der Nord- und Südseite befunden zu haben. Der Chor ist bisher nicht ergraben, so daß alle Aussagen über dessen Form und die Länge des Baus hypothetisch bleiben müssen.

So unscheinbar diese Fundamentreste heute auch erscheinen mögen, stammen sie doch von dem vielleicht prächtigsten merowingischen Sakralbau, der auch die damalige Bedeutung von Paris unterstreicht. Die wenigen, im Cluny-Museum aufbewahrten *Reste der Bauzier* können unsere Vorstellung vom ehemaligen Aussehen nur wenig

11 beflügeln: *drei Säulenfragmente* aus grauem Marmor, die von den Langhausarkaden stammen und sicherlich Spolien aus antiken Gebäu-

12 den sind, und ein *korinthisches Kapitellfragment* aus weißem Marmor. Dieses ist wahrscheinlich nicht spätantik, sondern stammt wohl aus der Bauzeit selber, und wenn es, wie man angenommen hat, in einer südwestfranzösischen Bildhauerwerkstatt bei Toulouse oder den Brüchen von Oloron entstanden ist, dann würde es nicht nur das Nachleben antiker Handwerkspraktiken belegen, sondern auch die Tatsache, daß man zum Schmuck der hauptstädtischen Kathedrale auch die Kosten für eine von so weit herantransportierte Bauzier nicht gescheut hätte.

Es ist bedauerlich, daß man auf der Ile-de-la-Cité nie wirklich systematisch gegraben hat, sondern fast immer nur in Eile und unter dem Druck anstehender Baumaßnahmen, und es wäre zu wünschen, daß man hier angesichts der Versäumnisse in der Vergangenheit endlich einmal ein längerfristiges Konzept entwickelt, bei dem archäologische Untersuchungen Vorrang vor anderen Interessen gewinnen.

So wie die Stadt des 6.Jh. sich nicht auf die Cité beschränkt hat, beschränkte sich die Kirche nicht auf die Bischofskathedrale. Von der bedeutenden Funktion der religiösen Konvente war schon die Rede, und sie sind es, die die künftige Raumordnung der Stadt in kaum zu überschätzender Weise bestimmen sollten. Sie lagen zwar außerhalb des Stadtgebietes, sind aber gerade deshalb Kristallisationspunkte für künftige urbanistische Entwicklungen geworden. Die »Wiedereroberung« des gallo-römischen Paris in merowingischer Zeit spiegelt sich darin, daß auf dem südlichen Seineufer elf religiöse Stiftungen bezeugt sind; im Norden sind es nur fünf. Das könnte zu der Annahme verlei-

12 Kapitell,
1847
bei St-Etienne
gefunden
(Cluny-Museum)

ten, daß die Orientierung der Stadt immer noch vorrangig nach Süden verlief. Man muß aber bedenken, daß die »natürliche« Expansionsmöglichkeit nach Süden ja sowohl historisch als auch aufgrund der Geländebedingungen vorgegeben war, und insofern scheint die Anwesenheit von fünf Konventen im Norden der Cité in z.T. sumpfigem und damit schwierigem Gelände eher ein Indiz für eine frühe Umorientierung der Stadtentwicklung nach Norden zu liefern. Eine ähnliche Proportion zwischen rive gauche und rive droite zeigen die Pfarrsprengel: seit merowingischer Zeit gab es deren zehn im Süden und vier im Norden (Lavedan).

Wenn diese Pfarreien, wie St-Marcel in der Südstadt und St-Merry und St-Germain-l'Auxerrois auf dem Nordufer, auch gewisse Aufschlüsse über die Verteilung der Pariser Bevölkerung liefern mögen, so waren die Klöster für die zukünftige Stadtentwicklung sicher noch wichtiger, da sie zusammen mit dem Bischof über den Großteil des späteren städtischen Baulandes verfügten und in ihrer internen Raumordnung die spätere Entwicklung vorgeprägt haben.

St-Germain-des-Prés erhielt dieses Patrozinium zwar erst im 8.Jh. (lag damals also immer noch inmitten von Wiesen und Feldern ebenso wie St-Martin-des-Champs im Norden), als ein dem Hl. Kreuz und dem hl. Vinzens geweihtes Kloster war es jedoch schon im 6.Jh. gegründet worden. Von der durch Chlodwig gestifteten Peter-und-Paulskirche, die dann das Patrozinium der hl. Genoveva übernahm und hinter dem heutigen Pantheon stand, war schon die Rede. Als Grab-kirche der fränkischen Monarchie und als Grablege der Genoveva zog sie nach Auskunft des Gregor von Tours schon im 6. Jh. Pilgerströme an. Im Norden der Stadt ist St-Martin-des-Champs eine merowingi-sche Gründung. Auch St-Marcel im Südosten mag mit seiner spätan-tik-christlichen Gräberstadt und als Grablege des 436 verstorbenen, aufgrund von Legendenbildung sehr populären Pariser Bischofs Mar-cellus seine urbanistische Bedeutung haben, aber vorläufig handelte es sich bei diesen kirchlichen Ansiedlungen nur um Fixpunkte für sehr viel spätere städtebauliche Entwicklungen.

Von der merowingischen Blüte der Stadt Paris zeugen neben den erwähnten archäologischen Resten auch noch Fragmente von Bauzier, die nicht aus der Kathedrale, sondern aus den genannten kirchlichen Institutionen stammen. Sie sind außer im Cluny-Museum im Lapi-darium der Stadt Paris aufbewahrt, dessen derzeit unzugängliche Be-stände sich teils im Musée Carnavalet, teils in der Rotonde de la Vilette befinden und immer noch einer öffentlichen Präsentation nach museologischen Gesichtspunkten harren.

Die eigentlich dunkle Zeit für Paris, in der die Stadt mehr oder weniger stagnierte (wie schon einmal im 5. Jh.) folgte nun.

Schon beim Tode Chlodwigs 511 wurde das Reich unter die Söhne in vier Gebiete mit den Hauptorten Paris, Metz, Orléans und Soissons aufgeteilt, und 561 kam es dann zur Teilung in Austrasien und Neu-strien, ein Ost- und ein Westreich, zwischen denen sich Gegensätze entwickelten. Nach dem Tode von Dagobert im Jahre 639 verfiel die Macht der Könige und ging an die Hausmeier (maire du palais) über. Mit Pippin dem Mittleren erlangte 687 der erste Karolinger mit diesem Amt die Herrschaft über das ganze Frankenreich. Dessen Sohn Karl Martell (714–741) unterwarf die Friesen und Alemannen und schlug vor allem den Ansturm der mohammedanischen Streitkräfte in der Schlacht bei Poitiers 732 zurück. Pippin der Kleine mußte sich die Macht zunächst mit seinem Bruder Karlmann teilen, wurde aber 751 zum König des wiedervereinten Frankenreichs gewählt, das Karl der Große 768 z. T. und nach dem Tode seines Bruders Karlmann 771 ganz übernahm. Er wurde im Jahre 800 zum Kaiser gekrönt. In Paris hielt er sich nur selten auf und machte Aachen zur eigentlichen Haupt-stadt des Reiches. Als dieses 843 im Vertrag von Verdun geteilt wird, erhält Karl der Kahle die Herrschaft über das Westfränkische Reich. Dies ist der eigentliche Beginn des modernen Frankreich. Seine An-fänge waren von schweren Krisen begleitet, und auch Paris wurde mehrfach von den Normannen heimgesucht, die nach einer 13monati-gen Belagerung in den Jahren 885 und 886, der die Inselbewohner erfolgreich widerstanden, sämtliche Vororte auf beiden Ufern verwü-stet zurückließen. Im Jahre 911 mußte den Normannen dann die Nor-mandie abgetreten werden, und auch als nach Aussterben der westfränkischen Karolinger mit Hugo Kapet die Kapetinger 987 auf den Thron gelangen, konsolidiert sich die königliche Macht nur allmählich. Für Paris bedeutet dies jedoch, auch wenn es seinen Rang zeitweise an Laon abtreten muß, die Bestätigung als Hauptstadt von Frankreich.

Im Bereich der monumentalen Kunst hat Paris aus diesen von Wirren durchzogenen Jahrhunderten so gut wie nichts hervorgebracht, was sich erhalten hätte. Und wenn man einmal von den drei hölzernen Türmen auf steinernen Sockeln absieht, die Karl der Kahle 861 zur Befestigung der Cité an deren Spitze und dort, wo dann später das große und kleine Châtelet zur Sicherung der Brücken gebaut worden sind, zum Schutz gegen die Normannen hatte errichten lassen, erfahren wir auch aus den Schriftquellen nichts über eine größere Bautätigkeit, so daß Michel Fleury zuzustimmen ist, wenn er sagt: »Über die spätere (nachmerowingische) Pariser monumentale Kunst der zweiten Hälfte des Frühmittelalters wissen wir so gut wie nichts.« Die eigentlichen Kulturleistungen der karolingischen Zeit sind in anderen Zentren wie Metz, Reims und Aachen entstanden, und auch im 10. Jh. sind andere Städte kulturell bedeutsamer als Paris, das mit seinen drei großen merowingischen Kirchen jedoch keinen besonderen Bedarf an neuen sakralen Großbauten hatte. Wie der Königspalast auf der Westspitze der Cité ausgebaut worden ist, wissen wir ebenfalls nicht. Erst im 11. Jh. tritt Paris auch kunsthistorisch wieder in Erscheinung, um dann allerdings bald eine führende Rolle zu spielen.

Bevor wir uns den Pariser Baudenkmälern zuwenden, die jeweils in sich geschlossen besprochen werden sollen, sind einige Überlegungen über die allgemeine kunsthistorische und auch gesellschaftliche Entwicklung am Platze. Die kunsthistorischen Epochen, um die es dabei geht, sind die Romanik und die Frühgotik, denen gesellschaftlich-politisch die Entwicklung des ersten Feudalzeitalters bis zu seiner Blüte im 12. Jh. entspricht. Die Pariser Bauten, mit denen wir uns dann im folgenden befassen müssen, stammen in ihrem heutigen Bestand in aller Regel aus verschiedenen Bauzeiten und haben z. T. komplizierte Baugeschichten über längere Zeiträume hinweg, so daß keiner von ihnen für einen einzigen Zeitabschnitt als repräsentativ angesehen werden kann.

Politisch gesehen ist Paris zwar die französische Hauptstadt, sie ist zunächst aber nicht viel mehr als die Residenz der französischen Könige, die lange Zeit nur die ersten unter gleichrangigen anderen Fürsten auf französischem Territorium sind. Erst im Verlaufe des 12. Jh. gelingt es den Kapetingern, in der Ile-de-France eine Hausmacht aufzubauen, die ihnen auch eine reale Machtposition sichert. Gleichzeitig wird jedoch mit der Thronbesteigung Heinrichs II. von England aus dem französischen Hause Anjou-Plantagenet der verhängnisvolle englisch-französische Konflikt heraufbeschworen, indem der überwiegende Teil des französischen Territoriums – Anjou, Normandie und

Aquitanien – an die englische Krone fällt, eine Konstellation, die die Geschichte beider Länder drei Jahrhunderte lang belasten sollte. Die eigentliche Vorherrschaft des französischen Königshauses wird im 13. Jh. errungen: Philipp August (1180–1223) gelingt es 1204, den Engländern Anjou und die Normandie zu entreißen. Nach den Albingenserkriegen wurde 1229 die Languedoc erworben, so daß Paris im 13. Jh. als Hauptstadt eines mächtigen Zentralstaates dastand.

Diese politische Entwicklung wird von einer allgemein wirtschaftlichen Umstrukturierung begleitet und erst ermöglicht, deren Hauptmerkmal die Herausbildung wirtschaftsstarker Kommunen ist, mit denen das Königshaus in aller Regel gegen den rückständigen Landadel und im Verein mit dem Stadtklerus koaliert. Damit hatte die königliche Zentralgewalt die wirtschaftlich stärksten Gesellschaftsfaktoren auf ihrer Seite. Es ist hier nicht der Ort, diese Entwicklung, die vor allem von den Wirtschaftshistorikern und zumal von Pirenne seit langem offengelegt worden ist, noch einmal nachzuzeichnen. Jedenfalls spielt das freie frühkapitalistische Stadtbürgertum in den uns interessierenden Prozessen im 12. und 13. Jh. eine kaum zu überschätzende Rolle.

Bevor die Städte diese historisch bedeutende Funktion übernehmen konnten, mußte das Umland aber erst einmal erschlossen und soweit befriedet sein, daß es die Kommunen auch ernähren und mit freiwerdenden Arbeitskräften versorgen konnte. Die Urbanisierung Frankreichs ist also auch eine Folge von längerfristig wirksamen Prozessen auf dem Lande, d. h. von Rodung, Urbarmachung bisher unbewirtschafteter Gebiete und von der Effektivierung der Landwirtschaft durch Dreifelderwirtschaft, schweren Pflug. Zum einen ist die Infrastruktur des französischen Territoriums durch den alten Feudaladel herausgebildet worden. Die wichtigste Rolle haben aber doch wohl die Klöster gespielt mit ihren relativ uneigennützigen, weitgehend genossenschaftlichen Wirtschaftsprinzipien. Denn je asketischer und auf die Tugend der Arbeit orientiert die jeweiligen Orden waren, um so mehr konnten sie von den erwirtschafteten Gewinnen reinvestieren und für die weitere Binnenerschließung oder Kolonisation aufwenden. Der diesbezüglich im ganzen Abendland erfolgreichste Orden war im 12. und 13. Jh. der der Zisterzienser.

Man hat die romanische Kultur als eine klösterliche, die gotische als eine städtische bezeichnet. Das ist nur insofern richtig, als die gotische Kultur eine vorwiegend städtische, die romanische aber ländlich und städtisch zugleich ist. Man könnte das sehr detailliert begründen, u. a. auch mit den jeweils erforderlichen Qualifikationen der Arbeitskräfte, die für romanische und gotische Kunst erforderlich sind. Aber angesichts der großen städtischen gotischen Bauten vergessen wir zu leicht, daß sie in aller Regel romanische Vorgänger hatten.

Die romanische Baukultur entwickelt sich im 11. Jh. und kommt im 12. Jh. zur Blüte. Technisch und ästhetisch erreicht sie in der Normandie, also in nichtfranzösischem Gebiet, im 11. Jh. einen ersten Höhepunkt, und bekanntlich bilden sich im 12. Jh. dann die handwerklich-technisch sehr hochstehenden regionalen Schulen heraus, die stilistisch deutlich voneinander unterscheidbar sind und die außer spezifisch architektonischen Formen auch jeweils klare bildhauerische Stile herausbilden. Als besonders prägend treten im 12. Jh. Burgund, Toulouse und die Provence, im Bereich der Architektur auch Westfrankreich hervor. Überregionale stilistische Gemeinsamkeiten bilden sich in dieser Zeit vor allem entlang der Pilgerstraßen nach Santiago di Compostela und auch an bestimmten Handelswegen aus.

Man hat schon immer konstatiert, daß die Ile-de-France in der Romanik keine besondere Rolle gespielt hat bzw. daß von einer solchen Rolle nicht mehr viel zu sehen ist. Man hat das damit erklären wollen, daß in diesem Gebiet einerseits ältere brauchbare Bauten – anders als etwa in der Normandie – vorhanden waren und daß ein großer Teil von romanischer Bausubstanz gerade hier durch gotische ersetzt worden ist. Das mag z. T. zutreffend sein, trifft aber nicht den Kern der Sache.

Wenn die romanische Bautätigkeit in der Ile-de-France und in Paris als deren regionalem Zentrum spärlich gewesen ist, so hat das verschiedene Gründe. Die Aktivität des Bauens richtet sich nach verschiedenen Faktoren und bei Kirchenbauten, die ja im Grunde Luxusbauten sind, vorab nach den wirtschaftlichen Bedingungen. Diese scheinen erst im 12. Jh. wirklich günstig geworden zu sein. Und wenn man ferner bedenkt, daß eine Reihe von Bauten, die man gemeinhin als frühgotisch klassifiziert, zu einer Zeit entstanden sind, in der man andernorts noch romanisch baute, wird verständlich, daß Paris so wenig an romanischer Baukultur zu bieten hat. Für die Entwicklung dessen, was wir Gotik nennen, sollte die Stadt dagegen von überragender Bedeutung sein.

Nach den Katastrophen der Normannenstürme des 9. Jh. und dem Rückzug der Bevölkerung auf die Ile-de-la-Cité stand nach Befriedung der Normannen die Wiederbesiedlung der beiden Ufer an. Erst unter Philipp August sollte kurz nach 1200 eine *Stadtmauer* entstehen, [13] deren weitere Entwicklung bis hin zur Revolution bzw. bis zur Stadtbefestigung nach dem Krieg von 1870/71 Aufschluß über die Stadtentwicklung bzw. die schützenswürdigen Teile des Stadtgebiets vermittelt. Bevor diese Mauer errichtet wurde, gab es jedoch auf beiden Ufern schon mehrere Siedlungen, die sich im Schutze der großen Konvente wie kleine Vororte herausgebildet hatten und von einer Mauer umfriedet waren. Sie wurden als »clos« bezeichnet. Etwa dreißig gab es davon im Süden und ein Dutzend im Norden. Die wichtigsten waren der Clos Ste-Geneviève, St-Germain-des-Prés, St-Victor, St-Médard und

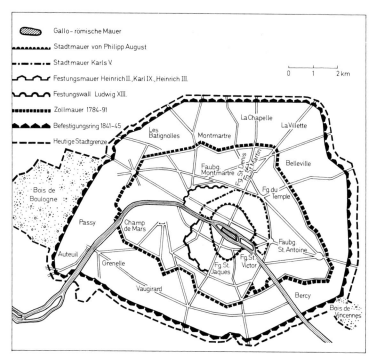

Gallo-römische Mauer
Stadtmauer von Philipp August
Stadtmauer Karls V
Festungsmauer Heinrich II., Karl IX., Heinrich III.
Festungswall Ludwig XIII.
Zollmauer 1784-91
Befestigungsring 1841-45
Heutige Stadtgrenze

0   1   2 km

La Chapelle
Les Batignolles
Montmartre
La Villette
Faubg. Montmartre
Fg. St. Denis
Fg. St. Martin
Belleville
Fg. du Temple
Bois de Boulogne
Passy
Champ de Mars
Auteuil
Grenelle
Fg. St. Jaques
Fg. St. Victor
Faubg. St. Antoine
Vaugirard
Bercy
Bois de Vincennes

13 Die sukzessiven Grenzen (Befestigungsringe und Zollmauern) der Stadt

St-Marcel und im Norden neben St-Martin, St-Merry und St-Magloire vor allem der Clos du Temple der Kreuzritter. Aber auch abgesehen von diesen Faubourgs war das Gelände von Gärten und Feldern durchsetzt. Entlang der Straßen und vor allem zu beiden Seiten der Insel bildeten sich Ansiedlungen mit eigenen Pfarreien und vor allem im Norden um die Place de Grève beim heutigen Rathaus Handelsniederlassungen und handwerkliche Gewerbebetriebe. Im 12. Jh. ist die Verstädterung dieser Gebiete so weit fortgeschritten, daß sie ab 1180 mit einer Befestigungsmauer umgeben werden. Schon damals ist das auf der Nordseite geschützte Gelände flächenmäßig größer als das im Süden, und bei dieser Tendenz sollte es auch in Zukunft bleiben.

Das Wachstum auf dem Gebiet der rive gauche war durch die Vielzahl der dort ansässigen kirchlichen Institutionen – bei St-Germain-des-Prés bildete sich z. B. ein Markt heraus – gewährleistet und durch die besseren Bodenverhältnisse und die seit langem vorhandene Infrastruktur begünstigt. Seit dem frühen 12. Jh. kommt aber noch ein anderer Faktor hinzu: die Revolution des Bildungswesens. Auch in Paris hatte die höhere Ausbildung zunächst an der bischöflichen Domschule im Schatten der Kathedrale stattgefunden. Zu Beginn des 12. Jh. lassen sich die Kirchenlehrer jedoch auf dem Südufer nieder, so z.B. Guillaume de Champeaux 1106 bei der Abtei St-Victor und andere in der Nähe des Petit-Pont, was ihnen den Spitznamen »parvipontani« einträgt. Es bildet sich hier ein intellektuelles Potential: Abaelard soll 5000 Schüler um sich versammelt haben, aus denen 50 Bischöfe, 19 Kardinäle und ein Papst hervorgegangen sind. Damit war Paris zur Hauptstadt des europäischen Bildungswesens geworden. Zu Anfang des 13. Jh. schlossen sich die bis dahin unabhängig voneinander lehrenden Doctores zu einer Universitas zusammen, deren Statuten 1215 von Innozenz III. genehmigt worden sind und an der mit Thomas von Aquin, Bonaventura und Albertus Magnus die größten Köpfe des 13. Jh. gelehrt haben. Die Studenten strömten aus allen Ländern Europas an die verschiedenen Kollegien und bildeten eine Universitätsstadt aus, die die traditionellen Bildungsstätten in Parma und Bologna an Bedeutung bald überflügelte. Ihre gemeinsame Sprache war das Lateinische, und deshalb – nicht wegen seiner antiken Vergangenheit – erhielt dieses Viertel, daß seinen Charakter als intellektuelles Zentrum Frankreichs trotz der Dezentralisierung der Sorbonne bis heute beibehalten hat, den Namen *Quartier Latin*.

14 Der Klosterbezirk von St-Germain-des-Prés Ende des 17. Jh. Stich des Monasticon gallicanum

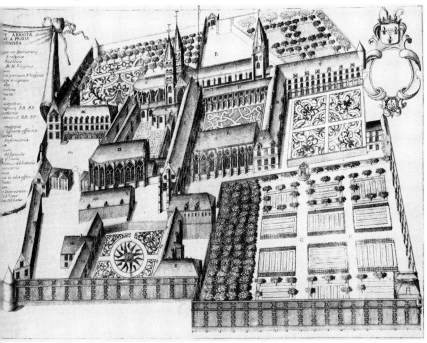

Noch bevor die erste nachantike Stadtmauer unter Philipp August errichtet wurde, waren die bis heute andauernden Grundfunktionen der Stadtgebiete vorgegeben. Wenn die Stadt auf den ersten Stadtplänen als »Ville, Cité et Université de Paris« umschrieben wird, dann sind damit gemeint die wirtschaftlich aktive Bürgerstadt im Norden, die intellektuelle Metropole im Süden und das politisch-religiöse Verwaltungszentrum in der Mitte auf der Cité-Insel.

Ein rein romanischer Bau ist in Paris nicht anzutreffen. Bei allen, die noch erhalten sind, mischen sich frühgotische Elemente mit ein. Auch die Abtei von *St-Germain-des-Prés* ist baulich sehr heterogen. Sie war im 6. Jh. von Childebert gegründet worden und ursprünglich dem hl. Vinzens und dem Hl. Kreuz geweiht, erhielt im 8. Jh. jedoch ihr jetziges Patrozinium, als der hier begrabene Pariser Bischof Germanus heilig gesprochen worden war. Wie der Name sagt, lag sie damals noch inmitten von Wiesen. Bis zur Säkularisation sollte sie eine der bedeutendsten Benediktinerabteien Frankreichs bleiben, die große Gelehrte
14 hervorgebracht hat. Der Stich aus dem Monasticon gallicanum zeigt ihre Anlage gegen Ende des 17. Jh. Außer der Kirche ist von den weitläufigen Gebäudekomplexen nur noch das nachmittelalterliche Abtpalais erhalten. Von den wenigen Resten der hochgotischen Marienkapelle und des Refektoriums wird später die Rede sein.

Am ältesten ist der unter Abt Morard (990–1014) errichtete *Glok-*
I *kenturm,* dessen oberstes Geschoß im 19. Jh. erneuert wurde. Es handelt sich um einen mächtigen Block mit Strebepfeilern an den Westekken und Treppentürmen im Osten. Die nackten Flächen sind nur durch wenige unverzierte Öffnungen belebt. Bautechnisch gesehen handelt es sich um einen festungsartigen Massivbau mit gequaderten Kanten, der ansonsten aus Handquadern, also relativ kleinen, nur annähernd regelmäßig zugerichteten Hausteinen besteht. Das Mauerwerk ist von Entlastungsbögen durchsetzt. Mag sein, daß der Festungscharakter auch durch die relativ ungeschützte Lage des Klosters außerhalb der Stadtmauern begründet war, um notfalls als letztes Refugium wie ein Bergfried zu dienen. Der anschauliche Charakter des Steinmassivs ist jedenfalls der einer Gottesburg.

Das frühromanische Langhaus und das Querhaus stammen aus der zweiten Hälfte des 11. Jh. und gehen in der Geschoßteilung nicht mit dem Westturm zusammen. Die Außenhaut ist sorgfältig durchgequadert und mit einem schönen, die Fenster umfassenden Zierband ge-
15 gliedert. Der Innenraum wurde in seiner Erscheinungsform erheblich verändert, und wegen seiner Bemalung im 19. Jh. gibt er von seiner handwerklich-technischen Faktur kaum etwas zu erkennen. Erst im 17. Jh. hat man Mittel- und Seitenschiffe nach dem Vorbild des frühgotischen Chores eingewölbt. Gleichzeitig öffnete man in den Querhausarmen die pseudogotischen Fenster. Im 19. Jh. erhielten die Pfeiler ihre jetzigen Sockel. Der Architekt Baltard entfernte zwölf Kapitelle,

15   St-Germain-des-Prés, Blick ins Mittelschiff

die sich jetzt im Cluny-Museum befinden, ersetzte sie durch romani-
sierende neue und ließ die übrigen überarbeiten und so bemalen, daß
sie sich einer kunsthistorischen Beurteilung entziehen. Auch die Arkadenbögen sind in ihrem Profil nicht original.

Trotz dieser Entstellungen handelt es sich um einen bemerkenswer-
ten Raum, der früher flach gedeckt war. Die Decken lagen etwas über
den Fensterscheiteln, und die Rundvorlagen der Mittelschiffwand
reichten mit unverzierten Kapitellen bis an die Dachbalken heran. Der
kastenartige Raum war also ähnlich wie in den normannischen Kirchen
des 11. Jh. klar rhythmisiert. Die weiten und hohen Arkaden zeigen
ein deutliches Bemühen, die Räume der Schiffe aufeinander zu bezie-

hen, und auch die Stützen aus einem rechteckigen Pfeilerkern mit Rundvorlagen auf allen vier Seiten haben eine damals sehr zeitgemäße Form.

16–18 Bei den *Kapitellen im Cluny-Museum* handelt es sich um Inkunabeln der romanischen Bauskulptur von sehr unterschiedlicher Qualität. Stilkritisch lassen sich hier mindestens drei ausführende Hände voneinander unterscheiden. Ein Bildhauer hat Pflanzenmotive und Palmetten auf den Kapitellkelch gereiht und zusätzlich noch kleine Tiere darüber verstreut, ein anderer hat grobschlächtige Personen und Tiere gemeißelt, wobei kaum ein szenischer Zusammenhang spürbar wird. Angesichts solcher sehr primitiver Versuche wird die Meisterschaft des Hauptmeisters, der das Kapitell mit dem segnenden Christus in der Glorie gemeißelt hat, sofort evident: Die Figur ist deutlich vom Grunde abgehoben, der Ausdruck des Segnens ist wie bei ottonischen Buchmalereien durch Vergrößerung der gestischen Bewegung betont, und der Körper ist mit Hilfe von ornamentalen Faltenwürfen klar herausmodelliert. Auch in seinen mehrfigurigen Kapitellen wird die szenische Bewegung durch deutliche Modellierung, Betonung der Gesten und kompositorisch wirkungsvoll eingesetzten Faltenwurf deutlich gemacht. Man hat gemeint, daß die stilistischen Quellen dieser erstaunlich hoch entwickelten Bildhauerkunst in der Metallkunst und ihren Hochreliefs zu suchen sind.

Der *Chor von St-Germain-des-Prés* ist schon ein frühgotisches Werk. Die Entstehungszeit läßt sich nur annähernd, aber doch hinreichend genau erschließen. Die Weihe des Chores fand 1163 statt und wurde von Papst Alexander III. vollzogen, also im selben Jahr, als dieser den Grundstein für die neue Kathedrale gelegt haben soll. Die Forschung hat solche Weihe- und Gründungsdaten oft zu wörtlich

16–18   Kapitelle aus St-Germain-
des-Prés (Cluny-Museum)

Unten:
19   St-Germain-des-Prés, Chor von
Süden

genommen und übersehen, daß man die Anwesenheit eines Papstes
eben zum Anlaß für solche, gemessen an der Baugeschichte verfrühten
oder verspäteten offiziellen Zeremonien einfach genutzt hat, um damit

auch dem Bauunternehmen mehr Prestige zu verleihen. In diesem
Falle hat das Datum aber einiges für sich, denn im Grundriß ist der
Chor mit seinen drei Langchorjochen und vier Langchorkapellen, mit 20
seinem Umgangschor aus fünf Seiten des Zehnecks und fünf Kranzkapellen praktisch deckungsgleich mit dem der Kathedrale von Noyon,
die gegen 1157 vollendet war. Der Baubeginn dürfte also um die Jahrhundertmitte anzusetzen sein.

◁ 20   St-Germain-des-Prés, Blick in den Chor
  21   St-Germain-des-Prés, Chorumgang

Auch dieser Bauteil ist nicht so auf uns gekommen, daß wir ihn als ungetrübtes Beispiel frühgotischen Stils ins Auge fassen könnten. Die
19 Strebepfeiler und -bögen, die in der Diskussion über dieses typisch gotische Stützsystem übrigens eine wichtige Rolle gespielt haben, weil man in ihnen früher mit die ältesten Exemplare freiliegender Bögen hat sehen wollen, sind erst gegen Ende des 12. Jh. errichtet worden, um Bauschäden vorzubeugen. Ursprünglich war die starke horizontale Teilung der Außenansicht deshalb viel stärker, zumal die Seitenschiffe von Pultdächern überdacht waren. Entsprechend befanden sich die Sohlbänke der Obergadenfenster sehr viel höher, diese waren also kleiner. Das wirkt sich auch auf den Innenraum aus. Das Triforiengeschoß des in Abweichung von Noyon nur dreigeschossigen Mittelschiffaufrisses hatte natürlich Spitzbögen über den Zwillingsöffnungen, deren Mittelstützen übrigens Säulchen aus dem merowingischen Vorgängerbau sind. Die Fenster waren entsprechend kleiner. Die jetzige Formulierung mit den hochgotisch anmutenden großen Fenstern und den ganz ungotischen geraden Architraven des Triforiums stammt aus dem 17. Jh., dessen Bedürfnis nach Durchleuchtung und Vereinheitlichung der Kirchenräume den mittelalterlichen Kirchen so unermeßlichen Schaden zugefügt hat. Anderswo – so auch in Notre-Dame – wurden dieser barocken Ästhetik die mittelalterlichen Verglasungen und Einbauten wie insbesondere die Lettner geopfert; hier in St-Germain wurde eine frühgotische Baustruktur entscheidend denaturiert, so daß der Raum heute durchlichteter ist, als er es eigentlich sein dürfte.

Es ist müßig zu diskutieren, ob der dreigeschossige Aufriß des Mittelschiffs angesichts der zu dieser Zeit ansonsten noch vorherrschenden vierteiligen Aufrisse der frühgotischen Kathedralen ein Fortschritt ist oder nicht, denn der Verzicht auf Emporen kann auch funktional begründet sein und ist in früheren Kirchen vielfach die Regel. Typisch für die Frühgotik sind die mächtigen gedrungenen Rundstützen mit ihrem antropomorphen Charakter, wie wir sie auch in Notre-Dame wiederfinden werden. Gemessen an anderen Bauten wirken viele Details auch behäbig und rückständig. So sind die Joche in Seitenschiffen
21 und Umgang durch mächtige, nur an den Kanten abgefaste Gurte getrennt, und auch zwischen den Kapellen liegen schwere Vorlagenmassive. Dies alles bewirkt, daß die Räume der Kapellen und Schiffe längst nicht in dem Maße miteinander kommunizieren wie schon in dem gotischen Gründungsbau, dem Suger-Chor von St-Denis. Der konservativ-romanische Charakter dieses Chores kommt auch in bestimmten Details zum Ausdruck: die meisten Bögen bleiben rundbogig, und die Profilierung der Bauglieder wirkt schwerfällig und fest.

Ich habe in einem anderen Zusammenhang zu zeigen versucht, daß die Herausbildung der gotischen architektonischen Formensprache

22　St-Germain-des-Prés, Kapitell einer Kranzkapelle

sehr eng zusammenhängt mit bestimmten handwerklich-technisch-planerischen Entwicklungen. Im Zeitalter der Frühgotik war es auch ein bauökonomisches Problem, die enormen Mauerstärken zu reduzieren, ohne die Stabilität des Gebäudes zu beeinträchtigen. Dabei spielten die sog. »en-délit« aufgestellten Elemente – also runde Stützen und Dienste, die ausnahmsweise nicht lagerhaft, d. h. entsprechend ihrer Lage im Steinbruch und mit horizontaler Maserung, sondern senkrecht dazu versetzt worden sind – eine bedeutsame Rolle. In der Mauertechnik sind auch die anderen frühgotischen Kathedralen der Ile-de-France genauso wie St-Germain-des-Prés noch ganz konventionell aufgeführt in der Art romanischer Kirchen. Aber indem sie sich partiell der en-délit-Technik bedienen, werden die Mauern bei gleicher Belastung dünner, das Bauen wird ökonomischer. Von diesen Fortschritten bautechnischer Art, die sich weit über die Grenzen Frankreichs durchsetzen sollten, weil sie die Kosten senkten, ist in St-Germain-des-Prés noch kaum etwas zu merken. So mag man diesen Chor trotz allem doch als relativ konventionell charakterisieren, wenn man die vergleichbaren baukünstlerischen Realisationen mit einbezieht. Und das nimmt bei einem Kloster wie St-Germain nicht weiter Wunder, das ja, indem es auf seine Altehrwürdigkeit pochen konnte, auch baulich Althergebrachtes bevorzugt haben dürfte. Jedenfalls ist der Chor von St-Germain sicher nicht Ausdruck eines zukunftweisenden architektonischen Avantgardismus.

Die *Bauskulptur des Chores von St-Germain* ist von hohem künstlerischen Rang. Die Kapitelle der Rundstützen erweisen sich trotz ihrer 23 Übermalung als dekorative Prachtstücke, die den erhaltenen Kapitellen von Ste-Geneviève stilistisch sehr nahe stehen. Auch die freieren Kapitelle der Kranzkapellen sind jedoch noch nicht eigentlich gotisch. 22 In ihnen allen ist jedoch ein gestalterisches Bedürfnis nach Durch-

strukturierung durch Reihung, Betonung der Kanten, Hin- und Ab-
wendungen der Tiere und Fabelwesen und Pflanzen auf die tektonisch
wichtigen Stellen anzumerken, also ein Gliederungsbedürfnis, das
dann in den verschiedenen Ausprägungen des hochgotischen Knos-
penkapitells gegen 1190 seine endgültige ästhetische Formulierung
finden wird.

23 St-Germain-des-
Prés, Kapitell eines
Chorpfeilers

Noch während des Chorneubaus erhielt die Abteikirche ein *Figuren-
portal im alten Westturm.* 1607/08 wurden dessen Tympanon und Archivolten bei der Errichtung der jetzigen Eingangshalle beseitigt. In
der Revolution kamen auch noch die Gewändefiguren abhanden, deren ungefähres Aussehen jedoch noch aus Stichen des 18.Jh. überliefert ist. An Ort und Stelle erhalten ist nur noch der Türsturz mit einer
Darstellung des Abendmahls. Während die zerstörten Gewändefiguren in vielen Punkten an das mittlere Chartreser Westportal anknüpfen, ist der Türsturz von minderer Qualität, so daß man in Zweifel
gezogen hat, ob er überhaupt ursprünglich hierher gehört. Das Portal
ist jedenfalls kunsthistorisch in die Zeit um 1160 einzuordnen.

Das *Kloster Ste-Geneviève,* welches Chlodwig zu Ehren der Apostel
Peter und Paul auf der Höhe der Montagne Ste-Geneviève gegründet
hatte und das, nachdem die hl. Genoveva dort begraben worden war,
später deren Patrozinium annahm, war ehemals ähnlich bedeutend wie
St-Germain-des-Prés und wie diese Abtei Mittelpunkt eines »bourg«.
Von der ursprünglichen Kirche wissen wir kaum etwas, und ihr Nachfolgebau wurde beim Durchbruch der Rue Clovis zerstört. Seit dem
24 11.Jh. war diese Kirche, über die wir aus älteren Abbildungen und

40

Beschreibungen einigermaßen informiert sind, von Osten nach Westen gebaut worden, und seit dem Ende des 12. Jh. hatte sie Kreuzrippengewölbe und einen weitgehend neuen Chorumgang erhalten. Einer genaueren kunsthistorischen Beurteilung entzieht sich die Anlage jedoch.

Die Baulichkeiten des ehemaligen Klosterbereichs sind im heutigen Lycée Henri IV aufgegangen. Erhalten hat sich dort aus dem 13. Jh. das kreuzrippengewölbte *Refektorium* von über 30 m Länge, das jetzt als Kapelle des Gymnasiums dient, sowie die sog. *Tour Clovis*. Dieser auf der Südseite der Kirche freistehende Turm stammt in seinem Untergeschoß aus der Zeit um 1100, während die beiden oberen Geschosse der fortgeschrittenen Gotik angehören. Das Refektorium entlang der Rue Clotilde ist leider heute mit einer Zwischendecke versehen; im unteren Geschoß sind die Küchen untergebracht. Dadurch wirken die Räume erdrückend niedrig, und die Basen der Wandvorlagen sind nicht zu sehen, was den Raumeindruck empfindlich stört. Die zierlich profilierten querrechteckigen Kreuzrippengewölbe ruhen auf Dienstvorlagen mit zwei Kapitellen für die Kreuzrippen und einer Konsole für die Gurtbögen. Die Schlußsteine sind mit kleinen Köpfen verziert. Die Straßenfassade ist durch Strebepfeiler mit Wasserschlä-

24 Die Fassaden von Ste-Geneviève und St-Etienne-du-Mont. Aquarell des 19. Jh. von A. Garbizza

25   Ste-Geneviève, Außenansicht des Refektoriums, jetzt Lycée Henri IV

26   Ste-Geneviève, Inneres des durch eine Zwischendecke entstellten
Refektoriums

gen rhythmisiert. Die Fenster
waren ehemals größer und
ruhten mit ihren Sohlbänken
auf einem horizontal durchlaufenden Gesims. Sie werden bekrönt von fein profilierten
Blendvierpässen. In seiner
feingliedrigen Schlichtheit ist
dieser um 1220 entstandene
Speisesaal der Vorläufer von
anderen, kunsthistorisch sehr
bedeutsamen Pariser Refekto-
rien, dem von St-Martin-des-
Champs und dem zerstörten
von St-Germain-des-Prés.

Von der Bauzier der Geno-
veva-Kirche haben sich einige
Fragmente erhalten, die im
Louvre und im Cluny-Museum
aufbewahrt werden. Das älteste ist zugleich das schönste
28 und stellt *Daniel in der Löwengrube* dar. Es handelt sich um
das Kapitell einer Vorlage,
dessen rückwärtige Seite ein-
gemauert war. Die Darstellung
ist nicht aus einem rohen Mar-
morblock, sondern aus einem
älteren Kapitell mit Akanthus-
blättern herausgemeißelt worden, das wohl aus der merowingischen Vorgängerkirche
stammte. Klar heben sich die
Volumina des sinnenden Daniel und der Bestien mit ihren
übertriebenen Schnurrbärten
vom Kapitellkelch ab, Abwei-
chungen von der Symmetrie
beleben die Szene, das Gesicht
mit den vortretenden Backen-
knochen, dem eingeschnitte-
nen Mund und den gebohrten

28   Kapitell aus Ste-Geneviève: Daniel in der Löwengrube (Louvre)

Augen ist scharf akzentuiert. Die Datierung ist ungewiß und schwankt zwischen dem Ende des 11. und dem Beginn des 12. Jh.

Im Cluny-Museum werden ferner einige *Frieskapitelle* von den großen Rundpfeilern des westlichen Langhauses aufbewahrt. Zum einen handelt es sich um einen rein pflanzlichen Dekor aus ineinander verschlungenen Palmetten mit Trauben, andere haben Darstellungen der Tierkreiszeichen im Stil der Westskulpturen von St-Denis, und ein letztes zeigt Vögel, die sich fast vollplastisch vom Reliefhintergrund abheben. Man kann diese Stücke etwa in die Zeit von 1140 bis 1160 datieren.

Vom Trumeau des Westportals stammt die heute im Louvre aufbe
29 wahrte *Figur der hl. Genoveva.* Sie steht auf einem Ungeheuer und hielt in der linken Hand ehemals eine Kerze. Über ihrer rechten Schulter kommt ein kleiner Engel herab, der ebenfalls eine Kerze hält, während der Teufel auf der linken Schulter mit seinem Blasebalg nur noch fragmentarisch erhalten ist. Diese Darstellung der Titelheiligen spielt auf eine Legende an, die uns Jacobus de Voragine überliefert hat: Bei einer nächtlichen Prozession mit anderen Jungfrauen wurden die Prozessionskerzen alle ausgelöscht, während die der Genoveva auf wunderbare Weise wieder angezündet wurde. Stilistisch gehört diese Figur in die Nachfolge des Ateliers, das am Marienportal der Kathedrale gearbeitet und auch in den Skulpturen von St-Germain-l'Auxerrois Ableger gefunden hat. Damit dürfte sie gegen 1220 entstanden sein.

29 Die hl.
Genoveva,
Trumeau-
statue
von Ste-
Geneviève
(Louvre)

Schon auf den letzten Seiten waren im Zusammenhang von Baukomplexen, die z. T. älter sind und romanische Partien aufweisen, gotische Bauteile und Bauzier kurz besprochen worden, um den topographisch baugeschichtlichen Zusammenhang zu wahren. Bevor wir uns nun rein gotischen Komplexen zuwenden, ist es sinnvoll, sich vorab einige grundsätzliche Sachverhalte vor Augen zu führen, denn die Bedeutung der Ile-de-France und ihrer Hauptstadt bei der Herausbildung dieses Stils, der bald im ganzen Abendland nachgeahmt werden sollte, ist ganz zentral. Wir wissen heute im Gegensatz zu den Renaissance-Autoren, die den Begriff wie so oft als eine abwertende Stilkategorie mit der Bedeutung »barbarisch« geprägt haben, und auch im Gegensatz zu den deutschen Autoren vom jungen Goethe bis weit ins 19. Jh. hinein, die die Gotik für eine genuin deutsche Erfindung hielten, daß deren Ursprungs- und frühes Verbreitungsgebiet deckungsgleich mit dem Machtbereich der französischen Krone ist. Man muß sich fragen, warum das so ist.

Darüber, was Gotik denn sei, hat es eine lange Diskussion gegeben, die längst noch nicht als abgeschlossen angesehen werden kann. Diese Diskussion ist bezeichnenderweise und zu Recht immer unter Bezugnahme auf die Architektur geführt worden, denn in kaum einer Zeit war die Baukunst je so deutlich Mutter der anderen Künste wie jetzt. Daß die Gotik nicht einfach ein Spitzbogenstil, sondern durch eine ganze Reihe von technischen Merkmalen ausgezeichnet ist, weiß man schon lange. So hat z. B. Emile Mâle das Kreuzrippengewölbe als das Samenkorn gesehen, aus dem sich der ganze Reichtum gotischer Formlösungen ergeben hätte. Daran ist richtig, daß diese Gewölbeform in der Tat gegenüber dem Tonnengewölbe oder der Kuppel viele statische Vorteile hat: der Hauptschub und -druck wird auf die Ecken abgeleitet und kann dort gezielt abgefangen werden. Dies geschieht durch Verstärkung der Pfeiler und deren Sicherung durch Strebesysteme, auf der anderen Seite ermöglicht es die Öffnung und Durchlichtung der Wand. Das spart Material, macht die Wände und auch die Gewölbekappen dünner. Und außerdem ist diese Gewölbeform für sehr verschiedene Grundrisse adaptierbar.

Viele ältere Autoren haben die Geschichte der Gotik seit dem 1144 geweihten Chorbau von St-Denis denn auch fast ausschließlich unter solchen Gesichtspunkten zunehmender technischer Perfektion geschrieben, bis Ernst Gall nachgewiesen hat, daß alle entscheidenden konstitutiven Elemente wie Kreuzrippengewölbe und Strebesystem schon sehr viel früher in England, der Normandie und z. T. auch noch anderswo vorliegen. Daß gerade die normannische romanische Architektur bei der Herausbildung des gotischen Stils die wichtigste Rolle gespielt hat, ist zwar unbestritten, nach Galls Untersuchungen war die Gotik aber nun zu einem Stil geworden, der sich regional seit dem Ende des 11.Jh. langsam entfaltet und dann in der Ile-de-France erst zur vollen Entfaltung kommt. Sehr folgenreich war seine Behauptung, daß das Kreuzrippengewölbe gar nicht aus konstruktiv-statischen Überlegungen heraus, sondern als reine Dekorationsform entstanden sei, deren technische Vorzüge man sich erst in einem langen Prozeß angeeignet habe. Man hat ihm diese Behauptung allzu leichtfertig abgenommen, und da es nun andere Definitionen für die doch so augenscheinlich neue Architektur seit dem Chor von St-Denis zu finden galt, ist gerade die deutsche Kunstwissenschaft auf sehr idealistische Erklärungen verfallen. Hans Jantzen hat z.B. die gotische Wand als diaphan (= durchscheinend) charakterisiert, ohne weiter zu hinterfragen, warum die gotische Raumhülle so und nicht anders aussieht. Otto von Simson hat die Lichtmetaphysik des sog. Pseudoareopagiten für den neuen Stil verantwortlich gemacht, Sedlmayr hat die gotische Architektur als ein System von Baldachinen erklärt, die das himmlische Jerusalem bedeuten, und Panofsky, der wohl bedeutendste Kunsthistoriker, hat auf die strukturellen Analogien zur scholastischen Philosophie hingewiesen. Mit technischen Entwicklungen und Bauökonomie hat sich aber keiner dieser Autoren ernsthaft befaßt, und wenn auch nicht geleugnet sein soll, daß die genannten Theorien und Interpretationen Teilerkenntnisse beisteuern, so gelingt ihnen doch keine wirkliche Erklärung. Sie gelingt auch dort nicht, wo, wie etwa bei den Historikern Le Goff und Duby, die historischen, gesellschaftlichen, wirtschaftlichen und kulturell-ideologischen Hintergründe verstärkt herangezogen werden.

Meiner Meinung nach muß die Geschichte der gotischen Architektur unter genauerer Berücksichtigung ihres eigentlichen Gegenstandsbereichs – der Denkmäler selber – eines Tages von Grund auf neu geschrieben werden, und es wird noch vieler Forschungen bedürfen, ehe hier eine annähernd befriedigende Erklärung vorgelegt werden kann. Dabei darf man es sich nicht zu einfach machen und einen Stil wie ein organisches Gebilde behandeln, das Blüte, Reife und Welken zeigt und dessen Entwicklung nach dem Prinzip der Entelechie auf ein Telos (Ziel) hin verläuft. Man darf auch nicht einfach einen »Zeitgeist« oder ein »Stilwollen« bemühen, denn damit hat sich die Kunstwissenschaft schon zu oft um die eigentliche Erklärung ästhetischer Phänomene herumgemogelt. Man muß vielmehr fragen, warum sich bestimmte Erscheinungsformen herausbilden und aufgrund welcher technischer, ökonomischer, sozialer, politischer usw. Entwicklungen sie sich so und nicht anders verändern. Man muß auch fragen, wer wen mit gestalteten Objekten – sei es nun Architektur oder Buchmalerei – jeweils anspricht und inwieweit diese visuelle (und bei Architektur auch direkt körperliche) Kommunikation neue Wahrnehmungsweisen dokumentiert. Und warum bildet sich zu einer bestimmten Zeit und bei einer bestimmten gesellschaftlichen Gruppe eine spezifische Wahrnehmungsvorliebe heraus? All dies sind schwierige Fragen, die wir, wenn wir sie auch nicht oder nur annähernd beantworten können, zumindest im Kopf haben müssen, um uns nicht mit allzu vordergründigen Erklärungen zufrieden zu geben.

Solche prinzipiellen methodischen Vorbehalte gelten natürlich für jede kulturhistorische Epoche, und es wird lange dauern, bis die Kunstgeschichte die hier formulierten Erkenntnisansprüche einlösen wird. Aber wenn die Beschäftigung mit Kunstwerken nicht einfach eine Freizeitbeschäftigung zur Befriedigung der Sinne mit vordergründigen Erklärungen bleiben soll (ein Rezeptionsverhalten, dem das Gros der heutigen Kunstwissenschaft übrigens immer wieder Vorschub leistet), wenn sie einer alten, von Goethe wiederformulierten Forderung gemäß Belehrung und Genuß gleichermaßen zu befördern hat, dann ist im Bereich der Belehrungen noch vieles zu leisten. Und man kann sich auch auf den Standpunkt stellen, daß wirklich hedonistischer Umgang mit den Produkten historischer Kultur um so lustvoller ist, je mehr uns diese Produkte etwas von konkreter Lebensrealität vermitteln. Marx hat in einer Frühschrift die Kulturprodukte einmal als aufgeschlagenes Buch der menschlichen Wesenskräfte bezeichnet, das es lesen zu lernen gälte, und er hat eine Wissenschaft kritisiert, die von diesem Reichtum nichts hält. Demnach gilt es, Erkenntnisformen und Methoden zu entwickeln, die die Sachverhalte der Kunstgeschichte als Beweisstücke im historischen Prozeß sichern, statt sie unreflektiertem Konsum zur Verfügung zu stellen.

Die früh- und hochgotische Architektur bietet insofern ein gutes Beispiel für die Interdependenz von künstlerischen, gesellschaftlichen, wirtschaftlichen und sonstigen Entwicklungen, als sich deren Techniken erst entfalten. Denn in dem Augenblick, wo eine Technik verfügbar und vielfältig anders verwendbar ist, liegen die kunstwissenschaftlichen Erklärungsprobleme auf einer anderen Ebene. Wenn man z.B. im 18.Jh. ein Kirchengewölbe aus Lattengerüsten mit Gips und Stuck in weitgehend beliebigen Formen erstellen konnte, so war im 12.Jh. die Gewölbebildung sehr viel enger durch die jeweils vorliegenden handwerklichen Fertigkeiten in der Verwendung des verfügbaren Hausteins vorbestimmt. Ein spätbarockes Gewölbe sagt also viel über den formalen Erfindungsreichtum seines Entwerfers und vergleichsweise wenig über die handwerkliche Qualifikation derer aus, die es erstellt haben. Im 12.Jh. ist dieses Verhältnis aber eher umgekehrt, da kein Architekt die Möglichkeit hatte, sich über begrenzte Formen des know-how hinwegzusetzen, seine Kreativität vielmehr immer in diesem Rahmen entfalten mußte. Die historische Wasserscheide zwischen diesen beiden Weisen der künstlerischen Produktion, die für das, was wir gesamtgesellschaftlich zur »Kunst« oder zum »Handwerk« zählen, bis heute ausschlaggebend geblieben ist, liegt in der Gotik und nicht in der Renaissance, wie uns immer wieder weiszumachen versucht wird. Insofern spielt die Kultur von Paris und des Kronlandes für das Abendland, das ja innerhalb der Weltgeschichte bald die Führungsrolle übernehmen sollte, im späteren 12. und im Verlauf des 13. Jh. trotz der wirtschaftlichen Überlegenheit Flanderns und Norditaliens die wichtigste Rolle.

Ästhetisch gesehen besteht das Neue im *Chor von St-Denis,* der nur wenige Kilometer nördlich der Hauptstadt steht und von dem aus dem 12. Jh. nur der Umgang mit Kapellenkranz erhalten ist, in einem ganz durchlässigen Raumgefüge, in dem Kapellen und Umgang miteinander verschmelzen und bei dem die reichliche Belichtung in der Tat eine entscheidende Rolle spielt. Technisch gesehen wird die Leichtigkeit des Baus durch ein Hilfsmittel ermöglicht, nämlich durch die sehr stabilen monolithen Säulenschafte, die en-délit aufgestellt sind. In der frühgotischen Architektur des Kronlandes nimmt die Verwendung dieser Elemente in den folgenden Jahrzehnten bis 1190 erheblich zu. Sofern sie als Wandvorlagen verwendet werden, wirken sie in der Regel wie innere Verstärkungen und Verstrebungen. Schon in St-Denis hat das zur Folge, daß die Wand erheblich dünner als sonst üblich ausgeführt ist. Bei den großen romanischen Bauten waren die Mauern in aller Regel zweischalig bis unter das Dach gemauert, d. h. mit einem inneren und äußeren Mantel aus Haustein, zwischen denen sich eine Mischung aus Bruchstein und Mörtel befindet. Es gibt viele Beispiele für frühgotische Außenmauern, die nur aus einer einzigen, relativ dünnen Aufmauerung von Haustein bestehen. Es ist zuallererst diese Material und Kosten sparende Rationalisierung gewesen, die die gotische Architekturästhetik ermöglicht hat.

In der zweiten Hälfte des 12. Jh. bis in die Zeit um 1230 kommen dann eine ganze Reihe weiterer Erfindungen hinzu, die das Bauen rationeller machen. Um 1170 wird in erhöhtem Maße große Maschinerie zum Einsatz gebracht, was man an der Vergrößerung der Steinformate sehen kann. Diese sind in zunehmendem Maße typisiert, können also nun nach Schablonen vorgefertigt werden, so daß die Arbeit auch im Winter in der »Hütte«, die synonym für gotischen Baubetrieb geworden ist, stattfinden kann. Damit ergeben sich entscheidende Veränderungen des Bauvorgangs selbst: Während man früher in langen, horizontalen Schichten gemauert hat, entsteht nun eine Skelettbauweise, bei der man die im Winter vorgefertigten Fertigteile für Pfeiler und Vorlagen schnell aufeinander stapelt, und die Verbindungsmauern nachträglich einfach bzw. die Fenster ebenso schnell in die Zwischenräume montiert. Die zunehmende Vorfertigung macht längerfristige Planung notwendig, und als Medium dieser Planung wird um 1220 die exakt verkleinerte Werkzeichnung erfunden, die es bislang nicht gab und die das Bauwesen wiederum revolutioniert und das

Berufsprofil des Architekten, der im Rahmen dieser Prozesse vom Handwerker zum gesellschaftlich hoch geehrten Künstler aufsteigt, entscheidend verändert. Diese Prozesse, die ich anderswo ausführlich beschrieben habe, können hier nur angedeutet werden. Sie spielen sich auf den Kathedralbauplätzen der Städte rings um Paris, also in Laon, Soissons, Chartres, Reims, Amiens, Beauvais, St. Denis und in Paris selber ab, und weil das Bauen damit extrem rationell geworden war, wird die französische Technik, das »opus francigenum«, denn auch von allen abendländischen Kulturnationen übernommen.

Die Gründe dafür, daß sie sich gerade in Frankreich ausbilden konnte, sind vielfältig. Zum einen spielt die Festigung des Staates eine Rolle. Hierdurch wurde ein extremer wirtschaftlicher Aufschwung ermöglicht, der Arbeitskräfte dauerhaft für Bauaufgaben freisetzte. Nirgends sonst, auch nicht in den reichen flandrischen und norditalienischen Städten, wurden in solchem Ausmaß Kathedralen und große Kirchen gebaut wie in Nordfrankreich. Das verweist einmal auf dessen feudale Gesellschaftsstruktur (denn der Klerus, der über diese großen Kirchen verfügte, stammt zum Großteil aus der Aristokratie), zum anderen aber auch auf die Kooperationsbereitschaft der Städte, ohne deren Hilfe diese Großbauten nicht zustande gekommen wären und die sich mit ihnen identifizieren konnten. So gesehen ist die gotische Kultur in ihrer Blütezeit eben doch eine städtische. Und der rege Austausch, der zwischen den vielen benachbarten Baustellen stattfinden konnte, führte denn auch zu einem unerhörten Zuwachs an technischem know-how.

Mit den Krisen, die schon gegen Ende der Regierungszeit des hl. Ludwig einsetzen, der sich selber für viele Bauten engagierte, änderte sich das alles, und im späteren Mittelalter schirmen die Bauhütten ihr know-how voneinander ab und passen sich damit der konkurrentiellen Situation der Wirtschaftskrisen an. Jedenfalls war um 1230 eine Perfektion des Bauens im Medium des Hausteins erreicht, die nicht mehr zu übertreffen war, sondern nur noch zu verfeinern. Und in dieser Verfeinerung liegen denn auch vor allem die ästhetischen Neuerungen der spätgotischen Kunst mit ihrem oft ganz filigranhaften Charakter begründet.

30   *St-Pierre-de-Montmartre* war von Ludwig VII. erworben worden, um dort ein Frauenkloster zu gründen. Die Baugeschichte dieses kleinen Gotteshauses ist verworren. 1147 weihte Papst Eugen III. den im Osten begonnenen Bau, von dem damals Chor, Querhaus und das anschließende Langhausjoch standen. Die drei westlichen Langhausjoche wurden erst in der zweiten Jahrhunderthälfte fertiggestellt, und 31   am Ende des Jahrhunderts wurde dann die romanische Apsis, die vermutlich mit einer Halbkalotte überdeckt war, erneuert. Die Mittelschiffgewölbe in Langhaus und Vierung gehören ins 15. Jh. Die

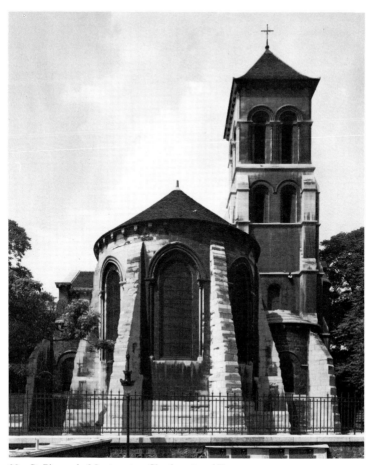

30 St-Pierre-de-Montmartre, Chorhaupt und Turm

bescheidene Fassade stammt aus dem 18. Jh. Die Seitenschiffe und Querarme sind ebenso wie fast der gesamte Außenbau im 19. Jh. restauriert worden.

Man wundert sich, daß diese Kirche eines bedeutenden Benediktinerinnenkonventes an der Stelle eines antiken Tempels und einer merowingischen Vorgängerkirche, von der einige Elemente wiederverwendet wurden, sich so bescheiden ausmacht. Das Gewölbe im Vorchorjoch ist vermutlich das älteste erhaltene Kreuzrippengewölbe von Paris und etwa gleichzeitig mit den Gewölben in den Westteilen der Abteikirche von St-Denis kurz vor 1140 entstanden. Das östliche Langhausjoch hat einen merkwürdigen dreigeschossigen Aufriß mit 32 zwei Rundbogenöffnungen über den Arkaden. Man hat darin Emporen für die königlichen Stifter sehen wollen. Merkwürdig sind die

51

31 St-Pierre-
de-Montmartre,
Apsis und
Presbyterium

32 St-Pierre-
de-Montmartre,
östliches
Langhausjoch
mit dreigeschos-
sigem Aufriß

rechteckigen Triforienöffnungen
in den westlichen Langhausjochen, über deren Architraven unmittelbar die Obergadenfenster
ansetzen. Der hell belichtete Chor
mit den ganz dünnen Diensten
und feinen Profilen macht auch im
Außenbau einen schönen eben-
mäßigen Eindruck. In den Ostpartien des Baus gibt es noch einige
Kapitelle, die ganz der romanischen Tradition der ersten Hälfte
des 12. Jh. verhaftet bleiben. Bei
dem rittlings auf einem Bock rei-
tenden Mann handelt es sich vielleicht um die Darstellung eines
Lasters wie Luxuria, vielleicht
aber auch um ein antisemitisches
Motiv, da der »Sündenbock« in

33

der mittelalterlichen Ikonografie sehr oft für die Sünden des Volkes
Israel steht.

St-Pierre, das eher wie eine Landkirche wirkt und im Grundriß für
viele Kirchen dieser Zeit typisch ist, hat, was die Grundrißdisposition
angeht, auch in Paris noch einen Nachfolger gefunden: das fast idyl-
lische Kirchlein *St-Julien-le-Pauvre.* Mit ihrem dörflichen Charakter
kontrastiert diese Kirche auf dem Südufer zu der mächtigen Kathedralfassade, die ihr gegenüber auf der Insel liegt. Der Bau dürfte um
1170 im Osten begonnen worden sein. Warum sich die Vollendung bis
in die Mitte des 13. Jh. hinzog, wissen wir nicht. Die beiden Westjoche
wurden abgerissen, und der Torso erhielt im 17. Jh. eine bescheidene
Fassade. Interessant sind eigentlich nur die Ostpartien, die trotz der 36
vielfachen Restaurierungen ihren ursprünglichen Charakter bewahrt
haben. Bei der Kleinheit des Baus konnte auf ein Strebesystem verzichtet werden. Zwischen der Hauptapsis, die zwei Fensterreihen
übereinander hat und somit dreigeschossig wirkt, und dem zweigeschossigen Langchor hat anscheinend ein Planwechsel stattgefunden;
denn dieser ist ebenso wie das Vorchorjoch der südlichen Nebenapside
von einem sechsteiligen Gewölbe überdeckt, das bei so kleinen Raum- 37
verhältnissen ganz ungewöhnlich ist. In der Arkadenzone führt das zu
einem Stützenwechsel aus starken Pfeilern, die die Gurte und Diago-
nalrippen tragen, und schwachen Rundstützen, die neben den Schild-
bögen lediglich die Traversalrippen aufzunehmen haben. Wenn sol-

34, 35   St-Julien-le-Pauvre, Kapitelle im Vorchorjoch

cher Wechsel in Notre-Dame auch nur ganz am Rande artikuliert worden ist, so sind die sechsteiligen Gewölbe von St-Julien doch sicherlich von der bereits in Bau befindlichen Kathedrale angeregt. Ungewöhnlich sind allerdings manche Einzelheiten wie die sehr hohen Bogenrücken, auf denen die Gewölbekappen aufliegen, und die Tatsache, daß die Traversalrippe als Korbbogen, also als gedrückter Rundbogen ausgeführt ist, den man dann nachträglich durch eiserne Zuganker statisch abgesichert hat. Von der Bauornamentik sind vor

36   St-Julien-le-Pauvre, Choranlage

37   St-Julien-le-Pauvre, Blick in den Chor

allem die beiden niedrigen Kapitelle der schwachen Rundstützen her-   34, 35
vorzuheben, die das formale Problem, vom Rund der Säule zum Quadrat der Kämpferplatte überzuleiten, mittels eines pflanzlichen und
figürlichen Dekors auf sehr subtile Weise lösen. Das Kapitell mit den
Sirenen über dem südlichen Pfeiler hat den Schriftsteller Huysmans zu
einer berühmten Beschreibung veranlaßt.

Architekturgeschichtlich höchst bedeutsam ist die Abteikirche *St-
Martin-des-Champs,* die sich entlang der alten nördlichen Ausfall-
straße St-Martin über einer karolingischen Gründung, die von den
Normannen zerstört worden war, erhebt. Wie schon der Name sagt,
sollte diese Institution, die hier einen ebenso bedeutsamen urbanistischen Kristallisationspunkt darstellte wie St-Germain-des-Prés auf
dem Südufer, noch lange inmitten von Feldern liegen. Noch im 13. Jh.
erhielt sie neue Befestigungsmauern, von denen sich Partien in der
Rue du Vertbois und im Haus Nr. 7 der Rue de Bailly ein Turm erhal-

38　St-Martin-des-Champs, Chorhaupt und südlicher Flankenturm

ten haben. 1060 hatte Heinrich I. hier eine Basilika erbauen lassen, die sein Sohn Philipp I. 1079 dem damals mächtigsten Klosterverband von Cluny überstellte. Der Klosterkomplex ist aufgegangen in dem Conservatoire des Arts et Métiers. Von den mittelalterlichen Bauten sind das Refektorium und die Kirche erhalten. Während jenes heute als Lesesaal der geistigen Nahrungsaufnahme dient, wird diese als Schauraum eines technischen Museums genutzt. Man kann das für skurril halten; aber alte Doppeldecker, in einem gotischen Kirchenraum aufgehängt, haben zu diesem vielleicht mehr Affinität, als wir wahrhaben wollen. Auch oder gerade wegen seiner jetzigen Nutzung ist es vielleicht einer der schönsten kulturhistorischen Innenräume, die es überhaupt gibt.

　　Baugeschichtlich besteht die Kirche aus zwei deutlich unterschiedenen Teilen, dem frühgotischen Chor und dem Langhaus aus der Mitte 38　des 13. Jh. Die Fassade wurde im 19. Jh. erneuert. Der Chor, den man noch einmal genauer untersuchen müßte, ist sicher Hauptdenkmal der Frühgotik, vielleicht übertrifft er in seiner architekturgeschichtlichen Bedeutung sogar den Chor von St-Denis. Denn man neigt heute dazu,

56

ihn in die Regierungszeit des Priors Hugo I. (1130–1147) zu setzen, so daß er vielleicht sogar der Vorläufer des berühmten Suger-Chores ist. Er ist von einer geometrischen Unregelmäßigkeit, wie wir sie sonst nur sehr selten antreffen. Das liegt möglicherweise daran, daß der Bauplatz durch schon bestehende Bauten wie den älteren Südturm, an den sich nach Osten eine Apside anschloß, eingeengt worden ist. Der Grundriß zeigt einen doppelten Chorumgang mit unregelmäßig zuge- 39 schnittenen Jochen, an den sich Andeutungen von immer wieder verschieden geformten Kranzkapellen und eine kleeblattförmige Achsenkapelle anschließen. Diese erschien dem Architekten offenbar von besonderer Bedeutung, denn er erweiterte die Intervalle zwischen den

39   St-Martin-des-Champs, Chorumgang

Pfeilern des Binnenchores und Umgangs, um den Blick auf sie freizulegen. Auch die Gewölbe sind unterschiedlich gebildet, indem über den Umgängen lediglich Gratgewölbe und nur über dem Binnenchor und der Achsenkapelle Rippengewölbe angebracht worden sind. Die Auflager der Gewölbe sind bei z. T. springenden Kapitellniveaus ungeschickt plaziert. Trotz seiner großen Fenster wirkt der Außenbau, bei dem die Unregelmäßigkeiten des Grundrisses z. T. ausgeglichen worden sind, noch kaum gotisch.

Wenn auch eine künstlerische Würdigung nicht definitiv sein kann angesichts der Tatsache, daß eine gründliche Monografie, die die zahlreichen Ungereimtheiten klären könnte, bislang fehlt, so ist doch eins offensichtlich: durch Anwendung der damals vorliegenden technischen Möglichkeiten und unter Inkaufnahme geometrischer Abstrusitäten hat der Architekt einen Bau konzipiert, den man zuallererst in der Längsachse wahrnehmen soll und dessen Zielpunkt die reichlich belichtete Achsenkapelle ist. Daß er dieses Konzept gegen alle bislang und auch künftig geltenden Regeln der Architektur durchgesetzt hat, spricht für die These von Otto von Simson, daß das Wesensmerkmal der entstehenden Gotik eben doch die Inszenierung des Lichts gewesen sei. Erst im Barock sollte dieses Prinzip wieder zu einem konstitutiven Kriterium sakralen Bauens werden. Angesichts der Tatsache, daß sich keiner der Nachfolgebauten in so eklatanter Weise über die Erfordernisse geometrischer Rationalität und Proportionalität hinwegsetzt, könnte man den Chor von St-Martin als ein stümperhaftes Gebilde bezeichnen. Auf der anderen Seite ist er aber vielleicht eine Architektur, die sich auf geniale Weise über gängige Praxis hinwegsetzt, um eine neue Konzeption durchzusetzen, deren geometrische Finessen noch nicht erarbeitet waren. Und vielleicht liegt darin die geheime Verwandtschaft zu den prähistorisch anmutenden Flugkörpern und Maschinen, die heute in diesem Raum präsentiert werden.

Ganz ungewöhnlich ist der weite Saalbau des Schiffs, dessen hölzernes Tonnengewölbe aus dem 19. Jh. stammt. Nach Auskunft der Fensterformen – einfache Doppellanzetten mit einem eingeschriebenen Sechspaß – muß dieser Bau spätestens um die Mitte des 13. Jh. entstanden sein. Warum dieses Langhaus keine Seitenschiffe erhalten hat, ist bis heute unklar. Ähnliche große Saalbauten, die aber gewölbt sind, gibt es sonst nur in Südwestfrankreich.

Ein ganz erstaunliches Werk ist das etwas früher, nämlich um 1235 entstandene *Refektorium,* das bis heute immer wieder fälschlich Pierre de Montreuil, dem berühmtesten Architekten des 13. Jh., zugeschrieben worden ist. Es handelt sich um einen langgestreckten, zweischiffigen Saal mit den Innenmaßen 42,80 × 11,70 m, der von relativ massiven Außenmauern eingefaßt ist. Nur die Nordwand ist mit Fenstergruppen aus zwei Spitzbogenfenstern und einem großen Okulus mit eingeschriebenem Achtpaß durchbrochen. Hier befindet sich auch die

40   St-Martin-des-Champs, Refektorium, heute Bibliothek

eingelassene, mit einem eigenen Gewölbe versehene Lesekanzel, deren Brüstung auf einer Auskragung mit fein ausgearbeitetem pflanzlichen Dekor steht, wie er auch an dem westlichen *Portal* auftritt. Die- 41
ses verkörpert einen Typus, wie er in Paris und Umgebung in diesen
Jahren mehrfach vorkommt (Marienkapelle von St-Germain-des-Prés,
Schloßkapelle von St-Germain-en-Laye, Südquerhaus von St-Denis).
Seine Berühmtheit verdankt dieser Raum aber den ganz schlanken

Mittelstützen, die ein guter Beleg dafür sind, was en-délit aufgestellte Dienste – vorausgesetzt sie sind aus gutem Material – statisch zu leisten vermögen. Über einem hohen polygonalen und aus mehreren Steinen geschichteten Sockel erheben sich ein dickerer und ein dünnerer Dienst, die durch einen Schaftring miteinander verbunden sind. Wenn die Gewölbe mit ihren dünnen Profilen, die mit ihrer Busung auf eine Herkunft des anonymen Architekten aus dem Anjou hindeuten, auch relativ leicht sein mögen, so kann einem bei dieser Konstruktion auch heute noch bange werden. Sie hat jedoch 750 Jahre gehalten und auf die Architekten des 19. Jh., die mit Gußeisenelementen gearbeitet haben, großen Eindruck gemacht. Ähnliche Wunderwerke der en-délit-Technik gibt es sonst nur noch in Angers und in Burgund.

41   St-Martin-des-Champs, Portal des Refektoriums

42   Parvis und Fassade von Notre-Dame. Stich des 17. Jh.

Eine der bedeutendsten gotischen Kathedralen überhaupt ist *Notre-Dame*. Man liest manchmal, daß es über 150 Jahre gebraucht habe, um den Bau fertigzustellen. Das stimmt nur insofern, als man in der Tat von den 1160er Jahren bis in die zwanziger Jahre des 14. Jh. ständig auf der Baustelle aktiv war, aber noch vor Abschluß des Baus hat man zahlreiche Um- und Anbauten verwirklicht. Aus diesem Grunde gibt es kaum ein Bauwerk, an dem sich die Stilentwicklung und auch die Entfaltung der Technik so gut dokumentieren läßt wie hier.

Der genaue Baubeginn ist nicht überliefert, fällt nach Aussage mehrerer Chronisten jedoch in die Regierungszeit des Bischofs Maurice de Sully, der 1160 sein Amt antrat. Die angebliche Grundsteinlegung im Jahre 1163 durch Papst Alexander III. kann auch eine nachträgliche Maßnahme gewesen sein. Der Bau erfolgte von Osten nach Westen, und 1177 konnte der Chronist Robert de Torigni schon den fast fertigen Chor bewundern, dessen Hochaltar 1182 vom päpstlichen Legaten geweiht worden ist. Von nun an baute man das Querhaus und in einer folgenden Kampagne das Langhaus bis auf dessen zwei westliche Joche. Erst als die Fassade bis zum Rosengeschoß gediehen war und sich etwas gesetzt hatte, fügte man kurz vor und nach 1210 die beiden

II, V,
42–70

61

Restjoche des Langhauses ein. Noch bevor die Fassade gegen 1240 vollendet war, hatten sich soviel Stiftungen angehäuft, an denen sich neben dem Adel auch zunehmend wohlhabende Stadtbürger beteiligten, daß man entlang des Langhauses seit Ende der zwanziger Jahre zwischen die Strebepfeilerintervalle Kapellen einbaute. Man begann mit den vier westlichen auf der Nordseite, baute dann die südlichen und hatte gegen 1245 die letzten nördlichen vollendet. Diese Maßnahme wurde später von vielen anderen Kathedralkapiteln nachgeahmt. Seit etwa 1245 griff sie auch auf den Chor über. Nach einem einheitlichen Entwurf, den man dem Architekten Jean de Chelles zuschreiben kann, wurden dann auf der Nordseite des Langchores zunächst vier und auf der Südseite drei Kapellen gebaut. Mit dem Bau dieser Kapellen waren die alten Querhausfassaden aus den achtziger Jahren des 12. Jh. hinter die seitlichen Außenfluchten des Baus zurückgetreten. Jean de Chelles erneuerte ab etwa 1245 die nördliche Querhausfassade und legte laut Bauinschrift 1257 den Grundstein der südlichen, die jedoch, da er bald gestorben sein muß, im wesentlichen von seinem Nachfolger Pierre de Montreuil ausgeführt worden ist.

48   In der Zeit von 1288 bis 1324 kamen dann die restlichen Chorkapellen nach einem neuen Entwurf wohl von Pierre de Chelles hinzu. Mit dem Anbau dieser Kapellen traten Belichtungsprobleme auf, so daß

43, 44   Grundriß von Notre Dame: links Zustand 12. Jh., rechts 13./14. Jh. (nach Viollet-le-Duc)

45   Notre-Dame, Chorhaupt und Südseite

man seit den zwanziger Jahren des 13. Jh. auch die Obergadenfenster
modernisierend vergrößerte. Die Kathedralbaumeister Pierre de Chelles und Jean de Ravy erweiterten dann auch noch die Emporenfenster 49
und erneuerten das Chorstrebewerk mit seinen riesigen Bögen, die 45, 46
weitesten, die in gotischer Zeit je gebaut worden sind.

Es ist sinnvoll, dieser nur auf den ersten Blick kompliziert erscheinenden Chronologie bei der Erörterung der bautechnischen und stilistischen Befunde zu folgen, denn auch dem wenig geübten Auge wird
die Bauabfolge aufgrund der formalen Unterschiede der verschiedenen Partien leicht evident. Vorab ist jedoch zu erwähnen, daß die
Kathedrale seit 1843 über mehr als zwei Jahrzehnte hinweg von dem
kompetentesten europäischen Gotikkenner und Architekten Viollet-
le-Duc unter Einsatz beträchtlicher staatlicher Mittel von Grund auf
restauriert worden ist. Sofern diese Restaurierung das ursprüngliche
Erscheinungsbild wesentlich verändert hat, wird das im folgenden erwähnt. Auch wenn unsere Kenntnis der Baugeschichte vor allem seit
den grundlegenden Arbeiten von Marcel Aubert relativ gut ist, soll
nicht verschwiegen werden, daß die eigentliche Baumonografie noch
aussteht – und das hat auch Aubert so gesehen.

Der *Grundriß des alten Chores,* an den seit 1288 Kapellen angebaut 43, 44
worden sind, wird immer als kapellenlos, nämlich als einfaches Halbrund mit doppeltem Umgang dargestellt, dessen Konstruktion aus fünf

46   Notre-Dame, Chorhaupt

Seiten des Zehnecks erfolgt ist. Er folgt auf einen fünfschiffigen Langchor aus fünf Jochen, von denen die vier westlichen im Mittelschiff
jeweils zu zwei Paaren zusammengefaßt sind, die ein sechsteiliges Gewölbe überfängt. Das östliche Langchorgewölbe ist dagegen als ein
halbiertes sechsteiliges zu verstehen, welches den Rippen des Binnenchores ein Widerlager bietet. Trotz dieser Gewölbebildung, die die
Mittelschiffpfeiler verschieden stark belastet, gibt es hier – anders als
47   in St. Julien – keinen Stützenwechsel. Der Aufriß des Mittelschiffs ist
heute mit Arkadenzone, Emporen und Obergadenfenster dreiteilig,
war aber ehemals viergeschossig, so wie das Viollet-le-Duc aufgrund
von Restbefunden an den Hochwänden rings um die Vierung rekon-

64

47   Notre-Dame, Blick in den Chor und nördlichen Querhausarm

struiert hat. Über den Emporen befanden sich also zunächst runde
Okuli, und die Obergadenfenster waren verhältnismäßig kleine Spitz-
bogenöffnungen.

Der Grundriß und damit auch die Gewölbe sind geometrisch einwandfrei konstruiert. Letztere ruhen auf mächtigen Rundstützen, über
deren Kämpfern die Mittelschiffvorlagen aufsitzen. Die Öffnungen der
Emporen sind zweigeteilt.

Vom Technischen her gesehen sind en-délit aufgestellte Dienste gemessen an der etwa gleichzeitigen Kathedrale von Laon relativ spärlich
verwendet, spielen als Zwischenstützen der Emporen und z.T. auch
bei den Mittelschiffvorlagen jedoch eine Rolle. Aber größtenteils sind

die Dienste in den horizontalen Verband der Mauern integriert. Aufgrund der Nivellierung des alten Mauerwerks läßt sich zeigen, daß Chorrund und Langchor in zwei aufeinander folgenden Kampagnen entstanden sind. In gotischen Bauten ist das oft so; denn das in sich einigermaßen stabile Polygon konnte als statisches Widerlager für die Langchorjoche dienen. In einem Punkt ist aufgrund bautechnischer Befunde die Rekonstruktion des Chores als kapellenlos meiner Meinung nach falsch: auch wenn man keine Fundamente von Kapellen gefunden hat, so weist die von einer Wandvorlage zur nächsten differierende Nivellierung der Mauerschichten doch darauf hin, daß zwischen ihnen eine Unterbrechung des Verbandes durch kleine Ka-

48   Notre-Dame, Chorumgang

49   Notre-Dame, Choremporen

pellen wie bei der Kathedrale von Bourges gegeben war. Entgegen
der allgemein verbreiteten Meinung wäre also eine Chorlösung mit
Kapellen, wie sie Viollet-le-Duc zumindest erwogen hat, zu favori-
sieren.

Abgesehen von bestimmten Einzelheiten wird das architektonische
Konzept des Chores auch im *fünfschiffigen Langhaus* fortgeführt. Die   50–53
Zwischenpfeiler der Seitenschiffe, die den eigentlich »starken Pfeilern« des Mittelschiffs entsprechen, erhalten nun dadurch eine Verstärkung, daß sie von acht Diensten umstellt werden. Das deutet darauf hin, daß diese Pfeiler ehemals vielleicht ein anderes Strebesystem
mit Zwischenstützen zu tragen hatten. Auch die Profile verändern sich,
und die Emporen sind nun dreigeteilt. Im großen und ganzen hat man

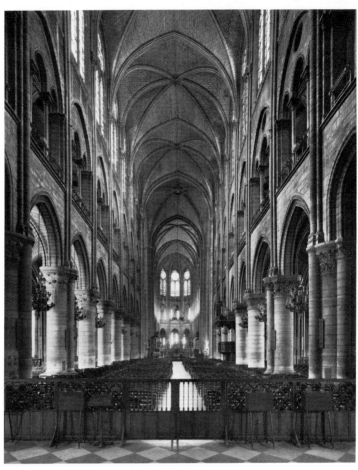

50 Notre-Dame, Blick ins Mittelschiff

jedoch einen einheitlichen Raumeindruck angestrebt. Bautechnisch sind im Langhaus (ausgenommen sind die beiden Westjoche) gegenüber dem Chor insoweit Fortschritte festzustellen, als sich – besonders deutlich bei den Emporenpfeilern – eine Vergrößerung der Steinformate und damit ein Fortfall des Füllmauerwerks feststellen läßt. Die nun aus massivem Haustein bestehenden Pfeiler waren stabiler als ihre Vorgänger und konnten deshalb schlanker proportioniert werden.

Bei den westlichen Jochen verstärkt sich diese Tendenz. Nicht nur die Profile ändern sich, sondern auch deren Herstellungsweise. Das vorletzte Mittelschiffpfeilerpaar dürfte um oder kurz nach 1200 entstanden sein und ist den Rundpfeilern mit nur einer Mittelschiff-

51   Notre-Dame, nördlicher Mittelschiffaufriß

vorlage der Kathedrale von Soissons nachgebildet. Das letzte Pfeiler-
paar reproduziert dagegen in der Form bis hinein in die Kapitell-
bildung die Pfeiler von Reims (1210), von denen es die Technik
der Verfugung übernimmt. Somit dürften sie nach 1210 entstanden
sein.

Die *Fassade von Notre-Dame,* deren Fundamente und aufgehende V, 42
Partien z.T. viele Jahre vor diesen beiden letzten Langhausjochen
aufgeführt worden sind, die jedoch erst gegen 1245 unter wohl bewuß-
tem Verzicht auf die Turmhelme fertig geworden ist, hat man immer
wieder gerühmt. Mit den Fassaden hatten die frühgotischen Architekten ihre Schwierigkeiten. Die von St-Denis wirkt mit ihrer Anlehnung
an die normannischen Vorbilder noch ganz romanisch. Wenn man

einmal von der schönen Sonderlösung von St-Remi in Reims absieht, denn dort handelte es sich um eine turmlose Querschnittfassade, dann ist es dem Architekten von Laon als erstem gelungen, das Fassadenproblem ästhetisch befriedigend zu lösen. Das ist insofern bedeutsam, als es erweist, daß die Probleme der frühgotischen Kunst in erster Linie Probleme der Raum- und nicht der Flächenstrukturierung gewesen sind. Auch der ästhetische Ausdruckscharakter der Fassade von Laon, die bekanntlich vielfach nachgeahmt worden ist, beruht noch weitgehend auf ihrer räumlichen Komplexität, auf dem rhythmischen Mit- und Gegeneinander von Baukörpern, welches diese dynamische Fassade zu dem vielleicht optisch interessantesten Gebilde des ausgehenden 12. Jh. macht.

52 Notre-Dame, äußeres südliches Seitenschiff

53 Notre-Dame, Blick ins Mittelschiffgewölbe

Die Pariser Fassade ist, obwohl sie nicht den Ausdruck des gestalterischen Willens eines einzigen Architekten bietet, das genaue Gegenteil derer von Laon. Mit ihren klar durchlaufenden vertikalen und horizontalen Gliederungen, mit ihren einfachen Baukörpern und mit ihren Proportionen, deren Generationsprinzip trotz vielfacher Versuche bis heute nicht schlüssig ermittelt werden konnte, ist sie immer wieder als Beispiel für eine wahrhaft »klassische« Fassadenlösung bemüht worden. Erst die viele Jahre später fertiggestellte und zum Zeitpunkt der Pariser Fassadenvollendung kaum begonnene Reimser Kathedralfassade hat ähnliche ästhetische Standards gesetzt und realisiert.

54 Notre-Dame, Südquerhausrose

Die architektonische Detaillierung der *Langhauskapellen* ist höchst interessant, weil sie die verschiedensten, z.T. tastenden Versuche zeigen, unterschiedliche Gestaltungsprobleme auf einen Nenner zu bringen. Es mußte darum gehen, die Seitenschiffe so gut wie möglich zu belichten und die hochgotischen Kapellen der Architektur der frühgotischen äußeren Seitenschiffe so gut wie möglich anzupassen. Das Ausgangsproblem war bei allen Kapellen dasselbe, indem der Grundriß und bestimmte architektonische Dispositionen wie die Kapitellhöhe der alten Seitenschiffe vorgegeben waren. Die z.T. sehr unterschiedlichen Lösungen der vorgegebenen Problematik verweisen auf die planerischen Fähigkeiten der jeweiligen Architekten.

Die *Querhausfassaden von Notre-Dame* unterscheiden sich voneinander auf den ersten Blick nur durch geringfügige Merkmale, was in der kunsthistorischen Literatur dazu geführt hat, sie demselben Architekten zuzuschreiben bzw. sie miteinander zu verwechseln. Wenn die ästhetisch-stilistische Differenz dieser beiden Fassaden – würde man sie genau herausarbeiten – auch auf ganz prinzipielle Differenzen verweist, so kann eine solche Analyse hier nicht nachvollzogen werden. Der Vergleich beider Fassaden, die ihre Vorläufer in den Querhausfassaden von St-Denis und den Fassaden der einschiffigen Kapellen haben und deren kunstgeschichtliche Nachfolge in ganz Europa kaum zu übersehen ist, ist nämlich deshalb so aufschlußreich, als es hier – ähnlich wie bei den Kapellen, nur in sehr viel größerem Maßstab – um die Lösung einundderselben Bauaufgabe unter praktisch identischen Bedingungen ging. Die Ausmaße der mit einer Fassade zu versehenden Querhausstirnfläche waren nämlich hier und dort dieselben.

Die *Südfassade* stammt von Pierre de Montreuil. Die berühmte 54, 55 Rose ist gerade wegen ihrer Feingliedrigkeit mehrfach restauriert worden, zuletzt von Viollet-le-Duc. Ursprünglich bildete sie kein Achsenkreuz wie heute, sondern war um 15° so gedreht, daß die Spitzbogen der beiden inneren Kreise in den Orthogonalachsen lagen. Die ganze Fassade mit dem Portalgeschoß und dem Giebel, mit der Korrespondenz der Geschosse untereinander und mit ihrem insgesamt sehr flächig-graphischen, fast textilen Charakter ist Zeugnis für die neuen Qualifikationsmerkmale des hochgotischen Architekten, nämlich für sein zweidimensional-zeichnerisches Vermögen. Und gerade Pierre de Montreuil ist ein Meister dieser architektonischen Flächenkunst gewesen, der die Zukunft gehören sollte.

Pierre ist als Kathedralbaumeister von Notre-Dame zu Anfang der sechziger Jahre des 13.Jh. verbürgt. Trotzdem baute man unter seiner und seiner Nachfolger Leitung die Langchorkapellen weiter in einem Stil, der eigentlich schon überholt war, nämlich nach Entwürfen, die aller Wahrscheinlichkeit nach von seinem Vorgänger Jean de Chelles stammten. Das mag zunächst belanglos erscheinen, der Sachverhalt verweist aber auf ganz neue Zustände, wie es sie bislang nicht gegeben hatte: war der exakt verkleinerte Werkplan von dem Architekten erst mal erstellt, so wurde dieser verzichtbar. Auf der Baustelle wird er durch einen neuen Berufsstand ersetzt, durch Fachkräfte, die in der

Lage sind, einen architektonischen Plan in Gebautes umzusetzen. Dies sind die Poliere bzw. Parliere (von parler = sprechen, da sie den Arbeitern Anweisungen geben), die auch unter dem Namen »appareilleur« oder »apparator« in dieser Zeit erstmals in den Schriftquellen auftreten. Die Bezeichnung kommt von »apparatus«, was so viel wie Mauerverband bedeutet und auf ihr Hauptqualifikationsmerkmal verweist: ordentliche Verfugungsschemata für zeichnerische Entwürfe zu finden.

Die Kunstgeschichtsschreibung hat immer wieder auf den graphischen Charakter gotischer Architektur seit der Mitte des 13. Jh. verwiesen, ohne sich die Ursachen dafür genau klarzumachen. Diese formale Eigenschaft ist auch bei den letzten An- und Umbauten der Kathedrale deutlich: bei den feingliedrig gestalteten Kapellen des Chorrunds und bei dem geradezu eleganten und trotzdem schlichten Strebewerk des Chors.

Nicht weniger bedeutend als die Architektur ist die *Bauskulptur von Notre-Dame,* denn auch sie hat weit über die Grenzen Frankreichs hinaus Ausstrahlung ausgeübt. Während der Französischen Revolution hat sie allerdings großen Schaden genommen. Im Auftrag des Revolutionskommitees, Sektion Cité, waren zunächst alle »Zeichen des Feudalismus« beseitigt worden, also Kronen, Lilien, Wappen, Epitaphien. Kurz darauf wurden dann fast alle großen Figuren im Auftrag der Verwaltung demontiert und sollten als Baumaterial verkauft werden. Nur wenige von ihnen sind als Torsen wiedergefunden worden, und einige Köpfe tauchten an verschiedenen Stellen wieder auf. Im April 1977 machte man dann einen sensationellen Fund, bei dem gleich dutzende Fragmente – meist Köpfe – wieder ans Tageslicht kamen. Die meisten dieser Fragmente, die hoffentlich eines Tages zu einem »Notre-Dame-Museum« vereinigt werden, befinden sich im Cluny-Museum, einige im Steindepot des Musée Carnavalet und im Louvre, ein Kopf ist in die Cloisters in New York gelangt. Am Bau selber sind fast alle großen Figuren in den Gewänden, an den Trumeaus, in den Nischen und der Königsgalerie neu, d. h. um die Mitte des 19. Jh. nach dem damaligen Kenntnisstand über die verlorenen Originale angefertigt worden.

Die Datierung und kunsthistorische Einschätzung der Skulpturen ist nur partiell kontrovers. In der Regel stimme ich mit Willibald Sauerländer überein, der manche Stücke m. E. zu Recht etwas früher datiert als die derzeitige französische Forschung. Bezüglich der hochgotischen Skulpturen rekurriere ich auf meine eigenen Untersuchungen seit 1966. Solche Datierungskontroversen mögen müßig erscheinen. Wenn man sich aber klar macht, daß das, was hier in der Ile-de-France künstlerisch geschieht, Auswirkungen auf die gesamte abendländische Kultur haben sollte, wird vielleicht verständlich, warum es der internationalen Forschung so angelegen ist, hier Klarheit zu verschaffen. Auch

55   Notre-Dame, Südseite und südliche Querhausfassade

die klassischen Archäologen streiten sich bei Datierungen ja um wenige Jahre – und das ist berechtigt.

In diesem Zusammenhang muß darauf hingewiesen werden, welche
Bedeutung neben der Architektur die Skulptur bei der Entfaltung der
menschlichen Sinnlichkeit gehabt hat, wie wichtig dieses künstlerische
Medium also für konkrete Wirklichkeitserfahrung, die uns heute über
ganz andere Medien wie Fernsehen oder Warenwerbung vermittelt
wird, einmal gewesen ist. Denn Skulptur gestaltet ja ein jeweiliges
Körperempfinden in seiner Beziehung zur Außenwelt, und sowohl in
der griechischen Archaik und Klassik wie in der frühen Gotik bis etwa
1250 ist sie – und das hat Hegel in seiner Ästhetik wenn auch ohne
hinreichende kunsthistorische Kenntnisse schon artikuliert – bezeichnenderweise neben der Architektur im Bereich der bildenden Künste
das vielleicht wichtigste Medium überhaupt. Hegel hat weltgeschicht-
lich sicher zu rigoros zwischen Zeitaltern der Architektur und Skulptur
unterschieden, hat aber die Bedeutung dieser Medien für die Geschichte der menschlichen Gesellschaft erkannt. Leider ist die Ge-

75

56   Notre-Dame, Annenportal der Westfassade

schichte der gotischen Skulptur unter diesem Aspekt der Realitätsver-
gewisserung noch nicht geschrieben worden. Die Forschung verharrt
vielmehr in der Deskription des vordergründig Ikonografischen und
dessen, was man allzu leichtfertig als »Stil« bezeichnet. Es kann nicht
Aufgabe dieses Textes sein, dieses Manko der Kulturwissenschaft und
Kulturtheorie aufzuholen. Trotzdem soll hier ein Postulat wenigstens
formuliert werden: Wenn es zunächst auch gilt, daß wir uns der kulturellen Denkmäler der Vergangenheit erst einmal durch vordergrün-
dige Datierung und ikonografische Etikettierung versichern müssen,
so müssen wir uns letzten Endes doch auch in die Lage versetzen, den
Bildwerken mehr abzugewinnen und auch in ihnen »das aufgeschla-
gene Buch der menschlichen Wesenskräfte« (Marx) lesen zu lernen.
    Am ältesten sind die Skulpturen des rechten Portals der Westfas-
56 sade, das wegen der Darstellungen im Türsturz *Annenportal* genannt

wird. Sie gehören aber nicht alle zusammen, denn man erkennt, daß ein Teil von ihnen für ein kleineres Portal vorgesehen war. In das spitzbogige Tympanonfeld ist ein Rundbogentympanon eingelassen, zu dem stilistisch die meisten Archivoltenfiguren, der Reliefstreifen darunter und die ehemaligen Gewändefiguren gehören. Von diesen befinden sich der Kopf des Königs David in New York, ein Teil des *Petrus im Louvre,* während ein Großteil des Paulus und die Fußpartien 57 eines Königs zu den jüngst entdeckten Fragmenten zählen. Die 1818 restaurierte *Trumeaufigur des hl. Marcellus* ist ebenfalls erhalten und befindet sich im Cluny-Museum. Man hat hier also Skulpturen, die ursprünglich für ein kleineres Portal vorgesehen waren, in ein größeres versetzt, wobei der Türsturz, die Enden des Reliefstreifens darüber, die Umrahmung des Rundbogens und einige Archivoltenfiguren neu angefertigt worden sind. Zwei Schlußsteine des älteren Ensembles, die offenbar nicht in die Archivoltenscheitel paßten und die sich heute im Louvre befinden, hat man bei dieser Gelegenheit im Innern der Kirche vergraben. Während die neueren Figuren aus dem zweiten Jahrzehnt des 13. Jh. stammen, als man das Portal zusammengesetzt hat, gehören die älteren nach Untersuchungen von Jacques Thirion nicht zu einem gleich bei Baubeginn um 1160 in Auftrag gegebenem Portal, sondern sind schon um 1150 für ein Portal der alten Kathedrale St-Etienne angefertigt worden. Für diese These spricht die stilistische Nähe vieler Figuren zu denen der Westportale von St-Denis und Chartres.

Als erstes hat man wahrscheinlich das linke Westportal, ein *Marienkrönungsportal,* versetzt. Es ist kleiner als die anderen, und man hat die Asymmetrie und die Tatsache, daß dies Portal nicht die ganze Breite des Strebepfeilerintervalls nutzt, durch eine Umfassung mit einem ausgestanzt wirkenden Giebel gemildert. Gegen Ende der Fertigstellung aller Portale hat man versucht, diese aus ihrer Isolierung zu lösen und – z.B. durch die Figurennischen an den Strebepfeilern – zu einer einheitlichen Portalzone zu verbinden. Von den wiedergefundenen

58

57 Statue des hl. Petrus vom Annenportal (Louvre)

58   Notre-Dame, Tympanon des Marienportals der Westfassade

Fragmenten läßt sich bislang nur der Kopf eines Engels im Cluny-
Museum als zu der ehemals innersten Figur des linken Gewändes ge-
hörig identifizieren.

Künstlerisch ist dieses Portal, auf dessen ikonografische Beschreibung hier wie auch bei den anderen Portalen verzichtet werden muß,
von höchstem Rang. Das erweist sich schon in der Gesamtkomposi-
tion. Man beachte, wie streng und klar sich hier alles zusammenfügt.
Die Reliefgruppen des Tympanons sind mit nur geringen Abweichun-
gen von der Symmetrie aufeinander bezogen, die unterste Reihe der
Archivoltenfiguren ist auf die Höhe des Türsturzes abgestimmt, die
restlichen sind radial zueinander geordnet und klar auf das Geschehen
im Tympanonfeld hinorientiert. Die Gesichter sind streng gezeichnet,
die Faltenwürfe sind einfach und modellieren nur das Wesentliche

59   Notre-Dame, Tympanon und Archivolten des Weltgerichtsportals

heraus. Die Formensprache dieses Bildhauerateliers, das wohl im wesentlichen aus Chartres kam, wo es das mittlere Südportal geschaffen
hat, ist stark von byzantinischen Elfenbeinen, die damals verstärkt
nach Westeuropa kamen, beeinflußt worden. Sein strenger Stil sollte
seit 1220 bei den Westportalen von Amiens zu voller Entfaltung kommen und von dort aus nach Paris, aber auch in viele andere Regionen
zurückwirken. Das Pariser Marienkrönungsportal ist jedenfalls im
zweiten Jahrzehnt des 13. Jh. entstanden.

Das *Weltgerichtsportal* in der Mitte der Fassade ist längst nicht so   59
einheitlich und rigoros durchkomponiert, dafür vielleicht aber auch
interessanter. Es war in seinem Bestand schon vor der Revolution
dadurch beeinträchtigt, daß Soufflot 1771 den Trumeau entfernt und
einen Teil des Tympanons herausgebrochen hat, um das Passieren von
Prozessionen zu erleichtern. Viollet-le-Duc hat dann die beiden unteren Tympanonstreifen völlig erneuern lassen, und die verbliebenen
Fragmente sind ins Cluny-Museum gekommen. Von den Gewändefiguren, die die zwölf Apostel darstellten, ist einer, der hl. Andreas,
1880 in der Seine gefunden worden. Ein zweites, sehr schönes Frag-

79

ment befindet sich seit 1839 im Cluny-Museum. Unter den 1977 zutage getretenen Bruchstücken können nur drei diesem Portal zugeschrieben werden.

Diese Fragmente zeigen einen stark an antik-provinzialrömischen Vorbildern orientierten Stil der Gewandung, der in Nordfrankreich und im Maasgebiet als »Muldenfaltenstil« sehr verbreitet war. Zusammen mit den Reliefs des Gewändesockels, auf denen Tugenden und Laster sehr anschaulich dargestellt sind, weisen sie eine enge stilistische Verbindung zum Mittelportal von Sens auf und könnten noch im ersten Jahrzehnt des 13.Jh. entstanden sein. Während die drastisch geschilderten Höllenquallen rechts unten in den Archivolten von einem Bildhauer höchsten Ranges aus derselben Schule stammen dürften, sind die übrigen Skulpturen von Tympanon und Archivolten stilistisch am Marienportal orientiert. Die erstaunliche Modernität des Weltenrichters mit dem Engel zu seiner Rechten findet sich auch bei dem Fragment von der linken Seite des Türsturzes mit dem posaunenblasenden Engel. Hier ist der großzügige Stil der dreißiger und vierziger Jahre angebahnt. Weil das Tympanon außerdem sehr ungewöhn

61 Königskopf
von der
Königsgalerie,
gefunden 1977
(Cluny-Museum)

lich zusammengefügt ist, hat Alain Erlande-Brandenburg gemeint, es
sei unter Benutzung älterer Teile in den vierziger Jahren des 13.Jh.
repariert und durch Christus und den Lanzenengel ergänzt worden. Ich
meine dagegen, daß die stilistische Heterogenität des Tympanons und
der Archivolten auf das gleichzeitige Zusammenwirken von Künstlern
sehr unterschiedlicher Herkunft und Progressivität gegen Ende der
zwanziger Jahre des 13.Jh. verweist.

Von den *Figuren der Königsgalerie,* die diese Portale überzieht, 61
wußte man bis 1977 kaum etwas, außer daß man diese Könige von
Juda fälschlicherweise für französische Könige gehalten hatte. Nun
sind von den insgesamt 28 Figuren 21 Köpfe bzw. Teile davon aufge-
taucht, die in mehrfacher Hinsicht Überraschungen boten. Zum einen
hatten sich auf ihnen Reste der alten Farbigkeit erhalten, die recht
lebhaft war und daran erinnert, daß wir uns alle Skulpturen dieser Zeit
bunt vorstellen müssen. Zum anderen erweisen sie sich stilistisch als
Werke des Ateliers, das, aus Sens kommend, die Gewändefiguren des
Mittelportals hergestellt hat. Wenn man für eine genauere Beurteilung
auch ihre wissenschaftliche Publikation abwarten muß, so scheint die

Datierung dieser Köpfe in das dritte Jahrzehnt aus stilistischen Gründen nicht einleuchtend. Wenn sie zuträfe, wären die Figuren der Königsgalerie von alternden Steinmetzen, die sich den neuen Strömungen nicht anpassen wollten, erstellt – und solche Nachzügler gibt es vielfach. Baugeschichtlich und stilgeschichtlich kann man diese Fragmente aber bis vor 1210 zurückdatieren, und zwar alle. Zukunftweisend sind sie jedenfalls nicht.

Wie immer man sich zu solchen Kontroversen über Datierungen stellen mag, mit dem Marienkrönungsportal hatte die Pariser Bildhauerkunst einen Standard erreicht, mit dem sich die Hauptstadt letzten Endes als Zentrum sogar gegen Reims durchsetzen konnte, wo sich die bildhauerische Kultur wegen der vielfältigen Aufträge besonders entfaltete. Insofern ist es für den Kulturhistoriker besonders schmerzlich, daß sich aus der Zeit zwischen 1230 und 1245 in Paris kaum etwas erhalten hat. In den vierziger Jahren hat Paris allen anderen Zentren den Rang abgelaufen und wird dominant.

Sicher haben dabei die Bildhauerateliers, die in den dreißiger Jahren am Chartreser Lettner oder am Südquerhausportal der Kathedrale von Amiens, an der Westfassade in Reims und anderswo gearbeitet haben, mitgewirkt, da ihre begabtesten Kräfte z. T. in Paris wiederzufinden sind. Die politische Entwicklung seit dem Regierungsantritt des hl. Ludwig scheint hier eine gewisse Rolle zu spielen, die noch zu definieren wäre. Robert Branner, der bedeutendste neuere Architekturhistoriker des Mittelalters, hat die architektonischen Leistungen der französischen Hochgotik unter den Begriff »Court Style«, also Hofstil, gefaßt, und auch Sauerländer als bester Kenner der Skulptur hat den preziösen Charakter der Pariser Werke immer wieder hervorgehoben. Mit einer Erklärung, die den Stilwandel auf den persönlichen Geschmack des Königs zurückführt, kann man sich sicher nicht begnügen. Paris muß aber seit den späten zwanziger Jahren des 13. Jh. eine kulturelle Bedeutung erlangt haben, für die ihre politische Bedeutung die Grundlage bildete. Es wäre unsinnig, frühere Stile auf Philipp August oder andere Könige direkt zu beziehen, so wie es unsinnig ist, von staufischer Kunst zu reden; seit Ludwig IX. (1226–1270) ist ein zentralstaatliches Stadium erreicht, dessen Exponent der König und dessen Ausdruck eine überregionale Kultur ist, die wegen der Fortschrittlichkeit der französischen Gesellschaftsstruktur zu einer international vorbildlichen werden konnte.

Neben dem Skulpturenschmuck der Sainte Chapelle, deren Bildhauer die größten Leistungen der vierziger Jahre hervorgebracht haben, ist das Portal der *Nordquerhausfassade von Notre-Dame* das einzige größere Ensemble aus dieser Zeit in Paris. Der Beginn der Arbeiten läßt sich nur ungefähr erschließen und dürfte in die Zeit um 1245 fallen. Der Architekt dieser Fassade ist unzweifelhaft Jean de Chelles, dessen künstlerische Persönlichkeit aber mangels anderer überlieferter

62 Notre-Dame, Tympanon und Archivolten des Nordquerhausportals

und zugeschriebener Werke obskur bleibt. Wenn auch gewisse Affini-
täten zwischen den dieser Fassade zugrunde liegenden architekto-
nisch-gestalterischen Prinzipien mit denen der Skulpturen vorliegen
mögen, so läßt sich seine Teilhaberschaft an der Ausführung der
Skulpturen nicht erweisen. Auch angesichts der neuaufgefundenen
Fragmente, unter denen besonders der *Kopf eines Königs* besticht, 60
ergeben sich für die Beurteilung der Skulpturen keine wesentlich
neuen Aspekte.

Das Portal ist ein *Marienportal,* das ehemals in den Bereich des
Kapitels führte, wo im Mittelalter übrigens ein reges Treiben
herrschte. Da die Einkünfte der Domherren trotz der fortgeschrittenen Geldwirtschaft weitgehend in Naturalien wie Wein und Getreide
bestanden und da sie diese nicht allein verzehren konnten, mußten sie
versuchen, sie umzusetzen. Dabei haben sie sich allem Anschein nach
umsatzfördernder Mittel bedient. Nach den Informationen, die in den
Beschwerdebriefen des päpstliche Legaten und in den darauf erfolgten
Antworten der Kurie enthalten bzw. erschließbar sind, befand sich im
Norden der Kathedrale ein Vergnügungszentrum mit einer Menagerie

und Tavernen, in denen anscheinend auch Prostituierte für schnelleren Umsatz des als Rente angelieferten Weins gesorgt haben. Denn warum sollte die Kurie sonst darauf bestehen, daß die Domherren nur Frauen aus ihrer Familie als Haushälterinnen zu beherbergen hätten?

Die Ikonografie des Marienportals nimmt die Domherren als seine Benutzer denn auch ins Gebet. Neben der Kindheit Christi ist hier die Theophilus-Legende, eine Vorform des Faust-Stoffs, geschildert, wonach ein Kleriker, der als Major Domus ein hoher Verwaltungsangestellter der Kirche ist, einen Pakt mit dem Teufel abschließt, der, nachdem er für ihn profitabel war, von der Gottesmutter in militanter Weise gekündigt wird.

Diese Legende wird von dem Hauptmeister dieses Portals in dem mittleren Tympanonstreifen nicht nur einprägsam erzählt, sondern auch in einem sehr freien Reliefstil visualisiert. Die *Trumeaumadonna,* die von vielen europäischen Bildhauern bis hin zu den Pisanis kopiert worden ist, stammt ebenso wie der neugefundene Königskopf von der Hand desselben Künstlers.

63

Türsturz und Archivolten wurden dagegen von einem wohl ortsansässigen Atelier gefertigt, das vielleicht unter der Führung desselben Meisters stand, dem wir den Weltenrichter im mittleren Westportal verdanken. Es war auch noch bei der Ausführung der Engelfiguren in den Nischen der Strebepfeiler dieser Fassade und bei den Nischenfiguren der Südfassade sowie bei den Archivolten des Südportals beteiligt. Die im Cluny-Museum aufbewahrte Dreikönigsgruppe vom Strebepfeiler östlich dieser Nordfassade stammt dagegen aus der Werkstatt des Hauptmeisters, der vielleicht doch mit dem Architekten Jean de Chelles identisch ist.

Das *Stephansportal der Südfassade,* die laut Bauinschrift seit 1257 in 64, 65 Bau befindlich war, ist wohl unter der Ägide des wenig später als Kathedralbaumeister bezeugten Pierre de Montreuil entstanden, der das Design seines Vorgängers in wichtigen Punkten verändert. Von den *Gewändefiguren* haben sich 1839 die meisten als kopflose Torsen 67 wiedergefunden. Sie werden heute im Cluny-Museum aufbewahrt. Als Kopf der Trumeaufigur habe ich einen Kopf des Musée Carnavalet zu identifizieren versucht, der *Kopf eines Bischofs* im Cluny-Museum, der 66 bislang ins 14. Jh. datiert worden war, gehört jedoch ohne Zweifel zu diesem Ensemble, da er gemeinsam mit den Torsen 1839 gefunden worden ist. Im Inneren ist das Portalgeschoß des Südquerhauses mit

64 Notre-Dame, Stephansportal am Südquerhaus

65   Notre-Dame, Tympanon des Stephansportals

einer Wimpergarchitektur verblendet, auf der kleine Figürchen stehen.
In den beiden Nischen über dem Portal standen ehemals Adam und
68 Eva. Nur die *Figur des Adam* hat sich erhalten und befindet sich im
Cluny-Museum.

Pierre de Montreuil, der in seiner Grabinschrift als »doctor latho-
morum« gerühmt wurde, hat an den bildhauerischen Arbeiten wohl
keinen Anteil. Bei Baubeginn kamen zunächst Bildhauer zum Einsatz,
die der Pariser Schule entstammten. Zuerst wurden nämlich die höchst
qualitätvollen »Schülerreliefs« an den äußeren Strebpfeilern versetzt,
deren Inhalt bis heute nicht gedeutet ist. Sie stehen in der stilistischen
Tradition des Madonnenmeisters vom Nordportal und hängen recht

66 Kopf eines
Bischofs vom
Stephansportal
(Cluny-Museum)

eng mit den um 1260 entstandenen *Skulpturen der Porte Rouge* am 69
Nordchor zusammen. Diese Pforte, deren Archivolten die Geschichte
des hl. Marcellus erzählen, ist wohl eine königliche Stiftung, da König

67 Notre-Dame, vier Gewändestatuen vom Stephansportal (Cluny-Museum)

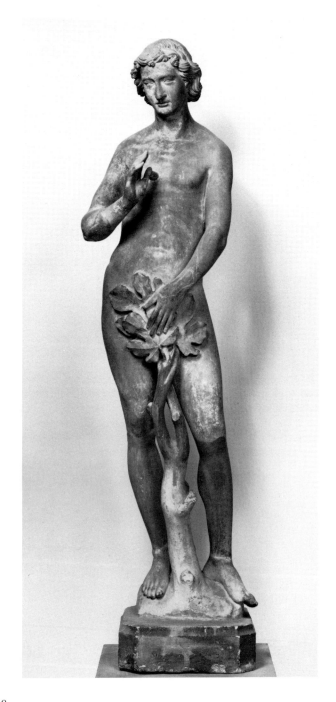

69 Notre-Dame, Tympanon und Archivolten der Porte Rouge am Nordchor
◁ 68 Statue des Adam von der Innenseite des Südquerhausportals
(Cluny-Museum)

und Königin zu seiten der Marienkrönung im Tympanon als anbetende
Stifterfiguren erscheinen. Kurz nach Baubeginn des Südportals müssen
aber neue Bildhauer aus Reims zugezogen sein, denn die Gewändefiguren, das Tympanon und der Großteil der Archivoltenfiguren sind
von ihnen gefertigt, während die alten Pariser Kräfte nur noch an
untergeordneter Stelle tätig waren.

In den Skulpturen dieser Bildhauergruppe deuten sich ganz neue
Qualitäten an, die für die Kunst des späteren 13. und des 14. Jh. be-
stimmend werden sollten. Das hat die Kunsthistoriker lange dazu ver-
leitet, z. B. die herrliche Adamsfigur und auch den Bischofskopf des
Cluny-Museums ins 14. Jh. zu datieren. Besonderen Wert legen diese
Bildhauer auf den physiognomischen Ausdruck, der ganz fein herausgearbeitet ist. Man beachte z. B. die Charakterisierung der einzelnen
Personen im Tympanon, wo auch ganz neue erzählerische und z. T.
sogar genrehafte Züge zu beobachten sind. Das Hauptmerkmal dieser
Bildhauerkunst ist vielleicht die Zurückdrängung räumlicher Wirkungen zugunsten einer neuen Flächigkeit und Lesbarkeit. Das kann man
insbesondere auch bei den im Cluny-Museum aufgestellten Torsen
sehen, die sich dem Betrachter ganz in ihrer schönen Vorderansicht
erschließen und längst nicht mehr so dreidimensional angelegt sind,
wie es noch die Madonna des Nordportals war. Und dieser Trend zur

70   Madonna mit Kind (Notre-Dame) aus der Chapelle St-Aignan, heute in
der Vierung der Kathedrale aufgestellt
71   St-Germain-l'Auxerrois, Statue des hl. Germanus vom Trumeau des Westportals (im Inneren der Kirche)

Flächigkeit, den wir auch in der Architektur des Pierre de Montreuil
beobachten können, ist in der Tat für lange Zeit stilbildend geworden.
Noch in den sechziger Jahren finden wir übrigens Mitglieder dieser
Bildhauerwerkstatt an der Kathedrale von Auxerre wieder.
   Die berühmte, heute in der Vierung der Kathedrale aufgestellte
70 *Skulptur der Notre-Dame* kam erst 1818 vermutlich aus der in der
Nähe liegenden Chapelle St-Aignan in die Kathedrale. Man datiert sie
gewöhnlich ins 14.Jh., mit Robert Suckale würde ich aber eher eine

Entstehungszeit gegen Ende des 13. Jh. annehmen. Sie ist ungewöhnlich breit ganz auf die Vorderansicht hin konzipiert, und der Block hat nur geringe Tiefe. Diese fast reliefhafte Behandlung einer Statue hatte sich um 1260 schon beim Südquerhausportal angebahnt. Die Figur ist ein schönes, wenn auch stilgeschichtlich allein stehendes Beispiel für die nachklassische Kunst. Die Skulpturenateliers, welche die großen Kathedralportale geschmückt hatten, waren auseinandergegangen bzw. in städtischen Betrieben aufgegangen, die den Zunftordnungen unterstanden und die sich nun mehr auf die Anfertigung von Einzelstücken auch für den Export spezialisierten. Auf diese Weise wurden die Pariser Madonnentypen weit über die Grenzen Frankreichs hinaus verbreitet. Kunst war nun – und bei der quasimanufakturellen Pariser Produktion von illuminierten Handschriften und Elfenbeinen ist das noch deutlicher – Handelsware und Exportartikel geworden. Es müßte noch genauer beschrieben werden, wie sich dieser Produktionswandel auf die Qualität der Figuren auswirkt.

Bis in die Mitte des 14. Jh. hinein arbeitete man weiter an der skulpturalen Ausschmückung der Kathedrale. Nach 1288 sind die *Marienreliefs* an den östlichen Chorkapellen der Nordseite entstanden. Vermutlich schon seit der zweiten Hälfte des 13. Jh. wurde ein *Lettner* errichtet, an den sich die nördlichen und südlichen Chorschranken anschließen. Nach Auskunft einer Inschrift war der ganze Komplex 1351 vollendet. Im Zuge der Neugestaltung des Chores wurde der Lettner entfernt (einige Fragmente befinden sich im Louvre, andere auf den Emporen der Kathedrale) und die Chorschranken des Chorrunds abgerissen. Die noch erhaltenen, stark übermalten *Schrankenreliefs* stellen Szenen aus Christi öffentlichem Leben, aus der Passion und Erscheinungen nach der Auferstehung dar. Die wissenschaftliche Bearbeitung dieses Komplexes steht noch aus. Es handelt sich um den bedeutendsten Pariser Skulpturenzyklus aus der Übergangszeit vor Mitte des 14. Jh.

Die Kirche *St-Germain-l'Auxerrois* unterstand als Chorherrenstift dem Bischof von Paris und nahm zugleich die Funktionen einer Pfarrkirche wahr. Schon im 7. Jh. bezeugt, war sie um 1200 durch die neue Stadtmauer in das Stadtgebiet einbezogen worden. Während der Turm noch dem 12. Jh. angehört, haben sich von der Architektur des 13. Jh. nur der innerste Chorumgang, das südlichste Seitenschiff und die Marienkapelle erhalten. Der Rest ist spät- bzw. nachgotisch.

Das *Mittelportal* stammt wohl aus den zwanziger Jahren des 13. Jh. 72 Da in den Archivolten Abrahams Schoß und die Hölle, die klugen und die törichten Jungfrauen sowie die Apostel dargestellt sind, enthielt das seit 1710 verlorene Tympanon wohl ein Weltgericht. Am Trumeau befand sich die 1950 wiedergefundene *Statue des Titelheiligen Germa-* 71 *nus von Auxerre,* die nun im Inneren der Kirche steht und deren ver-

91

72   St-Germain-l'Auxerrois, Portal der Westfassade

gleichsweise scharf gezeichnete Oberfläche die Vermutung nahelegt,
73   daß die *Gewändefiguren* glättend übergangen worden sind. Sie stellen
links einen Diakon und den König Salomon mit der Königin von Saba
dar, rechts den Bischof Landry als zweiten Titelheiligen und die hl.
Genoveva, der nun der hilfreiche Engel als Ganzfigur beigegeben ist.
Stilistisch sind sowohl Anklänge an das Marienportal als auch an das
Weltgerichtsportal der Notre-Dame-Westfassade festzustellen, und

73   St-Germain-l'Auxerrois, Gewändestatuen des Westportals:
hl. Bischof Landry, hl. Genoveva und Engel

die Anlage muß als Schulwerk dieser Bildhauerateliers angesehen werden, das deren Qualität aber doch nicht erreicht.

Große Berühmtheit hat die *Sainte Chapelle* im Bereich des ehemaligen Königspalastes erlangt, weil viele in ihr das perfekteste hochgotische Bauwerk überhaupt gesehen haben. Sie war in erster Linie dazu bestimmt, die Passionsreliquien aufzunehmen, welche der hl. Ludwig erworben hatte und die mit der Dornenkrone zu den verehrungswür-

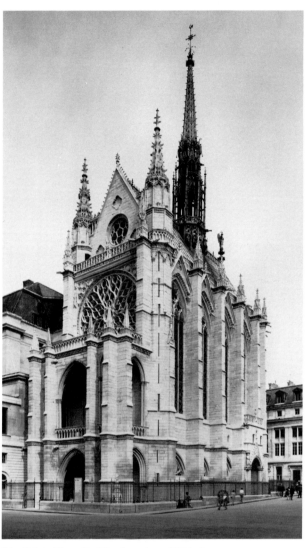

74   Sainte Chapelle, Westfassade und Südseite

digsten Heiligtümern des Mittelalters überhaupt gehörten. So hat die
Kapelle mehrere Funktionen, die in der Baugestalt Ausdruck gefun-
74   den haben: Sie ist eine wie üblich doppelgeschossige Palastkapelle, ist
ein Reliquienschrein und zugleich Wallfahrtsort, in dem zu Zeiten der
Zurschaustellung der Heiligtümer große Pilgerströme abgefertigt werden mußten.

Die Sainte Chapelle ist in Rekordzeit gebaut worden, da zwischen Baubeginn, der in die Jahre zwischen 1239 und 1243 fällt, und Abschlußweihe im Jahre 1248 nicht einmal ein Jahrzehnt liegt. In diesem Zeitraum ist neben der Architektur die Bauplastik und die gesamte Verglasung fertiggestellt worden. Die Finanzierung erfolgte aus der königlichen Schatulle. Man hat diesen Bau immer wieder und z.T. bis heute dem Pierre de Montreuil zugeschrieben, aber diese Attribution ist weder durch Quellen, geschweige denn durch stilkritische Argumente zu begründen. Sie kam dadurch zustande, daß Pierre der einzige hochgotische Architekt in Paris gewesen ist, dessen Namen man von seinem inzwischen zerstörten Grabstein in St-Germain-des-Prés seit dem 16.Jh., in dem die Guidenliteratur einsetzt, noch kannte. Die stilistische Verwandtschaft der Architektur zu den Chorkapellen der Kathedrale von Amiens war schon Viollet-le-Duc aufgefallen. Bran-

75   Sainte Chapelle, Unterkapelle

ner hat deshalb in Robert de Cormont, dem zweiten Amienser Kathedralbaumeister, den Architekten der Sainte Chapelle gesehen. Wenn man die Amienser Kapellen jedoch seinem Vorgänger Robert de Luzarches zuschreibt, wofür einiges spricht, dann war dieser auch der Autor des Pariser Bauwerks. Auch im Technischen gibt es wichtige Analogien zwischen beiden Werken. War noch das Langhaus der

76, 77   Sainte Chapelle, Apostelfiguren in der Oberkapelle

Amienser Kathedrale, das zwischen 1220 und 1235 gebaut worden ist,
nach einer Art Skelettbauweise errichtet, die zwar sehr ökonomisch
war, aber auch viele Unregelmäßigkeiten mit sich brachte, so waren
die Chorkapellen, also die Vorgänger der Sainte Chapelle, einwandfrei
nach einem Plan durchnivelliert, der schon bei der Vorfertigung der
Steine deren Höhe genau festgelegt hatte. Genau dieses Verfahren,
das einen gewissen Planungsaufwand erforderte, ist nun auch in der
Sainte Chapelle zur Anwendung gekommen. Da andere gleichzeitige
Bauten meist nach abweichenden Methoden gebaut worden sind, be-

stätigt sich die enge Verwandtschaft zwischen beiden Baustellen.

Der Erhaltungszustand ist
recht gut. Von der Treppe, die
ehemals zu der oberen Vorhalle
hinaufführte, ist nichts mehr
vorhanden, und auch das Schatz-
haus an der Nordseite ist verschwunden. In der Revolution
wurden die Figuren der beiden
Westportale zerstört und auch
die Innenfiguren beschädigt
oder entfernt. Bei einer einge-
henden Restaurierung durch
Lassus und de Guilhermy wurden die Fenster herausgenom-
men und z.T. unsachgemäß wieder eingesetzt. Aufgrund der
vorgefundenen Farbspuren erhielt die Kapelle ihre heutige
Farbfassung.

In der Außenansicht stellt sich
die Kapelle als ein hoch aufge-
schossener einschiffiger Bau dar,
der von weit ausladenden Strebepfeilern gestützt wird, deren
Intervalle im Obergeschoß völlig
aufgeglast worden sind. (Der
Bau wird statisch zusätzlich
durch Eisengürtel gesichert, die
man kaum wahrnimmt.) Die *Westrose* ist in spätgotischem III
Flamboyantstil erneuert. An das vierte Joch lehnt sich ein Anbau aus
dem 14.Jh. an, der einen separaten Raum mit Blick auf den Altar für
das Königspaar enthält.

Die *Unterkapelle* ist ein ganz eigentümlich gedrungener dreischiffi- 75
ger Raum, der für die Gottesdienste des Hofgesindes bestimmt war.
Die Kreuzrippengewölbe ruhen auf schlanken Rundstützen, die enge
und schluchtartige Seitenschiffe mit ganz stark gestelzten Gewölben
abtrennen. Ein merkwürdiges Maßwerkstrebewerk über den Vorlagen
versteift diese Bogenstelzen, die zusätzlich durch Eisenanker abgesichert sind. Wenn man sich klar macht, daß es sich hier eigentlich um

79, 80 Apostelfiguren aus der Oberkapelle der Sainte Chapelle
(Cluny-Museum)

eine Art Krypta handelt, wirkt die Leichtigkeit dieser Struktur noch um so stärker.

IV Sie hat ja die weite und hohe, nun wirklich einschiffige *Oberkapelle* zu tragen, die man als hochgotische Glaskastenarchitektur par excellence bezeichnet hat. Denn wenn man einmal von dem reich verblendeten Sockelgeschoß absieht, besteht sie nur noch aus Gewölbediensten und Fenstern. Das, was ehemals Wand war, ist hier völlig getilgt. Mit voller Konsequenz war ein solches Prinzip erstmals in der Seitenschiffarchitektur und im Obergaden von Amiens vorgebildet worden, und wenn man sich den Wandsockel wegdenkt, könnte das Ganze auch der Binnenchorobergaden einer Kathedrale sein. So konsequent-logisch diese Architektur bis in die Einzelheiten auch durchgebildet ist, kann man doch die Meinung vertreten, daß die Sainte Chapelle für die vierziger Jahre des 13. Jh. relativ konventionell ist, wenn man sie an anderen Kapellen wie der zerstörten von St-Germain-des-Prés oder der Königskapelle von St-Germain-en-Laye mißt. Auf jeden Fall ist sie aber das prächtigste Exemplar mit einem sehr rationalen Konzept.

Die *Reliquienbühne* gehört mit zur Architektur, ist jedoch stark restauriert. Sie steht auf dem Polygongewölbe der Unterkapelle, welches – auch dies ein einmaliger Sachverhalt – durch schmiedeeiserne (!) Gewölberippen verstärkt ist. Ihre Begehung konnte über zwei Wendeltreppen ähnlich wie bei Lettnern und wie bei der Oberkapelle selber nach einem Einbahnstraßenprinzip erfolgen.

Man hat lange nicht glauben wollen, daß die *Apostelfiguren,* die hier 76–78 in Anlehnung an die Apokalypse als Pfeiler des himmlischen Jerusalem stehen, aus der Erbauungszeit der Kapelle stammen sollten. Zu »barock« erschienen sie einem in biologischen Kategorien denkenden Stilempfinden, das sich nicht damit abfinden konnte, daß Figuren mit derart »natürlicher« Körperlichkeit, mit solch teils exuberantem Faltenwurf und mit einem solchen Reichtum des physiognomischen Ausdrucks schon so bald nach den doch vergleichsweise stereotypen Figuren der Notre-Dame-Westfassade entstanden sein sollten. Aber Francis Salet hat eindeutig nachgewiesen, daß sie im Bauverlauf versetzt worden sein müsen, und wenn auch ein Teil der Originalfragmente ohne farbige Fassung heute im Cluny-Museum ist, so geben die Ko- 79, 80 pien und erhaltenen Originale in der Kapelle doch eine gute Vorstellung von diesen Meisterwerken der Pariser Bildhauerkunst, deren Vorstufen noch nicht gänzlich aufgedeckt sind. Sicherlich stammen sie von verschiedenen Händen, und es gibt konventionelle Torsen wie den kopflosen im Cluny-Museum. Gewisse Ähnlichkeiten ergeben sich zu einem Amienser Atelier, das dort das Südquerhausportal geschaffen hat, und sicher auch zu dem am Pariser Nordportal etwa gleichzeitig tätigen, und es scheint, daß der eine oder andere Bildhauer für beide Projekte gleichzeitig gearbeitet hat. Einer genaueren Beurteilung entzieht sich dies jedoch so lange, als die Sainte Chapelle-Skulptur nicht gründlich erforscht ist.

Von den 600 Quadratmetern *farbiger Fenster* stammen trotz der Ergänzungen des 19. Jh. und trotz der Verstreuung einzelner Scheiben über die ganze Welt doch noch zwei Drittel aus dem 13. Jh. Man kann hier drei Glasmalerateliers unterscheiden, die Louis Grodecki des näheren untersucht hat. Gemessen an der hohen Kultur der Glasmalerei, wie sie uns vor allem in den Kathedralen von Chartres und Bourges überliefert ist, handelt es sich hier jedoch um Nachläufer, denen man den Vorwurf der manufakturellen Serienproduktion nicht ganz ersparen kann. Ein derart inflationäres Erzählen von heiligen Stoffen konnte auch den analphabetischen Laien nicht mehr fesseln, denn eine »Lektüre« der Fenster hätte ihn tagelang beansprucht, also über eine Dauer, während derer er sich hier sicher nicht aufhalten konnte. Und ob der Hofstaat an solch detaillierten Schilderungen interessiert war? So mag man denn mit Fug behaupten, daß die Inhalte dieser Fenster kaum noch rezipiert worden sind und daß sie eher als Füllung einer ansonsten sehr ornamentalen Struktur aus Windeisen dienen. Philippe Verdier hat jedenfalls gezeigt, daß sich schon gleichzeitig mit diesen ausufernden konventionellen Verglasungsprogrammen eine Ästhetik durchsetzt, die weitgehend mit weißem Glas arbeitet und farbiges nur als Akzent in diesem verteilt. Das führt einerseits zu einer neuen Helligkeit der Räume und bringt somit die Architektur, deren Bemalung gleichzeitig nachläßt, in ihren wirklich architektonischen Strukturen besser zur Geltung. Zum anderen konzentriert man sich dabei auf wenige Inhalte, die um so besser rezipiert werden können. Es scheint, als sei auch dieser künstlerische Trend prinzipiell verwandt mit der besseren »Lesbarkeit«, wie wir sie bei der hochgotischen Architektur und Skulptur – etwa bei der Südfassade der Notre-Dame – konstatieren konnten. Aus einer sehr gelehrten Kunst wird somit eine »didaktische«, die die Rezeptionsfähigkeit auch der weniger gebildeten Betrachter berücksichtigt. Warum das so ist, wäre eine interessante und noch zu beantwortende Frage der Kunstsoziologie. Wahrscheinlich hängt dieses Verhalten der Auftraggeber und Produzenten mit einem erhöhten Legitimationsbedürfnis gegenüber den bildungsmäßig unterprivilegierten Rezipientenschichten zusammen und wäre somit Bestandteil einer Überzeugungsstrategie mit ästhetischen Mitteln. Um aber eine solche Vermutung zu stützen, bedürfte es auch diesbezüglich anderer Fragen, als die Kunstgeschichte sie bislang gestellt hat, und vor allem eines anderen Erkenntnisinteresses. Als »Gesamtkunstwerk« steht die Sainte Chapelle zwar einzig dar, sie zu deuten, erfordert dagegen noch einen langen Weg.

Schon bei der Besprechung des Refektoriums von St-Martin-des-Champs war auf das mit Pflanzenschmuck statt Statuen gezierte Westportal und seine Verwandten hingewiesen worden. Auch an der Sainte Chapelle findet sich ein Beispiel für diesen auf die Pariser Region beschränkten *Portaltyp*. Zwei weitere Exemplare – eines hier abgebildet – sind das Gewände von *St-Pierre-aux-Boeufs,* einer inzwischen abgerissenen Pfarrkirche nahe den alten Markthallen, und das heute im Garten des Cluny-Museums aufgestellte Portal der ebenfalls zerstörten *Marienkapelle von St-Germain-des-Prés.* Das Portal von St-Pierre hat man der spätgotischen Pfarrkirche St-Séverin einverleibt. Die Zuschreibung aller dieser Portale an Pierre de Montreuil hat sich längst als allzu leichtfertig herausgestellt, nur das von St-Germain-des-Prés hat er entworfen.

81

81
Linkes Gewände
des Portals von
St-Pierre-aux-
Bœufs, heute
Westportal von
St-Séverin

Daß sich neben diesem vielleicht wirklich überragenden Architekten
gleichzeitig auch noch andere Persönlichkeiten in Paris halten konnten, erweisen zwei Stiche, die Israel Silvestre im 17. Jh. von der Vor- 82, 83
halle der *Templerkirche* angefertigt hat, die ein baukünstlerisches Meisterwerk gewesen sein muß und auch als Typus ein Unikum darstellt.
Der zweigeschossige und vierjochige Bau ist in seinem Untergeschoß
nach allen Seiten, soweit diese nicht von der Kirche und dem Rundbau
verstellt waren, als frei zugängliche, offene Halle gebaut, deren oberes
Geschoß eine ähnliche »Glaskastenarchitektur« wie die Oberkapelle
der Sainte Chapelle gewesen sein muß. Nur aufgrund der Maßwerke
läßt sich mutmaßen, daß der Entwerfer mit einem Meister identisch ist,
der in den dreißiger Jahren den Bau der südlichen Langhauskapellen

82 Vorhalle der Templerkirche. Stich von Israel Silvestre

von Notre-Dame geleitet hatte. Wenn Silvestres in der Regel sehr getreue Stiche den Befund richtig wiedergeben, dann haben die oberen Fenster entweder bis auf den Boden des Obergeschosses herabgereicht, oder – und das scheint sehr viel plausibler – es hat hier gar keine Zwischendecke gegeben! Damit hätten wir hier im Medium der Hausteinarchitektur den eigentlichen Vorgänger des Londoner Glaspalastes in Gußeisen von 1851 vor uns.

Schon bei der Südfassade von Notre-Dame hatten wir ein Beispiel für die architektonische Finesse des Pierre de Montreuil kennenge-

83 Templerkirche von Süden. Stich von Israel Silvestre

84 Statue des Childebert vom Trumeau des Refektoriums von St-Germain-des-Prés (Louvre)

lernt. Es handelt sich dabei jedoch um ein Spätwerk aus der Zeit kurz nach 1260. Als frühere Werke sind *zwei Bauten für St-Germain-des-Prés* gesichert, die nach der Revolution abgetragen worden sind und über die uns neben alten Zeichnungen noch einige Reste informieren. Ein solches Fragment, das *Westfenster des Refektoriums,* ist in dem Treppenhaus eines benachbarten Gebäudes noch erhalten. Und die *Trumeaufigur des Childebert,* eines der wenigen wirklich hervorra- 84 genden Werke der vornehm-eleganten »Hofkunst« um 1240, ist mit ihren Resten von Polychromie heute im Louvre zu sehen.

Nach der Fertigstellung des Refektoriums im Jahre 1244 hat Pierre mit dem Bau der *Marienkapelle* begonnen, die etwa zehn Jahre später fertiggestellt war und wo er – ein seltenes Privileg, das er mit seinem Zeitgenossen Hugues de Libergier in St-Remis in Reims teilte – 1267 begraben worden ist. Die Abbildungen dieser Kapelle in Zeichnungen und Stichen bleiben vage. In der kleinen Gartenanlage neben dem Westturm der Abtei hat man jedoch einige Architekturelemente wenn auch falsch zusammenmontiert, die zumindest eine Ahnung von der Preziosität ihres Designs aufkommen lassen. Von dem Portal dieser Kapelle, die in ihrer Formensprache sehr viel weiter vorangeschritten war als die Sainte Chapelle, war schon die Rede. Die drei letzten Langhauskapellen von Notre-Dame vor dem Nordquerhaus, die kurz vorher oder gleichzeitig vielleicht von demselben Mann entworfen worden sind, vermitteln noch am ehesten etwas von dem ganz neuen, mit bislang unerhört feinen Diensten und Profilen operierenden Stil, der die tektonischen Qualitäten der Bauglieder zugunsten einer integrierenden, fast gestängehaft erscheinenden graphischen Wirkung zurückdrängt. Wenn jemand die durch die technischen Entwicklungen des gotischen Bauwesens begünstigten formalen Freiheiten und Möglichkeiten zur Flächenkunst genutzt hat, dann ist es dieser höchst kultivierte Pierre de Montreuil gewesen.

Bisher war fast ausschließlich von kirchlich-monastischer Baukultur die Rede, von der wir unvergleichlich viel mehr wissen als von der *profanen Architektur,* obwohl diese den Großteil an der jeweiligen historischen Bausubstanz ausgemacht hat. Das hat verschiedene Gründe, die benannt werden müssen. Zum einen hat kirchliche Archi-

85 Salle des Gens d'Armes im Palais de la Cité

86   Nördliche Front der Conciergerie, des alten Palais de la Cité, am Quai
de l'Horloge

tektur immer – auch in anderen Kulturen – ein größeres Beharrungs-
vermögen, weil sie einfach traditionsverhafteter ist. Zum anderen ge-
nügte z. B. ein gotischer Kirchenraum auch über Jahrhunderte hinweg
den Bedürfnissen des Kultes, was man von profanen Bauten nicht
behaupten kann. Denn wenn es sich dabei um Wohnungen handelte,
waren sie sehr oft von gesteigerten Komfortbedürfnissen überholt
worden, und im Falle von Verteidigungsbauten hatte die sich entwik-
kelnde Militärtechnik alte Anlagen oft schon bei ihrer Fertigstellung
obsolet gemacht. Somit darf es nicht verwundern, wenn aus der Blütezeit der Gotik in Paris keinerlei Privathäuser erhalten sind. Auch die
meisten anderen öffentlichen Bauten sind späteren Erneuerungen zum
Opfer gefallen oder in ihnen aufgegangen.

Es war mehrfach von der *Stadtmauer* die Rede, die unter der Regierungszeit von Philipp August (1180–1223) errichtet worden ist. So wie

105

die sonstigen Defensivbauten der Zeit, bei denen es ja nicht auf komplizierte Raumgefüge, sondern in erster Linie auf Massivität und Widerstandskraft ankam, zeigt sie keine ästhetischen Merkmale, die auch nur im geringsten an die Realisationen der Sakralbaukunst heranreichen. Sie hat sich an mehreren Stellen erhalten: in der Rue des Jardins St-Paul oder in der jüngst aufgelassenen Schlosserwerkstatt des Cours du Commerce St-André bei der Place de l'Odéon. Es handelt sich um eine Mauer, der in bestimmten Abständen Rundtürme appliziert waren und die später mit einem Verteidigungssystem von Gräben umgeben worden ist.

1190 hatte man mit der Befestigung des Nordufers begonnen. Die Mauer verlief vom alten Louvre in großem Bogen bis hinauf zu der heutigen Rue Etienne Marcel und erreichte die Seine östlich des Hôtel de Sens. *Stadttore* enthielt sie wahrscheinlich sechs: bei der Rue St-Antoine, Rue Vieille-du-Temple, Rue St-Martin, Rue St-Denis, Rue St-Honoré und beim Louvre. Die 15 oder 20 Jahre später gebaute südliche Mauer verlief von der Tour de Nesle gegenüber dem Louvre schräg bis hinter das heutige Pantheon und erreichte die Seine beim heutigen Pont de la Tournelle. Auch sie hatte sechs Tore, zwei bei St-Germain, die Porte Gibart, St-Jacques, St-Marcel und St-Victor. Während die nördliche Stadt relativ dicht besiedelt war, scheint die südliche Mauer auch deshalb gebaut worden zu sein, um hier Neuansiedlungen zu fördern. Im Mittelalter sollte noch eine Stadterweiterung erfolgen, aber davon wird im nächsten Abschnitt die Rede sein.

Seit jeher hatte sich der Sitz der weltlichen Herrschaft auf der Westspitze der Cité befunden. Von dem ausgedehnten Königspalast des Mittelalters, dem *Palais,* sind nur noch wenige Baureste aus verschiedenen Zeiten erhalten. Sie sind heute in dem großen Komplex der *Conciergerie* und des *Justizpalastes,* der Nachfolgeinstitution der alten *Cour du Parlement,* enthalten. Schon seit Beginn des 13. Jh. hatten die Könige mit dem Neubau des Louvre, von dessen mittelalterlichen Partien nichts mehr steht, einen zweiten Sitz im Westen unmittelbar vor den damaligen Stadtmauern zur Verfügung. Auch wenn er das alte Palais in zunehmendem Maße zurückdrängte, wurde an diesem auch noch im 14. Jh. gebaut.

Unter Philipp dem Schönen (1285–1314) erreichte die mittelalterliche französische Königsmacht ihren Höhepunkt. Während seiner Regierungszeit erhielt das Palais die nördliche Uferfront, von der noch die vier Türme am Quai de l'Horloge zeugen. Von diesen ist der westliche, ehemals niedrigere Turm – die *Tour Bonbec* – noch unter dem hl. Ludwig gebaut worden, während der östliche – die *Tour de l'Horloge* – jünger ist. Er sah ursprünglich anders aus und hatte über einem hohen Sockel jeweils zurückgestuft den eigentlichen Turmkörper und einen bekrönenden Pavillon. Benannt ist er nach der öffentlichen Uhr, die dort vor 1371 angebracht worden ist und die in der Renaissance

87   Treppe in der Salle des Gens d'Armes

ihre heutige Gestaltung erhielt. Die Zwillingstürme in der Mitte – die
Tour d'Argent und die *Tour de César* – flankieren den Eingang zur sog.
Grand'-Chambre. Jeder von ihnen enthält einen Raum mit Rippenge-
wölben auf Konsolen. Besonders in der Tour d'Argent sind diese meist
auf einem Tier- oder Menschenköpfchen aufruhenden Konsolen mit
zwei Reihen von Blattwerk geziert.

   Von dem derart sicher bewachten Eingang gelangte man zu einer
Reihe von Räumen, von denen heute nur noch drei erhalten sind.
Während die *Salle des Gardes* wohl aus dem vorgerückten 14. Jh.

88   Die Küchen des Palais de la Cité

stammt und wegen ihrer starken Restaurierung unberücksichtigt blei-
85 ben kann, stammt die *Salle des Gens d'Armes* – im Volksmund auch
»Salle St-Louis« genannt – zusammen mit der Küche aus der Regierungszeit Philipps des Schönen. Es handelt sich um einen ungewöhnlich weiten Raum von 63,30 m Länge auf 27,40 m Breite, der mit
seinen 8,55 m Gewölbescheitelhöhe relativ gedrungen wirkt. In der
Tat handelt es sich hier auch nur um das früher allerdings heller belichtete Untergeschoß für das Dienstpersonal und die Wachmannschaften.
Es ist durch eine mittlere Reihe von stämmigen (und zumeist im 19. Jh.
noch einmal verstärkten) Kompositpfeilern und zwei Reihen von
Rundstützen in vier Schiffe mit je neun Jochen unterteilt. Der Bau

wurde in zwei kurz aufeinander erfolgten Bauabschnitten errichtet, einem westlichen und einem östlichen. Das nördliche Schiff des letzteren ist kurz darauf durch schlankere Rundsäulen und neue Gewölbe unterteilt worden. Hier steht auch die Wendeltreppe, die zu den Küchen und ehemals auch zum Saal darüber führte. Wir wissen aus Berichten, daß dieser 1618 abgebrannte Saal, dem die heutige *Salle des pas perdus* entspricht, eine riesige zweischiffige Königshalle mit Statuen der französischen Könige an Pfeilern und Wandvorlagen gewesen ist, von deren allgemeiner Raumproportionierung der Nachfolgebau noch einen ungefähren Eindruck vermittelt. Es soll der größte Rittersaal Europas gewesen sein.

Außerdem führte die Treppe zu dem ursprünglich wohl separaten *Küchenhaus,* das nun in den Gesamtkomplex integriert ist und dessen Obergeschoß mit dem zentralen Rauchfang nicht mehr besteht. Das Untergeschoß war ehedem ebenfalls stärker belichtet. Es ist ein großer quadratischer Raum mit mächtigen Außenmauern und 3 × 3 im Geviert angeordneten Rundstützen für die einfach profilierten Gewölbe. Hier befinden sich die vier mächtigen Feuerstellen und Rauchfänge in den Ecken. In der nüchternen Formulierung der architektonischen Details ist er vielleicht das schönste Beispiel eines gotischen Zweckbaus in Paris.

109

DIE SPÄTMITTELALTERLICHE STADT
VOM ENDE DES 13. BIS ZUM BEGINN DES 16. JAHRHUNDERTS

Wie schon in den vorangegangenen Jahrhunderten sollten die Geschicke der Stadt eng mit denen des Königshauses und der Nation verbunden bleiben. Während bis gegen Ende der Regierungszeit Ludwigs IX. des Heiligen (1270) eine kontinuierliche Entfaltung stattgefunden hatte, die von einer anhaltenden Wirtschaftsblüte begleitet war, ändert sich nun beides. Zwar erreichen die Kapetinger unter Ludwigs Enkel Philipp dem Schönen mit dem Zugewinn der Champagne und Teilen des Königreichs Burgund (Lyon, Provence, Dauphiné) die größte territoriale Ausdehnung ihrer Hausmacht, und es gelingt Philipp auch, das Papsttum ab 1309 in Avignon, also im französischen Machtbereich, zu etablieren. Aber trotz allem kommen nun Zeiten einer großen und andauernden Krise. Seit 1290 wütet ein erbitterter Krieg gegen England und Flandern. 1302 wurden – im Jahr der Niederlage von Courtrai – erstmals die drei Generalstände einberufen und damit eine Mitwirkung auch des Dritten Standes an den Staatsgeschäften ermöglicht. Der wirtschaftliche Rückgang Frankreichs bzw. die allgemeine Krisensituation spiegelt sich im Nachlassen des Handels: die berühmten Champagner Messen kommen ganz zum Erliegen.

Mit dem Aussterben des kapetingischen Hauptstammes 1328 fällt die Krone an die Linie Valois. Da auch der englische König Edward III., ein Enkel Philipps des Schönen, Anspruch auf die Königswürde erhebt, kommt es 1338 zum Hundertjährigen Krieg, der mit Blockaden und Kontinentalsperren gleichzeitig ein Wirtschaftskrieg ist. Mit der Abtretung von Calais und weiter Gebiete im Südwesten an England, mit der in ganz Europa wütenden Großen Pest, mit den marodierenden Söldnerbanden und den inneren Unruhen erlebt das Land zwei Jahrzehnte lang einen schweren Rückgang in seiner Produktivkraft. Das schwer getroffene Bauerntum erhob sich zusammen mit der Pariser Bürgerschaft unter Führung des Bischofs von Laon und des Prévôt des Marchands (Vorsitzender der Kaufmannsgilden) Etienne Marcel gegen König, Adel und Kirche. Nach der Ermordung dieses ersten (und letzten) von der Pariser Bürgerschaft getragenen und mit hoheitlichen Befugnissen ausgestatteten »Bürgermeisters« (Paris hat bis heute nie die Rechte einer freien Kommune erlangt) konnte König Johann II. im Jahre 1357 nach Paris zurückkehren und nach dem Friedensschluß von Brétigny im Jahre 1360 die Lage erst einmal konsolidieren. Unter der Regierung des ansonsten schwachen Karl V. (1364–1380) folgt denn auch eine Zeit der relativen Blüte, die sich auch bau- und kunstgeschichtlich niedergeschlagen hat. Unter seinem geistig umnachteten Sohn Karl VI. (1380–1422) konkurrieren jedoch die großen Kronvasallen – die Herzöge von Burgund, Anjou, Orléans

110

und Berry – um die Macht. Die Zerrissenheit wird durch die Gegensätze zwischen Bürgertum und Adel verstärkt. Nach der Ermordung des Ludwig von Orléans, der zusammen mit der Königin für seinen umnachteten Bruder die Regierung führte, kommt es zu schweren innenpolitischen Auseinandersetzungen; in Paris tobt der Bürgerkrieg zwischen der Burgunderpartei und den königstreuen Armagnac. Im Bunde mit dem Burgunderherzog schaltet sich seit 1415 der englische König ein. Sein Sieg bei Azincourt bereitet den Boden für den Frieden von Troyes, in dem Heinrich V. von England Regent und Erbe von Frankreich wird. In Paris erkennen die Generalstände den neuen Herrscher an. Die Stadt bleibt bis 1436 von Engländern besetzt.

Das Wiedererstehen der französischen Nation ist bekanntlich eng mit dem lothringischen Bauernmädchen Jeanne d'Arc verbunden, die den Dauphin zu ermutigen und die Truppen zu begeistern vermochte. 1429 führt sie Karl VII. zur Krönung nach Reims. Im darauffolgenden Jahr wird Jeanne von den Engländern gefangen und nach einem Häresieprozeß 1431 in Rouen verbrannt. In Paris wird 1430 Heinrich VI. von England gekrönt, während Karl VII. eine Annäherung an Burgund sucht. Mit der Beendigung der englisch-französischen Feindseligkeiten im Jahre 1453 ist Frankreich letzten Endes erstarkt aus der Auseinandersetzung hervorgegangen: der gesamte englische Festlandbesitz (außer Calais) ist nun in französischer Hand. Nach dem Tode Herzog Karls des Kühnen 1477 fällt auch Burgund an die französische Krone, während Flandern den Habsburgern zufällt (was mit dem spanischen Erbfall Karls V. zur Habsburgischen Umklammerung führen wird). Durch Erbfolge kommen gegen Ende des Jahrhunderts zwei weitere Gebiete an die französische Krone: die Bretagne, deren Erbin Anna die Gemahlin der Könige Karl VIII. und Ludwig XII. wird, und die angevinische Erbschaft, Anjou und die Grafschaft Provence, die der »gute König René« der Krone überläßt. Von nun an strebt der zentralistische Staat mit seiner gestärkten Königsmacht dem Absolutismus zu, der nach den Wirren der Religionskriege und der Fronde unter Ludwig XIV. seinen Höhepunkt erreichen wird.

Man kann diese verworrene Zeit auch kulturhistorisch zu periodisieren versuchen und könnte sie unterteilen in ein Zeitalter des Verfalls, in dem sich die große Kultur der Kathedralen partikularisiert, in ein Zeitalter relativer Blüte unter Karl V., ein weiteres Zeitalter der Verunsicherung bis hin zu der aufstrebenden Epoche, die schließlich in die französische Renaissance einmünden sollte. Georges Duby hat die Zeit von 1280 bis 1420 gegenüber dem vorangegangenen Zeitalter der Kathedralen wohl zu vereinfachend als das des »Palais« bezeichnet, dessen Charakteristika aber sehr differenziert dargestellt. Gerade in einer Epoche historischer Umwälzungen sind solche Verallgemeinerungen problematisch; denn die jeweilige Beurteilung der historischen und kunsthistorischen Fakten hängt ja davon ab, worin man den Motor

111

89   Tor des Hôtel de Clisson,
Rue des Archives Nr. 58

oder das letztlich entscheidende Prinzip der dialekti-
schen Geschichtsentwicklung
sieht. Unter dem teleologi-
schen Gesichtspunkt der
Herausbildung des absolutistischen Staates gewinnen die
Fakten andere Bedeutung
und andere Gewichtung als
etwa unter dem der Emanzipation des Bürgers, wobei jeder Gesichtspunkt zu einem
Aspekt des anderen werden
kann. Man kann diese ganzen
Vorgänge auch unter allgemeinen Aspekten und im
transkulturellen Vergleich
mit Norbert Elias als Prozeß
der Zivilisation deuten – im
Grunde handelt es sich aber
um gesellschaftliche Um-
schichtungsvorgänge, die sich
jeweils politisch, kulturell,
ideologisch Ausdruck verschaffen. So gesehen sind all dies Reflexe
und Auswirkungen von letztendlich entscheidenden Entwicklungen an
der »Basis«. Aber statt uns auf solch erkenntnistheoretisch-geschichts-
philosophische Fragen einzulassen und nach dem Motor der jeweils
konkreten Geschichte zu fragen, ist es vielleicht besser, induktiv-empi-
risch vorzugehen und die baulichen Zeugnisse in Betracht zu ziehen.
Vielleicht wird es eines Tages gelingen, solche Induktion mit der ebenfalls notwendigen Deduktion dermaßen zu vereinen, daß ein vergleichsweise verläßliches Geschichtsbild daraus hervorkommt. Es
scheint, daß wir von solchem Erkenntnisstand noch weit entfernt sind
und daß es neben der Empirie (allerdings neuer Art) vor allem auch
eine Theoriebildung zu entwickeln gilt, die uns annähernd sagt, was
»Kultur« jeweils ist.

Wie wir bei Notre-Dame und dem Palais gesehen haben, besteht die
Bautätigkeit des 14. Jh. oft nur darin, große Projekte der beiden vorangegangenen Jahrhunderte zu vollenden oder zu erweitern. Angesichts der veränderten wirtschaftlichen Lage, baut man nun meist be-
scheidener. Die Kathedralarchitektur hatte den Stil, die Planungsme-
thoden und Arbeitsweisen vorgeprägt, und man machte mit diesen

Vorgaben, was man konnte. Große, arbeitsteilige Betriebe ließen sich jedoch in der Regel nicht aufrechterhalten. Aber die Finessen der Reißbrettarchitektur wurden weiterverfolgt, so daß sich der graphische Flächencharakter weiter verfeinert. Statt der großen, von breiten gesellschaftlichen Koalitionen getragenen Bauvorhaben treten nun mehr partikulare, privater Initiative verdankte in den Vordergrund. Die Kapellen rings um Notre-Dame, aber auch die freistehenden von St-Germain-des-Prés, St-Germain-en-Laye und des Palais hatten die Vorbilder geliefert. Wichtig werden vor allem auch die neuen Orden der Dominikaner und Franziskaner, deren erneuernde Tätigkeit einhergeht mit dem Wiederaufleben der Pfarrkirchen.

Von der *profanen Architektur des 14.Jh.* hat sich innerhalb der Stadtgrenzen und abgesehen von den Räumen des Palais in der Conciergerie kaum etwas erhalten. Die skulpturengeschmückte große Wendeltreppe des Louvre kennen wir nur aus vagen Beschreibungen, *Befestigungsanlagen* wie die *Bastille,* die *Tour du Temple* oder das *Petit Châtelet* nur aus alten Abbildungen. Von der erschließbaren Blüte der Profanarchitektur unter Karl V. zeugt allerdings noch das gegen Ende des Jahrhunderts gebaute *Tor des Hôtel de Clisson,* das in den Neubau 89 des *Hôtel Rohan-Soubise* integriert worden ist. Die Türmchen verweisen auf einen damals vielleicht noch wirklich erforderlichen Verteidigungscharakter, wie ihn auch der *Turm des Jean sans Peur* aufweist,

90 Refektorium
der Bernardiner

der zum *Hôtel de Bourgogne* gehörte. Später wurde das zu einem Motiv adeliger Repräsentation ohne praktische Funktion. Erst aus dem Ende des 15. und dem beginnenden 16. Jh. haben wir wieder anspruchsvolle Wohnsitze, die aber zusammen mit den wenigen Zeugnissen bürgerlichen Bauens am Schluß dieses Kapitels behandelt werden sollen. Wie so oft sind wir also bei der Rekonstruktion stilgeschichtlicher Entwicklungen auf den Sakralbau verwiesen. Aber auch hier ist die Überlieferung höchst fragmentarisch.

Die Zisterzienser durften sich ja nach ihrer Regel nicht in Städten ansiedeln, und das *Collège des Bernardins,* dessen Grundstein 1338 gelegt wurde, ist denn auch kein Kloster, sondern eine Ausbildungsstätte für Ordensangehörige gewesen. Von dem umfangreichen Bau-
90 komplex samt Kirche steht nur noch das *Refektorium.* Seine äußere Gestalt ist durch Restaurierungen beeinträchtigt, das Innere dient – leider – als Feuerwehrkaserne. Im Untergeschoß ist ein dreischiffiger Saal aus 17 Jochen erhalten, deren einfache, kantige Kreuzrippenprofile auf schlanken monolithen Säulen und Kapitellen aufsetzen, die gemäß den Ordensregeln der Zisterzienser schmucklos sind. Die nüchtere Funktionalität der Struktur – auch hier handelt es sich ja um einen Nutzbau – erinnert an die der Salle des Gens d'Armes in der Conciergerie.

Die Franziskaner, deren Betätigungsfeld ja in den städtischen Zentren lag und die wegen des Strickes, der ihre Kutte umgürtete, *Cordeliers* genannt wurden, hatten sich schon im 13. Jh. in Paris niedergelassen. Auch von ihrem Kloster, das als Sitz des radikalen »Club des Cordeliers« in der Revolution geschichtsträchtig wurde, hat sich nur
91 das *Refektorium* erhalten. Der zweischiffige Bau mit 14 Jochen ist ungewölbt und hat eine Flachdecke. Auch die Fassade mit dem Eckturm wirkt nicht gerade prätentiös und eher wie die eines bürgerlichen Speicherhauses. Aber solche Einfachheitstopoi gehörten auch zum Selbstdarstellungsrepertoire dieses Ordens.

Ab 1420 machte man sich an den Neubau von *St-Nicolas-des-Champs,* einer Pfarrkirche, von der im nächsten Kapitel die Rede sein wird. Ebenfalls aus dem 15. Jh. stammt das *Langhaus von St-Médard,* dem um die Mitte des 16. Jh. ein holzgewölbter nachgotischer Chor angefügt worden ist. *St-Germain-l'Auxerrois* stammt aus unterschiedlichen Bauzeiten, und wir hatten das Westportal des 13. Jh. schon kennengelernt. Der Gesamteindruck wird aber stark geprägt von der Er-
92 neuerung aus der ersten Hälfte des 15. Jh. Im Langhausmittelschiff sind die Stilmerkmale der nach den flammenden Formen z. B. im Fenstermaßwerk benannten Flamboyant-Gotik besonders gut auszumachen. Der Gewölbedienst mit einem ondulierten Profil ist mit dem Arkadenpfeiler verschmolzen, und so wie aus diesem die Arkadenprofile emporzutauchen scheinen, wachsen auch die Gewölbeprofile aus dem kapitellosen Dienst hervor. Die teils scharfkantig geschnittenen,

91 Refektorium des Couvent des Cordeliers, Rue de l'Ecole
de Médecine Nr. 15

teils von schattigen Mulden hinterfangenen Profile verstärken die graphischen Qualitäten dieser Architektur und akzentuieren zugleich die
Raumgrenzen. Durch riesige Fenster, die direkt über den Arkaden-
scheiteln aufsetzen, ist der Raum festlich beleuchtet. Anders als die
englischen und deutschen spätgotischen Kirchen mit ihren komplizierten Netzgewölben hält man in Frankreich erstaunlich oft an der einfachen Form des Kreuzrippengewölbes fest.

93   Zwischen 1435 und 1439 wurde auch die alte *Westfassade* völlig neu
gestaltet, indem die Rose im Flamboyant-Stil erneuert wurde, vor allem aber durch den Bau einer höchst eleganten Vorhalle, die burgun-
dischen Vorbildern zu folgen scheint. Sie ist mit fünf verschieden hohen und breiten Spitzbogen zum Platz hin geöffnet. In den Räumen
über den äußeren Bögen befanden sich ehemals das Archiv und die
Schatzkammer. Die durchlaufende bekrönende Brüstung, deren Formen in den Brüstungen über der Rosenwand und den Flankentürm-
chen noch einmal aufgenommen sind, verleiht der ganzen Fassade
einen ruhig lagernden Ausdruck. Im Inneren der Vorhalle findet sich
ein reicher Dekor mit schönen Netzgewölben.

92   St-Germain-l'Auxerrois, Blick ins Mittelschiff

93 St-Germain-l'Auxerrois, Westfassade

St-Séverin ist vielleicht die malerischste der Pariser Pfarrkirchen,
und das liegt auch an ihrer komplizierten Baugeschichte, in deren
Verlauf die Kirche mehrfach erweitert worden ist. In der ersten Hälfte
des 13. Jh. baute man die Untergeschosse des Nordwestturms, der als
Eingang diente, und einen langgestreckten, dreischiffigen Bau mit ge-
radem Chorabschluß, von dem nur noch die drei westlichen Mittelschiffjoche erhalten sind. Im 14. Jh. verdoppelte man das südliche Seitenschiff. Um die Mitte des 15. Jh. baute man die nördlichen Seitenschiffe neu, modernisierte die Gewölbe des inneren südlichen Seiten-
schiffs und erneuerte – vielleicht nach einem Brand – die fünf östlichen
Mittelschiffjoche. Die Innenansicht des Mittelschiffs zeigt, wie geschickt sich der spätgotische Architekt in Grundriß und Aufriß der
hochgotischen Architektur angepaßt hat, ohne doch in den Einzelfor-
men und Profilen den 200jährigen Abstand dieser Bauteile zu verheh-
len. Gegen Ende des 15. Jh. stockte man den Turm auf und errichtete
den 1496 geweihten Chor, der sich sehr viel weniger an das schon
Bestehende anpaßt. Bis 1520 folgten dann noch die rings um den Bau
gezogenen Kapellen mit ihren weiten Maßwerkfenstern und hübschen
Giebeln. Die Beinhäuser im Süden der Kirche wurden erst um die
Mitte des 16. Jh. fertiggestellt. Wie beim Cimetière des Innocents
wurde dieses Ossuarium zur Entlastung des für die große Gemeinde
viel zu kleinen Friedhofs dringend benötigt.

94

117

94 St-Séverin, Blick in den Chor

Während im gesamten Langhaus und in den Kapellen wiederum nur
Kreuzrippengewölbe anzutreffen sind, sind Polygon und doppelter
Umgang durch Stern- und Dreistrahlgewölbe ausgezeichnet. Besonders delikat sind die Umgangspfeiler gebildet, nämlich auf achtecki-
gem Grundriß, wobei die Achteckseiten leicht gemuldet und den Kanten ganz dünne Rundstäbe vorgestellt sind. Der mittlere Pfeiler in der
Achse ist sogar noch leicht spiralförmig gedreht. Wieder scheinen die
Gewölbedienste einfach aus der Pfeilermasse emporzutauchen, was
diesem Bereich – Huysmans hat von einem »Palmenwald« gesprochen
– einen vegetabilen Charakter verleiht und eine Dynamik, die Robert
Delaunay in einem berühmten Gemälde darzustellen versucht hat.

95　St-Séverin, Chorumgang und Achsenpfeiler

Auch an der Pfarrkirche *St-Laurent* wurde lange gebaut. 1429 wurde der neue Chor errichtet, aber die Fertigstellung des wohl erst im 16. Jh. begonnenen Langhauses zog sich lang hin. Erst 1621 konnte man mit der klassischen Fassade im Jesuitenstil beginnen, und auch die Gewölbe wurden erst in den fünfziger Jahren des 17. Jh. erbaut. Als unter Haussmann der Boulevard de Strasbourg und der Boulevard Magenta angelegt wurden, entstand die heutige neogotische Fassade. Die Formensprache des Langhauses ist späteste Gotik. Die Arkaden 96 sind im Vergleich zu den Obergadenfenstern sehr hoch, so daß Mittel- und Seitenschiffe räumlich stärker miteinander kommunizieren. Die auf übereck stehenden Sockeln hochragenden Rundpfeiler haben vier

96   St-Laurent, Blick ins Mittelschiff

Vorlagen, und die Bogen- und Gewölbeprofile steigen wiederum kapi-
tellos aus diesen auf. Membranhaft scheint die Wandfläche der Arka-
denzwickel und der Schildbogen zwischen diese Pfeiler gespannt zu
sein. Die Fenstermaßwerke sind weit und licht und zeigen kaum noch
Anklänge an das Formengut der Flamboyant-Gotik.

Auch *St-Gervais* wurde erst 1494, also am Ende des Mittelalters
begonnen und hatte eine lange Bauzeit. Da der Grundstein der klassischen Fassade, auf die im nächsten Kapitel eingegangen wird, 1616
gelegt wurde, kann das Langhaus erst damals kurz vor der Vollendung
gestanden haben. Auch hier sind die Arkaden zugunsten der Verschmelzung der Schiffe sehr hoch ausgeführt, aber die Obergadenfen-

97 St-Gervais – St-Protais, Chorhaupt

ster entsprechen ihnen doch etwa im Maßstab 1:1. Obwohl es sich bei
dem Langhaus eigentlich um einen nachgotischen Bau handelt, sind
auch hier gewisse spätgotische Charakteristika unübersehbar: das on-
dulierte Pfeilerprofil, die Verschleifung der Bogen- und Gewölbean-
sätze, der Vertikalismus und die graphisch-scharfe Profilierung. Der
Außenbau besticht durch die kubische Anordnung der Baukörper mit 97
ihren steilen Sattel- und Kegeldächern und den dekorativen Reichtum
der Fenster und des Strebewerks.

Von der Kirche *St-Jacques-de-la-Boucherie,* die seit Jahrhunderten
Sammelpunkt für die Jakobspilger nach Spanien war und im 13.Jh.
von den hier ansässigen Fleischern zur Pfarrkirche gewählt wurde,

98 Tour
St-Jacques

steht nur noch der *Turm.* Er wurde von 1508 an von Jean de Félin 98
gebaut und ist ein Paradestück der Flamboyant-Architektur. Wuchtig
setzt er unten mit vier Pfeilermassiven an, die von Geschoß zu Geschoß aufgelöst und mit einem zunehmend filigranhaften Dekor versehen sind.

Derselben dekorativen Stilgesinnung gehört das *Portal von St-Merry* 99
an, eine Kirche, die seit Anfang des 16. Jh. neu gebaut wurde. Das
Langhaus war 1526, der Chor erst 1552 vollendet. Die den vertikalen
Gliederungstendenzen widerstrebende klare Geschoßteilung des Inneren kommt auch an der Fassade wieder zum Vorschein. Man hat gemeint, daß das breite Gesims, welches den Wimperg des Hauptportals
abschneidet, auf einen Planwechsel verweise. Das ist meiner Meinung
nach nicht der Fall, und man hat sich vorzustellen, daß der Wimperg

99   St-Merry, Fassade

als freistehende Filigranarchitektur ausgeführt werden sollte. Denn gerade die Durchdringung der Formen ist ein wesentliches Merkmal dieses Stils. Portalgeschoß und Streben sind von einem wuchernden Dekor aus Nischen, Fialen, Blendmaßwerk und Wimpergen in den züngelnden Formen, mit Eselsrückenbogen und dem krautigen Blattwerk der Spätgotik übersponnen. Die Skulpturen stammen aus der Zeit der Restaurierung des 19. Jh., und die in den Archivolten des Hauptportals sind Kopien derer vom Südquerhaus der Kathedrale.

100   1517, also etwa gleichzeitig, wurden Portal und Langhaus von *St-Benoît* gebaut, einer Kirche, die dem Durchbruch der Rue des Ecoles zum Opfer gefallen ist. Nur das *Portal* hat sich als Versatzstück an der Nordmauer des Hôtel de Cluny – allerdings mit zwei nicht zugehörigen Gewändefiguren unbekannter Provenienz – erhalten. Der Portaltypus, bei dem sich die Profilierung des Gewändes in die Archivolten hinein fortsetzt, wurde schon im 13. Jh. entwickelt. Die Art dieser Profile, die mächtigen und zugleich zierlich aufgelösten Baldachine und das Blattwerk sind jedoch dem spätgotischen Formenschatz entnommen.

Anläßlich der Marienstatue von Notre-Dame wurde schon gesagt, daß mit dem Niedergang der Kathedralbaubetriebe bzw. mit der Verlagerung der Aufträge an zunftgebundene städtische Betriebe auch die

100   Portal der
Kirche St-Benoît
(Cluny-Museum)

101, 102   Zwei Apostel von St-Jacques-l'Hôpital (Cluny-Museum)

monumentale Bauskulptur fast völlig von der Bildfläche verschwindet. Um so interessanter sind die wenigen erhaltenen Reste. 1319 legte die Königin Jeanne d'Evreux den Grundstein für die Kapelle *St-Jacques-l'Hôpital,* die von einer Bruderschaft der Jakobspilger gestiftet worden war und die sich an der Sainte Chapelle orientierte, indem auch ihr Inneres von Apostelfiguren umstanden war, die zwischen 1320 und 1325 von Guillaume de Nourriche und Robert de Launnoy hergestellt worden sind. Die Kirche wurde zu Beginn des 19. Jh. abgerissen, und eine Reihe der 1840 ausgegrabenen Fragmente kam zehn Jahre später ins Cluny-Museum. Die *Figur des hl. Jakob,* kenntlich an der Jakobs- 101 muschel, stammt nach Auskunft der glücklicherweise erhaltenen Baurechnungen von Robert de Launnoy, so daß man die zweite, stilistisch abweichende *Apostelfigur* dem Guillaume de Nourriche zuschreiben 102

125

103 Karl V. und Jeanne de Bourbon, Statuen vom Portal der Coelestinerkirche (Louvre)

kann, der ohnehin die Mehrzahl der Statuen gemeißelt hat. Stilistisch
knüpfen jedoch beide Künstler an dem Bildhauerstil an, der gegen
1260 am Südquerhaus der Kathedrale ausgebildet worden war. Die
Figuren sind einansichtig auf die Vorderseite mit den schürzenartig
ausgebreiteten Gewändern hin angelegt, und auch die Frisuren und
zart modellierten Physiognomien haben dort ihre Vorbilder. Insofern
handelt es sich um Nachläufer der großen Kathedralskulptur, die am
Pariser Querhaus und an der Reimser Westfassade ihre letzten Blüten
getrieben hatte.

103   Die *Figuren von Karl V. und Jeanne de Bourbon,* die sich seit langem im Louvre befinden, geben vielerlei Rätsel auf. Man weiß weder,
wo sie aufgestellt waren (die neueste These zählt sie zum Dekor der

104 Statue der Maria-Magdalena
Aegyptiaca (Marienkapelle
von St-Germain-l'Auxerrois)

unter Karl V. veränderten Ostfassade des Louvre), wer sie gemacht hat (alle Zuschreibungen
gehen von zu vielen Impondera-
bilien aus) und wann genau sie
entstanden sind. Einigermaßen
sicher ist nur die Identität der
hier Porträtierten, daß es sich
um Bauskulpturen handelt und
daß sie also vermutlich zwischen
1364 und 1380 in Auftrag gegeben worden sind. Kunsthistorisch sind sie wichtige Zeugnisse
für einen Trend, der auch anderswo in Europa – etwa bei den
Parlern in Prag – zu beobachten
ist. An die Stelle der eleganten
und auf schönen Faltenfluß be-
dachten Formensprache der ersten Jahrhunderthälfte treten
nun eine lapidare Formenauffas-
sung und ein Realismus, die in
den Figuren von Sluter für Dijon
ihren Höhepunkt finden sollten.
König und Königin erscheinen in
ihrer tatsächlichen Tracht. Er,
der immer etwas kränkelte, trägt
lange, wärmende Gewandung,
sie ist entsprechend der damaligen Mode gekleidet. Während die
Königin mit ihrem leichten Doppelkinn und den Halsfalten wie eine
gutmütige Matrone wirkt, ist die sprichwörtliche Häßlichkeit des
Königs mit seiner übergroßen Nase zumindest angedeutet. Es handelt
sich um frühe Beispiele von herrschaftlicher Porträtkunst, für die auch
aus der Malerei Exempel überliefert sind. Man muß sich vorstellen,
daß auch diese Figuren, deren Kronen und Attribute im 19. Jh. ergänzt
wurden, farbig gefaßt gewesen sind.

Aus dem Ende unseres Betrachtungszeitraums, nämlich aus dem
Anfang des 16. Jh., stammt die äußerst qualitätvolle Figur einer *Maria
Aegyptiaca* in der *Marienkapelle von St-Germain-l'Auxerrois*. Mag 104
sein, daß sie zum Figurenprogramm der Vorhalle gehörte. Die schöne
Sünderin, die sich sechzig Jahre als Einsiedlerin in die Wüste zurück-

127

gezogen hatte, wo sie mit den vom Himmel geschenkten Broten überlebte, ist mit knielangem Haar und in zerlumpten Gewändern dargestellt. Der anmutige Gesichtsausdruck entspricht dem Schönheitsideal
der Zeit. Besonderen Reiz erhält diese Figur noch durch die alte Bemalung, unter der jedoch die feine Faktur der Oberfläche noch spürbar bleibt. Zu Füßen der populären Heiligen, deren Schönheit von den
mittelalterlichen Künstlern immer wieder thematisiert wurde, ist eine
Landschaft dargestellt.

Von der ganz normalen *Hausarchitektur* des Spätmittelalters, geschweige denn des früheren, hat sich kaum etwas erhalten. Mag sein,

daß sich hinter der einen oder anderen Putzfassade noch alte Substanz verbirgt und daß das eine oder andere davon noch zum Vorschein kommen wird wie vor einigen Jahren das Ziegelhaus des 15. Jh. in der Rue des Archives. Eins der wenigen Beispiele, das uns eine Vorstellung von den mittelalterlichen Straßen vermitteln kann, ist das um 1300 gebaute *Haus Nr. 3 in der Rue Volta*. Über einem Erdgeschoß aus Haustein mit zwei kaum belichteten Läden, deren Fensterbänke zugleich die Ladentische sind, erheben sich vier Fachwerkgeschosse. Die Fächer zwischen den eng stehenden Balken sind mit Stroh und Lehm ausgefüllt, wie das auch in anderen nordeuropäischen Ländern üblich war. Die Ensemblewirkung solcher Häuser kann man sich in Rouen vor Augen führen und ansatzweise in der Rue François Miron. 105

Bei dem zu Beginn des 15. Jh. entstandenen Haus des Nicolas Flamel in der *Rue Montmorency Nr. 51* sind die Obergeschosse entstellend umgebaut. Dafür ist aber das Erdgeschoß mit der Fürbitteinschrift, den Initialen NFl und den Flachreliefs mit Engeln und Propheten erhalten. Flamel, der Universitätsschreiber und Buchhändler war, und seine Frau zeichneten sich durch gottgefällige Werke aus. So diente dieses Haus als Unterkunft für Obdachlose, die jedoch für das Seelenheil der Stifter zu beten hatten. 106

106   Haus des Nicolas Flamel, Rue Montmorency Nr. 51

107 Hôtel de Sens

Schließlich sind vom Ende des Mittelalters noch zwei prächtige Residenzen erhalten, die *Hôtels der Erzbischöfe von Sens und der Äbte von Cluny.* Da die Pariser Bischöfe der Erzdiözese Sens unterstanden, hatten die Erzbischöfe eine Pariser Niederlassung, die von 1475 bis 1507 völlig erneuert wurde. Heute steht der polygonale Baukörper mit seinen drei Ecktürmen allzu isoliert. Zwei auskragende Rundtürme mit spitzen Kegelhauben bewachen das Tor, dessen Tympanon leider zerstört ist. Der Bau bietet einen fast festungsartigen Anblick. Der unregelmäßig angelegte, von verschiedenen Gebäuden umschlossene Innenhof enthält einen teils eingestürzten Turm mit einer Wendeltreppe. Das Hôtel ist stark entstellend restauriert und deshalb vor allem als Baugruppe bemerkenswert.

Etwas jünger ist das *Hôtel de Cluny,* das sich östlich an die alten römischen Thermen anlehnt. Es wurde auf dem Gelände eines dem

107

130

Kloster gehörenden Kollegiums von 1485 bis 1510 auf Veranlassung des Abtes Jacques d'Amboise errichtet. Es ist ein höchst eleganter Bau mit Anklängen an die Schloßarchitektur des Loire-Tals, und in der Anordnung folgt er einem damals modernen Typ des Stadtpalais. Durch eine hohe Mauer mit Tordurchfahrt ist es von der Straße abgeschirmt. Drei Gebäudetrakte umstehen den Hof. Der mittlere ist durch 108 einen polygonalen Turm mit Jakobsmuscheln und Devisenbändern, 109 die auf den Bauherrn anspielen, ausgezeichnet; er enthält eine geräumige Wendeltreppe. In der Ecke zwischen diesem Turm und dem östlichen Trakt steht ein weiterer Treppenturm, ein dritter befindet sich im Westtrakt. Dieser hat zum Hof hin eine offene Arkadenstellung und ist vermutlich am ältesten. Seine Fassade ist mit den horizontalen Profilen, den Rechteckfenstern mit ihrem Rahmenprofil zwar ähnlich wie die beiden anderen gestaltet, aber diese auf die Frührenaissance verweisende Gliederung wird hier von den Eselsrückenprofilen der

108   Hôtel de Cluny, Hoffassade

109   Hôtel de Cluny, Treppenturm am Nordflügel

Arkaden und den Fialen durchbrochen. Alle drei Trakte haben prächtige durchbrochene Lukarnenaufsätze, die sich hinter einer durchlaufenden Dachbrüstung erheben. Das Innere beherbergt seit dem 19. Jh. ein Museum, in dem mittelalterliche Kunst und Kunstgewerbe ausgestellt sind. Bemerkenswert ist die ehemalige *Abtskapelle* mit dem auf einem ganz schlanken Pfeiler aufruhenden Netzgewölbe, dessen Kappen zusätzlich mit Maßwerk bestückt sind. An den Wänden befinden sich über prächtigen Konsolen flache Baldachinnischen, die heute leer sind. Das Hôtel vermittelt einen guten Eindruck von der luxuriösen Lebensführung der Kirchenfürsten des späten Mittelalters.

110　Hôtel de Cluny, Inneres der Kapelle

Insgesamt gesehen konnten wir beobachten, daß Bautätigkeit und auch Bauluxus seit der zweiten Hälfte des 15. Jh., als auch die politischen Verhältnisse wieder konsolidiert waren, deutlich zugenommen haben, und das war damals in ganz Frankreich so.

Wenn die Etymologie des Wortes Louvre auch ungewiß ist (man hat an lupara = Wolfsgehege, aber auch an lepra und leproserie, also einen Ort für Leprakranke gedacht), so verweist sie doch auf einen Ort außerhalb der eigentlichen Stadt, auf einen lieu-dit, an welchem *Philipp August* unmittelbar westlich der auf seine Order hin errichteten Stadtmauer eine *Königsburg* errichten ließ. Der Grundriß dieser An-
111 lage aus dem frühen 13. Jh., von deren Aussehen uns eine Miniatur der »Très riches heures« – um 1416 von den Brüdern Limburg für den Herzog von Berry gemalt – wohl den besten Eindruck vermittelt, ist im Pflaster der »Cour carrée« des heutigen Louvre nachgezeichnet. Demnach handelte es sich um eine geradezu idealtypische Burg des zweiten Feudalzeitalters: Die unmittelbar an die Stadtmauern angrenzende Lage signalisiert, daß der Burgherr sich nicht mehr wie im ersten Feudalzeitalter als im Zentrum einer ganzen Region residierend versteht, sondern sich bei, d.h. außerhalb der Stadt und potentiell gegen sie gewendet etabliert. Diese Bezüge von Zueinander und Distanz von Krone und Bürgertum kommen auch an anderen Orten in ähnlichen territorialen Anordnungen zum Ausdruck und finden ihre Verlängerung in der späteren Verlagerung der Zentralgewalt in die Loire-Schlösser, nach Versailles, Bordeaux und Vichy. Die Beschneidung kommunaler Selbstbestimmung ist dabei die Rückseite der Medaille.

Typisch war der »alte Louvre« auch in seiner baulichen Gestaltung. Inmitten eines Gevierts aus hohen Mauern mit Eck- und Tortürmen stand der *Tour de Paris* genannte Donjon. Zunächst als eigentlicher Wohnteil für die Herrschaft gedacht, beherbergte er das königliche Archiv und den Staatsschatz. Zusammen mit der gegenüberliegenden *Tour de Nesle* war der Louvre ein Bollwerk zum Schutz der Stadt an der empfindlichen Flußeinfahrt, die hier durch eine Eisenkette gesperrt werden konnte. Schon im 14. Jh. lag diese Festung jedoch nicht mehr vor den Toren und war durch die neue Stadtmauer Karls V. in das Stadtgebiet einbezogen. Dem entspricht der *Umbau zu einem wohnlichen Schloß*, wobei die schon bestehenden Flügel entlang der südlichen und westlichen Mauern stärker durchfenstert und aufgestockt wurden. Im Norden und Osten wurden neue Trakte gebaut, und Raymond du Temple errichtete hier den berühmten *grand'vis,* eine Wendeltreppe. Von diesem Schloß, das die königliche Bibliothek beherbergte und das nur selten als Residenz und vor allem repräsentativen Zwecken diente, haben sich nur noch spärliche Kellergewölbe erhalten.

Unter *Franz I.* (1515–1547) wurde zunächst der Donjon niedergelegt und dann im Zuge des geplanten Neubaus der Abriß der gesamten mittelalterlichen Anlage beschlossen. Seit 1546 erfolgte der Neubau zu einem Komplex, der nach jahrhundertelangen Anbauten und Erweiterungen und nach der Verbindung mit dem im Westen gelegenen Tuilerien-Schloß, das 1871 abgebrannt ist, erst gegen Ende des 19. Jh. fertiggestellt wurde. Da es sich beim Louvre um eine Bauaufgabe von höchstem Anspruchsniveau handelt, an der die jeweils bedeutendsten Architekten mitgewirkt haben, bietet er so etwas wie eine architekturgeschichtliche Stilfibel ersten Ranges von der Renaissance bis zum späten Historismus, in der bis auf das 18. Jh. fast alle wichtigen Architekturstile enthalten sind.

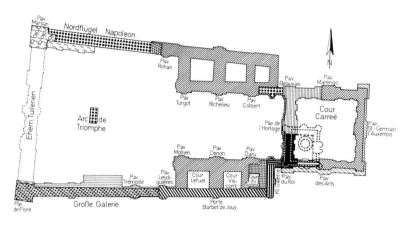

111 Die baugeschichtliche Entwicklung des Louvre

Der Kern dieses Komplexes, auf den sich alle nachfolgenden Bauteile in irgendeiner Weise beziehen mußten, war das 1546 durch Pierre Lescot in Angriff genommene *Corps-de-logis,* das heute als südlicher 112 Teil des Westflügels in die Cour carrée integriert ist und das zunächst den Westflügel des mittelalterlichen Burggevierts ersetzte. Franz I. hatte diesen Bau ein Jahr vor seinem Tode in Auftrag gegeben, nachdem er schon in anderen Schloßbauten wie Chambord, Fontainebleau oder dem im Bois de Boulogne gelegenen, zerstörten Château de Madrid dem neuen Renaissance-Stil Geltung verschafft hatte – und zwar unter massiver Hinzuziehung italienischer Fachkräfte.

112 Die Südwestecke der Cour carrée des Louvre von Pierre Lescot,
erbaut unter Heinrich II. (rechts) und seinen Söhnen (links)

Mit dem *Louvre-Neubau* wurde nun ein französischer Architekt betraut, der nicht aus dem Bauhandwerk hervorgewachsen war und wohl
auch keine spezielle Ausbildung in Italien erfahren hat. Pierre Lescot
war Domherr von Notre-Dame, entstammte einer Juristenfamilie und
zählte den Dichter Ronsard zu seinen Freunden. Er scheint seinen
architektonischen Stil eher theoretisch, also anhand von Architekturtraktaten, ausgebildet zu haben, und das Hauptmerkmal seines »Stils«
ist somit vor allem eine dekorative Ausprägung, die dadurch, daß er
mit Jean Goujon als dem wohl bedeutendsten Bildhauer dieser Jahre
fast ständig zusammenarbeiten konnte, besonders augenfällig geworden ist.

Im ersten Entwurf sollte der neue Trakt einen Mittelrisalit mit Treppenhaus und seitlichen Flügeln haben, aber unter *Heinrich II.*
(1547–1559) wurde dieser Plan dahingehend abgeändert, daß die
Treppe nun in einem nördlichen Risalit untergebracht wurde, welcher
aus Symmetriegründen einen entsprechenden südlichen erforderte.
Bezüglich der Binnendisposition erlaubte dieser Planwechsel zwei riesige durchgehende Räume. Das obere Attikageschoß war zunächst
ebenfalls nicht vorgesehen und wurde erforderlich, weil die *Cour carrée* schon unter Heinrich II. in ihrer heutigen Größe geplant worden

136

ist, wobei ihre Grundfläche also mehr als vervierfacht wurde. Ausgeführt wurden von diesem Plan ab 1556 jedoch nur der *Pavillon du Roi* im Südwesten und der westliche Teil des Südflügels als Bau für die Königin. Bei der Gestaltung der übrigen Trakte des Innenhofes, die bis in die Regierungszeit Ludwigs XIV. hinein errichtet wurden, hat man sich an den Entwurf von Lescot gehalten. Da jedoch nach der Errichtung der großen Kolonnade vor dem Ostflügel eine Erhöhung der vier Flügel notwendig war, hat man mit Ausnahme von Lescots südlichem Westtrakt, der ja schon eine Attika besaß, alle anderen im 18. Jh. einfach durch die Verdoppelung des Bel Etage zum Hof hin aufgestockt, was die Wirkung sehr beeinträchtigt.

Am ungetrübtesten treten uns Lescots Absichten also bei der *Hoffassade* des Ursprungsbaus entgegen. Die Risalite sind mit ihrer Gliederung und in ihrem Dekor deutlich von dem Corps-de-logis mit seinen jeweils drei Fensterachsen abgesetzt. Ihre normal breite Mittelachse wird von zwei schmalen Wandfeldern mit Nischen flankiert. Statt Pilastern treten hier Dreiviertelsäulen auf, die Gesimse springen vor oder sind verkröpft, und jeder Risalit ist von einem Segmentgiebel eigens bekrönt, wobei der mittlere gegenüber den seitlichen durch den größeren Eingang und höheren Giebel noch einmal hervorgehoben ist. Auch zwischen den Geschossen wird differenziert: Im Erdgeschoß ist das Corps-de-logis aus Arkaden gebildet, in welche vertieft schmälere Fenster eingesetzt sind, so daß man dies Geschoß, obwohl es in korinthischer Ordnung ist, als recht massiv empfindet. Der Bel Etage ist dadurch hervorgehoben, daß die Fenster eine Umrahmung mit abwechselnd Dreiecks- und Segmentgiebeln erhalten, und das von Kompositkapitellen getragene Gebälk ist sehr viel reicher ausgebildet. Diese beiden Geschosse erinnern nur in den Motiven der Bauzier an die italienische Hochrenaissance, die Weise, wie diese Motive jedoch zu einem festlichen Dekor komponiert sind, ist ganz unitalienisch und verhindert den Eindruck monumentaler Geschlossenheit. Und das gilt insbesondere für das Attikageschoß. Waren die beiden anderen Geschosse – auch in der eigentümlichen Akzentsetzung durch Marmorstatuen und Inkrustationen – noch sehr differenziert aufeinander bezogen, so wuchert der von Jean Goujon und seiner Werkstatt gefertigte, später überarbeitete Dekor hier geradezu über: Trophäenbündel neben den Fenstern des Corps-de-logis, Reliefgruppen bei den Risaliten, gerade Fensterstürze hier und gekreuzte Fackeln als Fensterbekrönung dort. Bezeichnend ist auch, wie Lescot die Horizontalen durch das Vor und Zurück der Gesimse und durch Unterbrechungen immer wieder mindert und wie er dagegen Vertikaltendenzen betont wie bei den Doppelsäulen der Risalite. Antony Blunt hatte in der dreifachen Wiederholung der Risalite eine vermutlich unbewußte Erinnerung an spätmittelalterliche Schloßfassaden mit drei Rundtürmen gesehen und den Entwurf als eine Mischung aus klassischen Elementen und solchen

112

113 Das skulptierte Gewölbe der Treppe Heinrichs II. im Louvre

aus der französischen Tradition charakterisiert, die hier aber zum erstenmal so miteinander verbunden seien, daß man Lescots Stil als eine
Form des französischen Klassizismus mit eigenen Gestaltungsprinzipien und eigener Harmonie begreifen könne.

Im Inneren sind nur wenige Räume aus der Renaissance erhalten: die alte Antichambre des Königs, die heute in den Westflügel verlegte *Chambre de Parade* mit der von Lescot entworfenen und dem Italiener Scibec de Carpi ausgeführten Decke, die *Treppe Heinrichs II.* und vor allem der große *Ballsaal* im Erdgeschoß, dessen Wölbung allerdings erst aus dem 17. Jh. stammt. Bei der Gestaltung dieser beiden letzten Räume muß Lescot sehr eng mit Jean Goujon zusammengearbeitet haben. Die Idee für die *Musikantenempore* des Ballsaales mit den vier an das Erechtheion erinnernden *Karyatiden,* die in dieser Art einmalig ist, hatte Goujon wohl von Virtuv, dessen erste französische Gesamtausgabe er soeben illustriert hatte. Wenn diese riesigen Gewandstatuen gemessen an ihren entfernten griechischen Vorbildern auch eher amüsant erscheinen mögen, so war Jean Goujons dekorativer Stil jedoch bestens geeignet, sich einem festlichen Architekturstil wie dem von Lescot einzupassen. Mindestens an einem weiteren Bau, dem Hôtel Carnavalet, haben die beiden Künstler noch zusammengearbeitet.

Nach dem Tod ihres Mannes Heinrich II. im Jahre 1559 hatte *Katharina von Medici* den Louvre an das neue Königspaar abgetreten und Land unmittelbar außerhalb der westlichen Stadtmauer gekauft, wo Philibert de l'Orme ab 1564 ihren Witwensitz errichtete. Der Name dieses Schlosses *Tuileries* rührt von den ehemals hier gelegenen Ziegeleien. Die langwierige Baugeschichte braucht nur skizziert zu werden, da von dem Schloß nur noch die äußeren Pavillons stehen, von denen noch die Rede sein wird. Philibert de l'Orme baute den Mittelteil mit dem zentralen Pavillon, der später ein verändertes Dach erhielt. Nach 1570 errichtete sein Nachfolger Bullant den südlich anschließenden Pavillon, und Jacques Androuet du Cerceau entwarf die restlichen Bauten der Südausdehnung, die kleine *Galerie der Tuilerien* und den *Pavillon de Flore*. Die symmetrisch dazu angelegte Erweiterung des Schlosses nach Norden erfolgte unter der Leitung von Le Vau bis hin zum *Pavillon de Marsan* (1659–1662).

Für die Geschichte der Pariser Raumordnung ist der Bau dieses Schlosses in zweifacher Hinsicht bedeutsam. Zum einen hatte es nach Westen einen Garten, der in abgeänderter Form bis heute existiert und der die Stadtentwicklung in dieser Richtung entscheidend prägen sollte. Zum anderen lag dieses Schloß etwa 500 Meter westlich des Louvre und initiierte somit eine Tendenz, die beiden Schlösser baulich miteinander zu vereinigen. Damit war – neben der Vollendung der Cour carrée – ein zweites Planungsziel gegeben, das von nun an die Ausbildung des Baukomplexes entscheidend beeinflussen sollte.

Der *Tuileriengarten* selber war auf einer weiten, ebenen Fläche zunächst im italienischen Stil angelegt und dann der jeweiligen Mode entsprechend mehrfach verändert worden, bis das Gelände 1664 seine definitive Gestaltung durch Le Nôtre erfuhr. Der schon bestehenden Terrasse entlang der Nordseite des Gartens fügte er eine südliche als

114　Die Karyatidentribüne von Jean Goujon im Louvre

erhöhte Promenade entlang der Seine hinzu. Im Westen führen zwei
halbrunde Rampen zu den abschließenden Terrassen hinauf und geben
zugleich den Blick von der Mittelachse auf die späteren Champs-Elysées frei. Vor der Westfassade des Schlosses lag ein niedrig bepflanztes
Blumenparterre, an das sich nach Westen Bosquets mit Bäumen und
Lichtungen anschlossen. Die Mittelachse wird durch eine breite Allee
und zwei Wasserbassins betont. Seit dem 18. Jh. wurde der Tuileriengar-
117　ten mit zusätzlichen *Skulpturen* bestückt, von denen die schönsten aus
dem Park des Sommerschlosses von Marly stammen, das seit dem
Tode Ludwigs XIV. aufgegeben wurde.

　　Schon 1566 hatte Katharina von Medici den Neubau der *Petite Ga-*
118　*lerie* veranlaßt, die senkrecht zur Seine verläuft und mit dem Pavillon
du Roi durch einen dreiachsigen Verbindungsbau kommuniziert, welcher den an dieser Stelle befindlichen alten westlichen Louvregraben
überbrückt. Von dieser ursprünglichen Galerie, die wohl ebenfalls
noch von Pierre Lescot entworfen worden ist, zeugen noch die sieben
Mittelachsen des Erdgeschosses. Die rustizierte toskanische Ordnung

140

115 Eine der Karyatiden von Jean Goujon

mit ihrem Wechsel von schwarzem, rotem und gelblichem Stein verweist wieder auf die dekorativen Talente des Architekten. 1661 brannte sie aus und erhielt durch Le Vau ihre heutige Gestalt mit der festlichen jonischen *Galerie d'Apollon* im Obergeschoß. Zweck dieses Baus war es, die Verbindung zwischen der Cour carrée und der Grande Galerie herzustellen, die ihrerseits den Anschluß an das Tuilerien-Schloß bewerkstelligen sollte.

Unter *Heinrich IV.* wurde dieser Plan von 1595 bis 1608 dann realisiert, wobei das baukünstlerische Problem bewältigt werden mußte, die ungewöhnlich lange *Grande Galerie* – auch *Galerie du bord de l'eau* genannt – gestalterisch zu gliedern. Dies geschah einmal durch Pavillons – zwei an den Enden und vier weitere, von denen die dicht aneinander gerückten mittleren eben diese Mitte betonen und von denen nur noch der *Pavillon* mit der *Porte Barbet de Jouy* in etwa original erhalten ist –, zum anderen dadurch, daß die westliche Galerie ursprünglich nach einem anderen Entwurf ausgeführt war als die östliche. Er stammte von Jacques II Androuet du Cerceau und bestand aus einer Folge von 14 Fensterachsen in zwei Geschossen, die von einer Kolossalordnung gerahmt und damit der Gliederung der Tuilerien und des Pavillon de Flore angepaßt waren. Wie er aussah, können alte Stiche und die in Anlehnung an diesen Trakt unter Napoleon I. gebauten Hoffassaden des nördlichen Flügels verdeutlichen. Unsinnigerweise hat der Architekt Lefuel diesen Westtrakt samt Pavillon de Flore 1861 abreißen und neu aufbauen lassen in Anlehnung an den Osttrakt. Dieser stammt wohl von Louis Métezeau, und er zeigt zwischen Renaissance und klassischem Stil wiederum den Versuch, eine eigenständig-französische Formensprache zu entfalten.

Das nur spärlich durchfensterte Sockelgeschoß bewahrt zwar einen wehrhaften Charakter mit seiner Andeutung von Rustika, die Art des Dekors ist aber schon hier sehr aufwendig: die kannelierten Doppelpilaster werden von einer Bänderung überzogen, die aus einer typisch französischen »bossage vermiculé« besteht, also einer scheinbar von Wurmfraß erfaßten Bossierung. Mit dem Puttenfries des Gebälkes – um 1600 von den Brüdern Lheureux gemeißelt, jedoch im 19. Jh. gründlich erneuert – wird ein freundlicherer Ton angeschlagen, der, vermittelt über das in klarem Wechsel von Fenstern und Wandspiegeln sich hinziehende Mezzaningeschoß (mit Wohnungen für Künstler), im Hauptgeschoß dann voll entfaltet ist. Hier befindet sich die eigentliche Galerie mit ihren Figurennischen und großen Fenstern, die von Doppelpilastern mit abwechselnd Segmentbogen- und Dreiecksgiebeln umrahmt sind und im Wechsel mit den Nischen gegenüber der Reihung der Achsen in den unteren Geschossen einen ganz neuen Rhythmus erzeugen, bei dem die Fensterachsen im Fassadenrelief nun wie schwache Risalite erscheinen, deren leichtes Vorspringen sich bis ins Sockelgeschoß hinein verfolgen läßt. Diese Ambivalenz der Formulierung ließe sich noch in anderen Details festmachen und erweist die Galerie du bord de l'eau als einen Bau, der einerseits typisch franzö-

116 Perspektivische Ansicht des Tuileriengartens. Stich des 17. Jh. von Gabriel Perelle

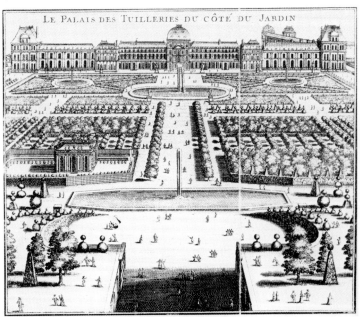

117 Merkur, Skulptur von Coysevox für den Park von Marly, später im Tuileriengarten aufgestellt

sisch ist, der sich andererseits aber einordnen läßt in den europäischen Stilzusammenhang, den wir Manierismus nennen.

Nachdem nun die Verbindung zwischen Tuilerien und Louvre fertig-gestellt war, ging es unter der Regierungszeit *Ludwigs XIII.* (1610 bis 1643) wieder um den schon lange geplanten *Ausbau der Cour carrée*, mit dem Jacques Lemercier beauftragt wurde. 1624 wurde der Nord-flügel des mittelalterlichen Louvre abgerissen, und Lemercier begann mit der für einen Architekten nicht gerade dankbaren Aufgabe. Mußte er doch bei dem nördlichen Westflügel, dem westlichen Nordflügel und bei dem sie verbindenden Eckpavillon, die zusammen mit Lescots Bauten nun einen großen dreiseitig umbauten Hof bildeten, die fast ein Jahrhundert zurückliegende Gestaltung der Baukörper und Fassaden seines Vorgängers übernehmen. Man kann dies jedoch würdigen als eine historisierende Baugesinnung, die sich bis in den Dekor hinein ausgewirkt hat und die von der Hochachtung zeugt, die man Lescots VIII Entwurf noch im 17. Jh. entgegenbrachte. Nur bei der *Tour de l'Horloge,* dem großen Pavillon in der Mitte des Westflügels, welcher gleichsam das Scharnier zwischen Alt und Neu darstellt, war Lemercier etwas freier. Zwar mußte er sich auch hier in Erd-, Haupt- und Attikageschoß an die Vorgaben halten, auf die Attika setzt er jedoch ein hohes quadratisches Geschoß mit Karyatiden (nach Entwürfen von Jacques Sarrazin), die ein Gebälk und drei ineinander verschachtelte Giebel tragen, über denen eine mächtige französische Kuppel – ein Dach in der Form eines Klostergewölbes – aufragt. Mit diesem Pavillon und seinem mittleren Durchlaß hatte der bis jetzt vor allem nach Süden zum Fluß hin ausgerichtete Gebäudekomplex eine Orientierungsachse erhalten, die dem weiteren Bauverlauf und auch der Stadtplanung bis ins späte 19. Jh. hinein die Richtung weisen sollte.

Nach dem Tod von Lemercier im Jahre 1654 wurde Louis Le Vau von *Ludwig XIV.* mit der Bauleitung betraut. Er arbeitet zunächst an

118   Die Kleine Galerie des Louvre

144

119   Die Große Galerie oder Galerie du bord de l'eau des Louvre

Umbau und Erweiterung der Petite Galerie, die zur Sommerresidenz der Königinmutter Anna von Österreich wurde, macht sich aber seit 1659 an die *Vollendung der Cour carrée,* wobei er sich wiederum an Lescots Aufriß gehalten hat. Bei der Gestaltung der Mittelpavillons orientierte er sich jedoch nicht an der Tour de l'Horloge, sondern gestaltete den nördlichen und östlichen bewußt einfach, um den südlichen um so mehr hervorzuheben. Das hatte einen städtebaulichen Grund: die dem Fluß zugewandte Südfassade hatte inzwischen auf dem anderen Seineufer ihr Pendant in dem Komplex des *Collège des Quatre-Nations,* dem heutigen Institut de France, dessen Planung und Bauleitung ihm seit 1661 übertragen war, so daß er beide Fassaden über den Fluß hinweg aufeinander beziehen konnte. Solches Denken und Gestalten verweist nicht nur auf die großangelegten Perspektiven, wie sie in barocken Planungen auch anderswo maßgebend sind, sondern zeigt auch, in welchem Maße die Seine als Fluß in das Stadtbild mit einbezogen und als städtischer »Innenraum« begriffen wird. Auch wenn die konkrete Überbrückung dieses Raumes erst unter Napoleon

145

120 Die Louvre-Kolonnade (Ostfassade)

mit dem Pont des Arts vollzogen wird, war ein Pont de la Paix schon von Le Vau vorgesehen worden.

Nach Schließung der Cour carrée zu einem Geviert mußte es jedoch vorrangig um die *Gestaltung der Hauptfassade* gehen. Diese mußte nicht nur wegen der inzwischen vorgegebenen allgemeinen Ost-West-Ausrichtung des Gebäudekomplexes, sondern vor allem deshalb, weil eine Fassade ja einen Adressaten hat, dem sie sich zuwendet, nach Osten gerichtet sein. Denn dort lag die Stadt und dort wohnten die Untertanen, denen gegenüber der inzwischen absolutistische König seinen Herrschaftsanspruch geltend zu machen hatte. Insofern nimmt es nicht wunder, daß der Gestaltung gerade dieser Fassade höchste Anteilnahme zugekommen ist und daß sie – ähnlich wie der fast gleichzeitige Petersplatz in Rom – Ausdruck äußerster Machtansprüche wurde. Der Höhe des Anspruchsniveaus entspricht die Intensität der Auseinandersetzung über ihre Gestaltung.

121 Projekt Berninis für die Louvre-Kolonnade. Stich von Jean Marot

Heute steht die Ostfassade des Louvre, die sog. *Louvre-Kolonnade,* 120
als eine kühl-klassizistisch anmutende, breite Front. Sie ist in dieser
Gestalt erst nach einer verwickelten Bau- und Planungsgeschichte zu-
standegekommen. Zwar wurde Le Vau, der ja auch die architektonischen Unternehmungen des größten Prestigeprojektes dieser Zeit –
des Schlosses von Versailles – leitete, 1661 mit der Ausführung der
Fassade betraut, und die erst 1964 freigelegten bossierten und ge-
böschten Fundamentmauern sind nach seinem Entwurf ausgeführt.
Aber neben ihm hatten noch mehrere prominente Architekten Vorschläge vorgelegt. Nachdem Ludwig XIV., der sich wie bei allen seinen
Großbauten so auch hier intensiv in die Planung einschaltete, jedoch
keinen dieser Entwürfe vollends billigen konnte, kam es zu einer Art
internationalem Wettbewerb, indem die Italiener Rainaldi und Bernini
eingeladen wurden, ihre Entwürfe vorzulegen. Dieser ganze Planungs-
prozeß ist insofern höchst interessant, weil er darauf hinauslaufen
sollte, den offiziellen Stil für die nach den Bürgerkriegen der Fronde
bedrohte und nun neu gefestigte Monarchie und das absolutistische
Regime zu etablieren.

Diese Diskussion ist verworren und kunsthistorisch noch nicht gänzlich geklärt. Auf baukünstlerischer Ebene entspricht sie den Diskus-
sionen, die in anderen kulturellen Bereichen geführt worden sind, wie
etwa der berühmten literarischen »querelle des anciens et modernes«.
Es ging um die Definition des »grand goût«, d.h. um einen Stil, welcher der »grandeur« des politischen Systems angemessen war. Wenn
man bedenkt, daß die nach den Wirren der Religionskriege im Rahmen der Gegenreformation wieder erstarkte römische Kirche in Lorenzo Bernini einen Architekten gefunden hatte, der den »Welt-
machtsanspruch« dieser Kirche in architektonischen Formulierungen
wie dem Petersplatz zu artikulieren vermocht hatte, dann nimmt es
nicht wunder, daß Ludwig XIV. diesem Mann seine besondere Aufmerksamkeit angedeihen ließ. Denn unter den Künstlern, die der
europäischen Stilrichtung des Barock zum Durchbruch verholfen haben, nahm Bernini (wie immer man die Rainaldi, Cortona, Guarini
oder Borromini auch einschätzen mag) mit Sicherheit die bedeutendste Stellung ein. Nachdem er sein Projekt im »römischen Stil« – eine 121
Palazzofassade auf einem Sockel aus »Naturstein« mit einem Rustika-
geschoß und zwei etwa gleichwertigen, durch eine Kolossalordnung
verbundenen Obergeschossen mit Eckrisaliten und einem mächtigen
Mittelrisalit, die jeweils in sich wieder rhythmisiert waren – vorgelegt
hatte, wurde er jedenfalls offiziell eingeladen und zu einer Art Staats-
besuch im Jahre 1665 empfangen. Das Scheitern dieser in einem Rei-
sebericht dokumentierten Mission, bei der es nicht nur um die Louvre-
Fassade ging, ist eines der wichtigsten Kapitel der französischen
Kunstgeschichte. Daß Berninis Louvre-Entwurf nicht zum Zuge kam,
mag man angesichts der Unvereinbarkeit seiner Formensprache mit

den schon bestehenden Bauteilen erklären. Aber eine solche Erklärung wäre zu vordergründig und würde übersehen, daß die Differenzen zwischen Berninis Stil und dem vom König und seiner Umgebung intendierten tiefer lagen. (Und das äußert sich auch darin, daß das von Bernini angefertigte Reiterstandbild Ludwigs XIV. in einen »Marcus Curtius« umbenannt und bis heute in eine ganz entlegene Ecke des Versailler Parks verbannt worden ist.) Die offensive Kulturpolitik der gegenreformatorischen Kirche hat nach den Empfehlungen des Konzils von Trient in Gestalt des Barock ganz andere Register illusionistisch-emotionaler Ausdrucksformen gezogen, als sie im neuen französischen Gesellschaftsgefüge geboten waren. Norbert Elias hat dieses Gefüge als »Königsmechanismus« bezeichnet. Er hat es damit zwar nicht erklärt, aber sehr hilfreich beschrieben und dargelegt, daß der absolutistische Herrscher seinen Machtzuwachs aus der Tatsache ableiten konnte, daß er die ausgleichende Instanz zwischen den widerstrebenden Interessen von Aristokratie und aufsteigendem Bürgertum war. Beide – Papst und absolutistischer Herrscher – sind zwar Vertreter von »repräsentativer Öffentlichkeit« (Habermas), müssen sich aber jeweils anders legitimieren. Der französische König mußte seine Autorität auch gegenüber den kritischen und weitgehend aufgeklärten wirtschaftlich erstarkten Bürgern unter Beweis stellen, die sich von barocken Theatereffekten nicht blenden ließen. Wenn es also in Frankreich keinen wirklichen Barock gegeben hat und wenn es dort zur Herausbildung eines »Barock-Klassizismus« gekommen ist, so hat das gesellschaftliche Gründe, die mit der Entfaltung bürgerlicher Kultur zusammenhängen. Und daß derart divergierende Stilentwicklungen den gesellschaftshistorischen Divergenzen Ausdruck verleihen, liegt – gerade in bezug auf den Barock – auch anderswo auf der Hand. Wenn es bei der Louvre-Fassade also nicht einfach darum gehen konnte, den »schönsten« Entwurf zu realisieren, und wenn sie nicht »italienisch« sein durfte, dann blieb immer noch unklar, wie eine französische Lösung im »grand goût« denn aussehen müsse.

Dies zu klären setzte der allmächtige Colbert eine Kommission zusammen, in der neben ihm selber, Le Vau und dem Maler und Innenausstatter Le Brun auch der Arzt Claude Perrault (ein Bruder des Märchensammlers) vertreten war. Diesen Laien hat man immer wieder als den Autor der Fassade genannt, was nicht ganz zutreffend ist. Denn 1667 wurde ein Projekt von Le Vau gebilligt, das die kolossale Säulenstellung schon enthielt, bei dem der mittlere und die seitlichen Risalite jedoch Pavillons mit französischen Dächern waren, wie im bisherigen Schloßbau üblich. Perrault bewirkte den Verzicht auf diese Pavillons und die Verbreiterung der Fassade, was die Erneuerung der südlichen Seinefassade zur Folge hatte.

Erst seit dem 19.Jh., als man den jetzigen Platz freilegte, und seit der Ausschachtung des Grabens 1964 kommt die Fassade in ihrer

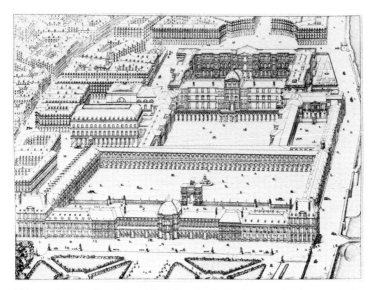

122 Projekt von Percier und Fontaine für die Verbindung des Louvre mit den Tuilerien

ursprünglich intendierten Imposanz voll zur Wirkung. Das geböschte und an den Kanten bossierte Untergeschoß mit dem Graben verleiht ihr etwas abweisend-Festungshaftes, und das glatte, fast schmucklose Erdgeschoß betont die »grandeur« des Kolonnadengeschosses um so mehr. Dieses umfaßt den Bel Étage und ein oberes Mezzaningeschoß, und die Reihung der gedoppelten korinthischen Säulen betont die Breitenwirkung dieser langgestreckten Fassade, die vielfach nachgeahmt worden ist. Der Mittelrisalit mit seinem erhöhten mittleren und den niedrigen seitlichen Durchgängen mutet wie eine porta triumphalis an.

Noch bevor diese Fassade ganz fertig war, zog der Hof endgültig nach Versailles. Trotzdem ist sie die erste baukünstlerische Verwirklichung des monumentalen Style Louis XIV. Ihre Weite und Höhe waren der alten Cour carrée ganz unangemessen, so daß – wie schon gesagt – eine neue Südfassade (in 15 m Abstand von der unlängst durch Le Vau vollendeten) errichtet und die Trakte des Innenhofes aufgestockt werden mußten. Diese zweite Maßnahme ist eine erhebliche ästhetische Beeinträchtigung der älteren Architektur gewesen, aber wo es um »grandeur« ging, konnten solche Rücksichten keine Rolle spielen.

So wie sich die Hofhaltung von der Cité in den Louvre verlagert hatte, wobei allerdings zu berücksichtigen ist, daß der Hof seit dem 16.Jh. oft ambulant war und sich vor allem in den Loire-Schlössern aufgehalten hat, so verlagerte sie sich 1678 mit der endgültigen Verlegung nach Versailles nochmals nach Westen. Das Interesse für neue Baumaßnahmen erlischt damit. Erst während der Großen Revolution wird das Königspaar wieder gezwungen, in der Hauptstadt – und zwar in den Tuilerien – zu residieren. Der Louvre, und insbesondere die Grande Galerie, war inzwischen zu einem Depot für die königliche Gemäldesammlung geworden. So lag es nahe, ihn zu einem »Muséum de la Republique« umzufunktionieren, welches 1793 seine Tore öffnete. Neubaumaßnahmen wurden erst unter Napoleon I. ergriffen. Sie entsprechen der Doppelfunktion des Komplexes: Bis 1870 sollten die Tuilerien noch als Residenz der Könige und Kaiser dienen, während der eigentliche Louvre als Museum von nun an eine bürgerliche Bildungsinstitution ersten Ranges blieb, die – zumindest in den ersten Jahren – an der Herausbildung einer »demokratischen Öffentlichkeit« (Habermas) maßgeblich beteiligt war.

Unter *Napoleon I.* wurde die Cour carrée in ihrer heutigen Gestalt mit Dreiecksgiebeln anstelle der alten Pavillondächer und mit der Aufstockung der Innentrakte vollendet. Percier und Fontaine, die Hofarchitekten des Kaisers, legten ein Projekt vor, welches die alte Idee, Louvre und Tuilerien auch im Norden miteinander zu verbinden, noch einmal aufgriff. Realisiert wurde von diesem Projekt ein langer Trakt, der sich vom Nordende der Tuilerien, dem Pavillon de Marsan, entlang der neugeplanten Rue de Rivoli bis zum heutigen Pavillon de Rohan in Richtung Louvre erstreckt. Zum Innenhof hin war dessen Fassade – und das ist bemerkenswert – historisierend an dem damals noch unveränderten Westflügel der Grande Galerie orientiert, während die Straßenfassade klassizistisch ist. Ein kleiner Trakt, der von der Nordwestecke der Cour carrée aus auf diesen Flügel zugebaut worden ist, wurde in seiner Fassadengestaltung in der Folge verändert.

Wenn Fontaine den Nordflügel unter der Restauration zwar noch etwas erweitern konnte, so fallen doch fast alle übrigen Arbeiten ins *Zweite Kaiserreich*. Visconti ergänzte den östlichen Trakt der Grande Galerie zu einem Ensemble mit drei Innenhöfen, welches er dann auf der Nordseite entsprechend reproduzierte. Sein Nachfolger Lefuel veranlaßte dann ab 1853 und bis in die Dritte Republik hinein deren Vollendung und eine Reihe von An- und Umbauten (Westfassade der Cour carrée, Erneuerung des Westflügels der Grande Galerie, Anbauten an dessen Hofseite, Erneuerung des Pavillon de Marsan und an diesen anschließend einen Anbau an die Hofseite des Nordflügels), wobei er sich z.T. der pompösen Formensprache des fortgeschrittenen Historismus bediente und das Werk seiner Vorgänger zerstörte, erdrückte oder vergewaltigte. Unter seiner Ägide wurde der Großteil des Louvre zu einem pompösen Monument spätmonarchistischer Prätention. Und gerade weil diese Herrschaftsform angesichts der Entwicklung des modernen Kapitalismus anachronistisch geworden war,

123 Der Nordflügel des Louvre von Visconti und Lefuel, erbaut für
Napoleon III., heute Ministère des Finances

mußte sie ihre scheinbare Legitimität um so bombastischer unter Beweis stellen. Damit geraten die letzten Bauabschnitte des Louvre auch
stilistisch in die unmittelbare Nähe ähnlicher Legitimationsversuche
anderer Monarchien, gleichzeitig aber auch in die Nähe bürgerlicher
Herrschaftsbehauptung, die in Form von Justizpalästen, Bankgebäu-
den, Parlamenten und Kulturinstitutionen ihre Superiorität gegenüber
dem vierten Stand zur Geltung zu bringen hatte. Mit der Erstürmung
der Tuilerien in der Großen Revolution hatte dieser sich erstmals zu
Wort gemeldet, und mit deren Zerstörung im Jahre 1871 hatte er zum
Ausdruck gebracht, daß er sich um architektonisch artikulierten Herrschaftsanspruch nicht scherte. So kommt also nicht nur in den jeweiligen Baustilen der einzelnen Jahrhunderte, sondern auch in den Zer-
störungen – vom alten Donjon bis hin zu den Tuilerien – ein Stück
französischer Geschichte zum Vorschein.

RENAISSANCE UND MANIERISMUS
VON FRANZ I. BIS ZUM REGIERUNGSANTRITT
HEINRICHS IV.

Das kunstgeschichtliche Phänomen der Renaissance, die sich selber als Wiedergeburt der Antike und als Erneuerung begriff, die gegen »gotische« Barbarei (der abwertend gemeinte Stilbegriff wurde damals geprägt) gerichtet war, ist bekanntlich eine Kultur der italienischen Stadtstaaten und Höfe, welche sich erst mit einiger Verzögerung und mit Mutationen nördlich der Alpen durchgesetzt hat. Die Kunstwissenschaft hat quer durch das Mittelalter schon seit langem eine Reihe von Protorenaissancen als Stile erkannt, die sich ikonografisch, motivisch und stilistisch auf die Antike beziehen. Aber Erwin Panofsky hat herausgearbeitet, wo der Unterschied zwischen diesen partiellen Adaptionen, die er als »renascenses« bezeichnet, und dem neuen Stil liegt. Dieser gründet nämlich in einem neuartigen umfassenden Lebensgefühl und in einem geistesgeschichtlichen Kontext, der mit dem Begriff des Humanismus charakterisiert werden kann. Die Hinwendung zu den römischen und dann auch griechischen Schriftstellern und der Versuch, philologisch rekonstruiertes antikes Gedankengut mit christlichem zu verbinden, bedeutete zugleich eine Aufwertung des kritikfähigen einzelnen und die Herausbildung antropozentrischer Weltanschauungen. Und wenn Jakob Burckhardt in diesem Zusammenhang von der »Geburt des Individuums« gesprochen hat, so mag das zwar heute überzogen erscheinen, aber durch die Aufwertung des Studiums waren die traditionellen Autoritäten und allen voran die Kirche doch unter erheblichen Legitimationsdruck geraten.

Sicher war dieser Humanismus nicht einfach die ideologische Erscheinungsform eines sich emanzipierenden Bürgertums, wie so oft simplifizierend behauptet wird. Gerade an den Höfen und sogar im Vatikan als dem Zentrum bewahrender Ideologie ist er gediehen, allerdings auch bei den Vertretern der Opposition, bei den Bürgern und Protestanten.

Humanismus und Renaissance sind also lediglich Bezeichnungen für eine neue Kultur der Oberschicht, zu der nun allerdings auch die Vertreter des gehobenen Bürgertums in ganz neuer Weise gehörten. Insofern konnte das neue Formengut sowohl legitimierend für die alten Mächte – wie etwa beim Neubau von St. Peter in Rom – eingesetzt werden und höfische Prätention unterstreichen, als auch bürgerlichem Selbstbestimmungswillen Ausdruck verleihen wie in den zahlreichen Renaissance-Rathäusern der Zeit.

Wenn man sich die Anfänge der Renaissance in Frankreich vor Augen führt, dann hat man den Eindruck, als handele es sich um so etwas wie eine Mode, die von Italien aus mit erheblicher Verspätung zum Zuge kommt. Die Verbindungen Frankreichs zu Italien hatten sich seit dem Ende des 15. Jh. vor allem aufgrund politischer Ansprüche ergeben: Die französische Krone hatte ja mit dem Erbe der Anjou den Anspruch auf das Königreich Neapel übernommen. Karl VIII. (1483–1498) hatte sich in die europäischen Machtkämpfe um Italien eingeschaltet und 1494/95 das Königreich Neapel erobert, das unter Ludwig XII. (1498–1515) allerdings 1503/05 an Spanien verlorenging. Dafür hatte dieser aber 1499 das Herzogtum Mailand erobert, und aus der Lombardei kamen denn auch die wesentlichen stilistischen Anregungen. Auch wenn Frankreich mit der Schlacht von Pavia 1525 seine italienischen Einflußgebiete verlor, so hat doch gerade Franz I. (1515–1547) den italienischen Kulturimport wie kein anderer gefördert. Er holte so bedeutende Künstler wie Giovanni Battista Rosso, Francesco Primaticcio, Sebastiano Serlio und sogar den greisen Leonardo nach Frankreich, während sein Versuch, auch Michelangelo zu verpflichten, scheiterte.

Auch wenn sich Frankreich aus Italien hatte zurückziehen müssen, so konsolidierte sich der Staat in den letzten Jahrzehnten der Regierung Franz I. doch beträchtlich, und die allgemeine Prosperität setzte sich noch unter seinem Sohn Heinrich II. fort, der 1559 infolge einer Turnierverwundung beim Palais des Tournelles ums Leben kam. Kurz darauf folgte die lange Periode der Hugenottenkriege, die erst im Edikt von Nantes 1598 unter Heinrich IV. ein vorläufiges Ende fand. Es waren Zeiten starker innenpolitischer Verunsicherung und politischer Intrigen. Das Land wurde nacheinander von den drei Söhnen Heinrichs II. regiert, zunächst ein gutes Jahr von Franz II., dann bis 1574 von Karl IX., für den die Königinmutter Katharina von Medici die Regentschaft übernahm, und schließlich von Heinrich III., mit dessen Ermordung 1589 die Linie der Valois ausstarb. Finstere innenpolitische Ereignisse dieser schweren Jahre waren die blutige Pariser Bartholomäusnacht 1572 und die Ermordung des Herzogs von Guise und seines Bruders Kardinal Ludwig 1588, die die katholische Liga gegen den König aufbrachte und zu schweren Unruhen – der »Journée des Barricades« – und schließlich zu mehreren Belagerungen der Stadt mit schweren Hungersnöten führte. Wenn auch die Bautätigkeit in diesen schweren Jahrzehnten nicht ganz zum Erliegen kam, so kann von einer Blütezeit jedenfalls keine Rede sein.

Paris blieb von den Anfängen der Renaissance in Frankreich zunächst fast unberührt. Vereinzelte Anregungen aus Italien hatte es schon seit der Mitte des 15. Jh. gegeben, als der Maler Jean Fouquet nach Rom gereist war; »Le bon roi« René d'Anjou hatte eine Reihe italienischer Künstler an seinen provenzalischen Hof geholt, was jedoch ohne Folgen für die großen französischen Kunstzentren blieb. Der neue Stil entfaltete sich zunächst in der Normandie, vor allem aber im Loire-Tal, das wegen seiner reichen Jagdgründe das bevorzugte

Aufenthaltsgebiet des Hofes war. So wundert es nicht, daß Franz I. die neue Bautätigkeit zunächst auf die Schlösser von Blois und Chambord konzentrierte. Erst nach seiner Rückkehr aus der Gefangenschaft in Italien widmete er sich Schloßbauten der Ile-de-France wie denen in St-Germain-en-Laye oder Villers-Cotterets. Eines von ihnen – das *Château de Madrid*, von dem jedoch nichts mehr steht – lag im Bois de Boulogne, also auf heutigem Stadtgebiet. Sein Name ist eine spöttische Anspielung auf die spanische Gefangenschaft des Königs nach der Schlacht von Pavia. Bei Baubeginn im Jahre 1528 befand es sich noch mehrere Meilen vor den Toren. Wir kennen sein Aussehen aus Stichen von Du Cerceau, weshalb es hier wenigstens kurz erwähnt sein soll. Aus den Quellen wissen wir, daß zwei Franzosen – Pierre Gadier und Gatien François – und der Italiener Girolamo della Robbia aus der berühmten Florentiner Künstlerfamilie am Bau beteiligt waren. Der Entwurf stammt schon wegen der Türme und steilen Dächer sicher von einem Franzosen, mag in Details aber auch auf Gestaltungsvorschläge Girolamos zurückgehen, der den Bau innen und außen mit einer reichen farbigen Terracottadekoration versehen hatte. Bemerkenswert sind die Loggien, die hier nicht nur vertiefte Fensternischen wie in Blois sind, sondern den ganzen Bau wie in Italien als wirkliche Gänge umziehen. Schon Du Cerceau hatte die allgemeine Raumdisposition des Baus gerühmt. Der rechteckige Grundriß untergliedert sich in zwei seitliche klar voneinander getrennte Appartementbauten auf etwa quadratischem Grundriß, die durch den zurückgesetzten Mittelbau, der die Festsäle enthält, miteinander verbunden sind. Die sowohl von diesem als auch von den durch eigene Treppenaufgänge erschlossenen Appartements aus zugänglichen Verbindungsräume sind in der malerischen Dachlandschaft mit eigenen Walmdächern hervorgehoben. Sie konnten wahlweise in die öffentlichen oder privaten Bereiche des Schlosses miteinbezogen werden. Bei Betrachtung der Adelspalais werden wir sehen, wieso diese Grundrißstruktur und Funktionsaufteilung der Struktur der höfischen Gesellschaft so überaus angemessen war. Im Jahre 1650 hat der englische Gelehrte Evelyn neben den Loggien und Terrassen den Terracottenschmuck gepriesen: »materials, which are most of earth painted like Porcelain or Chinaware, whose colours appeare very fresh, but is very fragile. There are whole statues and relievos of this potterie, chimney-pieces and columns both within and without.« Nachdem Heinrich II. hier seine Favoritin Diane de Poitiers einlogiert hatte, blieb dieses Schloß auch nach seiner partiellen Umwandlung zu einer Seidenmanufaktur durch Colbert Schauplatz galanter Abenteuer. Die Fragilität seines Dekors machte es zunehmend ruinöser, so daß es in der Revolution abgerissen wurde.

Alle Schlösser, die Franz I. bauen oder erweitern ließ, haben gemeinsam, daß sie das neue Formengut aus Italien mit traditionellen französischen Charakteristika verbanden. Immer wieder finden sich im

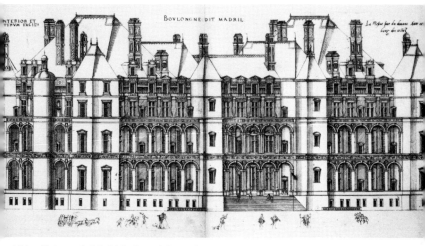

124   Château de Madrid, ehemals im Bois de Boulogne. Stich von Du Cerceau

Bautypus und in einzelnen Bauteilen Anlehnungen an das im Feudalismus ausgebildete Burgschloß: die Eck- und Mitteltürme, die teils bizarren und spätgotisch anmutenden Dachlandschaften mit den steilen Hauben, Fensterlukarnen und Kaminen, die Betonung der senkrechten Achsen und das Durchbrechen der lagernden Horizontalen. Der Baudekor dieser Profanbauten orientiert sich in aller Regel an oberitalienisch-lombardischen Formen, und die kurz vor der Jahrhundert-

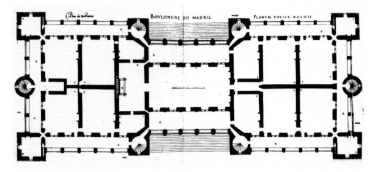

125   Grundriß des Château de Madrid

wende fertiggestellte Kartause von Pavia scheint diesbezüglich eine besondere Ausstrahlungskraft besessen zu haben. Man kann diesen Sachverhalt vordergründig damit erklären, daß die Lombardei eben die Region gewesen sei, mit der Frankreich aufgrund der politischen Konstellation bis 1525 in Austausch gestanden hat. Aber in Mailand und Umgebung gab es schließlich Bauten, die in Anlage und Dekor

155

florentinischem oder römischem »Stilgefühl« verpflichtet und somit »hochmodern« waren. Offensichtlich sind es also die »oberflächlich-dekorativen« und nicht die strukturellen Qualitäten der neuen Kultur gewesen, die nach Frankreich Einlaß fanden. Wenn die Dekoration des Château de Madrid auch von einem Florentiner stammt und somit atypisch scheinen mag, so war sie doch insofern oberitalienisch, als eine ebensolche im Kreuzgang von Pavia realisiert worden war. Auch die scheinbare Ausnahme »Madrid« erweist sich also als lombardisch. Dem »spätgotisch-verspielten« und luxuriösen Geschmack der französischen Führungsschicht sind – und Antony Blunt hat das erläutert – die vielfarbig-dekorativen Formen der lombardischen Renaissance also näher gewesen als die strengen florentinisch-römischen. Die kulturbestimmende französische Oberschicht hat die italienischen Neuerungen somit sehr selektiv – und zwar im Interesse ihrer eigenen Traditionen und Repräsentationsansprüche – wahrgenommen und reproduziert.

Im *Sakralbau* liegen die Dinge insgesamt etwas anders, weil er fast immer zu den konservativsten Baugattungen mit fest ausgebildeten Bautypen gehört. Deshalb baut man an vielen Kirchen bis weit ins 16. Jh. hinein noch in gotischen Formen. Paris besitzt jedoch einen großen Kirchenbau, der zeigt, in welch extremer und für einen Italiener ganz unsinnigen Weise lombardische Renaissanceformen als schiere Applikation verwendet werden konnten: *St-Eustache* bei den ehemaligen Markthallen, die größte Renaissancekirche Frankreichs überhaupt. Bezogen auf das ehemalige Stadtgebiet war es zugleich der erste Renaissancebau der Hauptstadt.

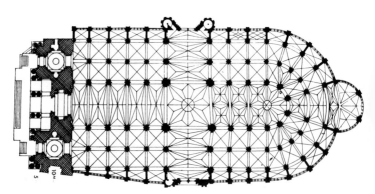

126   Grundriß von St-Eustache (nach E. Gout)

Bisher weiß man nicht, wer der Architekt dieser Kirche mit höchstem Anspruchsniveau gewesen ist. In ihrer Länge und Breite erreicht sie fast die Ausmaße der Kathedrale, in der Gewölbehöhe übertrifft sie

127 St-Eustache, Choranlage; im Vordergrund die unter Ludwig XVI. erbaute Wache

diese. Der König selber soll sich mit einer beträchtlichen Geldsumme an dem Vorhaben beteiligt haben. Der Grundstein wurde 1532 gelegt. Man begann mit dem Querhaus und fügte nach mehrfachen Bauunterbrechungen zunächst das Langhaus und schließlich den Chor (Weihe 1637) und die fehlenden Partien des Nordquerhauses an. Nach über 100 Jahren Bauzeit war die Kirche 1640 fertiggestellt. Da man sich jedoch durchgehend an die ursprünglichen Baupläne gehalten hat, brauchen uns die insgesamt sechs Bauabschnitte hier nicht im einzelnen zu interessieren. Nachdem Colbert veranlaßt hatte, in den Turmuntergeschossen der Westfassade Kapellen einzubauen, wurde diese Fassade, deren Aussehen durch einen Stich von Israel Silvestre überliefert ist, baufällig und mußte zusammen mit dem Westjoch des Langhauses ab 1754 neu gebaut werden, um 1788 unvollendet liegen zu bleiben.

Auch in Grundriß und Bautyp konkurriert St-Eustache mit Notre- 126
Dame. Es ist eine fünfschiffige Basilika, die von Kapellen in den Stre-

157

bepfeilerintervallen umgeben ist. Die beiden Seitenschiffe sind ungewöhnlich hoch und durch große Fenster zusätzlich und reichlich belichtet. Statisch wird der Bau durch ein Strebewerk gesichert. All diese

128   St-Eustache,
südliches Seitenschiff

129   St-Eustache,
Mittelschiff und Chor   ▷

Merkmale sowie die steilen Dächer lassen St-Eustache als eine rein
gotische Baustruktur erscheinen; auch das Maßwerk der Fenster und
Rosen entspringt, wenn auch nicht in der Einzelform, gotischem Form-
empfinden ebenso wie der Typus des Gewändeportals am Querhaus.

127   Aber schon am Außenbau geht diese gotische Struktur eine ganz
merkwürdige Verbindung mit den modernen lombardischen Detailfor-
men ein. Die Kapellen werden von reichgeschmückten korinthischen
Pilastern gerahmt, die ein ganz unkanonisches teils dorisches, teils auf
Konsolen ruhendes Gebälk mit einer Balustrade tragen. Das Quer-
hausportal wird von übereinandergestellten Kandelabersäulen und einem mächtigen Gebälk umfaßt, und bei dem verdoppelten Triforium
ist das ähnlich. Die Kranzgesimse der Schiffe und Abschlußgesimse

158

der Strebepfeiler sind als mächtiges jonisches Gebälk ausgebildet, und
die Türmchen neben den Querhausgiebeln wirken wie die Laternen
einer Renaissancekuppel. Noch absonderlicher sind die neuen Formen
im Innenraum kombiniert, der in seiner Steilheit, in der Geschoßglie- 129
derung und mit seinen z. T. hängenden Gewölben noch ganz gotisch
anmutet. Besonders abstrus wirkt hier die Gestaltung der »Bündel-
pfeiler«. Während der dem Mittelschiff zugewandte Hauptdienst wie
ein gotischer Dienst vom Sockel bis zum (korinthischen) Kapitell
durchläuft und mit dieser Überdehnung sämtlichen Regeln klassischer
Säulenproportionierung Hohn spricht, bestehen die ihn begleitenden
»jungen Dienste« aus übereinander gestellten Pfeilern mit Gebälk- 128
stücken und Säulen, die den oberen Abschluß bilden. Darin und in der

Abfolge »dorisch-jonisch-korinthisch« wird zumindest das Bemühen um annähernd kanonische Proportionen und Regeln erkennbar. Einem neugotischen Puristen wie Viollet-le-Duc mußte eine solche Architektur erscheinen wie »ein schlecht konzipierter und schlecht konstruierter Bau, eine konfuse Anhäufung von Bruchstücken, die – ohne Verbindung und ohne Harmonie – aus allen Ecken entliehen sind, eine Art gotisches Skelett, das mit römischen Lumpen bekleidet ist, die zusammengenäht sind wie die Fetzen eines Harlekingewandes«. Und ein Architekturtheoretiker der italienischen Hochrenaissance hätte das sicher ähnlich gesehen. Wenn man diesen Raum jedoch unvoreingenommen von derart normativen ästhetischen Kategorien würdigen will, wird man seine spielerische Originalität und das Pittoreske in der Anwendung der neuen Formen hervorzuheben haben. Gerade weil er so originell ist, hat er keine künstlerische Nachfolge gefunden.

Der seit 1754 von Jean Hardouin-Mansart de Jouy, einem Enkel des großen Jules Hardouin-Mansart gebaute Fassadenprospekt orientiert sich als Zweiturmfassade mit der großen mittleren Loggia im Obergeschoß formal an der Fassade von St-Sulpice. Der ab 1772 mit der Bauleitung betraute Moreau-Desproux errichtete am Chor einen Anbau, der zugleich Sakristei und Wachgebäude für die Markthallen war, und in der Rue Montmartre ein weiteres Gebäude für die Singschule der Chorknaben und das Vikariat – beide in der schlichten Formensprache des Louis-XVI-Stils.

Ein sehr spätes Beispiel für die Verquickung alter Formulierungsgewohnheiten mit neuen Renaissanceformen findet sich in der Pfarrkirche *St-Nicolas-des-Champs,* die für das Kirchsprengel rings um die Abtei St-Martin-des-Champs seit 1420 zunächst in einfachen gotischen Formen und bescheidenen Abmessungen gebaut, wegen der rapiden Zunahme der Bevölkerung dann aber mehrfach erweitert worden ist. 1541 wurden die Seitenschiffe verdoppelt, 1574–1586 wurde das Langhaus erweitert, und schließlich errichtete man von 1613 bis 1615 den großen doppelten Umgangschor. Die ersten sieben Mittelschiffjoche sind zusammen mit dem inneren südlichen Seitenschiff einem zwar kargen, aber doch sehr durchdachten Flamboyantstil verhaftet. Die onduliert profilierten Pfeiler gehen ohne Kapitelle in die Gewölberippen über, und die Scheidbogenprofile der Arkaden scheinen aus ihnen hervorzutauchen. Die großen Obergadenfenster, deren Maßwerk zusammen mit den Hochschiffvorlagen im 16. Jh. verändert wurde, durchfluten den Raum mit Helligkeit, wodurch die feine Profilierung der Bauglieder besonders zur Geltung kommt. Ein Triforium fehlt.

Diesem spätgotischen System hatte sich der Chor des frühen 17. Jh. anzupassen. Die Mittelschiffstützen sind nun schwere, wohlproportionierte kannelierte Säulen, über denen sich zum Mittelschiff hin jonische Pilaster als Gewölbevorlage erheben. Die Arkaden selber sind in

130

130   St-Nicolas-des-Champs, Blick ins Mittelschiff

klassischer Weise profiliert und gerahmt. Die gotisierenden Fenstermaßwerke und Gewölbe verdeutlichen allerdings, daß diese Versatz-
stücke einer neuen Formensprache letztlich auch hier nur dazu dienen,
einem konventionellen Baukörper einen modernen Anstrich zu verleihen. Besonders deutlich wird dies auch in dem doppelten *Chorum-* 131
gang, dessen Wölbung wie in Notre-Dame aus dreieckigen, miteinander kombinierten Gewölbekompartimenten besteht, die durch eine
dreistrahlige Rippenführung nochmal unterteilt sind. Diese, an frühe
gotische Vorgänger und insbesondere an die Chorgewölbe der Pariser
Kathedrale anknüpfenden Gebilde ruhen nun auf klassischen Säulen,
und was auf den ersten Blick wie eine unstatthafte Assemblage historisch heterogener Elemente anmutet, kommt den ästhetischen Absichten des Vorbildes doch recht nahe; denn gerade die Rundstützen der
Notre-Dame waren dem Ideal der antiken Säule ja sehr viel näher
gekommen als die späteren gotischen Pfeilerformen.

131 St-Nicolas-des-Champs, Gewölbe im Chorumgang

Früher als der Chor wurde zwischen 1576 und 1587 an der Süd-
133 flanke von St-Nicolas-des-Champs ein *Seitenportal* gebaut, das zu den
reinsten Renaissancegebilden auf Pariser Boden gehört. Vorbild für
132 diesen Entwurf eines unbekannten Architekten war ein Portal, das
Philibert de l'Orme für den Festsaal des Palais des Tournelles entworfen und als »Porte Corinthienne« in seinem Traktat »L'Architecture
françoise« veröffentlicht hatte. In der Art der Schaufront eines
Triumphbogens tragen vier kannelierte korinthische Pilaster ein reich
verziertes Gebälk, über dem sich statt der Statuen und Trophäen des
Entwurfs von de l'Orme, die auftragsbedingt waren, nun ein einfacher
Giebel mit Okulus und zwei lagernden Posaunenengeln erhebt. Die
Nischen in den Seitenachsen sind auf je eine reduziert. Sie enthielten
ehemals die Statuen der beiden Kirchenpatrone Nikolaus und Johan-
nes Evangelist. Die Engel mit Palmzweigen in den Zwickeln über der
Tür stehen der Bildhauerkunst des Germain Pilon nahe. Die Inschrifttafel von 1835 bezieht sich auf die Gründung der Kirche durch Robert

132 Stich aus
dem Traktat
»L'Architecture
françoise«
von Philibert de
l'Orme

den Frommen (996–1031) und ihre Vollendung unter Heinrich III.
Auch die Holztüren mit ihren Rosetten, dem prächtigen Rankenwerk
und den Engeln gehören in die Entstehungszeit des Portals und sind
von dem Kunstschreiner Colo geschnitzt worden. Trotz seines dekorativen Reichtums ist dieses Portal mit seiner klaren Gliederung ein
Beispiel für eine fast klassizistische Stilströmung in der zweiten Hälfte
des 16. Jh.

Wenige Jahre vorher war 1570 ein ähnliches *Portal am Chor von* 134
St-Germain-l'Auxerrois errichtet worden, das wohl von demselben
Stich des Philibert de l'Orme angeregt ist, sich in den Details jedoch
auch weiter davon entfernt. Die Idee des Triumphbogens ist hier kaum
noch spürbar, weil die seitlichen Pilasterpaare nicht mehr als Begrenzungen eigenständiger Achsen wahrgenommen werden, über denen
sich auch das Gebälk nicht mehr eigens verkröpft. Im Grunde handelt
es sich hier um eine Pforte, der eine Ädikula vorgeblendet ist. Der
formale Beziehungsreichtum des Vorbildes (und des Nachfahren von
St-Nicolas) – man beachte auch, wie die Inschrifttafel plaziert ist –
wird hier also beträchtlich reduziert.

Im Zusammenhang der sakralen Renaissancearchitektur ist nun
noch die Kirche *St-Etienne-du-Mont* zu nennen, die seit 1222 als

163

Pfarrkirche für das Sprengel um die ehemalige Klosterkirche Ste-Geneviève gebaut worden ist und, wie wir sahen, mit dieser zusammen eine Doppelfassade bildete. Der heutige Kirchenraum wurde seit dem Ende des 15. Jh. beginnend mit Chor und Turm neu gebaut, weil sich die Gemeinde wegen der zahlreichen Kollegien erheblich vergrößert hatte. Der Grundriß orientierte sich wieder an Notre-Dame. Die extrem hohen Seitenschiffe, vom Hauptschiff durch schlanke Rundstützen getrennt, und die ungewöhnlich kleinen Obergadenfenster lassen den Raum fast wie den einer Hallenkirche durchlässig wirken. In dem seit 1541 in Angriff genommenem Langhaus kommen mit Rundbögen und neuen Dekorationsmotiven dann Renaissanceelemente zur Geltung. Wie in St-Eustache haben Architekt und Bauhandwerker mit dem riesigen hängenden Schlußstein des Vierungsgewölbes ihre Meisterschaft bei der Beherrschung der Steinzuschnitte unter Beweis gestellt. Zwei Bauteile dieser Kirche, die im 17. Jh. ihre heutige Achsenkapelle und die nördlichen, im 19. Jh. dann noch die südöstlichen Choranbauten erhielt, sind architekturgeschichtlich besonders bedeutsam: der Lettner mit den zugehörigen Laufgängen und die Fassade.

Ein *Lettner* war meist ein multifunktionales Gebilde. Sein Name rührt daher, daß von ihm aus bestimmte Texte verlesen wurden. Vor ihm stand in der Regel der Kreuzaltar als Hauptaltar der Gemeinde,

133 St-Nicolas-
des-Champs,
Seitenportal in
der Rue Cunin-
Gridaine

134
St-Germain-
l'Auxerrois,
Chorportal in
der Rue
de l'Arbre-Sec

der seinerseits betont wurde durch eine Kreuzigungsgruppe auf dem
Lettner oder einen über diesem schwebenden Kruzifix. Vor allem aber
hatte er die Funktion, den Binnenchor zusammen mit den Chorschranken als Raum für den Klerus und für dessen Gottesdienste auszugren-
zen. Somit bildete er ganz konkret-räumlich ein hierarchisches Gefälle
ab, das zwischen Klerus und Laien bestand, und war somit in fast jeder
Kirche, der ein Klerikergremium beigegeben war, vorhanden. Im Binnenchor wurde der Gottesdienst somit gleichsam unter Ausschluß der
Öffentlichkeit zelebriert. Waren die Chöre der großen Kathedralen
noch völlig uneinsichtig gewesen, so läßt sich schon im späten Mittel-
ter eine Tendenz konstatieren, die Lettner und Schranken transparen-
ter machte und die schließlich dazu führte, daß man die meisten Lettner beseitigt hat. Man kann die Gründe für diese Entwicklung in litur-
giegeschichtlichen Wandlungen sehen – aber auch diese müssen ja in
einer tieferen Schicht ihre Ursachen haben. Man kann vermuten, daß
die Absonderung und die Uneinsichtigkeit in das Tun elitärer Gremien, wie es die Kapitel und Konvente waren, in zunehmendem Maße
obsolet geworden sind und daß die hohen Herren in demselben Maße
veranlaßt waren, ihre Würde dem Volke sichtbar darzustellen und sich
auf diese scheinbar transparente Weise zu legitimieren. Immerhin ist
bezeichnend, daß sich der Bautyp des Lettners zusammen mit den

Schranken im autoritären Spanien, wo es solcher Legitimation viel weniger bedurfte, am längsten gehalten hat.

Von den Dutzenden Lettnern, die es in Paris gegeben haben muß, 135 hat sich der von St-Etienne-du-Mont als einziger erhalten. Er wurde – zusammen mit dem Laufgang, der, außer beim Querhaus, das ganze Mittelschiff auf halber Höhe der Pfeiler umzieht – in mehreren Etappen gebaut. Von 1530 bis 1535 errichtete man zunächst den eigentlichen Lettner mit dem kühnen vorderen, breit gezogenen Korbbogen und der ziselierten Brüstung. Ab 1545 kamen dann die Wendeltreppen hinzu, die sowohl Zugang zur Lettnerbühne als auch zu den Chorlaufgängen boten, die als Balustrade ausgebildet und jeweils zum Seitenschiff bzw. Umgang hin um die Pfeiler herumgeführt sind. Aus den Quellen ist nicht mit Sicherheit zu erschließen, wer diese Steinmetzarbeit von höchster Eleganz entworfen und ausgeführt hat. Aufgrund stilkritischer Argumente und Analogien zum Portalbau des Schlosses von Anet kann man aber Philibert de l'Orme als Architekten erschließen, ein Künstler, von dessen gebautem Œuvre sich leider wenig erhalten hat, der aber nach Blunts Einschätzung »der erste französische Architekt gewesen ist, welcher etwas von der Universalität der großen Italiener besessen hat«. Und die Engel in den Zwickeln des Korbbogens erweisen sich in ihren bewegten Gewändern und Bewegungen dem Stil von Jean Goujon sehr nahe. Die beiden seitlichen Portiken von 1601 mit den 1605 aufgestellten Jünglingsfiguren sind dagegen für Pierre Biard gesichert.

Wenn man bedenkt, wie luftig die Konstruktion dieses Lettners ist und wie wenig die Laufgänge, von denen ehemals Teppiche herabhingen, an die einst so massiven Chorschranken erinnern, dann wird verständlich, wieso gerade diese Architektur von der sonst allenthalben vorgenommenen Bereinigung der Chorbereiche verschont geblieben ist: In ihrer Durchlässigkeit wirkt sie fast wie ein Möbel, und ihre Leichtigkeit verlieh gerade den Tendenzen Ausdruck, die anderswo zur Beseitigung solcher Binnenarchitekturen geführt haben.

136 Mit der *Fassade* von St-Etienne-du-Mont hat es eine besondere Bewandtnis, und man zweifelt, ob man sie, auch angesichts ihrer späten Entstehungszeit zwischen 1610 und 1622 überhaupt noch der Renaissance zuordnen soll. Aber eine solche stilgeschichtliche Etikettierung ist ja ohnehin problematisch, wenn man bedenkt, daß sich in Italien schon um die Mitte der ersten Hälfte des 16. Jh. – also fast 100 Jahre früher – Tendenzen festmachen lassen, die die heutige Stilgeschichte unter den Begriff Manierismus subsumiert. Damit hatte man eine Epoche charakterisiert, deren Formfindungen der Klassizität der Hochrenaissance – und zwar bewußt – ermangelten und die »noch nicht« den großen Schwung und die Emphase dessen aufwiesen, was wir gemeinhin »Barock« oder – auf Frankreich bezogen – »Barockklassizismus« nennen.

Kunsthistorische Betrachtungsweise neigt dazu, Denkmäler, die sich keiner dieser umrissenen Epochen und Stile zuordnen lassen, als Beispiele für Übergangsstile zu qualifizieren und dabei spezifische Qualitäten dieser Monumente aus den Augen zu verlieren. Das rührt aber daher, daß sich »große« – oder besser ganzheitlich-verbindliche Stilkategorien eben in Zeiten herausbilden, in denen die gesellschaftlich-politischen Normen sich stabilisiert haben, weil sich ein sozio-ökonomisches System gerade gefestigt hat. In Zeiten, wo dies nicht der Fall

135   Der Lettner von St-Etienne-du-Mont

war, mußte auch ästhetische Normativität verunsichert werden – und genau das ist im Manierismus der Fall. In Italien tritt dieser Zustand mit dem Sacco di Roma 1527 ein, in Deutschland – noch bevor sich eine neue Lebensform herausbilden konnte – mit der Reformation und den Bauernkriegen, in Frankreich nach dem Tode Heinrichs II. und beim Tode Heinrichs IV. im Jahre 1610, nachdem der »bon roi Henri« das Land nach den langwierigen ideologischen Auseinandersetzungen der Religionskriege erst einmal kurzfristig befriedet hatte. Und genau in diese Zeit neuerlicher Verunsicherung fällt der Entwurf der Fassade durch Claude Guérin.

Die Aufgabe war denkbar schwierig. Es galt nämlich nicht nur, die Querschnittfassade für ein im Grunde gotisches Langhaus zu konzipieren, denn dieser Querschnitt war in sich schon ganz asymmetrisch, weil das nördliche Seitenschiff verengt war und die nördlichen Kapellen

136 St-Etienne-du-Mont, Fassade

überhaupt nicht auf die Fassade mündeten. Durch entsprechende Anbauten im Norden wurde dieses Problem jedoch einigermaßen beho-
ben, so daß die Fassade in sich annähernd symmetrisch wurde. Eine
wirkliche Querschnittfassade ist aus diesen Vorgaben jedoch nicht hervorgegangen. Die Gestaltungsanstrengungen des Architekten scheinen
sich nämlich zunächst ganz auf die Mitte konzentriert zu haben, die mit

ihrer steilen Proportion denn auch eine ganz ungewöhnliche Vorgabe bildete. Mehrere Giebelarchitekturen staffeln sich hier übereinander: Die triumphbogenmäßig gestaltete rustizierte, jedoch mit korinthischen Säulen »überdekorierte« Portikus mit dem Mittelportal wird überhöht von einer überaus reich dekorierten Segmentgiebelarchitektur, die eine »mittelalterliche« Rose umschließt. Sie wird überragt von einer Art Attika, die einen völlig unklassischen, weil viel zu steilen Giebel trägt, der seinerseits einen gesprengten Segmentgiebel einschließt – ein Ädikulamotiv, das die kleinere, den Dachstuhl belichtende Giebelrose enthält. Die Gestaltung der seitlichen Achsen dieser Fassade ist karg, und die bizarren formalen Bezüge zur Mittelachse sind so widersprüchlich, daß man das Ganze auch als ein krauses baugeschichtliches Konglomerat beurteilen könnte, das durch den asymmetrisch angeordneten Turm noch an Bizarrerie gewinnt. Hier gehen – anders als bei St-Eustache, wo sich gotische Struktur mit Renaissancedekor verbindet – gotische und klassische Dekorationselemente eine Symbiose ein, die zu einem eklektisch-pittoresken Fassadenprospekt führt. Das Manieristische bestünde hier also in dem bewußt gestalteten Kunterbunt. Daß bei solch formaler Betrachtung die in Abb. 24 schon gezeigte Pendantfassade der Ste-Geneviève nicht außer Betracht gelassen werden darf, versteht sich von selbst. Jedoch hatte nun die Pfarrkirche gegenüber der Abtei einen künstlerischen Aufwand und Anspruch geltend gemacht, den diese erst als völliger Neubau in Gestalt des Pantheons wieder übertrumpfen konnte.

Auch wenn Renaissancekultur kein Phänomen des sich emanzipierenden Bürgers allein gewesen ist, äußert sie sich doch in ganz neuer Weise in profanen Bau- und Gestaltungsaufgaben. Es ist jedenfalls bezeichnend, daß die Sakralarchitektur, deren Errungenschaften auf die Profanarchitektur bis dahin fast immer inspirierend gewirkt hatten, nun ins Hintertreffen gerät. Sakralbau war nur noch unter anderen Bauaufgaben der Ort, an dem sich neue Gestaltungsmöglichkeiten eröffnet und entfaltet haben. Wenn man davon ausgeht, daß Sakralbauten wegen ihres generell mehr konservativen Charakters auch eine größere Beständigkeit haben und deshalb – rein statistisch gesehen – in größerer Zahl überliefert sind, dann muß man den profanen Denkmälern (und in den außerhalb von Paris gelegenen Schlössern haben sich diese ja hinlänglich erhalten) um so größere Aufmerksamkeit zuwenden.

Zwei große Bauvorhaben der Pariser Bürgerschaft sind leider nicht mehr erhalten, müssen aber trotzdem erwähnt werden, der *Pont Notre-Dame* und *das alte Hôtel de Ville*. Der alte hölzerne Pont Notre-Dame war 1494 eingestürzt. Nachdem die Stadt bei den Maurermeistern aller großen französischen Städte Pläne für eine steinerne Brücke angefordert hatte, konnte man im Jahre 1500 den Grundstein legen. Fra Giocondo, ein Italiener, den Karl VIII. aus Italien mitgebracht hatte, scheint der Urheber der Pläne gewesen zu sein. Ihm war Jean de Félin, »maître des œuvres de maçonnerie de la ville«, wohl als ausführender Unternehmer zugeordnet. Im Jahre 1512 war die Brücke vollendet. Wie der Stich von Androuet Du Cerceau zeigt, überspannte sie den Flußarm mit sechs gleich großen Bögen, deren Pfeiler spornförmige Wellenbrecher haben, und war beidseitig mit identischen Häusern bebaut. Die beiden äußeren Bögen haben sich, wenn auch sehr restauriert, in der heutigen Brücke erhalten.

137

137   Pont Notre-Dame, alter Zustand mit Bebauung. Stich von Du Cerceau

Die architekturgeschichtliche Bedeutung dieser Anlage ist groß. Zum einen ist dies das erste Pariser Beispiel einer einheitlichen ensemblemäßigen Bebauung, wie sie seitdem an vielen Plätzen und Straßen fortgeführt werden sollte, und ist somit Gründungsbau der neuzeitlichen Pariser Urbanistik. Zum anderen sollte auch der Haustyp und seine Funktion eine bedeutsame Nachfolge bei den ersten Königsplätzen finden. Es handelt sich um schmale dreigeschossige Häuser mit spitzem Giebel und nur einer Fensterachse. Im Erdgeschoß befanden sich hinter einem Arkadengang Läden, die von der Stadt verpachtet wurden. Die Häuser waren aus Ziegeln gemauert und hatten eine »chaînage«, d. h. die Kanten des Gebäudes, die Arkaden und Fensterrahmungen waren aus behauenem Naturstein, was diesen Häusern auch einen besonderen farbigen Akzent verliehen haben muß, wie er in der Folgezeit dann sehr beliebt wurde. Ein Zeitgenosse, Philippe de Vigneulles, schildert seinen Eindruck folgendermaßen: »Besagte Brücke ist das schönste Stück, das ich je gesehen habe, und ich glaube, daß es keine ähnliche Brücke auf der Welt gibt, weder so schön noch so reich. Es gibt auf ihr 68 Häuser, und jedes von ihnen hat seinen Laden, und diese Häuser mit den Läden sind so ähnlich und gleich sowohl in der Höhe als in der Breite, daß man nichts dagegen einwenden kann, und jedes Haus hat auf seiner Tür eine Tafel in Blau und Gold, auf der die Nummer des besagten Hauses geschrieben steht.« Gilles Corrozet hat die Anlage in seinem ersten Pariser Stadtführer von 1561 ähnlich beschrieben. Das Vorbild für die Einheitlichkeit der Anlage dürfte Bramantes Planung für Vigevano in der Lombardei gewesen sein.

Mit Unterstützung des Königs baute die Stadt ab 1532 ihr neues *Rathaus,* mit dessen Planung der Italiener Domenico da Cortona, le Boccador genannt, und der Franzose Pierre Chambiges beauftragt waren. Ersterer hatte sich schon an den Schloßbauten von Blois und Chambord beteiligt, letzterer beim Schloß von Chantilly. Wir kennen das Aussehen des alten Hôtel de Ville, das 1871 bei der Niederschlagung der Kommunarden abgebrannt ist, aus Stichen (Perelle), und der Mitteltrakt des Neubaus reproduziert seinen Vorgänger aus der Renaissance relativ genau. Einzelne Fragmente und Bauteile, die den Brand überstanden haben, sind in den Parkanlagen von Monceau und Chaillot sowie am Square Paul-Langevin zu sehen.

In der Gruppierung der Baukörper und starken Betonung der Vertikalen zeigt sich dieselbe Vermengung französischer Baugedanken mit italienischem Formengut, wie wir sie schon mehrfach festgestellt haben. Der 7achsige Mitteltrakt wird durch den Uhrturm akzentuiert, der sich aus der Tradition der alten Rathaustürme herleitet, deren Glockenschlag den täglichen Arbeitsablauf regelte. Die mächtigen, vorspringenden und um ein Geschoß höheren seitlichen Pavillons mit ihren seitlichen Erkern geben dem Bau ein schloßartiges Gepräge. Sie enthalten hohe Durchfahrten, die in den Innenhof der ehemals quadratischen Anlage führen. Der Bau hat einen hohen Anspruch, den man allerdings mißverstehen würde, wenn man darin nur den Anspruch der Kommune gegenüber anderen Gewalten und insbesondere dem König sehen würde. Denn seit langem war ja seitens der Krone dafür gesorgt, daß sie ihren Einfluß auf das Stadtregiment geltend machen konnte. So hat man denn nach langer Bauzeit im Tympanon des Hauptportals ein *Relief mit dem Reiterbild Heinrichs IV.* angebracht und später im Hof ein heute im Musée Carnavalet aufbewahrtes *Standbild Ludwigs XIV.* von Coysevox – übrigens das einzige von der 138 Revolution verschonte Königsdenkmal. Der Schloßcharakter des Baus hängt daher sicher auch damit zusammen, daß es sich um das Rathaus der Hauptstadt des Königreiches handelt.

Die *Fontaine des Innocents* ist ein Juwel französischer Renaissancearchitektur, und ihre Reliefs gehören zu den Meisterwerken europäischer Skulptur. So freistehend wie heute in der Mitte eines kleinen Platzes war sie jedoch ursprünglich nicht, und sie hatte ehemals auch eine andere Funktion. Schon seit der Zeit Philipp Augusts hatte es an dieser Stelle einen Brunnen gegeben, der das Markthallenviertel mit Wasser versorgte. Außerdem befanden sich hier der Friedhof mit der

138   Statue Ludwigs XIV. von Coysevox, ehemals im Hof des Hôtel de Ville
(Musée Carnavalet)

Kirche der Unschuldigen Kinder, an die der Brunnen zur Rue
St-Denis hin von 1547 bis 1549/50 angebaut wurde. Ein alter Stich
139 von N. Langlois verdeutlicht, daß sich über einem massiven Unterbau,
der das Wasserreservoir enthalten hat, eine im Grundriß rechteckige
Loggia erhob, die sich mit zwei Bögen zur einen und mit einem einzi-

gen zur anderen Seite öffnete. Diese Ehrentribüne über einem einfachen Nutzbau wurde anläßlich des festlichen Einzugs von Heinrich II. in die Stadt in Betrieb genommen und ersetzte somit z.T. die in vergänglichem Material errichteten Festbauten, die man sonst für diese Anlässe errichtet hat. Somit ist dieser Bau zu Ehren der Wassergottheiten zugleich die erste in beständigem Material gebaute Festarchitektur in Paris, die darauf verweist, welche staatstragende Bedeutung der »Ankunft des Königs« in seiner Hauptstadt als Zeremoniell repräsentativer Öffentlichkeit beigemessen wurde. Erst beim Abbruch der Kirche gegen Ende des 18. Jh. kam auf Betreiben von Quatremère de Quincy der heutige Pavilloncharakter zustande, indem nämlich die drei alten Bogenöffnungen erhalten und, durch eine vierte ergänzt, umgebaut wurden. Pajou und Houdon lieferten den skulpturalen Schmuck, indem sie sich stilistisch an die Arbeiten ihres Renaissance-Kollegen Jean Goujon anzugleichen versuchten. Aus dem damals aufgelassenen Friedhof wurde ein Markt, und als dieser im Zweiten Kaiserreich in eine Grünanlage verwandelt wurde, erhielt der Pavillon 140 seinen heutigen Sockel. Im Zuge des Baus der Tiefgarage unter dem ehemaligen Hallengelände wurde der Brunnen noch einmal demontiert und versetzt. War er seit dem späten 18. Jh. Mittelpunkt eines kleinen Marktes und seit 1865 einer Grünanlage gewesen, wobei ein-

139   Fontaine des Innocents, alter Zustand. Stich von N. Langlois

mal sein Nutzcharakter als Wasserspender und dann sein Kunstcharakter als präsentiertes und beschaulich zu betrachtendes Monument im Vordergrund standen, so handelt es sich heute um ein pittoreskes Versatzstück inmitten einer stadtplanerischen Umgebung, die im Hinblick auf organisierten Freizeitkonsum gestaltet ist.

141–143 Die ehemaligen Sockelreliefs sind heute im Louvre, aber die Meergottheiten auf den Reliefs der Attika und besonders die *Najaden* zwischen den Pilastern können vor Ort betrachtet werden. Nirgends scheint Goujon eine solche Meisterschaft der plastischen Durchbildung erreicht zu haben wie hier. Während die Reliefs des späten

140   Fontaine des Innocents in ihrer Aufstellung bis 1973 inmitten der kleinen Grünanlage aus dem Zweiten Kaiserreich

141–143 Nymphen an der Fontaine des Innocents: die beiden linken von
Jean Goujon, die rechte von Pajou unter Ludwig XVI. hinzugefügt

18. Jh. den Stil seiner Werkstatt, wie er in der Salle des Caryatides im
Louvre und bei den Reliefs des Hôtel Carnavalet faßbar wird, erstaunlich gut getroffen haben, mußte solche Nachahmung angesichts der –
übrigens erst 1550 fertiggestellten – Originale doch scheitern. Das
»modelé« der Leiber und Gewänder bzw. deren Wechselspiel, sinn-
lich-zart und gleichzeitig reliefhaft-zurückhaltend, ist so subtil und gra-
ziös gestaltet, daß man auch diese Reliefs lieber im Louvre als der
Witterung ausgesetzt sähe. In ihrer manieriert gewundenen Grazie
sind diese Nymphen nicht denkbar ohne Benvenuto Cellinis Nymphe
von Fontainebleau, und die gestreckte Eleganz ihrer Körper entspringt
einem Schönheitsideal, wie es in den Stuckdekorationen von Primaticcio für das Schloß von Fontainebleau nur wenige Jahre vorher begegnet.

144 Das Türmchen des Hôtel der Äbte von Fécamp, Rue Hautefeuille Nr. 5

Auch im privaten Bauen, bei den *Hôtels particuliers,* erhielten sich bis ins 17. Jh. hinein aus dem Mittelalter überkommene Motive wie z. B. die *Ecktürmchen,* wie sie uns schon beim *Hôtel de Clisson* und beim *Hôtel de Sens* begegnet waren. Sie mögen – ähnlich wie die Ecktürme der Renaissanceschlösser – ehemals eine überwachend-fortifikatorische Funktion besessen haben und dürften jetzt, wo sich der Staat schon weitgehend als Inhaber des Gewaltmonopols herausgebildet hatte, nur noch von dekorativ-nostalgischer Bedeutung gewesen sein. Das *Türmchen am Hôtel der Äbte von Fécamp* aus der Mitte des 16. Jh. hatte jedenfalls noch einige Geschwister (wie z. B. die von Meryon gezeichnete und radierte Tourelle de la Rue de la

144 Tixéranderie beim Rathaus). Wenn sie ihre Überwachungsfunktion auch beibehalten haben mögen, so erinnerten sie doch vor allem an vergangene Zeiten, in denen der Hausherr kraft seiner durch das Feudalsystem garantierten Gewalt auch berechtigt war, Übergriffe auf seinen Besitz von sich aus abzuwehren.

Aus der Mitte des 16. Jh. ist nur ein einziges Adelspalais so auf uns gekommen, daß seine ehemalige Gestalt – unter Berücksichtigung alter Stiche – noch erfahrbar ist: das *Hôtel Carnavalet,* welches heute

146, 147 das Pariser Stadtmuseum beherbergt. Die Stiche von Jean Marot überliefern zwar auch nicht den Originalzustand, sind diesem aber recht

145 nahe, und François Mansart hat, als er den Bel Etage der Eingangsfront errichtete, das Werk seines Vorgängers zwar nicht so skrupelhaft respektiert, wie es sich ein heutiger Denkmalpfleger wünschen würde, ist jedoch vergleichsweise umsichtig mit dem Bau umgegangen.

Der Bauherr war eine gewichtige Persönlichkeit, der Präsident der Cour du Parlement Jacques de Ligneris. Aus den Quellen wissen wir, daß er hier 1545 Grundstücke erworben und wenig später einen Mau-

145 Hôtel Carnavalet, Ecke Rue de Sévigné / Rue des Francs-Bourgeois
146 Straßenseite des Hôtel Carnavalet vor dem Umbau durch Mansart.
Stich von Jean Marot

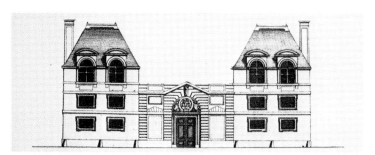

rermeister Nicolas Dupuis beauftragt hatte, den Wohnflügel zu errichten. Der Entwurf geht mit großer Wahrscheinlichkeit auf Pierre Lescot, den Architekten des neuen Louvre, zurück. Von diesem hat sich

148 die allgemeine Grundrißdisposition mit dem Corps-de-logis, zwei Seitenflügeln und einer Straßenfront mit dem Tor und zwei seitlichen Pavillons erhalten, in der aufgehenden Architektur jedoch vor allem

149 das Portal und die Hoffassade des Wohngebäudes. Der südliche Seitentrakt bestand in einer gedeckten Galerie. Dieser Plan entstand in enger Anlehnung an einen Entwurf Serlios für die »Grande Ferrare«, bloß daß der Bau zur Straße hin nicht durch eine einfache Mauer, sondern durch Gebäude für Ställe und Küchen abgeschlossen war.

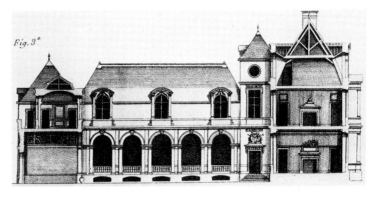

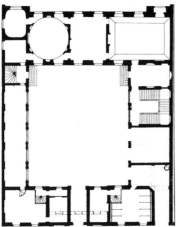

147 Hôtel Carnavalet, alte Galerie des linken Hofflügels.
Stich von Jean Marot

149 Hôtel Carnavalet, Corps-de-logis ▷

148 Grundriß des Hôtel Carnavalet von Jean Marot

Schon seit langem hat man die skulpturale Bauzier des Portalbereiches, die Supraportenreliefs über den Türen zu den Treppen der Seitentrakte und vor allem die *Reliefs der vier Jahreszeiten,* welche die

150, 151 Hofseite des Wohntraktes zieren, mit Jean Goujon in Verbindung

gebracht. Auch wenn man gerade diese letzteren Arbeiten, weil sie
gemessen an den Nymphen der Fontaine des Innocents eher nüchtern-
trocken wirken, nicht als eigenhändige Werke des Meisters ansprechen
will, so sind sie wohl doch von ihm konzipiert und haben ihre Vorbilder in der Normandie, der Heimat Goujons (Hôtel d'Escoville in
Caen). Als Dekorationselemente einer Stadtresidenz sollten sie motivisch in Paris noch eine große Nachfolge haben.

Es versteht sich, daß man einen Bau wie das Hôtel Carnavalet, das
mehrfach die Besitzer – unter ihnen auch die Marquise de Sévigné –
gewechselt und das von der Vorbesitzerin Madame de Kernevenoy
seinen verballhornten Namen hat, nicht einfach unter Zuschreibungs-
gesichtspunkten an bestimmte Künstler wie Lescot und Goujon betrachten sollte, obwohl immerhin bezeichnend ist, daß gerade diese
gleichzeitig mit dem Louvre als der prominentesten Bauaufgabe über-

150, 151
Hôtel Carnavalet,
Reliefs zwischen
den Fenstern des
Haupttraktes:
Jahreszeiten mit
Tierkreiszeichen

150 Frühling mit
Widder,
Sommer mit Krebs

haupt betraut gewesen sind. Aber die ursprüngliche Grundrißdisposition und die alten Funktionen sind nicht so exakt rekonstruiert, wie man sich das wünschen würde. Auf den Ausdruckscharakter solcher adeliger Stadtresidenzen wird also zurückzukommen sein, wo dieser klarer zutage liegt.

Das *Stadtviertel Marais* war nach dem unglücklichen Tod von Heinrich II. zunächst vernachlässigt worden, durch Trockenlegung und große Grundstücksverkäufe wurde es jedoch noch im 16.Jh. zum bevorzugten Baugebiet der Hocharistokratie – und diesen Charakter eines »quartier chic« sollte es erst im 18.Jh. an den Faubourg St-Germain abtreten, der dieses Flair dann lange über Balzacs Zeit hinaus und z.T. bis heute behielt, während es die Großbourgeosie in den Westen der Stadt zog. So kam es denn, daß sich in dem ehemals hocharistokratischen Marais zunehmend kleine Handels- und Produktionsbetriebe niederließen, was der historischen Bausubstanz nicht gerade förderlich war. Seit nunmehr 20 Jahren hat die französische Denkmalpflege Sanierungsmaßnahmen eingeleitet, die eine Vielzahl von alten Gebäuden wieder zur Geltung brachten.

151 Herbst mit
Waage,
Winter mit
Steinbock

Durch diese Umstände bedingt sind eine ganze Reihe von Renaissanceresidenzen zerstört worden bzw. in späteren Um- und Neubauten aufgegangen. Ganz in der Nähe des Hôtel Carnavalet und auf Parzellen desselben großen Grundstücks, das als »Couture Ste-Cathérine« von den Chorherren dieser Kirche 1545 und 1549 veräußert worden war, steht als bedeutendster Adelssitz dieses Stadtbezirks aus der zweiten Hälfte des 16. Jh. das *Hôtel d'Angoulême bzw. de Lamoignon.* Es 152 wurde vermutlich von Baptiste Androuet du Cerceau zu Anfang der achtziger Jahre entworfen, scheint aber erst nach dessen Tode im Jahre 1590 zur Ausführung gekommen zu sein. Bauherrin war die natürliche Tochter Heinrichs II. Diane de France, Herzogin von Angoulême. 1658 ging es in die Hände von Guillaume de Lamoignon über, des Präsidenten des Pariser Parlaments, und ist seit 1969 Sitz der »Bibliothèque de la Ville de Paris«, so daß der große durchgehende Saal im Erdgeschoß mit der bemalten Balkendecke, deren Schmuckmotive auf die Erbauerin Diana und die Jagd bezogen sind, öffentlich zugänglich ist.

Die Fassade des Corps-de-logis zeigt einen ganz ungewöhnlichen Aufriß, indem sich über einem Sockelgeschoß eine Kolossalordnung von mächtigen korinthischen Pilastern erhebt – die früheste an einem Pariser Privathaus überhaupt. Manieristisch mutet die ständige Durchbrechung des Hauptgesimses durch die Fensteraufsätze an, welche die Achsen betonen und höher aufragen als der mittlere Giebel und als das eigentliche Attikageschoß. So entsteht ein reizvoller formaler Widerspruch zwischen der schweren, lagerhaften Kolossalordnung und den Fensterachsen, die diese immer wieder in vertikaler Richtung durchbrechen und damit Stilprinzipien auf die Spitze treiben, die uns bei früheren Renaissancebauten, wenn auch nie so extrem, schon mehrfach begegnet waren.

153 Bei dem *Abtpalais von St-Germain-des-Prés* finden sich diese Züge, wenn auch gemildert, wieder. Es wurde 1586 für Charles de Bourbon, der als Haupt der katholischen Liga von dieser zum König ausersehen war statt seines Neffen Heinrich IV., aus Ziegeln und Naturstein erbaut, in einem farbigen Materialwechsel also, wie er für die Häuser des

152   Hôtel d'Angoulême, später de Lamoignon, Rue Pavée Nr. 24

153 Abtpalais von St-Germain-des-Prés, Rue de l'Abbaye Nr. 6

Pont Notre-Dame zu Beginn des Jahrhunderts erstmals praktiziert worden war. Auch hier wird das Hauptgesims ständig von Fenstern durchstoßen, hinter deren Giebelaufsätzen steile Dächer emporragen.

Insgesamt dürfte in den Jahren, die dem Regierungsantritt von Heinrich IV. 1589 vorausgingen, wegen der andauernden Religionskriege baulich nicht viel geschehen sein. Obwohl diese Zeitgrenze z. B. mit der Fassade von St-Etienne-du-Mont des öfteren überschritten worden ist, scheint es doch sinnvoll, hier eine Epochengrenze zu setzen. Denn von den großen Unternehmungen des »bon roi Henri«, die sich natürlich aus dem architekturhistorischen Fundus der Renaissance herleiten, gehen die entscheidenden Impulse für eine Stadtplanung und Baukunst aus, die unter Ludwig XIV. ihre Höhepunkte finden.

183

DER BAROCKKLASSIZISMUS DES »GRAND SIÈCLE«
VOM REGIERUNGSANTRITT HEINRICHS IV.
BIS ZUM TODE LUDWIGS XIV.

Es dauerte einige Jahre, ehe der Führer der Hugenotten, der Bourbone Heinrich IV. von Navarra, dem 1589 die Königswürde übertragen worden war, von seiner Hauptstadt Besitz ergreifen konnte. Erst nach einer langen und desaströsen Belagerung und nach dem Übertritt Heinrichs IV. zum Katholizismus (»Paris ist eine Messe wert«) zieht er am 2. März 1594 in Paris ein. In den 16 Jahren, die ihm bis zu seiner Ermordung 1610 verblieben, legten er und sein Minister Sully den Grund für die Konsolidierung und den Wiederaufstieg des zerrütteten Landes. Mit dem 1598 erlassenen Edikt von Nantes, das den Hugenotten Glaubensfreiheit zusicherte, war der innere Frieden gewährleistet. Schon bald machten ihn sein Kampf gegen Arbeitslosigkeit und für öffentliche Wohlfahrt sowie seine propagandistische Begabung (»Jedem Franzosen sein Huhn im Topf!«) zum »bon roi Henri«, dem bis heute populärsten französischen König. Abgesehen davon, daß Heinrich sein eigenes Königreich Navarra der Krone einverleibte, war er der Exponent eines »New Deal« – einer neuen innenpolitischen »Kartenverteilung«. Er vor allem hat das begründet, was Norbert Elias als den »Königsmechanismus« beschrieben hat, der unter Ludwig XIV. dann in Gestalt des Absolutismus zur vollen Entfaltung kommen sollte. Sehr vereinfacht gesagt besteht die Rolle des Königs nun darin, den Interessenausgleich zwischen den antagonistischen gesellschaftlichen Gruppen (den verschiedenen Fraktionen des Bürgertums und des Adels – denn das »Volk« war noch weit außen) zu regulieren und dabei gleichzeitig die eigene Position zu festigen. Anknüpfend an die Projekte seiner Vorgänger und gleichzeitig in weit vorausschauender Perspektive hat sich Heinrich um die Planung und den Ausbau der Hauptstadt gekümmert und ein ganz persönliches Interesse für diese Probleme an den Tag gelegt, so daß das, was unter seiner Regierung an Planzielen festgeschrieben worden ist, die urbanistische Entwicklung von Paris für lange Zeit kanalisieren sollte.

Beim Tode Heinrichs IV. war sein nachfolgeberechtigter Sohn Ludwig XIII. erst neun Jahre alt, so daß die Königinwitwe Maria von Medici bis 1617 die Regentschaft übernahm. Ihr politischer Einfluß wurde jedoch von Richelieu, der 1624 zum leitenden Minister ernannt worden war, zurückgedrängt, was schließlich zu ihrem Exil führte. Rubens hat diesen Konflikt zwischen Regentin und Nachfolger aus der Sicht der Königinmutter in dem berühmten Medici-Zyklus des Louvre (ehemals Palais du Luxembourg) allegorisch dargestellt. Der innenpolitische Konflikt, der in diesem nur scheinbar persönlichen Drama zwischen Mutter und Sohn Ausdruck findet, hat mit dem Königsmechanismus und der Frage zu tun, welche Interessensgruppen ausgeschaltet oder entmachtet werden mußten, um dem König zu »absoluter« Vormachtstellung zu verhelfen. Richelieu wird zu Recht als der Politiker angesehen, der den Absolutismus als Staatsform endgültig durchsetzte, indem er die widerstrebenden gesellschaftlichen Gruppen in Schranken verwies. Mit der Eroberung von La Rochelle 1628 verloren die Hugenotten ihre politische Sonderstellung, 1626 wurden die Granden Frankreichs unter Führung von Gaston d'Orléans geschlagen, so daß es nun kaum noch einen »Staat im Staate« gab, der dem königlich-zentralistischen Machtmonopol wirklich gefährlich werden konnte.

Als Ludwig XIII. 1643 starb, war sein Thronfolger erst fünf Jahre alt, so daß die Regentschaft wiederum von seiner Mutter, Anna von Österreich, und von Richelieus Schüler Kardinal Mazarin übernommen wurde, bei dessen Tod 1661 Ludwig die Staatsführung übernahm. Die Zeit dieser Regentschaft war insofern nicht ungetrübt, als der alte Adel in der sog. Fronde noch einmal versuchte, den Absolutismus zugunsten der angestammten Feudalrechte zu verhindern. Aber 1653 war auch diese restaurative Bewegung endgültig niedergeschlagen, und mit dem Zugewinn des Elsaß (1648), des Roussillon und Artois (1659) war die Zentralgewalt der Krone ungefähr in den heutigen Grenzen so konsolidiert wie bei keinem anderen Territorialstaat des europäischen Kontinentes. Damit hatte Frankreich eine politische Vormachtstellung errungen, die eine wirtschaftliche Blüte ermöglichte und das Land dazu prädestinierte, auch auf kulturellem Gebiet eine Schrittmacherrolle zu übernehmen. Was in diesem Zusammenhang städtebaulich-architektonisch-künstlerisch in Paris passierte, sollte also weitreichende Folgen auch über Frankreichs Grenzen hinaus mit sich bringen. Insofern sind die Gestaltungen des französischen und auch des Pariser Barockklassizismus von kaum zu überschätzender Bedeutung für das übrige Europa und die westliche Kultur insgesamt gewesen. Wenn dieses Jahrhundert also als »das große« bezeichnet werden kann, dann sicher nicht nur aus französisch-patriotischer Sicht. Denn seitdem sollte die politische und gesellschaftliche Entwicklung Frankreichs bis in unser Jahrhundert hinein paradigmatisch werden für die Entwicklung einer fortgeschrittenen bürgerlichen Gesellschaft und Kultur. Und die unter Heinrich IV. initiierten stadtplanerischen und architektonischen Maßnahmen mögen sich zwar bescheiden ausnehmen gegenüber dem, was unter der Regierung des »Sonnenkönigs« veranlaßt worden ist, doch haben Louvre-Ausbau, Pont Neuf, Place Dauphine und Place des Vosges die weitere Entwicklung des Stadtbildes und auch der französischen Architekturgeschichte entscheidend präjudiziert. Die kurze Regierungszeit Heinrichs IV. erwies, zu welchen Leistungen eine nach innen und außen weitgehend befriedete Nation fähig war. Darin bleibt sie im Gegensatz zum Ende der Epoche und zur Regierungszeit Ludwigs XIV., in der durch Kriege und innenpolitische Repression das Staatswesen an den Rand des Bankrotts getrieben und somit der Grundstein für die bürgerliche »Große Revolution« gelegt worden ist, eine Zeit, in der sich materielle und geistige Produktivkräfte der Gesellschaft in ihren historischen Grenzen und in bislang ungekannter Weise entfalten konnten und die man mithin als »glücklich« bezeichnen kann.

Wir haben schon gesehen, daß mit der Anlage der *Tuilerien* und der westlich anschließenden Gartenanlage in der zweiten Hälfte des 16. Jh. ein ganz wichtiger Ausgangspunkt für die Stadtentwicklung im Westen gegeben war. Die somit vorgegebenen Tendenzen der Raumplanung wurden verstärkt durch den unter Heinrich IV. durchgeführten Bau der *Grande Galerie,* der architektonischen Verbindung von Louvre und Tuilerien. Damit hatte die *Ost-West-Achse der Stadt* einen Akzent erhalten, dessen Nachwirkung bis heute kaum zu überschätzen ist. Man denke sich diese Verbindung nur weg und stelle sich ein bürgerliches Viertel zwischen Louvre und Tuilerien vor, wie es de facto ja auch lange bestanden hat. Wenn diese Achse noch heute von der Cour carrée über den kleinen Triumphbogen, Place de la Concorde und Champs-Elysées zum großen Triumphbogen bis nach Neuilly als die eindrucksvollste »Perspektive« erfahrbar ist, so liegt das vor allem daran, daß der Louvre als Königssitz ihr Ausgangspunkt war.

Auch die beiden anderen städtebaulichen Maßnahmen, die unter Heinrich IV. vorangetrieben wurden, hatten etwas mit dem Louvre zu tun. Bei der *Place des Vosges* ist diese Beziehung eher indirekt. Denn dieser Platz breitet sich aus an einem Ort, auf dem ehemals das *Palais des Tournelles* gestanden hatte – bis zum Tode Heinrichs II. und dem von seiner Witwe veranlaßten Abriß einer der beliebtesten Aufent-

154   Place Royale. Stich von J. Rigaud, um 1720

155 Place des Vosges, Häuser Nr. 9 und 11

haltsorte der französischen Könige überhaupt. Während dieses Palais
im Osten der Stadt dem Louvre lange Zeit den Rang abgelaufen hatte,
wurde dieser und damit der Westen der Stadt von nun ab bevorzugt.
Auch diese Tendenz hat bis heute angehalten: im Westen wohnen
Großbürger und Adel, im Osten Arbeiter und Mittelstand.

Die *Place Royale,* seit der Revolution in *Place des Vosges* umbe-   VI, 154
nannt, ist vielleicht das schönste städtebauliche Ensemble in Paris. Sie
ist überdies der erste Pariser Königsplatz und wurde somit typenbil-
dend für ganz Europa. Nachdem das Palais des Tournelles im Winkel
zwischen der Rue St-Antoine und der Stadtbefestigung geschleift worden war, bestand dieses ominöse Areal zunächst aus einem öden Platz,
dessen Grundstücke unverkäuflich blieben und auf dem ein Pferde-
markt abgehalten wurde. 1605 erließ Heinrich IV. eine Ordonnanz,
wonach hier ein vierseitiger Platz entstehen sollte. Drei Seiten waren
für Privatleute bestimmt, die hier »selon notre dessin«, also nach den
Plänen des Königs bauen sollten, während auf der Nordseite eine Manufaktur geplant war; auch diese ist dann jedoch wie die anderen

187

bebaut worden. Der eigentliche, ursprünglich nur von der Nordwestecke für Fahrzeuge und durch drei Fußgängerarkaden zugängliche Platz war also verkehrsberuhigt geplant und sollte als »Promenoir« für »die in ihren Häusern stark eingeengten Bürger« dienen – eine sicherlich sehr populäre Maßnahme, die bis heute trotz des Straßendurchbruchs im Nordosten nachgewirkt hat. Auch die ästhetische Erscheinung war in dem Erlaß schon dahingehend festgelegt, daß »alles nach einer selben Symmetrie gebaut werden ...« und daß die »Fassadenmauern aus Haustein und Ziegeln« bestehen sollten. Die dreigeschossigen Häuser haben vier Achsen, die sich in die Lukarnen der steilen Schieferdächer fortsetzen. Die Arkadengalerien des Erdgeschosses sollten, ähnlich wie die späteren Passagen, verkaufsfördernd für die dort untergebrachten Läden dienen. Nachdem der Plan der Manufaktur – wohl auf Betreiben Sullys – aufgegeben und die schon begonnenen Arbeiterwohnungen wieder beseitigt waren, entwickelte sich der Platz zum repräsentativen Zentrum eines nunmehr vom Adel bevorzugten Viertels. 1612 wurde er, obwohl sicher noch nicht in allen Teilen fertig, durch ein Ringelstechen eingeweiht, und die in seiner Mitte angeschüttete Sandbahn sollte noch oft Schauplatz von Turnieren sein, womit eine alte Tradition weitergeführt wurde.

Formalästhetisch ist der Platz sehr geschickt gestaltet, indem die Einzelhäuser durch ein eigenes Sattelwalmdach und die jeweils vergrößerten zwei Mittellukarnen zwar noch wahrnehmbar sind, aber die vier Fensterachsen verhindern eine zu starke Zentrierung der Einzelfassaden und verstärken den seriellen Effekt, weil das Auge sich nicht »festhält« und so die Reihung leichter wahrnimmt. Diese wird nur von dem *Pavillon du Roi* und dem *Pavillon de la Reine* in der Mitte der Nord- und Südseite unterbrochen: Sie haben zwar ebenfalls nur drei Geschosse, sind aber durch ein erhöhtes Untergeschoß, einen nachdrücklich betonten Bel Etage, ein gänzlich isoliertes steileres Dach und vor allem auch durch ihre fünf Achsen, die diesen Platzseiten eine Mitte geben, deutlich hervorgehoben. Diese Anordnung liefert ein schönes und sympathisches Abbild für das Selbstverständnis der Monarchie unter Heinrich IV., indem König und Königin nicht als Gleiche unter Gleichen rangieren, sich aber nur mäßig und bescheiden von ihrer Umgebung »distinguieren«, in die sie ansonsten kompositorisch eingepaßt sind. Diese vornehme Zurückhaltung der Monarchie sollte schon bald aufgegeben werden, und die Place Royale sollte dabei eine gewisse Vorreiterrolle spielen; denn im Jahre 1639 ist hier eine in der Revolution zerstörte Statue von Ludwig XIII. aufgestellt worden. Damit war der Platz in viel stärkerem Maße ein Ort monarchistisch-absolutistischer Ostentation, ein »Königsplatz« geworden. Ulrich Keller hat den Typus des Königsplatzes definiert als einen architektonischen Rahmen für ein Herrscherstandbild, wobei der Platz eine regelmäßige Form und seine Gebäude eine einheitliche Ordnung haben.

In der Geschichte dieser Königsplätze spielt die Place des Vosges sicher eine gewichtige Rolle, sie ist das Bindeglied zwischen älteren Platzanlagen in einheitlicher Ordnung und neueren, die von vorneherein als Königsplätze nach Kellers Definition errichtet worden sind. So liegen denn auch die Vorbilder für die Platzgestaltung letztlich wohl – wie beim Pont Notre-Dame – in Italien. Inzwischen waren jedoch in Ostfrankreich und besonders in Lothringen eine Reihe von Plätzen gebaut worden, die der König 1602 kennengelernt hatte: in Metz und in Pont-à-Mousson. Gewiß stammte der Entwurf nicht vom König, wie es der Erlaß von 1605 insinuiert, aber einen wirklichen Architekten scheint er auch nicht gehabt zu haben. Die Kunstgeschichte ist zwar immer bemüht, große Schöpfungen mit Geniestreichen von Individuen zu identifizieren, und im Zusammenhang dieses Platzes hat man den Namen Louis Métezeau vorgebracht, weil sein berühmterer jüngerer Bruder Clément einen ähnlichen Platz in Charleville nachweislich entworfen hat, der aber wohl ein Nachfolger der Pariser Anlage ist. Die Platzanlage scheint daher eher das Produkt einer konzertierten Planung, bei der neben Architekten und Ingenieuren wie Métezeau, Jacques II Androuet Du Cerceau und Claude Chastillon auch der König selber und nicht zuletzt sein einflußreicher Kanzler Sully beteiligt gewesen sind.

Die Place Royale liefert in ihrem Funktionswandel ein Musterbeispiel dafür, wie unterschiedlich ein Ort wahrgenommen werden kann. Als Bereich der Produktion, Zirkulation und Reproduktion geplant, wurde dieser Ort durch die Eliminierung der Manufaktur und Arbeiterwohnungen zur privilegierten Residenz des Adels. Als Turnierplatz war er dann zu einer Art Theater für die gehobene Gesellschaft geworden, und erst im Zuge dieser Entwicklung kamen dann die schmiedeeisernen Balkons der Häuser hinzu. Obwohl die Aufstellung des Standbildes von Ludwig XIII. die Autorität des Ortes erhöhte, blieb er doch Stelldichein für Duellanten, bis er in einen Dornröschenschlaf versank. Denn wenn hier auch das Zentrum neuerlicher demokratischer Öffentlichkeit in Gestalt des Salons der Madame de Sévigné gelegen haben mag, so war die Place Royale zu Zeiten von Victor Hugo doch eher Rückzugsgebiet. Erst seit etwa 20 Jahren hat man sich an eine umfassende Sanierung gewagt, die noch nicht abgeschlossen ist und die sehr heterogene Nutzungen ermöglicht. Leider hat diese Sanierungspolitik den »Innenraum des Platzes« bisher kaum berücksichtigt und im Sinne von Sully – aber nicht von Heinrich IV. – privatwirtschaftliche Initiativen begünstigt. Die Place Royale wird, wenn nicht alles trügt, zu einem Zentrum großbürgerlichen Kommerzes werden und Antiquitätenläden, Boutiquen und dergleichen beherbergen. Es wäre zu wünschen, daß ein niedriger Bewuchs und ein neu formuliertes Belegungskonzept die menschenfreundlichen Intentionen des »bon roi Henri« wieder zum Vorschein brächten.

VII   Beim *Pont-Neuf* und der *Place Dauphine* liegen die Dinge etwas
       anders, denn zunächst ging es um den Bau der Brücke. Dies war wie-
       derum ein königliches und nicht städtisches Unternehmen, mit dem
       sich seit 1577 eine Kommission befaßte. 1578 legte Heinrich III. den
156   Standort an der Spitze der Ile-de-la-Cité fest und veranlaßte die
       Grundsteinlegung. Die Bau- und Planungsgeschichte der ersten Bau-
       jahre ist kompliziert, da die beteiligten Architekten und Unternehmer
       uneins über die Anzahl der Bögen, den Verlauf der Brücke und ihre
       städtebauliche Einbindung waren. Vorbild war der Pont Notre-Dame,
       die Brücke sollte also wahrscheinlich von Häusern gesäumt sein. Schon
       bald verlangsamten sich die Arbeiten wegen des Bürgerkriegs und
       kamen 1588 völlig zum Erliegen, ehe sie zehn Jahre später unter Hein-
       rich IV. – jedoch unter neuen Vorzeichen – wieder aufgenommen
       wurden. Der König wollte eine unbebaute Brücke und ließ die schon
       gebauten Kellerräume der Häuser vermauern. 1603 war sie überquer-
       bar und 1606 schließlich fertig. Für die verschiedenen Planungsphasen
       nennen die Quellen verschiedene Architekten, und wenn Baptiste An-
       drouet Du Cerceau als königlicher Architekt in der kunsthistorischen
       Literatur oft als Autor genannt ist, so handelt es sich doch sicher um
       ein Gemeinschaftswerk.
          In fünf bzw. sieben Bögen (die nördlichen haben erst um die Mitte
       des 19. Jh. ihre korbbogenartige Führung erhalten und waren ehemals
       ähnlich rundbogig wie die südlichen) schwingen sich die beiden Brük-
       kenarme, die jeder einen leichten Eselsrücken haben, über die beiden
       Flußläufe. Auf der Insel münden sie in den Terre-plein, eine hoch

156   Der Pont-Neuf und die Ile-de-la-Cité von Westen

157   Place Dauphine, dekoriert für den Einzug der Königin Maria Theresia im Jahr 1660. Stich von Jean Marot

aufgemauerte Plattform, von der aus man zu dem gleichzeitig mit der Brücke fertiggestellten *Jardin du Vert-Galant* herabsteigen kann. Die Brücke ist nicht nur die längste von Paris, in ihrer Erbauungszeit zeichnete sie sich auch durch außergewöhnliche Breite aus. Neuartig ist auch die Trennung von Fahrbahn und ehemals stark erhöhten Trottoirs mit den Einbuchtungen über den Brückenpfeilern, die zur Rast einladen. Die Brüstung ruht auf einer Vielzahl grotesker Maskenkonsolen, die jedoch stark restauriert sind.

Schon beim Neubau des Louvre und der Tuilerien hatte sich angedeutet, daß die Flußlandschaft in ganz neuer Weise in das Stadtbild einbezogen worden ist, und es war sicher kein Zufall, daß Könige und Königinnen ihre Residenzen in den südlichen Louvre-Trakten bezogen, von wo sich das weite Panorama mit dem Blick auf die Cité überschauen ließ. Und dies ist denn auch bis heute die wohl populärste Stadtansicht von Paris geblieben. Wenn auf dem Pont-Neuf also die Häuser erstmals wieder entfielen, so liegen der damit gewonnenen größeren Durchlässigkeit sicher auch ästhetische Absichten zugrunde.

Das Ensemble wäre aber unvollständig ohne die *Place Dauphine* und das *Reiterstandbild Heinrichs IV.*, die aufeinander bezogen sind und deren Planung unmittelbar auf die Vollendung der Brücke folgte. Es scheint, als ginge die Idee des Denkmals der des Platzes voraus, denn Maria von Medici hatte es der Stadt schon 1605 gestiftet. Mit der Ausführung war Giovanni Bologna über die Vermittlung des Großherzogs von Toskana, des Onkels der Königin, beauftragt worden. 1614 wurde dieses erste große Pariser Reiterstandbild aufgestellt, an dessen Sockel Pierre de Franqueville noch die Figuren von vier Gefangenen (heute im Louvre) ergänzte. Leider wurde das Original in der Revolution zusammen mit den anderen Königsdenkmälern zerstört und sollte auf Vorschlag von Jacques-Louis David durch eine Kolossalstatue des französischen Volkes ersetzt werden. Aber dazu kam es nach dem Sturz der Jakobiner nicht mehr, und unter der Restauration führte der Bildhauer Lemot 1818 die heutige Version aus.

Nicht nur durch das Denkmalprojekt war eine Vorbedingung für die Platzanlage gegeben, denn mit der Fertigstellung des Terre-plein mußte folgerichtig der Wunsch entstehen, diesen an den Rest der Insel verkehrsmäßig anzuschließen. Dies geschah zunächst durch die südliche Kaimauer, und schließlich wurde das Gelände des ehemaligen königlichen Gartens, welches kaum höher lag als der jetzige Jardin du Vert-Galant, aufgeschüttet und auch nach Norden befestigt.

Wieder verstand es der König, seine eigene Schatulle durch Einschaltung bürgerlicher Finanzkraft zu entlasten. Er verkaufte das Terrain nämlich an den Präsidenten de Harlay unter der Bedingung, dort einen Platz nach den Plänen von Sully zu bauen, und dieser verkaufte die einzelnen Parzellen an die mittlere Bourgeoisie – vor allem an Händler und Advokaten – weiter.

Die Grundrißgestaltung des Platzes war deutlich auf das Reiterbild ausgerichtet, auch wenn sich dieses nicht in seinem Innenraum, sondern weithin sichtbar vor dem Hauptzugang und auf diesen gerichtet befindet. So scheint der König auf seinen Platz zuzureiten, der ein gleichschenkliges Dreieck mit einer 60 m langen Basis und 90 m langen Schenkeln bildet, und ein Stich von Jean Marot überliefert denn auch für 1660 eine Festdekoration, bei der das Reiterbild vom Platzinneren durch einen großen provisorischen Triumphbogen gesehen ist. Leider hat man die Basis, also die Ostseite dieses Platzes, die ebenfalls einen mittleren Durchlaß hatte, 1875 abgerissen, um auf ganz unnötige Weise mehr Distanz für die recht banale Fassade des neuen Justizpalastes zu schaffen, an dessen Stelle sich ehemals eine ununterbrochene Häuserreihe gleichen Typs wie die des Platzes befand. Sie war der westliche Abschluß des Palais und verlängerte sich im Norden und Süden noch ein Stück entlang der Quais, so daß die ganze Anlage im Grundriß wie ein großes A aussah, dessen Querbalken eine beidseitig einheitlich bebaute Straße war und von dem heute nur noch die Spitze erhalten ist.

Leider sind die verbliebenen Häuser mehrfach aufgestockt und verändert worden, so daß die ursprüngliche Anordnung nur noch aus alten Abbildungen und bei den Eingangsbauten gegenüber dem Denkmal deutlich wird. Über einem Blendarkadengeschoß erheben sich zwei Wohnetagen, die ähnlich wie bei der Place des Vosges an den Ecken und rings um die Fensteröffnungen eine Quaderung haben, die mit Ziegeln ausgefacht ist. Bis auf einige Ausnahmen hatten die Häuser nur zwei Hauptachsen, die von Dachlukarnen betont waren. An-

157

I   St-Germain-des-Prés, Turm und Südseite

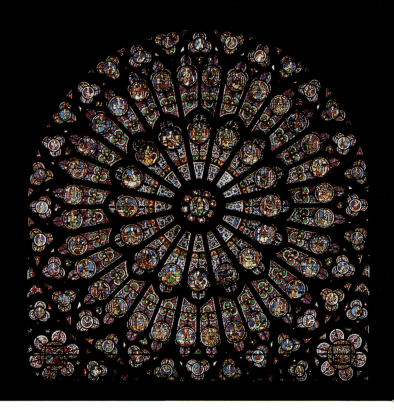

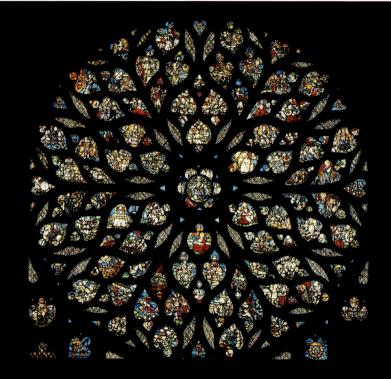

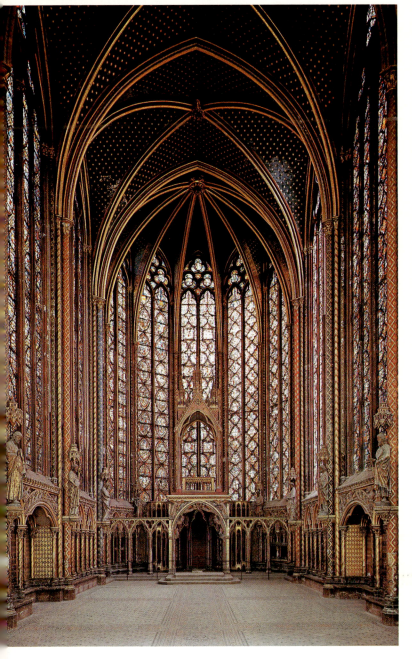

IV   Sainte Chapelle, Oberkapelle

II   Notre-Dame, Glasfenster der Nordrose
III   Sainte Chapelle, die Westrose im Flamboyant-Stil

VI Place des Vosges, vormals Place Royale; hinten rechts der Pavillon de la Reine
V   Notre-Dame, Westfassade
VII Der Pont-Neuf und die Häuser der Place Dauphine; rechts die Statue Heinrichs IV.

VIII   Pavillon de l'Horloge in der Cour carrée des Louvre
IX   Invalidendom, Südfassade ▷

X   Galerie Mazarine im Hôtel Tubeuf (Bibliothèque nationale), Deckengemälde von Romanelli

XI   Musiksalon im Hôtel Lauzun, Quai d'Anjou Nr. 17 ▷

XII Hôtel de Rohan-Soubise, Rue des Francs-Bourgeois, Ehrenhof

XIII Hôtel Matignon, Gartenfassade

XIV   Bagatelle im Bois de Boulogne

XVII   Das türkische Boudoir vor dem Badezimmer im Hôtel de Beauharnais

XV   Paradezimmer der Princesse de Soubise im Hôtel Soubise
XVI   Cabinet des Singes im Hôtel de Rohan-Strasbourg,
Rue Vieille-du-Temple Nr. 87

XX   Arc de Triomphe de l'Etoile
XXI   Der Eiffelturm   ▷

XVIII   Arc de Triomphe du Caroussel, der »Kleine Triumphbogen«
XIX   Hauptfassade der Oper

ders als bei der Place des Vosges wurde die Einheitlichkeit des Ensembles jedoch auch durch die ehemals durchlaufende Firstlinie der Schieferdächer betont.

Im Hinblick auf die später unter Ludwig XIV. errichteten Königsplätze ist die Gesamtanlage von Pont-Neuf, Denkmal und Place Dauphine, die sich ja auch nach außen, also zu den Quais hin mit Fassaden darbietet, viel offener und im Hinblick auf Weitsicht gestaltet. Wie die wiederum spätere Place de la Concorde wurde sie nicht nur als »Innenraum« angelegt, und sie blieb (abgesehen von den eher mittelständischen Nutzern) auch darin volkstümlicher, daß das Reiterstandbild bis heute von einem regen Verkehr umwogt wird. Wenn auch alles aufeinander bezogen ist, so doch nicht in der gänzlich auf das Königsbild zentrierten Weise, wie wir sie bei den späteren Plätzen treffen. Wer immer der Architekt – man hat an Chastillon gedacht – gewesen sein mag, spiegelt sich in der Anlage also noch ein vorabsolutistisches Verständnis der Monarchie Heinrichs IV.

Etwa gleichzeitig – nämlich um 1610 – wurde das *Hôtel de Chalons-Luxembourg* für Antoine Le Fèvre de La Broderie und seine Frau Jeanne Le Prévost gebaut. Sein Name verweist auf die folgenden Bewohner, die Kaufleute Chalons und Mme de Luxembourg. Das prächtige *Eingangsportal,* dessen Datierung umstritten ist, könnte etwa 158 gleichzeitig entstanden sein. Das Tor wird gerahmt von jonischen Pilasterpaaren mit einem Rankenfries, der sich in unkanonischer Weise zu einem Bogen wölbt. Dieser umfaßt ein Tympanon, das in sehr origineller Weise mit einer Muschel gefüllt ist, die ihrerseits eine Kartusche enthält, welche vom Maul eines Löwen gehalten und von dessen Mähne umwallt wird.

Das Gebäude selbst kann, auch wenn es offensichtlich ältere Bausubstanz inkorporiert, in seiner Disposition als geradezu idealtypisch angesehen werden. Es liegt wie ein Riegel zwischen dem der Straße zugewandten Hof und dem rückwärtigen Garten, der dem Lärm und der Geschäftigkeit enthoben ist. Zwar ist es ungewöhnlich, daß dieser mittlere Riegel aus zwei parallelen Quergebäuden mit je eigenem Dach besteht, aber dieser Umstand ist nicht einfach Ergebnis baugeschichtlicher Sachverhalte, wonach ein schon bestehender Trakt in die Neuplanung des frühen 17.Jh. übernommen werden mußte. In der Grundrißdisposition spiegelt er vielmehr typische und (in immer wieder abgewandelten Formen) immer wiederkehrende Muster aristokratischen Wohnens. Norbert Elias hat in seiner Analyse der höfischen Gesellschaft beschrieben, wieso diese Disposition dem Selbstverständnis der Aristokratie – oder besser gesagt: der Fraktion der Aristokratie, die ihren Status in solchen Stadtpalais zur Geltung bringen wollte – so außerordentlich angemessen war. Denn was noch die Aufklärer des späten 18.Jh. in Artikeln der Encyclopédie française als Erfordernisse eines Stadtpalais artikulierten, ist hier schon weitgehend eingelöst: die

Trennung der Lebensbereiche. Während der Hof und die ihm zugewandten Gebäude utilitäre Funktionen übernahmen, wie Unterbringung des Gesindes, Kochen, Lagern, Geschäftsführung, Wagenremise, Ställe usw., konnten die repräsentativen Funktionen – also die standesgemäße Selbstdarstellung – auf die Gartenseite konzentriert werden. Der Lebensbereich des Personals, welches diese gehobene Le-

158 Hôtel de Chalons-Luxembourg, Portal in der Rue Geoffroy-l'Asnier

bensform erst ermöglichte, blieb also viel stärker als in älteren aristokratischen Wohnformen buchstäblich »außen vor« und wurde wahrnehmungsmäßig zurückgedrängt, indem die öffentlich unzugängliche
159 Gartenfront Ausdruck des »eigentlichen« Repräsentationsanspruchs wurde. Es ließe sich zeigen, daß diese Absonderung des reproduktiven Bereichs von dem privaten bis heute andauert und daß sie nachwirkt bis in den derzeitigen Eigenheimbau.

Wenn das städtische Adelspalais in dieser Hinsicht auch zukunftsweisend sein sollte, mußte es sich doch in anderer Hinsicht überleben. Wir werden in der Folgezeit bei den Privatpalais immer wieder auf symmetrisch zur Mittelachse angelegte Flügelbauten an der Gartenseite treffen. Wie im Schloßbau sollten sie jeweils für den Herrn und die Dame des Hauses bestimmt sein, deren Appartements sich also gegenüberlagen und in Gestalt des Mitteltraktes mit seinen mehr öffentlichen Funktionen ihr Bindeglied hatten. In dieser Disposition

159   Hôtel de Chalons-Luxembourg, Gartenfassade

spiegelt sich die relativ hervorgehobene Rolle der aristokratischen
Frau und eine annähernde Gleichberechtigung, die mit der Etablierung der bürgerlichen Gesellschaft wieder verschwinden sollte.
   Beim Hôtel Chalons-Luxembourg sind diese Flügel in Anlehnung
an Bauten des 16.Jh. allerdings nur rudimentär ausgebildet, und auch
sonst bleibt die Gartenfassade mit ihren vier Achsen recht bescheiden.
Nur im Sockelgeschoß mit der Treppe und dem Perron und im Dachgeschoß, wo die zwei größeren Lukarnen das Hauptgesims durchstoßen, ist die Mittelachse betont. Der Wechsel von Naturstein und Ziegel, der bis in unser Jahrhundert Merkmal privater Architektur bleiben
sollte, und die großen, zum Boden reichenden »französischen« Fenster
verleihen diesem Bau eine schlichte Anmut, die dem Ausdruckscharakter der beiden Königsplätze Heinrichs IV. sehr nahe kommt.

Von sehr viel höherem Anspruchsniveau als dieses Hôtel particulier, in dem zeitweise auch Bürgerliche logierten, war das *Palais du Luxembourg,* das seinen Namen von einem im Besitz des François de Luxembourg befindlichen Hôtels erhielt. Bauherrin war die Witwe Heinrichs IV. Maria von Medici, die seit 1611 in dieser Gegend – also auf dem Südufer – große Grundstückskäufe hatte tätigen lassen, um neben dem Bauplatz auch Gelände für eine Parkanlage zur Verfügung zu haben. Vorbild der Anlage ist der Palazzo Pitti in Marias Heimatstadt Florenz mit seinen ausgedehnten Boboli-Gärten. Ein Mitglied der Architektenfamilie Métezeau war eigens dorthin entsandt worden, um Bauaufnahmen zu erstellen. Als Architekt wurde dann jedoch Salomon de Brosse ernannt, dessen Pläne von seinen Nachfolgern übernommen worden sind.

Der Grundriß der Anlage lehnt sich an die konventionelle französische Schloßarchitektur an, indem sie ein Geviert mit Eckpavillons bildet. Nach Süden, zum Garten hin, erstreckt sich das Corps-de-logis, 160 seitlich wird der Hof von niedrigen Flügelbauten flankiert, und die der Straße zugewandte Eingangsseite ist eingeschossig und lediglich durch den erhöhten überkuppelten Mittelpavillon akzentuiert. Daß der Palazzo Pitti hier Pate gestanden hat, erkennt man jedoch nachdrücklich an der groben Bossierung, die alle Baukörper überzieht. Wiederum handelt es sich um eine Anlage, die in der Disposition französisch, in der Detaillierung jedoch manieristisch-italienisch ist, um einen Zwitter

160   Palais du Luxembourg, Eingangspavillon und östlicher Hofflügel

also, mit dem die Königinwitwe auf ihre Herkunft pochte und der gemessen an der sonst in Paris und Umgebung praktizierten Architektur einen Fremdkörper darstellen mußte.

Trotz der Veränderungen in der zweiten Hälfte des 18. und 19. Jh. ist die originale Gartenanlage noch hinreichend erhalten und erfahrbar. Und in ihren weitläufigen Perspektiven und Terrassements hat sie sicher nachhaltig eingewirkt auf Gestaltungen, wie sie Le Nôtre wenige Jahrzehnte später nicht nur für die Pariser Stadtlandschaft konzipieren sollte. Der *Medici-Brunnen* am Ende einer Allee östlich des Palastes 161 enthält zwar heute Skulpturen, die entweder nach den Originalen kopiert oder – wie die Polyphemgruppe – erst im 19. Jh. gearbeitet worden sind, aber im Typus lehnt sich dieses Nymphäum ebenfalls an die Grotte in den Boboli-Gärten an und greift ein Motiv der italienischen Gartenarchitektur auf, das auch schon früher und andernorts außerordentlich erfolgreich war.

Von der alten Innenausstattung hat sich nur weniges erhalten: die Boiserien der Appartements sind heute in der *Salle du Livre d'Or* vereinigt, und die berühmte, von Rubens gemalte und 1625 fertiggestellte Medici-Galerie befindet sich seit langem im Louvre. Als der

Palast nach mehrfachem Besitzerwechsel im 19. Jh. schließlich Sitz des Senats, also der zweiten Kammer wurde, ist er durch Neubauten und insbesondere durch einen zusätzlichen Gartentrakt erheblich erweitert und neuerlich durch Unterkellerung vergrößert worden. Dieser neue Gartentrakt enthält vor allem die *Bibliothek,* die von Delacroix mit Fresken nach Themen der Divina Commedia Dantes bemalt worden ist und die man leider nur in seltenen Ausnahmefällen besichtigen kann.

275

Die Regierungszeit Ludwigs XIII. war durch eine Reihe günstiger Entwicklungen auf materiellem und kulturellem Gebiet gekennzeichnet. Auf die Stadtentwicklung von Paris wirkten sich mehrere Maßnahmen aus. Richelieu hatte sich im Norden des Louvre einen Palast gebaut, den er testamentarisch dem König vermachte und der deshalb den Namen *Palais Royal* erhielt. Dieser Gebäudekomplex, der mehrfach umgebaut worden ist, wurde Kristallisationspunkt für das Stadtviertel. 1616 wurde der *Cours-la-Reine* als Promenade für die Königin mit weiten Alleen angelegt, so daß nun auch der Verlauf der späteren *Champs-Elysées* vorgegeben war. 1626 wird der *Jardin des Plantes* angelegt, und nach der Vereinigung von zwei bis dahin sumpfigen Inseln konnte die *Ile-St-Louis* bebaut und mit Brücken an die beiden Ufer angeschlossen werden, so daß die Stadt nun auch im Osten eine neue Verkehrsachse hatte. Die städtebaulich wichtigste Maßnahme war aber die *Anlage eines neuen Befestigungsrings* mit Bastionen, Gräben und baumbepflanzten Promenaden ab 1631 im Norden der Stadt. Sein Verlauf entspricht den Boulevards (das Wort ist eine Verballhornung von »Bollwerk«) zwischen Madeleine und Bastille und macht deutlich, wie stark die Stadt inzwischen angewachsen war. Aber auch außerhalb dieses Ringes bildeten sich überall Ansiedlungen und neue Viertel: die Faubourgs von St-Germain, St-Honoré und St-Antoine und im Süden die Klöster der Ursulinen, die »Feuillantines« und das berühmte Port-Royal sowie die Kirche Val-de-Grâce. Im Zuge dieser Entwicklung entstanden zahlreiche adelige Palais, von denen einige nun vorgestellt werden sollen.

162

Eins der schönsten ist das *Hôtel Sully* im Marais mit seinem zur Rue St-Antoine hin gewendeten Hof. Vor nunmehr 20 Jahren ist es als eines der ersten gründlich restauriert worden, beherbergt seitdem Büros und Ausstellungsräume der Denkmalpflege und hat inzwischen wieder etwas Patina angesetzt. Seit 1625 hat der königliche Architekt Jean Androuet Du Cerceau zunächst den Haupttrakt gebaut. Die Seitenflügel und der Abschluß zur Straße hin kamen kurz darauf hinzu. 1634 erwarb der alte Sully den Bau, den seine Nachfahren noch um den Gartentrakt erweiterten. Ähnlich wie beim Palais du Luxembourg und beim Palais-Royal handelt es sich stilistisch noch um einen Bau, den man eher der Spätrenaissance zuordnen möchte, und die stilistisch-motivischen Anklänge an das Hôtel Carnavalet sind denn auch

162   Hôtel Sully, Rue St-Antoine Nr. 62, Hofansicht

unverkennbar. Der Statuenschmuck, die betonte Bossierung der Fensterrahmung, die reich gestalteten Dachlukarnen und überhaupt die körperhaft-plastische Fassadengestaltung, bei der die Vertikalität der Achsen trotz des durchlaufenden Gesimses betont bleibt, sind Züge, die schon bald neuen Geschmacksidealen weichen sollten, wie sie im folgenden Beispiel zum Ausdruck kommen.

Ab 1630 entstand das heutige *Hôtel Miramion* am Quai de la Tour- 163 nelle, dessen Architekten wir nicht kennen. In der festlich-ruhigen Gartenfassade dieses Baus fehlt alles Barocke. Während die traditionellen kleinen Seitenflügel auch hier noch wiederkehren, ist die Mitte durch einen Risaliten betont, der das Hauptgesims leicht überragt. Auch die Dachgestaltung ist beruhigt und durch wenige Akzente gegliedert. Babelon hat in diesem Bau zu Recht erste Anklänge an den Grand Style der zweiten Jahrhunderthälfte gesehen und gemeint, daß sich Le Vau von ihm für sein Hôtel d'Aumont hat anregen lassen. Nachdem das Haus als Erziehungs- und Fürsorgeanstalt gedient hat, beherbergt es heute ein Museum, so daß man auch die schöne Treppe und die Reste der alten Ausstattung besichtigen kann.

199

Norbert Elias, auf den hier schon verwiesen wurde, hat in seinem Buch »Die höfische Gesellschaft« ein langes Kapitel über »Wohnstrukturen als Anzeiger gesellschaftlicher Strukturen« verfaßt, das in diesem Zusammenhang noch einmal nachdrücklich in Erinnerung gerufen werden muß, weil hier nicht Platz ist, die dort erbrachten Ergebnisse darzulegen. Je nach der Stellung des Bauherrn in der Gesellschaft durfte sich auch der Bau nur innerhalb bestimmter Regeln entfalten, mußte »angemessen« sein und durfte in seiner Stillage und Disposition nicht zu hoch greifen. Es ist kennzeichnend für die Architekten von der Renaissance bis ins 19. Jh. hinein, daß sie sich um solche Angemessenheit, um die »convenance« in ihren Planungen immer besonders bemühen. Wir hatten schon gehört, welches die typisch aristokratischen Wohnstrukturen mit ihrer Trennung von Wirtschaft, Repräsentation und halb privatem, halb öffentlichem Bereich der Dame und des Herrn gewesen sind und wie sich diese Trennung idealtypisch architektonisch verwirklichen ließ. Ein solcher Idealtypus findet sich zwar in den ländlichen Villen, wo keine Raumprobleme bestanden, und in den Architekturtraktaten, die dem Problem des angemessenen Wohnens der Oberschicht seit der Antike breiten Raum gewährt haben, aber in den Städten waren die Architekten aus Gründen des Grundstückzuschnitts oder der allgemeinen topografischen Situation meistens gezwungen, z. T. höchst kniffige Sonderlösungen zu finden. Diese Lö-

163 Hôtel Miramion, Quai de la Tournelle Nr. 49, Gartenfassade

164   Hôtel Lambert, Rue St-Louis-en-l'Ile Nr. 2, Hoffassade

sungen sind, wenn man die ästhetischen und räumlichen Anforderungen im Kopf hat, aber deshalb um so interessanter, weil sie Synthesen zwischen idealtypischen Konzepten und konkreten Bedingungen realisieren. Ein Musterbeispiel architektonischen Könnens liefert diesbezüglich das *Hôtel Lambert* des jungen Le Vau, der sich bei seinen Planungen wohl der Erfahrungen seines Vaters versichert hat.

Jean-Baptiste Lambert de Thorigny, Berater und Sekretär des Königs, hatte 1639 ein Grundstück an der Nordostspitze der neu erschlossenen Ile-St-Louis erworben und dort eine Reihe von Häusern zur Vermietung gebaut. Auf dem günstig gelegenen Restgelände sollte Le Vau 1640 in nur einem Jahr das Hôtel particulier für diese hochstehende Persönlichkeit errichten, und er entledigte sich dieser Aufgabe mit Bravour. Es galt nämlich, Hof, Garten, Privat- und Repräsentationsräume in ganz neuer Weise zu koordinieren, und dabei ist ihm nach Babelon so etwas wie die Quadratur des Kreises gelungen. Orientieren konnte er sich dabei allerdings an dem *Hôtel de Bretonvilliers* an der Ostspitze der Insel, welches unmittelbar zuvor gebaut worden war, im vorigen Jahrhundert jedoch abgerissen worden ist.

Anders als bei dem normalen Stadtpalais, bei dem Appartements und Garten dem Lärm und den Gerüchen der Straße möglichst entzogen sein sollten und das sich somit in die Tiefe entfaltete, kam es hier darauf an, die Annehmlichkeit der Flußlandschaft mit ihrer frischen Luft zu nutzen, die Wohnung also an die Straßenfront zum Quai hin zu verlagern, ohne auf den repräsentativen Innenhof zu verzichten. Nun liegt das Hôtel Lambert mit seiner Straßenfront jedoch nicht direkt zum Fluß gewendet. Der Kunstgriff von Le Vau besteht darin, daß er
165 Hof und Garten nicht hintereinander, sondern nebeneinander legt und daß er die Repräsentationsräume in den Seitenflügel dazwischen und in einen an diesen angewinkelten Flügel plaziert. Während Straßenfront und linker Flügel von den privaten Gemächern eingenommen werden, kann sich auf der Rückseite des Hofes, wo sich normalerweise das Corps-de-Logis befindet, ein prächtiges Treppenhaus mit Vestibü-
166 len entfalten. Außerdem ist das Gartenparterre gegenüber dem Hof um die gesamte Höhe des Sockelgeschosses angehoben und damit dem Verkehr der angrenzenden Straßen enthoben. Um so ungestörter ist der Blick von den Prachträumen auf den Fluß.
164 Mittelpunkt des großen Hofs ist die *Fassade des Treppenhauses,* die im Gegensatz zu den Seitenflügeln nur zweigeschossig angelegt ist. Sie ist fast gänzlich durchfenstert, so daß die dorische Ordnung im Erdgeschoß zunächst deplaziert erscheint. Ihre Pilaster und Säulen sind in

165 Grundriß des Obergeschosses des Hôtel Lambert. Stich von Mariette

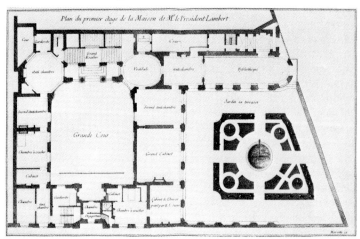

166   Hôtel Lambert, Gartenfassade

der Tat sehr zierlich gebildet, und auch in der Abmessung der Intervalle geht Le Vau sehr freizügig mit den kanonischen Regeln um. Die
jonische Ordnung im Bel Etage wirkt dagegen eher gedrungen. Die
leichte konkave Einbuchtung und die feinen Bauprofile verleihen dieser Fassade hohe Eleganz. Besonders würdig ist die Gartenseite gestaltet. Schlichte und unkannelierte jonische Kolossalpilaster tragen ein
mächtiges Gebälk, über dem sich ein niedriges Attikageschoß erhebt.
Nicht zu Unrecht hat man diesen Entwurf als das Vorwort des französischen Barockklassizismus bezeichnet.

Dasselbe gilt für die Innendekoration, die jedoch nur noch z. T. an
Ort und Stelle erhalten ist. Zunächst arbeitete Eustache Le Sueur bis
zu seinem Tode an der Ausmalung des Hauptwohnbaus und gestaltete
dort das *Cabinet de l'Amour,* die *Chambre des Muses* (heute im
Louvre) und die *Chambre des Bains.* In einem der Salons hat sich das
Deckenbild mit dem Triumph von Flora und Zephir erhalten. In den
Jahren 1655 bis 1658 folgte ihm der junge Charles Le Brun. Er gestaltete die *Galerie,* die sich im Obergeschoß des nördlichen Gartentraktes 167
über der Bibliothek befindet. Wie in den Königsschlössern und anderen Adelspalais auch – es gab in Paris über hundert solcher Galerien –

167   Galerie d'Hercule im Hôtel Lambert

war dies der für Empfänge bestimmte prächtigste Raum des ganzen Hauses. Er wird gegliedert durch die großen Fenster, denen auf der gegenüberliegenden Seite Wandfelder mit Landschaftsgemälden entsprechen. Am Ende ist die Galerie halbrund und öffnet sich mit drei Fenstern auf das Flußpanorama. Die Wandfelder zwischen den Fenstern und Gemälden sind reich geschmückt mit Hermen, Adlern, Putten, Sphingen und Reliefs von van Opstal mit den Taten des Herkules. Diesem ist auch das Deckengemälde mit seinen von Scheinarchitektur gerahmten Feldern gewidmet. Hier konnte der junge Le Brun, ehe er für Fouquet nach Vaux-le-Vicomte ging, seine ganze Kunst unter Beweis stellen. Es sollte aber noch einige Jahre dauern, ehe der Architekt des Hôtel Lambert Le Vau und der Dekorateur der Galerie d'Hercule

Le Brun den Großen Stil im Schloßbau von Versailles zu seinem Höhepunkt führten.

Schon vor der Ausstattung des Hôtel Lambert durch Le Brun hatte sich nach dem Tode Ludwigs XIII. 1643 und während der Regentschaft des Kardinal Mazarin ein aufwendiger Innendekorationsstil ausgebildet, der vor allem durch italienische Vorbilder geprägt worden ist. Gekennzeichnet ist er durch kräftige vergoldete Boiserien, schwere Gesimse und gerahmte illusionistische Deckenbilder in sehr bunten Farben, die mit Stuck oder Grisaillemalerei umgeben sind. Dieser sog. »Style Mazarin« nimmt also deutlich Elemente des italienischen Barock auf, wie er zunächst von den Carracci und dann etwa von Pietro da Cortona entwickelt worden war; im »Style Louis XIV« – man denke an die Appartements in Versailles – lebt er weiter. Mazarin selbst scheint an der Herausbildung dieser reichlich pompösen Geschmacksrichtung beteiligt gewesen zu sein, denn in seinem eigenen Palais, dem *Hôtel Tubeuf,* das heute in den großen Komplex der Bibliothèque nationale integriert ist, kommt sie vielleicht am deutlichsten zur Geltung. Der Kardinal hatte das Haus seit 1644 durch François Mansart und Pierre Le Muet umbauen und zum Garten hin einen zweigeschossigen Galerietrakt errichten lassen. Während die nur noch fragmentarisch erhaltene Dekoration der unteren Galerie von dem Bologneser Grimaldi stammt, sind dessen Landschaftsbilder und die Decke des Cortona-Schülers Romanelli in der oberen *Galerie Maza-* X *rine* erhalten. Diese Deckengemälde in farbenfreudiger Frescomalerei bieten ein Programm mit mythologischen Szenen. Die jetzt leeren Wandflächen der Galerie, in der einst wertvolle Stücke aus der berühmten Sammlung Mazarins zur Schau gestellt wurden, waren ehemals mit rotem Damast bespannt.

1648, also einige Jahre nach Vollendung des Hôtel Lambert, errichtete Le Vau im Auftrag von Michel-Antoine Scarron, dem Onkel des berühmten Burleskendichters, das *Hôtel d'Aumont,* welches nach dem 168 Schwiegersohn des Erbauers, dem späteren Maréchal Duc d'Aumont benannt ist. Dieser ließ einige Jahre später die Gartenfassade auf insgesamt 19 Achsen erweitern, und 1665 baute François Mansart noch eine Treppe hinzu, die jedoch nicht mehr existiert. An der Innenausstattung, von der noch Reste erhalten sind, beteiligten sich Simon Vouet und wiederum Le Brun. Die Gestaltung der Hoffassaden kann als Werk von Le Vau gelten, und auf die Ähnlichkeit des zweigeschossigen Aufrisses mit dem des Hôtel de Miramion ist schon hingewiesen worden. Die Eingänge sind hier in die Seitenflügel verlegt. Der Dekor des Corps-de-logis wurde auf diese übertragen. Die Mittelachse ist nur durch leichte Akzente – die Giebellukarne und die etwas breiteren Wandfelder neben den Mittelfenstern – betont. Das Dach ist als Mansartgeschoß ausgebildet worden und sehr niedrig, so daß es im Gesamteindruck zurücktritt. Der zurückhaltende Schmuck aus Masken,

Girlanden und Draperien, die zarten Profile und großen französischen Fenster verleihen diesem Bau große Anmut.

Vater und Sohn Le Vau haben auf der Ile-St-Louis in den Jahren 1656/57 noch das nach einem späteren Besitzer benannte *Hôtel Lauzun* gebaut, das äußerlich sehr schlicht gehalten ist. Drei Flügel sind um einen Hof gruppiert, dessen vierte Seite durch eine einfache Mauer geschlossen ist. Auf der dem Quai zugewandten Seite ziert ein Steinbalkon den Bel Etage und bietet Aussicht auf den Fluß. Das Hôtel – seit 1928 im Besitz der Stadt und für Empfänge genutzt – ist zu Recht berühmt wegen seiner verschwenderischen und weitgehend erhaltenen Innendekoration, an der eine Reihe bedeutender Künstler beteiligt waren wie Jean Lepautre, Patel, Le Brun. Maler, Stukkateure und Schnitzer haben hier noch sehr eng zusammengearbeitet. Kein anderes Pariser Intérieur vermittelt wie dieses einen Eindruck des aristokratischen Luxus gegen Ende der Ära Mazarin.

XI

1658–1660 wurde das *Hôtel de Beauvais* nach Plänen von Antoine Lepautre gebaut für Catherine-Henriette Bellier, die mit Pierre de Beauvais verheiratet war. Als Hofdame der Anna von Österreich hatte

168 Hôtel d'Aumont, Rue de Jouy Nr. 7, Hoffassade

sie in der Gunst der Königin gestanden, die vom Balkon des soeben fertiggestellten Hôtels aus 1660 dem Einzug Ludwigs XIV. und seiner jungen spanischen Ehefrau Maria Theresia beiwohnte. Jean Marot hat

Oben:
169   Hôtel de Beauvais, Straßenfassade. Stich von Jean Marot

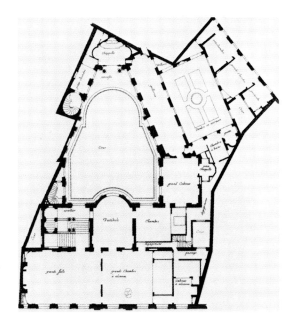

170   Grundriß des Hôtel de Beauvais. Stich von Jean Marot

dieses Ereignis in einem Stich festgehalten. Der Bau ist in mehr als einer Hinsicht ungewöhnlich und erinnert in vielen Details an Italienisches. Das hängt z.T. mit dem ungewöhnlich verwinkelten und ungün-
170 stigen Grundstück zusammen, welches Lepautre zu einer ganzen Reihe von Kunstgriffen zwang. Sieht man einmal von dem erhöhten

171　Hôtel de Beauvais, Treppenhaus

172　Hôtel Aubert de ▷ Fontenay, gen. Hôtel Salé, Rue de Thorigny Nr. 5, Treppenhaus

Terrassengarten ab, dann war hier gar kein eigentlicher Garten vorhanden, und die Räumlichkeiten gruppieren sich wie bei einem italienischen Palazzo um den Innenhof. Dieser ist in sich symmetrisch und geradezu szenografisch angelegt. Auch der Aufriß ist ungewöhnlich.
169 Der Stich von Marot zeigt die ehemalige Straßenfassade, die während der Revolution stark entstellt worden ist. In dem Erdgeschoß und dem folgenden Mezzaningeschoß befinden sich Läden – auch dies ist für Paris damals neu. Darüber ein hoher Bel Etage, der zum Hof hin zweigeschossig ausgebildet ist und auf den wiederum ein Mezzaningeschoß folgt. Die Paraderäume befinden sich im Straßentrakt und zur rechten Seite des Hofes, in dessen Achse die Hauskapelle untergebracht ist, die – auch dies etwas abstrus – über den Pferdeställen und Remisen liegt. Die linke Hofseite ist zugleich Grundstücksgrenze und

besteht lediglich aus einer Blendarchitektur. Die dem Personal vorbe-
haltenen Untergeschosse sind in Rustika und dorischen Formen ausgebildet und von den Obergeschossen mit jonischem und korinthischem
Dekor durch ein mächtiges Konsolgebälk getrennt. Von dem runden,
konvex in den Hof ausladenden Vestibül – auch dies eine römisch
anmutende Formulierung – gelangt man in das von Martin Desjardins
reich gestaltete korinthische *Treppenhaus*. Es erstaunt nicht weiter, 171
daß dieses barockeste Pariser Palais von Lorenzo Bernini uneinge-
schränkt bewundert worden ist.

Die Bezeichnung *Hôtel Salé* ist ein Spottname, der seinem Erbauer,
der Pächter der Salzsteuer war, entsprechend »gesalzene« Einkünfte
unterstellte, was durch die Pracht dieses zwischen 1656 und 1660 errichteten Wohnsitzes nicht gerade widerlegt wird. Der sonst unbe-

kannte Architekt Jean Boullier stammte aus Bourges. Erstaunlich sind die hier erstmals greifbaren Neuerungen und die Qualität des Dekors. Der Hof ist in zukunftsweisender Weise als Halbkreis gebildet mit dem Corps-de-logis als Basis, und auch der straßenseitige Trakt ist konvex ausgemuldet. Das erleichterte die Zirkulation der Kutschen und ermöglichte Korrekturen bei unregelmäßigen Grundstückzuschnitten. Beim Hôtel Soubise wurde diese Lösung schon bald wieder aufgenommen. Das *Treppenhaus* mit seinem höchst qualitätvollen, fast vollplastischen Stuck mutet geradezu römisch an und ist das prächtigste in einem Hôtel particulier dieser Zeit.

172

Nach dem Regierungsantritt Ludwigs XIV. scheint der Kontinuitätsstrang aristokratischer Selbstdarstellung in Gestalt aufwendiger privater Hôtels jedenfalls in Paris abzubrechen. Wenn auch das eine oder andere noch gebaut worden ist – wie das *Hôtel de Sagonne* oder das *Haus von Libéral Bruant* – und wenn andere der Zerstörung anheimgefallen sein mögen, so ist der Sachverhalt doch bezeichnend. Zum einen war es dem König ja gelungen, den Hof nach Versailles zu verlagern und den Adel dorthin zu verpflichten. Zum anderen wurden viele hochadelige Wohnsitze nun auch in übergeordnete Planungen wie etwa die Place Vendôme integriert, so daß sie nicht mehr als eigenständige Hôtels in Erscheinung traten. Und seit der Inhaftierung von Fouquet und der Konfiskation seines Schlosses Vaux-le-Vicomte war allzu großspurige Zurschaustellung ja auch gefährlich geworden. Das Fehlen aufwendiger Hôtels in Paris spiegelt also die Tatsache, daß es in den ersten Jahrzehnten der Regierungszeit des Sonnenkönigs gelungen war, den Adel unter das neue absolutistische Staatskonzept in einem bislang unbekannten Ausmaß zu subsumieren. Erst in den letzten Regierungsjahrzehnten beobachtet man einen gegenläufigen Trend der Desintegration des Versailler Hofes. Der Tatsache, daß sich der König immer mehr aus der repräsentativen Öffentlichkeit des großen Schlosses in die Privatheit des Großen Trianon zurückzog, entspricht, daß sich die Höflinge Paris als ihrem eigentlichen Lebensfeld wieder zuwenden. Und das sollte bis zum Ende des Ancien Régime so bleiben. Im Rahmen dieses Trends bildete sich eine neue Lebensform der herrschenden Schichten heraus, die zunächst in einer Abkehr von allzu ostentativer Repräsentation und in einer Hinwendung zum mehr Privaten bestand und die dann im 18.Jh. zur höchsten Verfeinerung aristokratischer Kultur führte, die es je gegeben hat.

Miteingeleitet wird der neue Stil von Germain Boffrand, der zunächst Mitarbeiter von Hardouin-Mansart gewesen war. Kurz vor 1700 baute er zu Beginn seiner Karriere das *Hôtel Le Brun* für einen Neffen des berühmten Malers, dessen Gedächtnis das Haus durch eine Inschrift und ein Relief im Giebel der Gartenfassade gewidmet ist.

173

Neu sind sowohl die allgemeine Disposition als auch der Dekor. Es handelt sich um einen einfachen Baukörper, dessen Mittelrisalit zur

173   Hôtel Le Brun, Rue du Cardinal-Lemoine Nr. 47–49, Gartenfassade

Straße hin nur mäßig, zum Garten hin deutlicher und durch ein zusätzliches Vollgeschoß abgesetzt ist und der keine Flügelbauten mehr hat, was auf ein neues quantitatives Verhältnis zwischen Herrschaft und Dienstpersonal schließen läßt. Erstaunlich sind die nackten, kaum untergliederten Mauerflächen mit ihrem nur punktuell applizierten Schmuck und die Betonung des Stereometrischen. Hier findet eine Zurücknahme der sich nach außen wendenden Ostentation statt, die vermutlich in der Innenraumgestaltung kompensiert wird. Das sind Erscheinungen, die man in der Architekturgeschichte häufiger beobachten kann und die vermutlich mit Legitimationsschwierigkeiten zusammenhängen: In dem Maße, wie die Selbstdarstellung nach außen fragwürdig wird, legitimiert man seine gesellschaftliche Position gegenüber den mehr oder weniger Ebenbürtigen im Innenbereich. Denn der Zugang zu einem solchen Hôtel war ja nach wie vor nur bestimmten Kreisen offen. Es ließe sich zeigen, daß die feudalistische Kultur des Hochmittelalters und die bürgerliche Kultur im Übergang von Gründerzeit zu Jugendstil ähnliche kulturstrategische Verhaltensmuster ausgebildet haben.

Das *Hôtel de Rothelin* wurde für den Marquis dieses Namens in den 174 ersten Jahren des 18. Jh. gebaut. Architekt war Pierre Cailleteau, genannt Lassurance, der wie Boffrand Mitarbeiter von Hardouin-Mansart gewesen war und der noch zahlreiche Hôtels particuliers bauen sollte. Aus den schon genannten Gründen nahm die Anzahl dieser Privatpalais im 18. Jh. derart zu, daß z. B. im Faubourg St-Germain allein weit über hundert errichtet worden sind. Zur Straßenseite hatte das Hôtel de Rothelin einen von zwei Nebenhöfen flankierten halbrunden Ehrenhof mit einem relativ schlicht gehaltenen Mittelbau, während es sich zum Garten hin mit 17 Achsen in voller Breite entfaltet.

Ungewöhnlich großzügig wurden in den Jahren 1705–1708 im Marais zwei Hôtels gebaut, die sich gegenüberlagen und den Anspruch ihrer Bauherren nachdrücklich dokumentieren: die *Hôtels de Rohan-Soubise* und *Rohan-Strasbourg.* Architekt war Alexis Delamair. Das Hôtel Rohan de Soubise wurde für den Prinzen gleichen Namens und seine Frau Anne Chabot de Rohan erbaut an der Stelle des alten *Hôtel de Guise,* von dem im Westen die spätmittelalterliche *Porte d'Olivier de Clisson* mit den beiden Türmen bewußt in den Neubau integriert wurde, um so auf die Abstammung der Rohans von diesem altehrwür-

174 Hôtel de Rothelin bzw. de Charolais, Rue de Grenelle Nr. 99–101, Gartenfassade

175 Hôtel de Rohan-Strasbourg, Rue Vieille-du-Temple Nr. 87,
Gartenfassade

digen Mann zu verweisen. Die ehemalige Seitenfassade des Vorgän-
gerbaus wurde mit einem prächtigen klassisch-korinthischen Dekor
mit gekuppelten Säulen, Statuenaufsätzen und großer Portikus versehen, der durch den ungewöhnlich großen, von Kolonnaden umgebe- XII
nen Innenhof noch in besonderer Weise zur Geltung gebracht wird.
Man versteht, daß die Bauherren höchsten gesellschaftlichen Rang
gleich hinter den königlichen Prinzen angestrebt und wegen der Gunst
des Königs auch erlangt haben.

Armand Gaston de Rohan – natürlicher Sohn Ludwigs XIV. und der
Prinzessin Soubise – war als Fürstbischof von Straßburg, Kardinal und
Grand Aumônier von Frankreich eine der bedeutendsten Persönlichkeiten der ersten Hälfte des 18. Jh. und ein leidenschaftlicher Bauherr.
Das für ihn errichtete Hôtel de Rohan-Strasbourg brauchte sich keinem Vorgängerbau anzupassen. Zur Cour d'honneur hin hat das
Corps-de-logis sieben Achsen und ist durch einen nur mäßig vortretenden Mittelrisalit gegliedert. Die Gartenfront ist etwas aufwendiger 175
gestaltet: An den Seiten treten die beiden äußeren Achsen etwas hinter die Fassadenflucht zurück, die Mitte ist durch einen Vorbau aus
freistehenden Säulen und einen Giebel gegliedert. Das gebänderte
Sockelgeschoß in dorischer Ordnung erinnert an Versailles. Der Bel
Etage hat jonischen Dekor, das Attikageschoß korinthische Pilaster.

213

176 Hôtel de Torcy, später de Beauharnais, Rue de Lille Nr. 78, Gartenfassade

Die Proportionen des Baus, aber auch die der Fenster, sind ungewöhnlich steil, und der Dekor ist insgesamt gemessen am Hôtel Soubise eher zurückhaltend-schlicht und somit dem kirchlichen Stand des Bauherren angemessen.

Beide Bauten wurden von Delamair nicht vollendet, und auch die definitive Innenausstattung kam erst einige Jahrzehnte später hinzu. Wir wollen hier aber nicht vorgreifen, weil die weitere Ausstattung und Erweiterung dieser Palais Höhepunkte der Kunst des 18.Jh. in Paris darstellen.

Boffrand, der daran beteiligt sein sollte, hat aber noch in den letzten Regierungsjahren Ludwigs XIV. mehrere Hôtels gebaut und sich als Spekulant betätigt, indem er im Faubourg St-Germain, der damals zum bevorzugten Viertel der Aristokratie wurde, Grundstücke kaufte, bebaute und dann weiterverkaufte. So auch das *Hôtel de Torcy* bzw. *de Beauharnais* in der heutigen Rue de Lille, von dem ebenfalls später noch einmal die Rede sein muß. Straßenseitig hat das Hôtel ein Sockelgeschoß mit Remisen und Wirtschaftsräumen, das auf der Gartenseite nicht in Erscheinung tritt, da der Garten um eben die Höhe dieses
176 Geschosses angeschüttet worden ist. Da sich diese Fassade zur Seine hin öffnet, schützte dieser Terrassengarten vor Hochwasser und

214

schirmte das Haus vom Lärm der Uferstraße derart ab, daß auch hier die Flußlandschaft wie beim Hôtel Lambert ungestört genossen werden konnte. Wiederum fällt auf, wie zurückhaltend diese Gartenfront gestaltet ist. Der giebelgekrönte Mittelrisalit mit dem Balkon tritt nur wenig vor, und auch die beiden Achsenpaare neben ihm sind nur ganz leicht von den Außenenden abgesetzt. Man erkennt, obwohl überall die glatten Mauerflächen vorherrschen, eine fein nuancierte Steigerung des Dekors zur Mitte hin. Der Geschmackswandel zu Anfang des 18. Jh. wird hier vielleicht am deutlichsten.

Auch im *Kirchenbau* und in der *Ausstattung sakraler Räume* tun sich im 17. Jh ganz neue Dimensionen auf. Das hat tiefere Ursachen, die hier nur grob umrissen werden können. Wir hatten ja konstatiert, daß Sakralarchitektur oft sehr konservativ und traditionsverbunden ist, weil sich Religion ja auch meist aus Tradition legitimiert. Das hatte etwa zur Folge, daß sich gotische Gestaltungsprinzipien noch lange halten und, wenn man es genau nimmt, als sog. Nachgotik bis zur Neugotik des 19. Jh. weitervererben. Es gibt Epochen, in denen das anders ist, und das Zeitalter der eigentlichen Früh- und Hochgotik ist eine solche Epoche gewesen, in der die Sakralarchitektur die avantgardistische Rolle übernommen hat. Das hängt gewiß mit der jeweiligen gesellschaftlichen Stellung der Kirche zusammen, die ja durch Reformation und Religionskriege schwere Einbußen erlitten hatte. Seit dem späteren 16. Jh. konnte sich die römisch-katholische Kirche aber im Zuge der Gegenreformation aufraffen und mit dem Konzil von Trient ihre Stellung wieder festigen. Dieses neue Selbstbewußtsein ist die Grundlage für einen neuen Stil, den Barock, der zunächst in Rom entwickelt wird, sich von dort über die katholischen Länder verbreitet und schließlich auch die nichtkatholischen affiziert. Begünstigt wurde seine Entfaltung durch die klaren kulturpolitischen Direktiven, die während des Tridentinums formuliert worden waren. Im Grunde ging es um die Glaubenspropaganda mit visuell-architektonischen Mitteln und damit um bauliche Inszenierungen von Fassaden und Räumen, die den Betrachter »überwältigen« und somit »vereinnahmen« sollten. Man kann dies angesichts vergleichbarer Praktiken der modernen Werbung als manipulativ brandmarken, es ist aber nicht zu übersehen, daß die Architektur (und auch die Stadtplanung) damit ganz neue illusionistisch-psychologisierende Dimensionen erlangt und sich in bislang unbekannter Weise auf den Rezipienten und seinen »Standpunkt« einstellt, dabei auch vor Theatereffekten nicht zurückscheut. Die wechselnde Bewertung des Barock hängt sehr eng damit zusammen, wie man sich jeweils zu solch offenkundig funktionalisierter Kunst und ihren kommunikativen Inhalten verhalten hat.

Nun ist weithin bekannt, daß der römisch-italienische Barock in Paris – sieht man einmal von der längst zerstörten Theatinerkirche *Ste-*

177   St-Gervais, Fassade

Anne-la-Royale von Guarini ab, die aber kunsthistorisch folgenlos
blieb – nicht wirklich Fuß fassen konnte, da hier auch der Kirchenbau
zu größerer »Klassizität« neigte. Trotzdem finden sich gewisse konsti-
tutive Elemente und Gestaltungen dieses Stils auch hier, und es ist
unbestreitbar, daß der Pariser Kirchenbau Formulierungen hervorgebracht hat, die bei aller Eigenständigkeit eine Abwendung von der
lokalen Tradition und Parallelen zur internationalen Entwicklung aufweisen. Denn auch in Paris hatte die katholische Kirche ja ein neues
Selbstbewußtsein erlangt.

136   Die Fassade von St-Etienne-du-Mont, von der schon die Rede war,
mag noch als Kompromiß verschiedener, nämlich gotischer und neu-

178   St-Louis des Jésuites, heute St-Paul–St-Louis, Fassade

zeitlicher Gestaltungsabsichten gelten, und man kann das als ihren
manieristischen Charakter beschreiben. Bei der *Fassade von St-Ger-* 177
vais ist das aber anders. Auch bei dieser Kirche hatte man Chor (1578
vollendet) und Langhaus (1620 vollendet) im Grunde noch gotisch
gebaut und erst bei der Fassade neue Töne angeschlagen. Sie wird dem
Salomon de Brosse zugeschrieben und wurde von 1616 bis 1621 gebaut. Gewiß lagen ihr italienische Vorbilder zugrunde wie die Fassade
von Il Gesù in Rom, doch ist sie mit ihrem zusätzlichen dritten Geschoß, das wegen des hohen gotischen Mittelschiffs notwendig wurde,
erheblich schlanker proportioniert. Die Anregung für die dorisch-jo-
nisch-korinthische Abfolge der Geschosse lieferte wohl die Eingangs-

front des Schlosses von Anet von Philibert de l'Orme. Die Verschmelzung römischer Formulierungen mit französisch-gotischen Gestaltungsabsichten, vor allem aber die Tatsache, daß die Fassade nun ein eigenständiges, prunkvolles Gebilde wird, sollten sich als zukunftsweisend-stilbildende Qualitäten herausstellen, die für den französischen Kirchenbau kaum absehbare Konsequenzen hatten. Denn trotz dieser disparaten Antezedenz strahlt diese Fassade eine feierliche Monumentalität aus, die schon von den Zeitgenossen gewürdigt worden ist.

178   Das allgemeine Kompositionsschema wurde denn auch bei der *Fassade von St-Louis-des-Jésuites* (heute St-Paul – St-Louis) übernommen, wo keine Zwänge aufgrund schon bestehender Bausubstanz gegeben waren. Im Vergleich zu St-Gervais kann man diese Fassade als »schwerfällige Umformung« (Babelon), als »eine der glücklichsten Fassadenlösungen des 17.Jh.« (Beutler) oder als Eigenleistung der Jesuiten und ihrer Architekten Martellange und Derrand (Blunt) betrachten. Sie dokumentiert jedenfalls den extrem hohen Anspruch des soeben wieder zugelassenen gegenreformatorischen Ordens, der sich auch darin ausdrückt, daß der König selber 1627 den Grundstein legte und daß man sich 1629 für das aufwendigere Fassadenprojekt von Derrand entschied. Auf jeden Fall ist das Konzept »römischer«, indem die Mittelachse durch die nur hier auftretenden freistehenden und zudem gedoppelten Säulen stärker von den Seitenachsen abgehoben ist und auch als Risalit vortritt. Auch der Dekor wird durch die Wahl der Ordnungen insofern barocker, als schon im Portalgeschoß – ebenso im folgenden – korinthische Stillage angeschlagen wird, die sich im dritten Geschoß zur Kompositordnung steigert.

    Das Fassadenprogramm beinhaltete ehedem anstelle der rosenförmigen Uhr ein Christogramm, in den Nischen daneben Statuen von Franz-Xaver und Ignatius als den bedeutendsten Ordensheiligen und in der oberen Nische den hl. Ludwig als Patron. Damit und mit den Wappen von Frankreich und Navarra im Giebel war ausgedrückt, daß sich die jesuitische Institution neuerlich der besonderen Gunst der Monarchie erfreute. Mit solcher Ostentation im Programm und in der Perti-

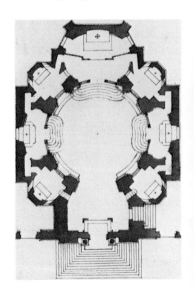

179   Grundriß der Chapelle de la Visitation von François Mansart

nenz römisch-katholischer Formulierungen erweist sich die Fassade
der Jesuitenkirche als Machtdemonstration der gegenreformatorischen
Kräfte.

1610 hatten Franz von Sales und Jeanne de Chantal einen Orden
der »Schwestern von der Heimsuchung Mariens«, in Frankreich
»Visitandines« genannt, gegründet, der 1628 eine Niederlassung in
der Rue St-Antoine erhielt. Für dieses Konvent baute der junge François Mansart 1632–1634 in ungünstiger und beengter Ecklage eine
kleine Kirche. Es ist der erste nachmittelalterliche Zentralbau in Paris.
Trotz ihrer Kleinheit wirkt die Kirche außen und innen erstaunlich
monumental, und sie sollte vorbildlich für einige spätere Kuppelbauten werden. Angeregt hatte sich Mansart bei Michelangelos S. Giovanni dei Fiorentini und bei Philibert de l'Ormes Entwurf für Anet.

Die Baumassen sind deutlich geordnet und steigen von dem groß
umrahmten Portal über Kuppel und Laterne der Vorhalle zum mächtigen, von acht Streben gehaltenen Tambour an, der seinerseits von
Kuppel und Laterne bekrönt wird. Der Innenraum ist aus einem annä-

180

179

219

181 Kirche der Sorbonne, Hoffassade

hernden Quadrat entwickelt und ganz auf den mittleren überkuppelten Rundraum konzentriert, auf den in den Hauptachsen die Eingangshalle und drei ovale Kapellenräume, und in den Diagonalachsen kleinere Kapellen bzw. die Sakristei orientiert sind. Wegen der Ausrichtung zur Straße hin liegt der Chor wie auch bei St-Louis nach Süden. Der Hauptraum liegt tiefer als die Kapellen und eignet sich gut als Predigtraum. Dies mag ein Grund dafür gewesen sein, daß die Protestanten die *Visitandinenkapelle* 1803 unter der Bezeichnung *Temple Ste-Marie* für sich übernahmen.

Nur ein Jahr nach Vollendung dieses frühen Meisterwerks von Mansart legte Jacques Lemercier im Jahre 1635 den Grundstein für die *Kapelle der Sorbonne,* und zwar im Auftrag von Richelieu, der seit 1622 Dekan dieser theologischen Fakultät war. Sie wendet sich mit je einer Fassade nach Süden auf den Hof und nach Westen auf den kleinen Platz. Während die Platzfassade konventionell zweigeschossig gestaltet ist, wird auf der Hofseite über der Portikus die Stirnwand des Querhauses sichtbar, über der sich die schlanke Kuppel erhebt. Nicht

181

220

nur im Grundriß, bei dem Rosato Rosatis S. Carlo ai Catinari in Rom Pate gestanden hat, klingt Römisches an, sondern auch in der Gliederung von Tambour und Kuppel, in den vier Türmchen, die diese umstehen, und in der Portikus, die sich letztlich vom Pantheon herleitet.

Richelieu hatte testamentarisch bestimmt, daß sein *Grabmal* in der 182 Kirche zur Aufstellung kommen sollte, was wegen mancherlei Schwierigkeiten jedoch erst 1694 geschah. Es stammt von Girardon und zeigt den von der ›Frömmigkeit‹ gestützten hinsinkenden Kardinal, dessen Hinscheiden von der ›Christlichen Lehre‹ beweint wird.

Die Kirche *Val-de-Grâce* ist Bestandteil eines Gebäudekomplexes, der Kloster und Palast zugleich gewesen ist und für den der Escorial 183

182 Grabmal des Kardinals Richelieu von Girardon in der Kirche der Sorbonne

221

zum Vorbild diente. Anna von Österreich, Enkelin Philipps II., hatte sich hier in das Benediktinerinnenkloster zurückgezogen. Sie war lange kinderlos geblieben, gebar jedoch dann 1638 den künftigen Ludwig XIV., und nachdem sie 1643 die Regentschaft übernommen hatte, erfüllte sie ein Gelübde und ließ ab 1645 die Kirche als Dank für den ihr geschenkten Thronfolger errichten. Zunächst wurde der auf der Höhe seines Ruhmes stehende François Mansart mit der Planung beauftragt, doch wurde er bereits nach einem Jahr wegen der ständigen Planänderungen und nachträglichen Verbesserungen an schon bearbeiteten Stücken durch Jacques Lemercier abgelöst, der jedoch nur das Obergeschoß der Fassade und den Umriß der Kuppel verändert hat. Als er 1655 starb, übernahmen die Architekten Le Muet und Le Duc den Bau. Außer der Kirche war seit 1645 auch der *Pavillon der Königin* in Bau, welcher in den südlich der Kirche gelegenen großen, ab 1655 neugebauten Klosterkomplex integriert worden ist. Ursprünglich hatte Mansart im Norden noch einen Königspalast geplant.

184   Während der Fassaden- und Kuppelentwurf von Mansart in französischer Tradition stand, kommen unter der Ägide von Lemercier römische Elemente hinzu. Im Fassadenuntergeschoß ist der Eingang durch eine korinthische Portikus betont. Im Obergeschoß hat Lemercier die Seitenfelder betont und den Entwurf Mansarts durch Hinzufügung einer vermittelnden Attika verändert. Während Mansart eine Halbkreiskuppel über niedrigem Tambour vorgesehen hatte, entsteht durch den hohen Fenstertambour und die steilere Kuppel eine Wirkung, die Fassade und Kuppel auch bei kurzer Distanz als zusammengehörig erscheinen lassen.

183   Kloster Val-de-Grâce. Stich von Gabriel Perelle

184   Val-de-Grâce, Fassade und Kuppel

Der Innenraum ist möglicherweise von Palladios Redentore-Kirche 185
in Venedig angeregt und in der Kombination eines Langhauses mit
einem Zentralbau für den Chor, wobei die Breite des Kuppelraums
erheblich größer als die des Langhauses ist, für Frankreich jedenfalls
neu. Das Langhaus folgt dem Typus der großen Wandpfeilerkirchen
und ist prächtig dekoriert. Ausführender Bildhauer war Michel Anguier. Es bildet jedoch nur den Auftakt für den breiteren und höheren
Chorbereich, dessen Mitte 1669 durch die Aufstellung des Baldachins
– eine Nachahmung dessen von St. Peter – akzentuiert worden ist.
Dabei wurde allerdings die Sicht auf die Achsenkapelle weitgehend
verstellt, welche zur ursprünglichen Raumkonzeption gehört. Val-de-
Grâce ist von den Pariser Großkirchen jene, die römisch-barocken

Anordnungen der Baukörper und Innenrauminszenierungen am nächsten kommt – und das hängt sicher auch mit der Person der Bauherrin zusammen.

Ein Jahr nach dem Baubeginn von Val-de-Grâce legte Anna von Österreich noch den Grundstein für *St-Sulpice*. Da der Großteil der Bauarbeiten an dieser Kirche jedoch ins 18. Jh. fällt, kommen wir später auf sie zurück.

Im Rahmen der Planungen für die Seinefassade der Cour carrée hatte es schon Überlegungen gegeben, ihr auf dem gegenüberliegenden Ufer ein Pendant zu geben anstelle der Tour de Nesle und der

185　Val-de-Grâce, Hauptschiff und Kuppelraum mit Baldachin

186 Collège des Quatre-Nations, Sitz des Institut de France, Fassade zum
Quai de Conti

alten Stadtbefestigung. Seit 1662 wurde diese Absicht verwirklicht.
Wenige Tage vor seinem Tode hatte nämlich Mazarin testamentarisch
bestimmt, daß aus seiner Hinterlassenschaft ein Institut gegründet
werden sollte, in dem junge Edelleute aus Piemont, Elsaß, Flandern
und Roussillon – also aus den Provinzen, die Frankreich im Westfäli-
schen Frieden und im Pyrenäenfrieden zugesprochen worden waren –
unterrichtet werden sollten. Daher der Name *Collège des Quatre-Nations,* das 1662–1667 nach Plänen von Le Vau errichtet wurde. Die
Anlage besteht aus der mittleren Kapelle mit Portikusfassade, über der 186
sich auf hohem Tambour die Kuppel erhebt, aus zwei konkav ge-
schwungenen Verbindungsbauten und zwei Eckpavillons mit hohen
Dächern und erinnert entfernt an römisch-barocke Gestaltungen wie
z.B. Sant'Agnese in Piazza Navona. Während Mittelbau und Eckpavillons durch eine korinthische Kolossalordnung hervorgehoben sind, haben die Verbindungsbauten zwei Ordnungen übereinander. Die Kapelle wurde 1805 Sitzungsort der berühmten Académie française und
entsprechend verändert, 1962 aber so restauriert, daß sie dem ursprünglichen Zustand wieder nahe kommt. Der mittlere Kuppelraum 187
ist oval und öffnet sich auf die Eingangshalle, zwei Seitenkapellen und
den Chor. Durch ein mächtiges Gesims ist er in zwei Geschosse gegliedert, die wiederum in korinthischer Ordnung gehalten sind.
   Erst 1692 entstand *Mazarins Grabmal* nach einem Entwurf von 188
Jules Hardouin-Mansart, den Coysevox und z.T. auch Tuby ausführ-

225

187 Blick in die
Kuppel des
Institut de
France,
ehemals Kapelle
des Collège des
Quatre-Nations

ten. Architektur und Skulptur sind – auch im Wechsel der Farben – aufeinander bezogen. Der kniende, dem Altar zugewandte Mazarin erscheint in prächtig drapierter Gewandung. Ein Putto trägt ein Liktorenbündel – das Wappen des Kardinals. Am Sockel sitzen die Klugheit, der Friede und der Glaube, und diese letzte Figur mit dem Hund als Zeichen der Treue symbolisiert zugleich die französische Nation.

IX Der größte Kuppelbau des 17. Jh. in Paris ist der *Invalidendom,* der zusammen mit der an den Kuppelraum angrenzenden Soldatenkirche jedoch nur einen Teil eines riesigen Baukomplexes ausmacht, welcher
189 sich – so wie auf der Vogelschau des Stiches von Jean Marot zu sehen – bis heute erhalten hat. Für damalige Verhältnisse handelte es sich um eine neuartige soziale Einrichtung. Nachdem während des Dreißigjährigen Krieges die ersten neuzeitlichen stehenden Heere entstanden waren, galt es nicht nur, die Truppen in Kasernen – eine damals ebenfalls neue Bauaufgabe – unterzubringen, auch Veteranen und Invaliden mußten nun versorgt werden. Zwar hatte es auch früher schon Institutionen gegeben, wo dies z. T. geschah, die meisten Veteranen wurden jedoch von Klöstern aufgenommen, wenn sie nicht sonst irgendwo unterkamen oder zum Elend verurteilt waren. 1670 beschloß

der König, das *Hôtel Royal des Invalides* bauen zu lassen, das schon bald die ersten Pensionäre aufnahm. Bis zu 6000 ausgediente Soldaten, die mit Gottesdienst und Handarbeiten beschäftigt wurden, verbrachten hier ihren Lebensabend bei strengem, militärisch-klösterlichen Reglement. Zu seiner Entstehungszeit lag der Komplex außerhalb der Stadt in der Ebene von Grenelle.

Mit der Planung war der Architekt Libéral Bruant beauftragt, der aber, als es zum Bau der beiden Kirchen kam, von dem jungen Jules Hardouin-Mansart abgelöst wurde. Dessen Werk wurde von Lassu-

188   Grabmal des Kardinals Mazarin in der Kapelle des Collège des Quatre-Nations

rance und Robert de Cotte vollendet, der auch den Plan für die große Esplanade zur Seine hin lieferte. Wie bei Val-de-Grâce hat auch für diese Anlage der Escorial Pate gestanden.

Die Gebäude sind von Wällen, Gräben und Bastionen à-la-Vauban nach außen abgeschirmt und um mehrere Höfe gruppiert. Der mittlere ist zugleich der größte und erinnert mit seinen Arkadengängen an große doppelgeschossige Kreuzgänge. Entsprechend seiner militärischen Bestimmung ist er sehr zurückhaltend dekoriert. Ein Risalit auf dem Südflügel markiert die Achse der Anlage und den Zugang zur

190 *Soldatenkirche.* Die zur Seine gewandte Hauptfassade konnte in ihrer breiten, schloßartigen Erstreckung mit 47 (!) Achsen von Anfang an auf Fernwirkung rechnen. Sie ist nur spärlich durch Eckrisalite, bossierte Bänder, Gesimse und rhythmisch angeordnete Lukarnen in Form von Harnischen und militärischen Attributen gegliedert, so daß sich die Aufmerksamkeit auf den mittleren Eingangsbau konzentriert, der in der Frontansicht noch durch die Kuppel des Invalidendomes verstärkt wird. Er wirkt wie ein überdimensionaler Triumphbogen,

189   Hôtel Royal des Invalides, Vogelschau. Stich von Jean Marot

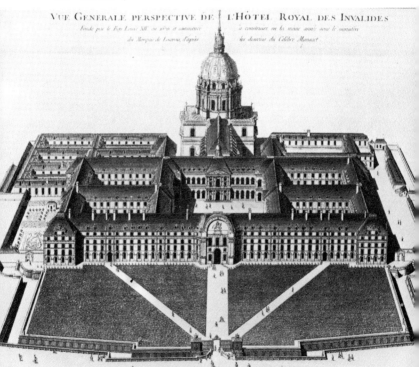

190   Hôtel Royal des Invalides, Hauptfassade zur Esplanade

in dessen Bogenfeld Ludwig XIV., von Allegorien der Klugheit und
Gerechtigkeit begleitet und von der Sonne überhöht, als antiker Impe-
rator erscheint.

Bei der Konzeption der Kirche gab es Schwierigkeiten, da der Kirchenraum für die Pensionäre strikt getrennt bleiben mußte von dem
Raum, der für den König und andere Außenstehende vorgesehen war,
und weil eigentlich eine Ausrichtung nach Norden, d. h. zur Seine hin
nahelag. Es bestand also dasselbe Gestaltungsproblem wie bei St.
Peter in Rom, wo Michelangelos Kuppelbau durch die Anfügung des
Langhauses und die Fassade – jedenfalls in der Nahsicht – ja auch um
ihre Wirkung gebracht worden ist. Hardouin-Mansart löste das Di-
lemma durch einen Geniestreich, indem er, Pläne seines Vorgängers
benutzend, die Soldatenkirche vom Ehrenhof aus zugänglich machte,
dessen Mittelachse sie verlängerte. Er gestaltete sie als relativ nüchtern
dekorierte dreischiffige Emporenbasilika, genauer gesagt als ein Langhaus; denn der Altar steht schon in der zweiten Kirche, dem *Invalidendom,* der sich nach Süden anschließt. Statt diesen Bau jedoch gemäß
dem Auftrag von Louvois »als Chor mit Seitenschiffen für die Soldatenkirche« auszuführen, entwirft der Neffe des großen Mansart unter
Zuhilfenahme von dessen Plänen für St-Denis einen eigenständigen
Zentralbau, dessen Fassade nach Süden gewandt wurde. Auf diese
Weise entstand einer der schönsten Kuppelbauten, der zugleich als
Point-de-Vue der auf ihn zuführenden Avenuen die spätere urbanistische Struktur dieses Stadtteils bestimmen sollte. Und diese architekto-
nisch-städtebauliche Dominanz entspricht offenbar den Absichten, die
der König mit diesem Bau verband: er sollte seine Grablege werden.

Der Grundriß ist ein Quadrat mit eingeschriebenem griechischen
Kreuz und Kapellen in den Ecken. Im Norden fügt sich der von zwei
Nebenräumen begleitete und auch von der Soldatenkirche einzu-
sehende Altarraum an, der erst im 19. Jh. durch eine Glaswand von

dieser abgetrennt wurde. Vorbild ist Michelangelos Peterskuppel in Rom, die fast gleichzeitig Pate stand für den ebenfalls höchst anspruchsvollen Neubau von St. Paul's in London durch Christopher Wren. Die Anordnung der Baumassen ist sehr ausgewogen. Der kubische Block des zweigeschossigen Sockels und der Kuppelaufsatz haben etwa gleiche Höhe. Der Sockel – unten dorisch, oben korinthisch – ist so gegliedert, daß sich zur Mitte hin eine ständige Steigerung ergibt: im Baukörper (die Wandflächen springen zunehmend vor, und der Mittelteil ist etwas höher) und im Dekor (die Säulen verdichten sich zur Mitte hin und sind oben spärlicher). Tambour und Kuppel haben die Breite des Mittelrisalits. Auch das beruht auf einem Kunstgriff, indem der Kuppelgrundriß nicht über einer »eingezogenen Vierung«, also über den vier »eigentlichen Vierungspfeilern« aufruht. Wie bei St. Paul's sind diese Pfeiler nämlich ausgespart, so daß die Durchmesser von Kuppel und Zentralraum identisch sind, wofür es allerdings einige Vorbilder gibt. Trotz der mächtigen Gesimse zwischen Tambour, Attika und Wölbung wird die Vertikalität und Schlankheit durch die Hervorhebung der Diagonalachsen und durch die Gurte betont. Der Scheitel der inneren Kuppel liegt sehr viel niedriger als der der

191 Das Grab Napoleons unter der Kuppel des Invalidendoms

192   Chorgestühl von Notre-Dame von Robert de Cotte

äußeren, so daß zwischen Wölbung und äußerer Haube ein großer
Hohlraum zustande kommt. Auch die zwölf Rundbogenfenster über
dem Tambour sind von innen nicht wahrnehmbar, da sie in barock-
illusionistischer Manier die Deckengemälde von Charles de La Fosse
indirekt beleuchten sollen, die leider sehr nachgedunkelt sind, so daß
der geplante Effekt kaum noch nachvollziehbar ist.

Die Bestimmung als Grablege eines französischen Staatsoberhauptes
erlangte der Invalidendom erst nach der Rückführung von Napoleons
Asche im Jahre 1840. Von 1843–1861 wurde eine Krypta nach Plänen
von Visconti gebaut, in deren Mitte sich der imperiale *Porphyrsarko-
phag des ersten Kaisers* erhebt. Sie ist von zwölf Pfeilerfiguren als 191
Viktorien umstanden, und in dem Umgang schildern Reliefs die vor-

193   Statue Ludwigs XIV. von Coysevox im Chor von Notre-Dame

wiegend innenpolitischen Errungenschaften des Ersten Kaiserreichs. Neben Grabdenkmälern verdienter Militärs des 17. Jh. wie dem für Vauban wurden in den Anräumen bis heute Gedenkstätten errichtet, so daß der Invalidendom zu einer Art Pilgerstätte für Veteranen geworden ist: für Militärs, Bonapartisten und Royalisten. Die französische Republik bzw. die Republiken haben nichts unternommen, um diesem autoritären Charakter des Baudenkmals entgegenzuwirken. Die Krypta beeinträchtigt zwar den von Hardouin-Mansart geplanten Raumeindruck, ist aber als Bestandteil des Ensembles nicht mehr wegzudenken.

Wie die Königin hatte auch Ludwig XIII. ein Gelübde abgelegt, falls ihm ein Nachfolger geschenkt werden sollte. Zur Verwirklichung dieses Gelöbnisses, den *Chor der Notre-Dame* mit einer *neuen Ausstattung* zu versehen, kam es jedoch erst 1698, also 60 Jahre nach dem freudigen Ereignis, und die Arbeiten zogen sich zum Teil bis über den Tod des Sonnenkönigs hin. Man entfernte Teile der mittelalterlichen Ausstattung wie Lettner, Grabplatten, Chorgestühl, Hochaltar und die Schranken des Polygons. Jules Hardouin-Mansart war mit der Neuaus-

194   Statue Ludwigs XIII. von Coustou im Chor von Notre-Dame

stattung betraut. Ihm folgte nach seinem Tode 1708 sein Schwager
Robert de Cotte. Der Entwurf eines Hochaltarbaldachins mit gewundenen Säulen in Anlehnung an Berninis Petersaltar in Rom wurde
aufgegeben zugunsten der von de Cotte entworfenen Inszenierung.
Nachdem der prachtvolle Marmorfußboden verlegt worden war, ergänzte man den Hochaltar um zwei seitlich kniende Engel. Hinter ihm
stellte man die von einer goldenen Glorie bekrönte Pietà von Nicolas
Coustou in einer Nische auf. In anbetend, darbietender Haltung wen-
den sich die beiden Königsstatuen dieser Szene zu. Die *Figur Ludwigs
XIII.* stammt von Guillaume Coustou, die des alternden *Ludwig XIV.*   193, 194
von Coysevox. Die Chorarkaden wurden neu verkleidet, und man
stellte sechs Bronzeengel von Vassé vor ihnen auf. In den letzten Regierungsjahren Ludwigs XIV. wurde das *Chorgestühl* nach Entwürfen   192
von Robert de Cotte geschnitzt. Es zeigt erste Anklänge an den Re-
gencestil und trägt auf dem Dorsale Szenen des Marienlebens. Darüber waren ursprünglich große Gemälde angebracht. Das prächtige
Ensemble wurde durch die neogotischen Eingriffe von Viollet-le-Duc
beeinträchtigt.

Ein gerade in seiner dekorativen Kargheit höchst ansprechendes öffentliches Bauwerk ist das zwischen 1667 und 1672 errichtete *Ob-* 195 *servatorium.* Zunächst hatte man an Montmartre als Standort gedacht, sich dann jedoch für das Südufer entschieden, weil dort die Luft reiner war. Es stand zunächst auf freiem Feld. Der Bauplatz wurde so gewählt, daß der Meridian von Paris (2°20′14″ östl. Greenwich) Symmetrieachse war. Erst zu Beginn des 19. Jh. wurde diese Achse durch den Durchbruch der Avenue de l'Observatoire auch urbanistisch genutzt. Sie hat die Hofseite des Palais du Luxembourg als südlichen Point-de-Vue.

Architekt war der Arzt Claude Perrault, der Autor der Louvre-Kolonnade. Er hat seinen Entwurf in der von ihm übersetzten, illustrierten und kommentierten Vitruv-Ausgabe vorgestellt. Nach Süden ist der Bau zwei-, nach Norden wegen des abfallenden Terrains dreigeschossig. Im Grundriß handelt es sich um einen annähernd quadratischen Gebäudeblock, dem an der Nordseite ein Risalit und an der Südseite zwei achteckige Eckpavillons angegliedert sind. Es versteht sich, daß die Seiten dieser achteckigen, jeweils axial durchfensterten Eckrisalite bestimmten Stellungen der Sonne, also ihrem Auf- und Untergang bei Äquinoktien oder den Tagen der Sonnenwende entsprechen. Durch das flache, von einer Brüstung verdeckte Terrassen-

195 Observatorium, Gartenfassade

196   Porte St-Denis, Südseite

dach – die späteren Beobachtungskuppeln muß man sich wegdenken –
wirkt der Baukörper kubisch-monumental. Nur die Lisenen zu seiten
der südlichen Mittelachse haben einen figürlichen Dekor. Im Erdgeschoß war eine zweigeteilte Sonnenuhr vorgesehen, im Bel Etage tragen sie Gehänge aus astronomischen Instrumenten. Diese dekorative
Zurückhaltung sollte den Bau als ein Monument der exakten Wissenschaft charakterisieren. Auch im Bautechnischen – also in den Steinzu-
schnitten – ist er von höchster Perfektion, zumal hier Eisen und Holz
als Baustoffe verboten waren. Formale Ebenmäßigkeit und technische
Reife entsprechen also dem Bild, welches man sich damals vom wohl-
geordneten Mechanismus des Universums machte.

Invalidendom, Institut, Louvre-Fassade und auch das Observatorium sollten in der Zukunft ganz bestimmte urbanistische Entwicklungen begünstigen. Bei anderen Planungen des »Grand Siècle« handelte
es sich jedoch von vorneherein um Maßnahmen, die dezidiert aus

235

197
Die Häuser-
zeile mit den
Beinhäusern
des Cimetière
des Innocents,
Rue de la
Ferronnerie 1

städtebaulichen Erwägungen heraus getroffen worden sind. Abschlie-
ßend soll deshalb von ihnen die Rede sein.

Die Verteidigungslinie und Umfassungsmauer, welche unter Karl
V., also noch im Mittelalter um den Stadtkern gezogen worden war,
mußte angesichts der neuen Militärtechnik und des Befestigungssy-
stems, das Vauban für das ganze Land entwickelt hatte, obsolet erscheinen. Ihre Niederlegung bzw. Umfunktionierung zu einer reinen
Zollgrenze war die Geburtsstunde der *Grands Boulevards*. Anstelle
der alten Stadttore errichtete man nun Triumphtore, von denen sich
196 nur zwei, die *Porte St-Martin* und die hier abgebildete *Porte St-Denis*
erhalten haben. Sie liegt an der Grenze zwischen dem eigentlichen
Stadtbezirk und Faubourg (Vorstadt) und feiert die Siege des Königs
von 1672 und 1673 in den Niederlanden, der durch dieses Tor auch
triumphierend und von Norden über die alte Straße in seine Hauptstadt eingezogen ist. Früher war die »Ankunft des Königs« oft durch
provisorische Triumphbögen aus »Pappmaché« gefeiert worden, hier
handelt es sich um dauerhafte Steinarchitektur, die den Regenten –
auch dies ungewöhnlich – als »den Großen« feiert. Auftraggeber (die

Stadt Paris) und Entwerfer (François Blondel) werden das damals noch ernst gemeint haben. Die Porte St-Denis ist der erste erhaltene dauerhafte Triumphbogen der neueren Kunstgeschichte. Vorbild war der Titusbogen in Rom. Die benachbarte, sehr viel nüchterner gestaltete Porte St-Martin wurde zwei Jahre später von Pierre Bullet entworfen und im Auftrag der Echevins (Stadtschöffen) gebaut.

198   Ursprünglicher Fassadenaufriß der Häuser in der Rue de la Ferronnerie, nach einer Zeichnung von 1669

Sieht man einmal von den Platzanlagen ab, dann haben sich aus der Zeit Ludwigs XIV. nur ganz wenige einheitlich gestaltete Straßenzüge erhalten. Die Häuserzeile in der *Rue de la Ferronnerie* ist in mehrfacher Hinsicht interessant. In dieser ehemals viel engeren Straße war Heinrich IV. von Ravaillac ermordet worden, und man hatte schon vor diesem Ereignis eine Verbreiterung geplant, die dann ab 1669 realisiert wurde. Das Gelände gehörte den Chorherren von St-Germain-l'Auxerrois, grenzte an den Friedhof der »unschuldigen Kinder« und zwar ziemlich wildwüchsig bebaut. Man riß alles ab, um eine zwölf Häuser lange, einheitlich gestaltete Zeile zu errichten, deren ursprüngliches Aussehen aus einem Stich ersichtlich ist und leicht wiederhergestellt werden könnte. Der Trakt, dessen Mitte und Enden durch Giebel und eigene Dachhauben betont waren, sollte verschiedenen Zwecken dienen. Die Nordseite des Erdgeschosses war Beinhaus für den völlig überfrachteten Friedhof an der Stelle des heutigen Square des Innocents. Auf der Südseite enthielt es Läden und Lokale – und später auch Durchfahrten zu den zentralen Markthallen. Die Obergeschosse wurden als Wohnungen vermietet. Man sieht, wie eine kirchliche Institution hier als Bauträger und Investor auftritt bei einem Objekt, das sicher recht rentabel war. Diese Praxis der Kapitalanlage und -verzinsung reicht übrigens – die Kathedralarchive belegen es – bis weit ins Mittelalter zurück, und die kirchlichen Gremien waren nicht zimperlich, wenn es darum ging, Einkünfte aus Pfründen zu vermehren, auch

197, 198

wenn die Mittel anrüchig sein mochten. Hier mutete man den Mietern lediglich zu, über den Gebeinen ihrer Mitbürger zu wohnen. Aber so unerforscht die kleinbürgerlich-mittelständischen Wohnbedingungen des 17. Jh. sind, so wenig wissen wir auch über die »Peinlichkeitsschwellen« (Elias) der Mieter dieser Wohnungen und Läden. Denn anders als bei den Adelspalais haben sich hier keine Interieurs erhalten, und im Gegensatz zu den reichlich publizierten Aussagen der Oberschicht über ihren »Alltag« fließen die Quellen, die eine Geschichtsschreibung »von unten« erleichtern würden, wie üblich nur ganz spärlich. Die »nouvelle histoire« hat hier noch ein weites Betätigungsfeld, für dessen Erforschung die Methoden noch zu entwickeln sind.

So wie zu Anfang des Jahrhunderts die Place des Vosges und die Place Dauphine entstanden zu dessen Ende zwei weitere Königsplätze, die diesem Typus städtebaulicher Raumgestaltung international zum Durchbruch verhelfen sollten: die *Place des Victoires* und die *Place Vendôme (ehemals Louis-le-Grand)*. Sie haben beide eine verwickelte Bau- und Planungsgeschichte und sind in ihrem heutigen Zustand nicht mehr in ihrer ursprünglichen Konzeption wahrnehmbar. Während die Place des Victoires durch spätere Umbauten verunstaltet ist, die rückgängig zu machen wären, ist die Place Vendôme erst nach verschiedenen Planwechseln so zustande gekommen, wie sie sich uns heute darbietet. Beide Plätze leiden zusätzlich darunter, daß ihre sinngebenden Zentren jeweils entstellend verändert sind.

Der Maréchal de la Feuillade hatte nach dem für Frankreich vorteilhaften Frieden von Nymwegen bei dem Hofbildhauer Desjardins ein *Standbild Ludwigs XIV.* bestellt (1679–1683) und ihm 1684 den Auftrag gegeben, eine Bronzestatue anzufertigen, die mit Sockel eine Höhe von etwa zwölf Metern erreichen sollte. Sie stellte den König in Krönungsornat dar, der von der Allegorie der Unsterblichkeit gekrönt wurde und irgendwelche »Untermenschen« (am Sockel befinden sich Sklavenfiguren) mit Füßen trat. Man versteht, wieso dieses Standbild in der Revolution eingeschmolzen und 1822 durch ein weniger provozierendes Reiterbild von Bosio ersetzt worden ist. Für den Platz ist jedoch wichtig zu wissen, daß die Idee des Stand- oder Kultbildes ausschlaggebend war, denn die erforderlichen Grundstückskäufe erfolgten erst ab 1685. Mit der diffizilen Planung war Jules Hardouin-Mansart beauftragt, der wegen der unregelmäßigen auf den Platz mündenden Straßenverläufe diesem die Grundrißform eines Omega gab. Den Platzfassaden gab er eine kolossale jonische Ordnung über einem gebänderten Arkadengeschoß und krönte das Rund durch Mansart-Dächer. Die Fassadenhöhe war so berechnet, daß das Hauptgesims die Statue, auch wenn man sie von der Peripherie des Platzes betrachtete, nicht überragte. Durch neue Straßendurchbrüche, ein neues – in seiner Hauptansicht verdrehtes – Denkmal und durch die unproportionale

199 Place des Victoires, Reste der alten Bebauung

Aufstockung der Gebäude und der angrenzenden Bauten ist der Platz
nicht mehr als Kultstätte des Absolutismus erfahrbar. Man muß nämlich auch wissen, daß die Statue des Königs ehemals von Pylonen
umstanden, ständig bewacht und von vier »ewigen Leuchten« erhellt

200 Place des Victoires, alter Zustand mit dem Standbild Ludwigs XIV. Stich
von Claude Aveline

239

201 Place Louis-le-Grand, heute Place Vendôme

202 Place Louis-le-Grand, später Place Vendôme, alter Zustand mit dem
Reiterstandbild Ludwigs XIV. Stich von J. Rigaud

worden ist. Man mag solche Devotion seitens eines Höflings mit ihren
Anleihen beim katholischen Kultus absurd finden, sie spiegelt jedoch
sehr deutlich die Abhängigkeit wider, in welche der hohe Adel gegenüber dem absolutistischen Herrscher geraten war. Insofern ist die
Place des Victoires vielleicht das eindrucksvollste Denkmal lobhudeln-
der Submission.

Hardouin-Mansart war auch an der *Place Vendôme* beteiligt, und
zwar nicht nur als deren Architekt (die Planung der schließlich gebauten Wohnungen und sonstigen Innenräumlichkeiten wurde von deren
Eignern dann anderen Architekten übertragen), sondern auch als Spekulant. Er hatte sich nämlich mit anderen Geldgebern zusammenge-
tan, um hier an der Stelle des alten Hôtel Vendôme ein neues städte-
bauliches Zentrum zu errichten, dessen Attraktivität durch die Unterbringung hoher Institutionen wie der königlichen Bibliothek, der
Münze, der Staatskanzlei, wissenschaftlicher Akademien und Bot-

schaften gesteigert werden sollte. Der eigentliche Initiator war jedoch der Superintendent des Bauwesens Louvois, der es als Nachfolger des allmächtigen Colbert dem Marschall de la Feuillade gleichtun wollte, um in der Huld des Königs nicht hintanzustehen.

Zunächst wurden die Baumaßnahmen z.T. aus der königlichen Privatschatulle finanziert, weil sie Gewinn versprachen. Hardouin-Mansart ließ die Fassaden eines riesigen, 152 × 177 m messenden rechteckigen Platzes errichten, dessen südliche Seite unbebaut war und sich auf die Rue St-Honoré als Hauptverkehrsader dieses vornehmen Stadtteils öffnete, während an der Nordseite eine Straßenschlucht die Fassade der ehemaligen Kapuzinerkirche als Point-de-Vue hatte. Dieser erste Planungszustand wurde von den Königsplätzen in Bordeaux und Lissabon kopiert, blieb aber hier ein potempkinsches Dorf. Denn über Jahre hinaus standen die Fassaden, die jene der Place des Victoires vor allem dadurch zu übertreffen suchten, daß sie statt einer jonischen eine korinthische Kolossalordnung erhielten, als Attrappen herum. Man hatte 1686 Interessenten mit großer Publizität und Steuervorteilen gelockt und die Fassaden zunächst auch aus deren Einlagen bezahlt, aber es fanden sich nicht genug, um die weiteren Baumaßnahmen zu finanzieren. Die nun folgende Kriegswirtschaft verhinderte vorerst weitere Aktivitäten, und erst 1699 wurde das für die Platzmitte bestimmte bronzene *Reiterstandbild des Königs* von Girardon aufgestellt, das jedoch von vorneherein zur Konzeption des Platzes gehört hatte.

1699 trat auch beim König ein Sinneswandel ein, den Hardouin-Mansart, der in diesem Jahre Superintendent der königlichen Bauten geworden war, mitbestimmt haben dürfte und der zur heutigen Platzgestalt führte. Der König »schenkte« nämlich nun das mißglückte Spekulationsobjekt der Stadt mit der Auflage, daß diese als Gegenleistung ein »Hôtel des Mousquétaires« – also eine Art Kaserne – zu errichten hatte, deren Bau- und Folgekosten somit vom Staats- auf den Stadthaushalt umgebucht wurden. Die Stadt kompensierte diese finanziell sicher nicht unerhebliche Verpflichtung, von der wir nicht wissen, ob sie letzten Endes vorteilhaft oder nachteilig war, durch eine Neuplanung der ehemals so genannten »Place Louis-le-Grand«. Man riß die bestehenden Platzfassaden ab, verkleinerte den Platz auf 140 × 124 m, umbaute ihn, um mehr Interessenten zu finden, jetzt auf allen Seiten, gab ihm durch die schräg gestellten Risalite mit Giebeln in den vier Ecken einen achteckigen Grundriß und öffnete auf der Südseite lediglich eine Straße, die ihrerseits durch eine Kirchenfassade (die unter Napoleon abgerissenen »Feuillantines«) einen Point-de-Vue erhielt. Das neue Konzept war insofern erfolgreich, als sich nun die »Hochfinanz« und auch der berühmte Jean Law hier ansiedelten. Damit wurde der Platz also Zeugnis für einen anderen Aspekt des »Königsmechanismus«, für die Allianz von absoluter Monarchie und Finanzkapital.

242

Denn im Verständnis des alten Adels wohnten hier vor allem »Neureiche«.

Auch bei der Place Vendôme muß man wissen, wie sich deren Erscheinungsbild verändert hat, um die ursprüngliche Bedeutung wieder zu erfahren. Unter Napoleon wurden die Kirchenfassaden am Ende der nördlich und südlich einmündenden Straßen abgerissen, und der Platz wurde stärker in den städtischen Verkehr einbezogen, so daß er nicht mehr als ein auf den König zentriertes innenräumliches Gefüge wahrnehmbar ist. Am stärksten wird dieser Eindruck durch die *Vendômesäule* konterkarriert, die hier jegliche Maßstäblichkeit sprengt und die man sich wie der Maler Courbet, der 1871 angeblich ihren Sturz herbeigeführt haben soll, auch heute noch lieber woanders dächte – z. B. auf der Esplanade der »Invalides«. 201

Das 18. Jh. weist in Frankreich große Widersprüche auf, die sich auch in Fragen des Geschmacks artikulieren. Zum einen ist es das Jahrhundert, in dem die aristokratische Kultur ihre höchste Verfeinerung erfährt, zum anderen das Jahrhundert der Aufklärung, an dessen Ende eine neue Klasse mit der bürgerlichen Revolution die gesellschaftliche Hegemonie erreicht, die es trotz Phasen der Restauration im Grunde nicht mehr abgeben sollte. Wenn wir die Baudenkmäler dieser Epoche richtig verstehen wollen, müssen wir immer fragen, von wem und für wen und in welchem Interesse sie entstanden sind. Zwar gibt es immer einen gewissen Pluralismus innerhalb kultureller Erscheinungsformen, oft wirken Epochen jedoch relativ einheitlich, weil es den herrschenden und kulturtragenden Schichten gelungen ist, ihre Werte und damit auch ihr Schönheitsideal und Geschmacksempfinden nach unten hin durchzusetzen. Dies ist in Epochen relativer gesellschaftlicher Stabilität der Fall. Die Legitimität der offiziellen Kultur gerät aber in dem Maße ins Wanken, wie sich die Ansprüche aufsteigender Klassen und Schichten geltend machen. Wenn sich am Ende des Jahrhunderts mit der Revolution auch der Klassizismus gegen das späte Rokoko durchsetzt, dann bedeutet dies im Grunde, daß sich eine bürgerliche Ausdrucksform, die sich als klar, offen und moralisch versteht, gegen eine angeblich verspielte, eitle, illusionistische und elitäre der Aristokratie durchgesetzt hat. Das heißt jedoch nicht, daß es keine Wechselbeziehungen zwischen den beiden »Stilen« gäbe.

Beim Tode Ludwigs XIV. im Jahre 1715 übernahm der Herzog Philipp von Orléans die Regentschaft für dessen damals erst fünfjährigen Thronfolger und Urenkel Ludwig XV., der 1723 den Thron bestieg und bis 1774 regierte. Zunächst durch den Kardinal Fleury beraten, konnte er die 1766 eingelöste Anwartschaft auf Lothringen gewinnen. Als er zunehmend unter den Einfluß seiner berühmten Maitressen – der Pompadour und der Dubarry – geriet, häuften sich die politischen Mißerfolge. Im Österreichischen Erbfolgekrieg und im Siebenjährigen Krieg ging Frankreich leer aus und verlor im See- und Kolonialkrieg gegen England seine Kolonien in Nordamerika und Ostindien. Nur Korsika kam neu hinzu. Mißwirtschaft, Luxus und Verschwendung des Hofes sowie die weiter bestehenden Privilegien des Adels und Klerus verstärkten die innenpolitische Opposition, deren Wortführer die Aufklärer – allen voran Voltaire und Montesquieu – waren. Der genußsüchtige König wurde immer unpopulärer.

Vom Regierungsantritt seines Enkels und Nachfolgers Ludwig XVI. (1774–1793), der persönlich recht bescheiden und reformwillig war, erwartete man sich zunächst Besserung. In der Tat machte er der am Hofe herrschenden Sittenlosigkeit ein Ende und berief mit Turgot,

203 Die Galerie dorée des Hôtel de Toulouse, Rue La Vrillière Nr. 1–3
(heute Banque de France)

Necker und Calonne fähige Finanzminister. Als es jedoch auch diesen
nicht gelang, die Wirtschaft zu sanieren, wurden 1789 die Generalstände, die seit 1614 nicht mehr getagt hatten, zusammengerufen. Damit war die Revolution eingeleitet, die 1793 zur Enthauptung des
Königs führen sollte.

Der junge Ludwig XV. hatte zwar zunächst in Vincennes und in den
Tuilerien gewohnt, verlegte 1722 die Residenz jedoch wieder nach
Versailles. Trotzdem war es mit dem großen Hofleben, das ja schon in
den vorangegangenen Jahrzehnten abgebröckelt war, ein für allemal
vorbei, und auch König und Königin zogen sich noch stärker als ihre
Vorgänger in private Bereiche wie den kleinen Trianon zurück, wo nur
noch für wenige Favoriten Platz war. Um so stärker entfaltete sich das
Leben der Oberschicht in der Hauptstadt, und es wurden zahllose
Palais, Hôtels und kleine Lusthäuser gebaut. Weiterhin erhielt die
Stadt zahlreiche öffentliche Gebäude und neue Kirchen, von denen

einige städtebauliche Orientierungspunkte wurden bzw. gleich in Zusammenhang mit urbanistischen Maßnahmen entstanden.

Aber bleiben wir zunächst im Bereich privaten Wohnens und privater Repräsentation. Ein Beispiel für den neuen Dekorationsstil der
203 Régence-Zeit liefert die *Goldene Galerie des Hôtel de Toulouse,* heute Banque de France. Das Hôtel und der Galerietrakt, den François Mansart 1635–1638 entworfen hatte für die Gemäldesammlung des Staatssekretärs Ludwigs XIII., Louis Phélypeaux de La Vrillière, wurden mehrfach verändert. Die Galerie behielt während des Umbaus durch Robert de Cotte nur ihr altes Deckengemälde von François Perrier im »Style Mazarin« nach dem Vorbild der römischen Galleria Farnese, das jedoch später noch einmal von Vien übermalt worden ist. 1719 entwarf Vassé die neuen Wandvertäfelungen in anmutigem Régence-Stil aus vergoldetem Holz und Stuck. Sie rahmen die Fenster, die gegenüberliegenden Spiegelfelder und die großformatigen Bilder. Die Leichtigkeit und Zierlichkeit der Schnitzereien und Stukkaturen sind ein frühes Beispiel für das Rokoko, das seinen Namen von der Rocaille erhielt, der leicht asymmetrischen Muschelform, die das bevorzugte Motiv dieser Dekorationskünstler wurde. Nach wechselvollen Geschicken wurde das Hôtel Sitz der Nationaldruckerei und dann der Nationalbank. Nur die Goldene Galerie gibt nach einer gründli-

204   Das Zimmer des Prince de Soubise im Hôtel Soubise, Rue des Francs-Bourgeois Nr. 60

205 Detail der Stukkaturen im Paradezimmer der Princesse de Soubise

chen Restaurierung zu Beginn der Dritten Republik den Zustand um 1720 einigermaßen zutreffend wieder. Auch wenn Raumform und Bautypus älter sind, so vermittelt die Wandverkleidung doch einen guten Eindruck des verfeinerten Pariser Dekorationsstils, der sich weit über Frankreichs Grenzen hinaus verbreiten und vor allem in Süddeutschland Blüten treiben sollte.

Auch das *Hôtel Rohan-Soubise* wurde im 18. Jh. umgestaltet. In den Jahren 1735–1739 baute Germain Boffrand an die bestehenden Wohnräume einen Pavillon an, der je Geschoß einen ovalen Salon enthielt. Für diese Gemächer entwarf er die Boiserien und Stukkaturen nach einem für jeden Raum genau festgelegten ikonografischen Programm, wobei jedes Zimmer eine wohl abgewogene Farbgestaltung erhielt. Nach der vergleichsweise bunten und überladenen Ausstattung der Louis-XIV-Interieurs herrschen nun zierliche Formen und zurückhaltendere Farben vor: Rot und Grün sind gedämpft, es gibt große weiße, mattblaue oder elfenbeinfarbene Flächen, die Vergoldung ist je nachdem glänzend oder mattiert. Während die Schnitzereien u. a. von

206   Detail der Vertäfelungen im Paradezimmer der Princesse de Soubise

207   Hôtel de Soubise, ovaler Salon im Obergeschoß ▷

Jean-Baptiste II Lemoyne und der Bildhauerfamilie Adam ausgeführt worden sind, stammen die Bilder und Supraportengemälde von einigen der bedeutendsten Louis-XV-Maler überhaupt: Boucher, van Loo, Trémolières, Restout und Natoire. Sie und auch die skulpierten Kartuschen kommen als Einzelstücke in diesem Dekorationssystem, das auch große freie Flächen in abgedämpften Farben hat, um so besser zur Geltung. Das *Zimmer des Fürsten* im Erdgeschoß ist in sehr galanter Weise den männlichen Tugenden und berühmten Liebespaaren der antiken Mythologie gewidmet, während der angrenzende ovale Salon mit Reliefs geschmückt ist, die die Wissenschaften und Künste symbolisieren. Im ersten Geschoß befindet sich das *Zimmer der Prinzessin* mit dem Paradebett, das wie im zentralen Schlafraum von Versailles durch eine Brüstung abgesondert ist. Auch hier schildern die vergoldeten Medaillons Liebesabenteuer antiker Götter, und göttliche Liebespaare erscheinen als graziöse Figuren über der Gesimskehle. Es sind

204

XV

205, 206

Meisterwerke von Nicolas-Sébastien Adam. Eine der Supraporten stammt von Boucher und zeigt die Erziehung Amors durch die drei Grazien. Der angrenzende und die Enfilade der Räume abschließende *ovale Salon* ist zugleich deren Höhepunkt. Er ist ähnlich wie der im 207 Erdgeschoß gegliedert, indem Türen, bis zum Boden reichende Fenster und Spiegelfelder mit recht schmalen und niedrigeren Wandfeldern wechseln, über denen ein ungewöhnlich reicher Dekor ansetzt: er rahmt acht Bildfelder, in welchen Charles Natoire die Geschichte von Amor und Psyche als die Fabel von belohnter Liebestreue dargestellt hat. Noch Ludwig II. von Bayern war von der Anmut dieses Raumes so angetan, daß er ihn für Herrenchiemsee kopieren ließ.

Gegen 1740, also fast um dieselbe Zeit, wurde auch das angrenzende *Hôtel de Rohan-Strasbourg* verschönert. Nach dem Ausbau des Hôtels hatte Delamair ihm einen sehr weitläufigen Hof mit Pferdeställen hinzugefügt. Über dem Eingangstor erscheint ein exquisites Flach-

208   Relief der Sonnenpferde von Robert Le Lorrain über dem Tor zu den Pferdeställen des Kardinal de Rohan, Rue Vieille du Temple

208   relief, das die Tränke von *Apollos Sonnenpferden* darstellt und motivisch an eine Gruppe von Girardon im Park von Versailles anknüpft. Es ist ein Meisterwerk des Bildhauers Le Lorrain, indem hier Oberflächenqualitäten, wie sie von Modelleuren und Stukkateuren in leicht formbarem Material erarbeitet worden waren, umgesetzt sind in spröde Kalksteinquader. Mit Werken wie diesen erreicht die Skulptur einen Grad der Verfeinerung in der Modellierung, der kaum noch zu übertreffen ist.

XVI   Das *Cabinet des Singes* ist nach den Affen benannt, die neben Hunden und mancherlei Vögeln in den grotesken Rahmungen der Boiserien herumturnen, die Christophe Huet zehn Jahre später mit Chinoiserien bemalt hat. In der Regel war dieser Maler innerhalb einer manufakturellen Produktion mit der Bemalung von Sänften und Kutschen beschäftigt und produzierte also – ähnlich wie etwa ein heutiger Glasmaler – immer denselben locker-heiteren Dekor, der wie im Falle der Chinoiserien aus Darstellungen chinesischen Porzellans, das ebenfalls manufakturell und meist direkt für den europäischen Markt hergestellt war, seine Anregungen erhielt. Visuelle Kommunikation arbeitet hier also nicht mehr mit ikonografisch relativ eindeutigen Inhalten, sondern die Freude am Spielerisch-Exotischen und am Inhaltlich-Diffusen ist ihr Gegenstand – eine Mode, die ganz Europa ergreifen

250

sollte. Bezeichnend ist es auch, daß die Räume in der Blütezeit des sog. »Louis XV« wieder bunter werden. Man kann sich fragen, ob das ein echter Stilwandel ist oder eben nur eine Mode, die sich in ihrer inhaltlichen Belanglosigkeit denn auch bald überlebte. Aber dies, Stil und Moden begrifflich zu definieren und historisch zu unterscheiden, hat die Kunstgeschichte noch nicht geleistet. Jedenfalls ist es nicht uninteressant, daß das Cabinet des Singes von einem Manufakturmaler mit inhaltlich beliebigen Szenen ausgestattet ist, und es mag darin ein Vorläufer der späteren Tapetenzimmer sein, die als manufakturell oder industriell dekorierte Räume ihr Unwesen treiben sollten und auf eine Entzweiung zwischen Wohnraum und Bewohner verweisen. Die Sinnentleerung geht hier einher mit Gefälligkeit, und das ist ein kultureller Zustand, der sich heute bis in die Wohnungen der Unterschicht hinein konstatieren läßt.

Wenn im Vorgehenden neue Raumausstattungen schon bestehender Hôtels vorgeführt worden sind, bedeutet das nicht, daß keine neuen Stadtresidenzen errichtet worden wären. Im Gegenteil, ihrer sind so viele, daß eine knappe und angemessene Auswahl schwer fällt. Nachdem durch den Invalidendom im Westen der Südstadt ein neuer Orientierungspunkt entstanden war, entwickelte sich, wie wir schon hörten, von dem alten Viertel um St-Germain ausgehend eine rege Bautätigkeit. Es dauerte aber noch einige Zeit, ehe dieses Gebiet – der Faubourg St-Germain – so geschlossen bebaut war, daß er das Marais als Viertel des Adels endgültig ablöste und verkümmern ließ, und ehe es zu dem aristokratischen »Quartier chic« wurde, wie wir es aus Balzacs Romanen kennen.

Die Rue de Varenne war eine der Verbindungsstraßen, die das »Westend« erschloß, und in ihrer Nähe entstanden mehrere bedeutende Hôtels wie das *Hôtel Matignon,* seit 1935 Sitz des französischen Premierministers. Der Graf von Matignon erwarb das Hôtel 1722 mit dem vermutlich größten Park, den ein privates Grundstück damals aufweisen konnte, als der Architekt Jean Courtonne den Bau schon weit vorangetrieben hatte, und benannte Antoine Mazin als dessen Nachfolger. Dieser befaßte sich vor allem mit der Innenausstattung der Räume, die jedoch erheblich verändert worden sind. Der Grundriß ist 209 sehr geschickt angelegt. Durch ein konkav eingebuchtetes Tor, das ehemals durch Trophäen bekrönt war, kommt man in den Ehrenhof, dem ein kleinerer Hof mit Remisen und Pferdeställen nebengelagert ist. Repräsentative Auffahrt und Wirtschaftsgebäude waren nun also voneinander getrennt – ein Verdrängungsprozeß, der auch im bürgerlichen Wohnen nachwirken sollte. Für das Corps-de-logis bedeutete dies, daß die Hoffassade schmaler als die Gartenfassade wurde, was Courtonne durch eine geschickte axiale Verschiebung der Mittelrisalite verschleierte, die jeweils mit drei Sechseckseiten aus der Flucht auskragen. Der hofseitige Risalit hat im Erdgeschoß eine Bänderung 210 und ist im Obergeschoß durch Gehänge mit Trophäen ausgezeichnet. Bei der schönen, durch große französische Fenster in 13 Achsen und zwei Geschosse aufgelösten und sich auf eine Terrasse breitenden Gartenfassade sind Mittel- und Seitenrisalite durch Rustizierung der Kanten hervorgehoben. Das flach geneigte Dach wird von einer Balustrade verdeckt. In dem Park baute 1743 der Architekt Fauvel de Villers noch den *Pavillon de l'Ermitage.* Von der alten Innenarchitektur des leider nicht zu besichtigenden Hôtels haben sich Vestibül und Treppenhaus erhalten sowie einige Salons. Die restlichen Räume wurden – bis ins 19. Jh. hinein – z. T. mehrfach neu dekoriert.

Ähnlich anspruchsvoll war das am Ende der gleichen Rue de Varenne (den Invaliden direkt gegenüber) liegende und ebenfalls mit einem großen Gartengrundstück versehene *Hôtel Biron,* welches zeitweise von Rodin bewohnt wurde und seit dessen Tode als »Musée

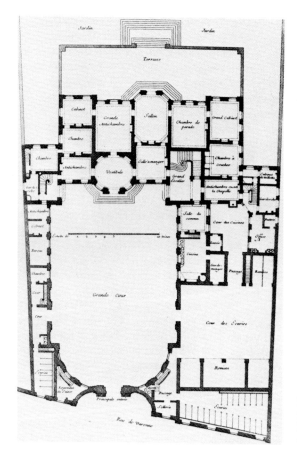

209 Grundriß
des Hôtel
Matignon. Stich
von Mariette

XIII

Rodin« einen Teil von dessen Œuvre und seine Kunstsammlung beherbergt. Bauherr war der Perückenmacher Abraham Peyrenc, der jedoch aus adeliger Familie stammte und sich wegen seines Reichtums weitere Titel erwerben konnte. Zwischen 1728 und 1730 wurde dieses Hôtel, das man lange Jacques V Gabriel zugeschrieben hat, wohl nach Plänen von Jean Aubert errichtet. Das Neuartige besteht darin, daß sich das Corps-de-logis nun als allseitig freier Baukörper dartut. Die Wirtschaftsgebäude mit Ställen, Remisen und Küchen, die durch einen unterirdischen Gang mit dem herrschaftlichen Bau verbunden waren (man vergleiche das »Tischlein-deck-dich« im Petit Trianon von Versailles!), befanden sich an der Straßenseite. Deutlicher noch als beim Hôtel Matignon wird hier der Bereich, welcher die Kultur der Oberschicht erst ermöglicht, abgesondert, verdrängt und geradezu tabuisiert. Das »Gesinde«, der Anblick von Küchen, Ställen und Werkstätten und auch deren Geruch und akustische Präsenz werden nicht mehr wahrgenommen. Die Oberschicht schottet sich ab – und das ist nicht neu und wird sich wiederholen.

Das herrschaftliche Gebäude wird dadurch – auch künstlerisch – um so »freier«, indem es seine Fassaden allseits ungestört entfaltet und auf einer Terrasse steht. Straßen- und Hofseite haben jeweils einen Mittel- und zwei Eckrisalite. Während die Straßenseite mit ihren elf Achsen 212 jedoch einfacher gestaltet ist, weil sie sich ja noch eher dem »Alltägli-

211, 212   Hôtel de Peyrenc de Moras, später Biron, Rue de Varenne Nr. 77
211 Gartenfassade   212 Hoffassade

chen« zuwandte, ist die Gartenseite mit ihren polygonalen Eckrisa- 211
liten, deren große Rundbogenfenster die Zahl der Achsen um zwei
vermindern und die den schloßartigen Eindruck verstärken, aufwendiger gestaltet. Das sind Tendenzen der »Verinnerlichung«, die sich in
der Disposition bürgerlicher Wohnanlagen bis hin zu unseren Eigen-
heimen fortsetzen sollten.

Die Innenausstattung wurde im Laufe des 19. Jh. veräußert und
konnte bisher nur teilweise zurückerworben werden. Sie wirkt so mu-
seal, wie der gesamte Innenbau es gemäß seiner Bestimmung ohnehin

213   Hôtel de Villeroy, Rue de Varenne Nr. 78, Gartenfassade

tut. Nur das weite Treppenhaus vermittelt noch einen Eindruck der
alten Pracht, wie sie von den vielen aufeinanderfolgenden Besitzern
höchsten Standes hier entfaltet worden ist.

Das ebenfalls an der Rue de Varenne gelegene *Hôtel de Villeroy*
wurde 1720–1724 im Auftrag eines Bankiers für Mademoiselle Desmares, eine Schauspielerin der Comédie française, gebaut nach Plänen
von François Debias-Aubry. 1735 gelangte es in den Besitz des Duc de
Villeroy, der es von Jean-Baptiste Leroux erweitern und vollenden
ließ. Besonders reizvoll ist die Gartenfassade dieses kleinen Hôtels, 213
das heute ganz von den Gebäuden des Landwirtschaftsministeriums
umgeben ist.

Der ab 1718 von Claude Mollet für den Comte d'Evreux gebaute
Elyséepalast lag damals noch in freiem Gelände und inmitten eines
großen Gartens. Das Elysée ist seit 1871 Wohnsitz der französischen

Staatspräsidenten, und da es auch vorher von bedeutenden Persönlichkeiten wie der Pompadour, der Herzogin von Bourbon, von Murat, der Kaiserin Joséphine, Zar Alexander und Napoleon III. bewohnt worden ist, hat es viele Änderungen erfahren. Der *Salon des Ambassadeurs* – Ludwig XV. hatte das Palais nach dem Tode der Madame Pompadour zum Wohnsitz ausländischer Gesandter bestimmt – ist noch in seiner ersten Dekoration erhalten. Die Boiserien mit den Waffengehängen sind von Jules-Michel Hardouin entworfen und von Lange ausgeführt worden. Der nur in Weiß und Gold gehaltene Raum erhält seine Farbakzente durch Teppich und Mobiliar. Der *Salon de l'hémicycle* hat seinen Namen von dem halbkreisförmigen Alkoven, in dem ehemals das Paradebett der Pompadour und später Napoleons stand und der durch den Einbau eines Fahrstuhls heute verschwunden ist. Während das gekehlte Deckengesims noch aus der Erbauungszeit

214 Palais de l'Elysée, Rue du Faubourg St-Honoré Nr. 55, Salon des Ambassadeurs

215 Palais de l'Elysée, Salon de l'hémicycle

stammt, sind die Boiserien mit ihrem ganz zierlichen Dekor offensichtlich erst von der Pompadour in Auftrag gegeben worden, die das Palais
1753 erworben hatte. Die etwas faden Supraportenbilder sind gegen
Ende des 19. Jh. im Neo-Rokoko-Stil gemalt worden. Leider ist das
Elysée, dessen Innenausstattung einen Querschnitt durch die Geschichte der Dekorationskunst seit der Régence-Zeit bietet, nicht zu
besichtigen. Nur während der Revolutionsjahre war es eine Zeitlang
als öffentliches Ballhaus zugänglich.

   Das beschwingte Rocaille bleibt bei den Pariser Hôtels (anders als
etwa im süddeutschen Kulturbereich) meist innen, während die Außenfassaden vergleichsweise zurückhaltend gestaltet sind – und vermutlich hat das wieder sozialpsychologische Gründe. Bei einigen
mehrgeschossigen Häusern (z. B. Rue François-Miron Nr. 4–14, Rue
de la Parcheminerie Nr. 29, Rue de Seine Nr. 57, Rue St-Jacques
Nr. 151, Rue Lhomond Nr. 27, Boulevard de Sébastopol Nr. 151, Rue
de la Harpe Nr. 35, Rue de la Jussienne Nr. 2) und kleineren Hôtels
(Hôtel Chenizot) ist das anders. Hier diente die reichere Bauzier wohl
dazu, den Eindruck von Vornehmheit zu erwecken; gerade bei Mietshäusern wie denen in der Rue François-Miron steigerte dies sicher die
Rendite – und das hat man auch noch bei der Erbauung von Mietska-
sernen im späten 19. Jh. gewußt. Der »wirkliche Adel« hielt sich dagegen wenigstens nach außen nobel zurück.

216 Portal des Hauses Nr. 4
in der Rue Monsieur-le-Prince

Ein unbekannter Künstler gestaltete
das *Portal des Hauses Nr. 4 in der Rue
Monsieur-le-Prince* mit dem Merkur-
kopf (oder ist es der von Minerva, der
Schutzherrin der Wissenschaften?) in
der Schlußsteinkartusche und der an-
mutigen Umrahmung des Fensters darüber. Die geschnitzten Torflügel haben
im Tympanon Attribute der Wissenschaften, und womöglich verweist dies
auf den akademischen Stand des Auf-
traggebers. Denn wir befinden uns hier
ja im Universitätsviertel. Um die Mitte
des Jahrhunderts muß dies Portal entstanden sein.

Die *Fassade des Hauses Nr. 27 in der
Rue St-André-des-Arts* richtet sich mit
ihrer Mittelachse auf die Rue Gît-le-
Cœur und ist deshalb besonders aufwendig. Claude-Louis Daviler gestaltete sie 1748 für die Witwe des Architekten Nicolas Simonnet neu, denn das

217 Maison Simonnet, Rue
St-André-des-Arts Nr. 27, Teil
der Fassade

218 Holzver-
täfelungen des
Café militaire,
Rue St-Honoré
(Musée
Carnavalet)

Haus war damals schon über hundert Jahre alt. Besonders elegant ist
die Konsole des Balkons aus gegenläufig gebogenen Ranken und Vo-
luten und einer mittleren Kartusche gebildet, eine Anschwellung, die
durch das korbförmige Schmiedeeisengitter wieder zurückgenommen
wird. Auch die Gitter vor den Fenstern sind Beispiele für eine hoch-
entwickelte Schmiedekunst.

Wenn sich das Rokoko auch noch längst nicht überlebt hatte (man
denke daran, daß der Maler Fragonard noch nach der Revolution in
diesem Stil malt), so tauchten doch seit der Jahrhundertmitte zunehmend Gestaltungen auf, die zur Vereinfachung der Formen tendierten.
Sie bildeten die Grundlage für einen Stil, der mit seinen z.T. auf rein
stereometrische Formen reduzierten Baukörpern als »Revolutionsarchitektur« bezeichnet worden ist und der vielleicht doch nur eine
Variante des Style Louis XVI ist. Der Hauptvertreter dieser Revolutionsarchitektur war Nicolas Ledoux, der seit den sechziger Jahren
eine große Zahl von Hôtels gebaut und auch ausgestattet hat. Sein
frühestes bekanntes Werk ist die *Innenausstattung des Café militaire,* 218
das sich ehemals in der Rue St-Honoré befand. Die Holzpaneele sind
von Liktorenbündeln gerahmt, die Helmbüsche tragen, und enthalten

plastisch stark herausgearbeitete Trophäenreliefs. Im Entstehungsjahr 1762 ist Frankreich noch in den Siebenjährigen Krieg gegen Preußen verwickelt. Heute befinden sich die Boiserien im Musée Carnavalet.

219   Auch die *Vertäfelungen des Gesellschaftssalons des Hôtel d'Uzès* sind dort hingelangt, da das Hôtel so wie die anderen, die Ledoux in der Gegend der großen Boulevards gebaut hatte, verschwunden ist. Nach einem Wettbewerb hatte sich der Bauherr, der Herzog von Uzès, für die Pläne von Ledoux entschieden, wohl weil der strenge Stil und militärische Dekor seinem Geschmack entgegenkamen, denn er hatte selber eine Armeekarriere hinter sich. In ungewöhnlicher Weise reichen die von Ledoux entworfenen, jedoch von anderen Künstlern aus-

219   Holzvertäfelungen des Gesellschaftszimmers im Hôtel d'Uzès, Rue Montmartre Nr. 172 (Musée Carnavalet)

220 Hôtel du Châtelet (Ministère du Travail), Rue de Grenelle Nr. 127,
Hoffassade

geführten Paneele vom Boden bis zur Deckenkehle. Sie sind von vergoldeten Leisten rechteckig umrahmt und enthalten schlanke Lorbeer-
bäume, in deren Geäst Waffen und kriegerisches Gerät der vier Weltteile aufgehängt sind. Das Hôtel wurde von 1764 bis 1767 gebaut und
1870 abgerissen.

Dafür kann aber das *Hôtel du Châtelet* als Beispiel für den Geschmackswandel dienen, besonders seine Hoffassade. Es wurde 1770
für den Comte du Châtelet gleich neben den Invalides von dem Architekten Mathurin Cherpitel gebaut, änderte mehrfach seine Bestimmung und ist heute Arbeitsministerium. Die rustizierte Straßenfront
mit dem dorischen Eingang wirkt militärisch abweisend. Zur Hofseite 220
hin hat das Corps-de-logis – ein mächtiger zweigeschossiger Kubus
mit einem zurückgesetzten Attikageschoß – eine mächtige Kolossalordnung aus vier Kompositsäulen, die den Mittelrisalit bilden. Wären
nicht die strengen Linien und die Rundbogenfenster, die ein typisches
Requisit des Style Louis XVI sind, so könnte man den Bau für ein
Werk des Grand Siècle halten. Etwas heiterer ist dagegen die Gartenfassade, deren Mittelteil an das Hôtel Matignon anknüpft. Vergleicht 221
man jedoch die ältere Gartenfront, dann fällt auf, wieviel sparsamer
und auch trockener die Architektur in den letzten Jahren des Ancien
Régime geworden ist. Im Inneren des Hôtel du Châtelet haben sich
prächtige Räume im Style Louis XVI erhalten mit so typischen Moti-

261

ven wie Füllhörnern, rauchenden Dreifüßen und anderen Anleihen aus der Antike. Man merkt, daß die Architekten dieser Zeit beginnen, sich den antiken Bauten mit archäologischem Blick zu nähern, und die moderne Archäologie war ja gerade von Winckelmann begründet worden.

221   Hôtel du Châtelet, Gartenfassade

1775, also nur wenige Jahre später, wurde in derselben Rue de Grenelle das *Hôtel Gallifet* für den Marquis gleichen Namens gebaut. Zusammen mit dem *Hôtel de Jarnac* ist es das Hauptwerk von Antoine-François Legrand, der hier den späten Style Louis XVI zur Geltung bringt. Der Bau wurde erst nach der Revolution, als er Sitz des

222   Hôtel de Gallifet, Rue de Grenelle Nr. 73, Hoffassade

223   Hôtel de Gallifet, Gartenfassade

Außenministeriums geworden war, vollendet, und in den darauffolgenden Jahren ist die Innendekoration auf Wunsch von Talleyrand in
klassizistischem Geschmack verändert worden. Heute gehört er dem
italienischen Staat und beherbergt Botschaftsbüros, Generalkonsulat
und das italienische Kulturinstitut. Der mächtige Block aus zwei hohen
und einem niedrigeren Geschoß hat zur Hofseite hin eine kolossale   222
freistehende jonische Säulenstellung mit schwerem Gebälk, die die
Innenräume verdunkelt und einen Balkon trägt. Die Strenge wird etwas durch die elegante Schwellung der Säulen und die jonischen Kapitelle gemildert sowie durch die graziösen, den Nymphen Goujons
nachempfundenen Figuren an den in toskanischer Ordnung gehaltenen seitlichen Achsen. Die Kolossalordnung wird nun auch an der
Gartenfassade übernommen, doch sind die jetzt nur noch sechs joni-   223
schen Säulen im Wandverband, so daß der Bau von hier aus etwas
freundlicher wirkt.
    Ein Beispiel für die zunehmende Vereinfachung der architektoni-
schen Formen während der Regierungszeit Ludwigs XVI. bietet auch
das *Hôtel de Bourbon-Condé,* das Brongniart in den frühen achtziger
Jahren für Mademoiselle de Condé gebaut hat. Zwar hat der Flügel an

224 Hôtel de Bourbon-Condé, Rue Monsieur Nr. 12, Gartenfassade

der Straße noch eine jonische Kolossalordnung, aber schon der Ehrenhof verzichtet auf solche Applikationen. Die dem Boulevard des Invalides zugewandte Gartenfassade verdeutlicht vielleicht am besten den neuen Geschmack. Der Baukörper mit leicht vorspringenden Außenachsen und halbrundem Mittelrisalit spricht für sich selbst. Abgesehen von den Konsolen der Fensterbänke, Türrahmen und der zarten Bänderung fehlt fast jeder Dekor. Die Öffnungen des Erdgeschosses sind rundbogig, die darüber haben gerade Stürze. Das kräftige Konsolgesims und die den Dachansatz verhehlende Balustrade verstärken den stereometrischen Charakter dieses schlichten und doch höchst eleganten Baus. Sehr viel bewegter ist dagegen die Innendekoration.

In den letzten Jahren vor der Revolution erbaute Pierre Rousseau für den Deutschen Friedrich III. von *Salm-Kyrburg* ein *Palais* am Seine-Ufer, dessen Baukosten diesen völlig ruinierten. 1804 bestimmte Napoleon das Gebäude als Sitz der Ehrenlegion. Von der Rue de Lille aus betritt man durch ein Tor in Gestalt eines Triumphbogens den Ehrenhof, der von einer jonischen Kolonnade umgeben auf eine korinthische Portikus mündet. Besonders eindrucksvoll und anmutiger als die Hofseite ist die Gartenfront, die sich über einer leicht erhöhten Terrasse zum Fluß hin darbietet. Der langgestreckte gebänderte Baukörper ist nur im Erdgeschoß durchfenstert und durch den halbrunden, von korinthischen Säulen umstandenen Mittelpavillon mit Statuenaufsätzen und Kuppel zentriert. Über den Fensteröffnungen erscheinen runde Nischen mit antikischen Büsten. Die Grundrißdisposition dieses Palais, dessen Garten sich ehemals sehr viel weiter zur Seine hin erstreckte, erinnert an eine Kirche mit Querschiff. Die Anordnung des Innenhofs ist sicherlich von dem Hof der chirurgischen Fakultät beeinflußt, von dem noch die Rede sein wird.

Gegen Ende der Regierungszeit Ludwigs XV. und unter Ludwig XVI. kommt bei der reichen Oberschicht ein Bautyp in Mode, der seinen Vorläufer im Petit Trianon von Versailles hat. Es handelt sich um kleine Lusthäuser, sog. »Folies« oder »Bagatelles«, die mit hohem Kostenaufwand meist für die gerade gefeierten Schönheiten und für Vergnügungszwecke gebaut worden sind. Die meisten von ihnen sind verschwunden, aber das »verrückteste« von allen, die *Bagatelle im* XIV *Bois de Boulogne,* hat sich, wenn auch leider etwas entstellt, erhalten. Schon die Entstehungsgeschichte ist bezeichnend. La Bagatelle war ursprünglich ein kleiner Landsitz im Süden des Château de Madrid, der schon Ludwig XV. für galante Abenteuer gedient hatte. 1775 hatte der Comte d'Artois, ein Bruder Ludwigs XVI. und der spätere Karl X., das Anwesen erworben, und zwei Jahre später wettete er mit seiner Schwägerin, der Königin Marie-Antoinette, um 100 000 Pfund, er könne dieses Lusthaus mit Garten und Zubehör binnen 64 Tagen errichten lassen. Der Architekt Bélanger verfertigte die Pläne, und das Vorhaben wurde fristgerecht verwirklicht, wobei sich die veranschlagten Baukosten allerdings auf 1 200 000 Pfund verdoppelten. Der Unmut der Bevölkerung gegenüber diesem Luxusbau wurde noch dadurch erhöht, daß Baumaterialien an der Pariser Zollgrenze beschlagnahmt und der »Folie« (Laune) zugeführt wurden. Als der Initiator 1815 schließlich als Karl X. den Thron bestieg war er, den allgemeinen

225   Hôtel Salm-Kyrburg, Palais der Ehrenlegion, Rue de Lille Nr. 64, Uferfassade

226 Wohnhaus Montholon am Carrefour Buci, Rue Dauphine Nr. 58

Zeitläufen gemäß, bigott und devot geworden, so daß er die galanten Wandmalereien überstreichen ließ. Nachdem Bagatelle 1830 in Privatbesitz übergegangen war, wurde es 1852 leider aufgestockt. Man muß sich die Kuppel mit der schweren Balustrade wegdenken. Die Gartenfassade war eingeschossig mit durchweg rundbogigen Fenstern, und die Attika war niedriger. Die Rechteckfenster und Okuli sind also eine Zutat des 19. Jh. Trotzdem ist Bagatelle noch als ein typischer Bau aus den letzten Jahren des Ancien Régime zu erkennen: Stilistisch typisch ist die geometrisch-klare Anordnung der Baukörper mit dem nach außen zurückhaltenden Dekor, zeitgeschichtlich typisch ist der »Wahnsinn« (auch dies eine Übersetzung für »Folie«) dieser verschwenderischen Luxusarchitektur, die entstand, als der Staat eigentlich schon bankrott war.

226   Ein typisches *Mietshaus* dieser Zeit ist das 1771 von Pierre Desmaisons *am Carrefour Buci für M. de Montholon* gebaute. Es steht auf einem spitzen dreieckigen Grundriß und ist im Verhältnis zur Breite

der beiden Straßenansichten sehr hoch. Es war nicht leicht, einen solchen Baukörper mit einem wohlproportionierten antikischen Bauschmuck zu versehen. Trotzdem ist er ansprechend gestaltet, indem die abgerundete Spitze die Mitte der Hauptansicht abgibt. Während die rahmenden Lisenen hier ungebrochen durchlaufen, werden die Horizontalen doch durch den umlaufenden Balkon, die regelmäßige Reihung der Fenster und das mächtige Abschlußgesims betont. Das Erdgeschoß hat eine einfache Bänderung. Der Eindruck zu großer Steilheit wird durch das breite Friesband über dem dritten Geschoß etwas gedämpft.

227   St-Sulpice, Blick ins Mittelschiff nach Westen

Der *Pariser Kirchenbau des 18. Jh.* ist von sehr unterschiedlicher
Qualität. Huisman und Poisson haben von einer Vielzahl mittelmäßi-
ger Bauwerke gesprochen und nur wenige ausdrücklich hervorgehoben. Man kann sich auch immer noch darüber streiten, ob die Neuaus-
stattung der mittelalterlichen Kirchen, bei der oft Originalsubstanz wie
Glasfenster und Bauskulptur verlorenging, diesen zum Vorteil gereicht
hat oder nicht. Diese Frage stellt sich z.B. beim Chor von St-Merry,
der von den Brüdern Slodtz dekoriert worden ist. Aber einige unbestrittene Glanzleistungen hat das Jahrhundert doch aufzuweisen.

Seit dem 13. Jh. stand *St-Sulpice* im Rang einer Pfarrkirche für den
Faubourg St-Germain, und mit der Ausdehnung dieses Vorortes seit
dem 17. Jh. war die Gemeinde so groß geworden, daß ein Neubau
erforderlich wurde. 1646 legte Anna von Österreich den Grundstein
für den Riesenbau, an dem auch Le Vau beteiligt war, der jedoch 1674
liegenblieb. Nur der Chor und das nördliche Querhaus waren damals
fertig. Als Gilles Maria Oppenord ab 1718 die Arbeiten wieder aufnahm, mußte er sich für das Langhaus an die Pläne des 17. Jh. halten.

Das imposante Mittelschiff hat hohe Arkaden, die von kannelierten 227
Pilastern mit mächtigem Gebälk gerahmt sind. Wegen der steilen
Tonne fällt reichlich Licht durch den Obergaden ein. Bemerkenswert
sind die kunstvollen stereometrischen Steinschnitte, besonders in den

229 Grabmal
des Curé Languet
de Gergy
von Michel-Ange
Slodtz
in St-Sulpice

Gewölben. Solche Präzision war typisch für französische Hausteinarchitektur, und es gibt dazu eine umfangreiche Traktatliteratur. Oppenord konnte sein eigenes Architektentalent nur bei der Ausgestal-
tung der Querhausarme zur Geltung bringen, die er nischenförmig
ausmuldete und mit reichem Dekor und Engeln von Slodtz versah.

Für die Gestaltung der *Marienkapelle* wandte er sich, und das ist für 228
eine barocke Architekturkonzeption bezeichnend, an den Florentiner
Jean-Nicolas Servandoni, der eher als Entwerfer prächtiger Opern-
dekorationen bekannt war. Zwar stammt das heutige dekorative Konzept der Kapelle von de Wailly erst aus den siebziger Jahren des Jahrhunderts, integriert aber ältere Elemente wie das Kuppelgemälde mit
Mariae Himmelfahrt von François Lemoine (1732), die Wandgemälde
von Carle van Loo (1746–1751) und das Puttengesims der Brüder
Slodtz. Servandonis typisch barocke Inszenierung des indirekt beleuchteten Deckengemäldes wird auch für Pigalles Madonna von 1774
in der Altarnische genutzt: seitlich beleuchtet hebt sie sich strahlend
von dem ansonsten dunkler gehaltenen Dekor ab, ein Mittel, dessen

230 St-Sulpice, Fassade

sich die Architekten des römischen Hochbarock schon vor über hundert Jahren bedient hatten.

229 Ein weiteres Meisterwerk der Kirchenausstattung ist das von Michel-Ange Slodtz gearbeitete *Grabmal des Curé Languet de Gergy,* der von 1714 bis 1748 hier Pfarrer war und dessen einfallsreicher Initiative die Vollendung des Kirchenbaus zu verdanken ist. Das Werk wurde 1757 aufgestellt und ist heute unvollständig. Vor dem Kenotaph befanden sich ehedem Putten mit Wappen und Füllhorn, und die herbeieilende, das Grabtuch lüftende Gestalt der Unsterblichkeit hielt ein Spruchband, auf dem auch der Plan der Kirche eingraviert war. Die Aussage ist klar: Der Curé erntet wegen der Mittel (darunter auch Lotteriegelder), die er für den Kirchenbau einzutreiben wußte (Füllhorn), und wegen seiner Bauherrentätigkeit (Plan) ewigen Ruhm. Wie aber der Tod, der als Sensenmann dargestellt ist, zurückweicht und der Pfarrer zu neuem Leben erweckt scheint, das hat schon etwas Irreal-Schaurig-Pathetisches. Vor allem wegen dieser Theatralik hat der Auf-

klärer Diderot diese aus verschiedenen und verschiedenfarbigen Materialien zusammengesetzte Gruppe denn auch entschieden verurteilt. Barockes Pathos wird nun zunehmend unglaubwürdiger.

231   St-Eustache, Westfassade

Als das Langhaus fertig war, gewann Servandoni den Wettbewerb für die *Fassade,* die sehr ungewöhnlich ist und mit ihrer oberen Loggia römisch anmutet. Eine doppelgeschossige Portikus in dorischer und 230 jonischer Ordnung wird von zwei Türmen flankiert, die beide nicht dem ursprünglichen Konzept entsprechen. Denn der Entwurf hatte über der Portikus nicht nur einen großen Dreiecksgiebel vorgesehen, der einem Blitzschlag zum Opfer fiel, sondern auch geschwungene Turmhauben, die aber offenbar keinen Anklang fanden. Der südliche unfertige Turm von Maclaurin ist barocker als der etwas jüngere von Chalgrin, dessen klassizistischem Geschmack die bekrönenden Balustraden auch über der Portikus und die Orgeltribüne verdankt werden. Der Platz vor der Fassade stammt aus dem frühen 19. Jh. und ist mißlungen. Servandoni hatte einen halbrunden kleineren Platz vorgesehen, von dem aber nur das Haus Nr. 6 – sein eigenes – ausgeführt wurde. Vielleicht erklärt diese andere Platzkomposition auch die von vielen als mißglückt bezeichnete Proportionierung der Fassade, die

271

weniger frontal als von den seitlich einmündenden Straßen aus, sicher jedoch aus geringerer Distanz, wahrgenommen werden sollte. Auch dies wäre ein barockes Konzept. Trotzdem darf man den barocken Charakter der Fassade nicht überbetonen, denn in ihrem strengen Aufbau kommen auch rational-klassizistische Tendenzen zum Vorschein. Nicht umsonst wurde sie in der zweiten Jahrhunderthälfte noch einmal kopiert, nämlich in der ebenfalls unvollendet gebliebenen
231 *Westfassade von St-Eustache,* bei der die rahmenden Türme jedoch mächtiger, die zweigeschossige Portikus mit Giebel steiler ausfallen. Hier liegt also eine ausgewogenere Proportionierung vor.

Auch die Kirche *St-Roch* ist ein Bau des 17. Jh., der 1653 von Lemercier begonnen worden ist und der, weil er in einem noblen Stadtteil lag, im Laufe des 18. Jh. eine äußerst raffinierte Chordisposition mit aufeinander folgenden, verschieden beleuchteten Kapellen erhielt, deren barock-theatralische Wirkung sich fotografisch kaum festhalten läßt. Beteiligt waren an diesem sukzessiv entstandenen Ensemble so bedeutende Architekten wie Jules Hardouin-Mansart, Pierre Bullet und schließlich Boullée; und wiederum hat Diderot die »theatralischen Effekte« des Innenraums scharf kritisiert. Die hier abgebildete *Fas-*
232 *sade* wurde nach Plänen von Robert de Cotte 1736 begonnen und wirkt recht konventionell. Man muß aber bedenken, daß die trockenen Figuren Neuschöpfungen des 19. Jh. sind und daß es darum ging, einem »Schlauch« eine möglichst ansprechende Fassade zu geben,

232   St-Roch,
Fassade

233

die Relief hat. Mit dem aus gekuppelten Säulen gebildeten Mittelrisalit ist dies gelungen.

Das Problem, eine Kirchenfassade in eine Straßenflucht einzubinden (wie bei St-Roch) oder von dort aus wahrnehmbar zu machen (wie bei St-Sulpice) gab es öfter. Es bestand auch bei der *Pfarrkirche der Ile-St-Louis,* die ebenfalls schon von Le Vau im 17.Jh. begonnen worden war. Es geht hier nicht darum, die sehr interessante Baugeschichte zu referieren. 1765 wurde der hübsche *Glockenturm* über dem Straßeneingang erbaut mit einem Turmhelm, der wie bei gotischen Kirchen durchbrochen ist. Die Turmuhr weist wie ein Ladenschild auf die Straße, so daß man meinen kann, daß die Kirche nun in derselben Weise um ihre Kunden werben muß wie der Kaufmann. Aber das kann auch witzig gemeint sein.

All dies mußte sich gegenüber dem größten Pariser Sakralbau des 18.Jh. jedoch bescheiden ausmachen: der *Eglise Ste-Geneviève,* dem späteren *Pantheon.* Während einer bedrohlichen Krankheit 235 hatte Ludwig XV. 1744 gelobt, die altehrwürdige Abteikirche auf der Montagne Ste-Geneviève im Falle seiner Heilung durch einen Neubau zu ersetzen. 1757 legte Soufflot schließlich seine Pläne vor, die auch 234 den halbkreisförmigen Platz vor der Fassade beinhalteten. Auch nach der Grundsteinlegung im Jahre 1764 änderte Soufflot noch mehrfach seine Absichten und verteuerte damit den Bau, dessen Statik durch den Untergrund der alten römischen Siedlung gefährdet war. 1778 traten die ersten Risse auf, bevor die Kuppel vollendet war, und es scheint, daß Soufflots Tod im Jahre 1780 auch mit diesem Mißlingen zusammenhing. Er hatte nämlich ein wirklich revolutionäres Konzept verfolgt, indem er klassisch-antikische Ästhetik mit den unbestreitbaren strukturellen Vorteilen gotischer Hausteinkonstruktion zu verbinden suchte, was ihm bei normalem Baugrund wahrscheinlich auch gelungen wäre. Die von ihm geplante *Kuppel* wurde zwar bis 1790 von 236 seinen Schülern vollendet, aber sein Konzept scheiterte aus statischen und wohl auch aus ideologischen Gründen. Ursprünglich war der Bau nämlich als lichte Struktur geplant mit großen Fenstern, die dann vermauert worden sind. Damit gewann er mehr Festigkeit. Diese übrigens

273

noch heute deutlich erkennbare Umbaumaßnahme hing aber offensichtlich auch mit der neuen Bestimmung zusammen die dem Bau während der Revolution gegeben worden war: als Pantheon sollte er

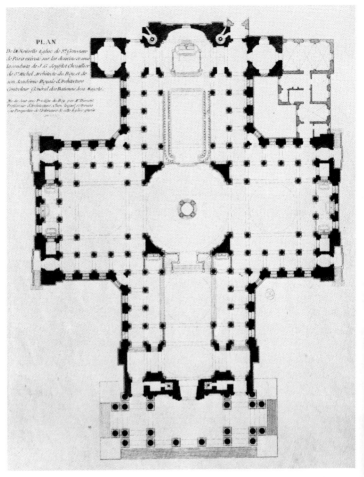

234 Grundriß des Neubaus von Ste-Geneviève, später Pantheon. Stich von Sellier nach Dumont

fortan als Begräbnisstätte verdienter Franzosen dienen, und die Vermauerung der seitlichen Fenster verstärkte den Gruftcharakter des Innenraums. Die vielfältigen Geschicke dieser Monumentalarchitektur illustrieren die französische Geschichte wie kaum ein zweiter Bau, und ihre Bestimmung wurde denn auch noch mehrfach verändert. Sieht

235   Das Pantheon, ehemals Ste-Geneviève

man einmal von dem vielfach erneuerten Giebelrelief und der Innenausstattung ab, so handelt es sich architekturgeschichtlich um ein
höchst bedeutendes Monument, das in Christopher Wrens Londoner
St. Paul's ein Vorbild und in vielen späteren Kuppelbauten wie den
amerikanischen Capitols Nachfolger gefunden hat.

236   Die Kuppelgewölbe des Pantheon

Die Planung des halbrunden Platzes vor der Fassade des Pantheons und die Rue Soufflot, die ihn mit dem Jardin du Luxembourg verbindet, legte Soufflot im selben Jahr 1757 vor, die Ausführungsentwürfe 237 aber erst 1763. Zu seinen Lebzeiten wurde nur die *Juristische Fakultät* begonnen, während das als theologische Fakultät geplante Pendant schließlich im 19. Jh. als Rathaus und Polizeiwache des 5. Arrondissements ausgeführt wurde. Der Straßendurchbruch bis zum ebenfalls neu angelegten Boulevard St-Michel erfolgte erst in der zweiten Hälfte des 19. Jh. Die Fassade der Ecole de Droit nutzt die viertelkreisförmige Platzperipherie geschickt aus. Die Baukuben sind im Erdgeschoß durchgehend und in den oberen Geschossen nur an den Ecken und

Kanten gebändert. Der konkav eingezogene Mitteltrakt ist durch eine kolossale, ebenfalls konkave jonische Portikus betont, die dem Bau hohe Würde verleiht. Ursprünglich sollte sie sogar dorisch sein (Souf-flot hatte auf seiner folgenreichen Italienreise die Tempel von Paestum gezeichnet!), um den Kontrast zu der eleganten korinthischen Ord-nung des Pantheons zu verstärken. Auch wenn die geschwungene Fas-sade noch barock anmutet, ist Soufflots einfacher und klarer Stil zu-kunftweisend. Er ist wohl der bedeutendste französische Architekt des dritten Viertels des 18. Jh. gewesen.

Im Sakralbau knüpfte man noch in anderer Weise an die Antike an, indem man sich nämlich in bezug auf den Bautypus die konstantinische Basilika zum Vorbild nahm wie Sankt Paul vor den Mauern und Santa Sabina in Rom. 1764 war St-Symphorien in Versailles, 1765 St-Louis in St-Germain-en-Laye begonnen worden, und 1768 legte Chalgrin, der Schüler Servandonis, der uns schon bei St-Sulpice begegnet war, der Akademie seine Pläne für *St-Philippe-du-Roule* vor, die mögli-cherweise einige Jahre früher entstanden sind. Alle drei Kirchen haben gemeinsam, daß die tonnengewölbten Schiffe von einer Kolonnade mit antikischem Architravgebälk getrennt sind. Auch stehen sie jeweils in Gemeinden mit privilegierter Sozialstruktur. Der Neubau von St-Phil-ippe-du-Roule war nämlich notwendig geworden, als sich der vor-nehme Faubourg St-Honoré so weit nach Westen entwickelt hatte, daß

237 Die Juristische Fakultät (Ecole de Droit), Place du Panthéon Nr. 12

er mit dem alten Dorf Roule verschmolz. Der Bau wurde 1774 begonnen und zehn Jahre später vollendet. Die *Fassade* besteht aus einer
Portikus mit vier dorischen Säulen, die eine tiefe Vorhalle bilden,
welche beidseitig von Kapellen mit eigenen Eingängen flankiert ist.
Dieser Westbau wird von einem schweren dorischen Gebälk bekrönt.
Die Mittelschifftonne sollte ursprünglich aus Stein sein und nur durch
das Westfenster und zwei Fenster über dem Pseudoquerhaus belichtet
werden, wurde dann aus Kostengründen aber in Holz ausgeführt. Der
Chor bestand ehemals aus einer einfachen Apsis, die von einer Sakristei und einer Kapelle flankiert war. Im 19.Jh. ersetzte Godde die
Apsismauer durch den jetzigen Umgang, dem er noch die Marienkapelle mit zwei seitlichen Sakristeien anfügte. Wenige Jahre später errichtete Baltard quer zu diesem Umgang noch die *Chapelle des caté-
chismes*. Im Zuge dieser Maßnahmen erhielt die Apsiskalotte ein allzu
helles Oberlicht und 1855, ein Jahr vor dem Tode des Malers, das
leider in schlechtem Zustand befindliche Gemälde der Kreuzabnahme
von Chassériau. Obwohl die Strenge des ursprünglichen Baus durch
diese Maßnahmen gemildert wird, bleibt sie doch spürbar. Die Kirche
hat bis weit ins 19.Jh. hinein Nachfolger gefunden, und von den drei
genannten Prototypen war sie der eigentlich typenbildende Bau. Als
Töchter wären zu nennen St-Louis d'Antin von Brongniart (1782), St-
Pierre du Gros-Caillou (1822), Notre-Dame de Bonne-Nouvelle
(1823) und St-Denis du St-Sacrement (1823) von Godde, Notre-

238   St-Philippe-du-Roule, Fassade

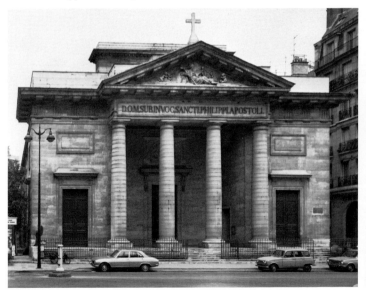

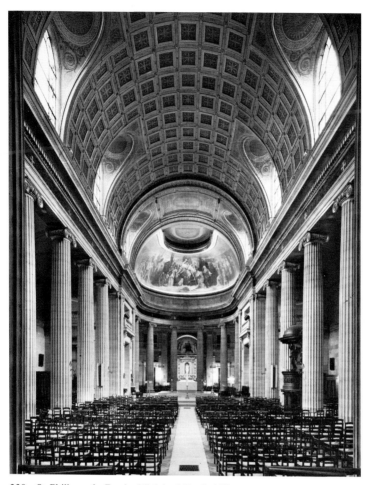

239   St-Philippe-du-Roule, Blick ins Mittelschiff

Dame de Lorete (1823) von Hippolyte Lebas und St-Vincent-de-Paul
(1823) von Lepère und Hittorff. Die jeweiligen Jahre des Baubeginns
verweisen darauf, daß der Rückgriff auf Frühchristliches in der Re-
staurationszeit noch einmal in Mode kam – aus verständlichen
Gründen.

Noch ein weiterer Kirchenraum des 18. Jh. verdient Beachtung, die
Chapelle St-Louis im Ostflügel der Ecole militaire von Ange-Jacques 240
Gabriel, der seit 1742 erster Architekt des Königs war. Sie wurde in
den Jahren 1769 bis 1773 als einfacher rechteckiger Saal, der über
zwei Geschosse reicht und im Außenbau nicht gesondert in Erscheinung tritt, errichtet. Die Längs- und Altarseiten sind von einer kolos-

salen korinthischen Säulenstellung mit schwerem und zugleich zierlich geschmücktem Gebälk umgeben. Dieses trägt eine Flachtonne mit seitlichen Okuli. Die Wand hat unten rechteckige Vertiefungen, oben tiefe Rechteckfenster, durch deren Laibungen ein Laufgang verläuft, der an der Altarseite auf zwei Balkone für hohe Gäste mündete, sie sind heute vermauert. Nur der Gemäldezyklus mit Szenen aus dem Leben des hl. Ludwig und das Altargemälde geben dem Raum, der sonst ganz in Weiß gehalten ist, farbige Akzente. Darin, in der strengen Linienführung und in den Dekorationsmotiven, ist er, obwohl in den letzten Lebensjahren Ludwigs XV. entstanden, eigentlich schon ein typisches Beispiel für den sog. Style Louis XVI.

240   Chapelle St-Louis im Ostflügel der Ecole militaire

241 Ecole militaire, Hoffassade

Die *Ecole militaire* gehört zu den großen Projekten, mit denen Ludwig XV. den Projekten seines Urgroßvaters Konkurrenz machen wollte, und so steht sie nicht von ungefähr in der Nähe des Invalidendoms. Die Idee zu dieser Militärakademie für 500 Kadetten, vorzugsweise Söhne gefallener, verwundeter und verdienter Offiziere, stammte von der Marquise de Pompadour, die das Konzept 1750 von dem Financier und Heereslieferanten Pâris-Duverney ausarbeiten ließ und die auch Gabriel protegierte, dessen Pläne kurz darauf die Zustimmung des Königs fanden. Die wohltätige Versorgung junger Adliger sollte zum einen dem Ruhm des Königs dienen, zum anderen die Armee mit qualifizierten Berufssoldaten versorgen. Nachdem Herrensitz und Gelände von Grenelle gekauft worden waren, fing Gabriel zunächst mit den anspruchslosen Dienstgebäuden an. Aber schon bald gerieten die Arbeiten trotz des finanziellen Engagements der Pompadour wegen des Siebenjährigen Krieges ins Stocken, so daß das Hauptgebäude erst ab 1768 errichtet werden konnte. Inzwischen war ein Planwechsel notwendig geworden. Während der Haupteingang ursprünglich dem Champ de Mars, das als Exerzierplatz diente, zugewandt sein sollte, wurde er nun in entgegengesetzte Richtung nach Südosten orientiert, so daß aus dem ehemaligen Innenhof nun die Cour d'honneur wurde. Zum Champ de Mars hin erstreckt sich das Hauptgebäude wie eine lange Schloßfassade mit großem mittleren Pavillon, der das prunkvolle Treppenhaus enthält. Auf der Seite des Ehrenhofes zeigt der Mittelpavillon wieder eine prächtige kolossale 241

242   Place Louis XV, später de la Concorde, um 1778. Stich nach Lespinasse

korinthische Portikus, während die Seitenpavillons in der schlichteren
Manier der Nordfassade gestaltet sind. Die Pavillons werden durch
Säulengänge in zwei Geschossen (unten dorisch, oben jonisch) mitein-
ander verbunden. Auch wenn hier viele Einzelheiten wie die Pavillons
und ihre Dächer an älteren Schloßbau erinnern, weist die Klarheit der
Formgebung doch deutlich auf den Style Louis XVI voraus.

Städtebaulich wurde die Anlage bis in unser Jahrhundert hinein
bestimmend, da sie Point-de-Vue des Marsfeldes war, auf dem die
großen Weltausstellungen stattfinden sollten. Und damit präjudizierte
sie u. a. die Lage des Eiffelturms und des Palais de Chaillot. Und die
halbrunde Platzanlage auf der Südseite bedingte noch den geschwun-
genen Baukörper des UNESCO-Gebäudes.

Das wichtigste Pariser städtebauliche Projekt des 18. Jh. ist jedoch
zweifellos die *Place Louis XV,* mit deren Gestaltung nach einer verwickelten Planungsgeschichte schließlich derselbe Gabriel beauftragt
wurde. 1748 hatte die Stadt Paris beschlossen, dem damals noch recht
populären König nach dem Frieden von Aachen ein Reiterstandbild zu
setzen, ihn also wie seine Vorgänger mit einem Königsplatz zu ehren.
Nachdem alle möglichen Standorte erwogen worden waren (zu diesem
Zweck war ein Wettbewerb ausgeschrieben worden), entschied man

242 sich für das unbebaute Gelände der heutigen *Place de la Concorde,* das
vom König, dem es gehörte, zur Verfügung gestellt wurde und das vor
allem an einer städtebaulich wichtigen Gelenkstelle lag. Denn dieses
Terrain zwischen Seine und Faubourg St-Honoré, Tuilerien und dem
»Grand Cours«, der Avenue (Champs-Elysées), welche zuletzt von Le
Nôtre gestaltet worden war, bot sich mit seinen kreuz und quer verlaufenden Fahrwegen und Trampelpfaden (man sieht diese auf dem
Stadtplan von Turgot) als ungestalteter Raum geradezu an. Das Ergebnis eines zweiten, nur für Akademiemitglieder offenen Wettbewerbs 1753 blieb unbefriedigend, so daß Gabriel mit der Gestaltung

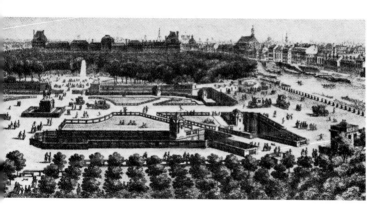

beauftragt wurde. Dabei hatte er als Vorgabe die Vorschläge zweier Kollegen zu berücksichtigen, nämlich den von Boffrand, nur die Nordflanke zu bebauen, und den von Contant, die übrigen Platzseiten mit trockenen Gräben und Balustraden zu säumen. Der definitive Plan wurde 1755 vorgelegt. Er enthält die Idee, in der Mitte der nördlichen Bebauung eine Straßenflucht mit Perspektive auf die Madeleine zu öffnen, in deren genauer Verlängerung eine Brücke zum Palais Bourbon hinüberführen sollte. Damit hatte sich die Vorstellung von einem Königsplatz, wohl unter dem Eindruck der 1753 publizierten Place Stanislas in Nancy, einschneidend verändert. Das Königsstandbild stand nun nicht mehr inmitten eines in sich ruhenden Prunkplatzes, sondern war Zentrum großer Straßenachsen, der Platz selber war aus einem architektonisch-innenräumlichen Gebilde zu einem urbanistischen Gefüge geworden, das sich öffnete statt sich abzuschließen. Auch dies Konzept sollte, z. B. in Washington, über die Grenzen Europas hinaus wirksam werden.

Die Realisierung nahm einige Zeit in Anspruch. Der Bau der beiden großen Pavillons – der eine sollte als Garde-Meuble (heute Marineministerium), der andere herrschaftlichen Wohnungen dienen – zog sich bis in die Revolution hin. Die Anregung für die Fassadengestaltung kam in erster Linie von der Louvre-Kolonnade, jedoch wirkt hier alles heiterer. Im rustizierten Erdgeschoß öffnen sich Arkaden, die Säulen sind zierlicher, der Dekor reich und locker. Das in der Revolution geschleifte Standbild von Bouchardon kam erst nach dessen Tode 1763 zur Aufstellung. Die Brücke wurde nach 1800 unter Napoleon vollendet, und dieser veranlaßte auch den Bau bzw. Neubau der Points-de-Vue an den Enden der vier Achsen, von denen noch die Rede sein wird. Auch der Obelisk anstelle des Reiterstandbildes und die Frauengestalten (Personifikationen der acht größten französischen Städte) über den Pavillons des achteckig gefaßten Platzinnenraums

243 Eines der Pferde aus Marly von Coustou am Eingang der Champs-Elysées

kamen erst im 19. Jh. hinzu. Die zwei Brunnen waren in deutlicher
Anspielung auf den Petersplatz von Gabriel schon vorgesehen, gehen
in ihrer heutigen Ausführung jedoch auf einen Entwurf von Hittorff
aus dem Jahre 1835 zurück. Die *Pferde von Marly,* welche den Ein-
243 gang der Champs-Elysées markieren, wurden erst 1794 hier aufgestellt. Sie waren 1739 von Coustou für die Pferdetränke des Schlosses
von Marly angefertigt worden. All diese Veränderungen und Hinzuta-
ten konnten der Wirkung des Platzes, wie er von Gabriel konzipiert
war, jedoch keinen Abbruch tun. Im Gegenteil: Diese Konzeption
hatte derart prägende Kraft, daß sie auch über die soziale Umwälzung
hinaus spätere Gestaltungen in ihren Bann zog.

Es muß noch von einigen öffentlichen Bauten und von Einrichtungen zum Wohle der Bewohner die Rede sein. Dazu gehört die *Medizinische Fakultät,* die als Ecole de Chirurgie seit 1769 von dem Architekten Gondoin geplant und in den siebziger Jahren gebaut worden ist.

284

Das seit 1691 bestehende große chirurgische Amphitheater (Rue de l'Ecole de Médecine Nr. 5) war unzureichend geworden, nachdem es den Chirurgen, die von den anderen Medizinern wegen ihrer manuellen Tätigkeit lange den Barbieren gleichgeachtet worden waren, im Verlaufe des 18. Jh. gelungen war, sich in einer eigenen Akademie zusammenzufassen. Diesem neuen Status innerhalb der medizinischen Wissenschaft verdankt sich die Ostentation des Neubaus. Die Straßen-

244 Die Medizinische Fakultät (Ecole de Chirurgie), Rue de l'Ecole de Médecine Nr. 12
245 Ecole de Chirurgie, Hoffassade

244 fassade besteht aus einer langen jonischen Kolonnade, die ein einfaches balustradenbekröntes Halbgeschoß trägt mit einer schlichten Reihe von rechteckigen Fenstern. Diese Anordnung setzt sich auch in
245 dem weiten Innenhof fort, wo die Kolonnaden Rundbogenfenster rahmen. Eine kolossale Portikus aus sechs korinthischen Säulen markiert den Haupteingang zu dem großen Amphithéâtre, das 1400 Studenten faßt. Im 19. Jh. wurde dieser für den Style Louis XVI sehr charakteristische Bau von relativ belanglosen Anbauten ummantelt. Aus späterer Zeit stammen auch die Reliefs von Berruer. Sie stellen die Wohltätigkeit über dem Haupteingang dar, und im Giebel der Portikus sieht man, wie sich Theorie und Praxis die Hände reichen – auch dies eine Anspielung auf den neuen wissenschaftlichen Rang der Chirurgie, deren Vertreter ja bald und bis heute zu den am höchsten geachteten Wissenschaftlern werden sollten.

246   Treppenhaus im Hôtel des Monnaies

247   Die Königliche Münze (Hôtel des Monnaies), Quai Conti Nr. 6

Die *Königliche Münze,* die in den Jahren des Übergangs von der Regierung Ludwigs XV. zu Ludwig XVI. gebaut worden ist, hat man immer schon als den Bau angesehen, in welchem sich der Style Louis XVI volle Geltung verschafft. Seit 1771 wurde sie nach Plänen von Jacques-Denis Antoine an der Stelle des alten Hôtel de Conti auf einem höchst prominenten Bauplatz gegenüber dem Louvre begonnen, den man sowohl für ein neues Rathaus als auch für die Place Louis XV ins Auge gefaßt hatte. Der langgestreckte Baukubus mit 247 seiner fast monoton wirkenden Reihung rechteckiger Fenster und den klaren Begrenzungen der Geschosse entfaltet nur im Mittelrisalit mit den sechs jonischen Kolossalsäulen und den Statuen vor der zusätzlichen Attika eine Pracht, die wegen der klaren Geometrisierung jedoch auch hier gemäßigt erscheint. Auch das *Treppenhaus* und der 246 große Salon, die noch am aufwendigsten gestaltet sind, weisen sich in ihrer kühlen Farbigkeit, Strenge der Linienführung und Klassizität der Motive als reine Verkörperungen des neuen Schönheitsideals aus. Angesichts der verzweifelten Versuche, das staatliche Finanzwesen zu sanieren, könnte diese nüchterne Klarheit durchaus auch durch die Bauaufgabe mitbestimmt worden sein.

Das Theater war in der zweiten Hälfte des 18. Jh. eine Institution, die, wie Habermas in »Strukturwandel der Öffentlichkeit« beschrie-

ben hat, neben Salons, Cafés, Zeitungen, Clubs wesentlich dazu beige-
tragen hat, demokratische Öffentlichkeit gegenüber repräsentativer
durchzusetzen. Insofern wundert es nicht, daß die Planungen für einen
eigenständigen *Theaterbau der Comédie française* die höchste Aufmerksamkeit des Publikums erregten. Bis 1770 war diese nämlich in
dem Haus der Rue de l'Ancienne Comédie untergebracht, von dessen
Straßenfassade noch Reste erhalten sind. Es war nach Auskunft der
Zeitgenossen ein höchst unbequemer Bau. Seit 1767 hatten Marie-
Joseph Peyre und Charles de Wailly einen Neubau auf dem Gelände
des Hôtel de Condé schräg gegenüber dem Palais du Luxembourg
geplant, der aber erst nach mehrfachen Planwechseln ab 1778 zur
248 Ausführung kam. Das heute *Odéon* genannte Theater ist zusammen
249 mit dem halbrunden Platz und den fünf Straßen, die auf diesen mün-
den, entworfen, und obwohl es zweimal abgebrannt und dann recht
zutreffend wieder hergestellt worden ist, darf es als einer der frühesten
Theaterbauten unsere besondere Aufmerksamkeit beanspruchen.
Denn es gibt kaum ein Baudenkmal, in welchem sich die Aspirationen
der zur Herrschaft drängenden Klasse des Bürgertums so klar Ausdruck verschaffen. Noch vor der Revolution wurden hier neben den
Klassikern etwa Beaumarchais' »Hochzeit des Figaro« aufgeführt, und
Mme Oberkirch berichtet von dieser Erstaufführung, daß »der Adel,
indem er diesem Stück applaudierte, einen großen Mangel an Takt
zeigte ... und sich damit selber ins Gesicht schlug ... Sie werden es
noch bereuen ... Ihre eigene Karikatur ist ihnen vorgehalten worden,
und sie sagten, ›so ist es, so ist es sehr natürlich‹ ...«

248   Théâtre de l'Odéon, Platzfassade

249 Place de l'Odéon

Baulich erscheint das Theater hier wirklich als moralische Anstalt. Es ist ein geschlossener, zweieinhalbgeschossiger Kubus mit durchgehender Bänderung, dessen Fassade eine kolossale toskanische Prostylos ziert. Die umlaufenden Arkaden des Erdgeschosses sollten die wartenden Kutscher vor dem Wetter und vor dem Besuch der umliegenden Kneipen schützen. Im ersten Geschoß reihen sich einfache Rechteckfenster, in der Attika Okuli. Ursprünglich war die Fassade seitlich durch zwei die Straßen überspannende Bögen mit Cafés verbunden, und auch das Dach ragte höher hinauf. Die Kunst der Architekten bestand jedoch auch in der geschickten Konzeption des Innenraums mit der neuartigen Anordnung des runden Parketts, den nach oben zurückweichenden Galerien und der Nähe zwischen Schauspielern und Publikum, die der neuen naturalistischen dramatischen Konzeption entsprach. Zwar hat man während der Revolution noch einige Änderungen vorgenommen, indem man die »undemokratischen« Unterteilungen der Ränge entfernte, aber das Odéon, dessen Pläne schon die Große Enzyklopädie als für ein Theater vorbildlich veröffentlicht hatte, ist mit der Strenge seines Äußeren und der Kühnheit seiner inneren Struktur doch ein hervorragendes Denkmal bürgerlicher Emanzipation im Ancien Régime, auch wenn die adelige Fraktion der kulturkonsumierenden Oberschicht meinte, es sei für sie gebaut. Wie anders eine Architektur aussieht, hinter der kein solcher aufklärerisch-moralischer Impetus wie beim Theater steht, zeigt das *Palais*

250 Blick
durch die
Galerie
d'Orléans auf
das Palais Royal

Royal. Schon verschiedentlich war dieser Palast des Kardinal Richelieu, nach dem er der Krone und dann der Nebenlinie der Orléans
angehört hatte, verändert und umgebaut worden. 1780 geriet er in den
Besitz des Herzogs von Chartres (des künftigen Philippe-Egalité), der
die günstige Lage in einem beliebten Stadtteil zu einer groß angelegten
Spekulation nutzte. 1781 beauftragte er den Architekten Victor Louis,
der sich in Bordeaux mit dem Bau des Stadttheaters schon profiliert
hatte, mit der Umbauung des riesigen Gartengrundstücks, das gleichzeitig von drei neuen Straßen umsäumt und ausgegrenzt wurde. Auf
diese Weise entstand ein geschlossenes und aufgrund der Proteste der
Anlieger auch bepflanztes rechteckiges Areal, das auf drei Seiten von
Arkadengängen umgeben war, auf die sich Geschäftslokale mit einem
Mezzaningeschoß öffneten. In dieser Anordnung wurden die Läden
des Palais Royal vorbildlich für die Passagen des 19. Jh. Über ihnen
befanden sich in einem Bel Etage, einem Mezzanin und einem Attikageschoß Wohnungen. Die Investition hat sich offenbar gelohnt, denn
die Lokale waren schnell vermietet, und noch in der Revolution war
das Palais Royal mit seinen Läden, Cafés und Spielhöllen der vielleicht
beliebteste Ort von Paris, wo u.a. Camille Desmoulins seine Reden
hielt.

Der kommerzielle Charakter dieses Viertels sollte noch weit ins
19.Jh. hinein anhalten. Der spätere Bürgerkönig Louis-Philippe, Sohn
des Philippe-Egalité, ließ nämlich an der Südseite des Hofes die *Galerie d'Orléans* bauen, einen ehemals mit einer Eisen-Glas-Wölbung 250
versehenen Trakt, der Läden und einen mittleren Gang enthielt und
somit eines der frühesten Beispiele für den im 19.Jh. so beliebten
Bautyp der Passage darstellte. Nur die Kolonnade hat sich davon erhalten.

Man muß die bürgerlichen (und übrigens sehr anglophilen) Einstel-
lungen des Duc de Chartres und seine durchaus an Profitinteressen
orientierten Absichten kennen, um zu verstehen, warum bei der Gestaltung des Palais Royal dieser spezifische Architekturstil zum Zuge
kam. Der Hof ist umstanden von einer schier unendlich scheinenden
Reihung sehr flacher kolossaler Kompositpilaster, deren Monotonie 251
durch die Bepflanzung wenigstens im Sommer eingeschränkt wird. Jeder einigermaßen aufmerksame Besucher wird aber sofort erkennen,
in welchem Maße diese Kolossalordnung reines Applikat ist, indem
nämlich z.B. die Arkadenpfeiler viel weniger tief sind als die Pilaster
breit. Bedenkt man, daß diese Architekturkulisse in erster Linie verkaufsfördernd wirken sollte, dann stellt sich die scheinbar heitere, dem

252 Cour du Mai, Vorhof des Justizpalastes

Louis XV nachempfundene Fassadengestaltung als fragwürdig dar. Ihre nostalgische Instrumentierung entspräche dann der Technik moderner Verkaufsstrategie: Indem sie eine Scheinwelt vorgaukelt, ermuntert sie zu anscheinend sorglosem Konsum und Vergnügen und wäre damit ein frühes Beispiel warenästhetischer Architektur. Zugleich wurde den Bewohnern die Illusion vermittelt, wirklich fürstlich zu wohnen. Auch wenn sich solche Absichten bei der Planungsgenese nicht nachweisen ließen, handelt es sich doch im Vergleich zu der moralisch sehr strengen Architektur des Odéon um eine Konzeption, die, wem auch immer, gefällig sein will.

1776 hatte ein Brand große Teile des *Justizpalastes* verwüstet, so 252 daß Pierre Desmaisons mit dem Bau der *Cour du Mai* beauftragt wurde. Entlang des heutigen Boulevard mußten die befestigten Häuser und Tore des alten Königspalastes und der späteren Cour du Parlement abgerissen werden, so daß der Ehrenhof sich auch nach außen öffnete. Die Flügelbauten – an der Innenarchitektur des rechten arbeitete der Architekt der Münze Jacques-Denis Antoine, der linke wird von der Sainte Chapelle überragt – sind schlicht gehalten, um den hohen Haupttrakt um so würdiger erscheinen zu lassen. Zum Mittelpavillon in dorischer Kolossalordnung und mit seiner Kuppel auf quadratischem Grundriß führt eine breite Treppe empor. Als Baukörper ist er jenem der Ecole militaire nachempfunden. Auch andernorts gab es oder plante man damals Justizpaläste (der bedeutendste Entwurf ist wohl der von Ledoux für Aix-en-Provence), ohne daß sich ein fester Typus herausgebildet hätte. Die dorische Strenge des Pariser Gebäu-

292

des verweist wiederum auf die Qualitäten, die man von der Justiz erwartete, obwohl Sébastien Mercier spöttisch bemerkte: »On rebâtit le palais de justice, Oh! si l'on pouvoit rebâtir de même l'art de la rendre.«

Zu den öffentlichen Bauaufgaben zählten auch Brunnenanlagen, da es ja noch keine Wasserleitung für jedes einzelne Haus gab. Überhaupt hatte die Stadt lange eine viel zu geringe und – man denke, daß ein großer Teil des Bedarfs aus der Seine gepumpt wurde – hygienisch bedenkliche Versorgung. Für das 18. Jh. hat man zwischen 10 und 20 Liter pro Kopf und Tag errechnet, trübes Pump- und Brunnenwasser sowie stark kalkhaltiges Quellwasser zusammengenommen. Ein großer Teil wurde nach wie vor für die adeligen Gärten verbraucht. Das Wasser aus Rungis ging z.B. zu drei Vierteln in den Jardin du Luxembourg. Daran liegt es auch, daß die städtischen Brunnenanlagen einem anderen Typus folgen als etwa in Italien oder Deutschland, wo sie ständig fließen. Die *Fontaine des Haudriettes*, 1764 von Moreau- 253 Desproux erbaut, ist nichts anderes als ein Wasserreservoir mit einem Wasserhahn, der nur bei Bedarf geöffnet wurde. Für wie kostbar man das Wasser hielt, beweist der dekorative Aufwand, den man vielen dieser Reservoirs angedeihen ließ. Hier ist das schön gequaderte Ge-

253 Fontaine des
Haudriettes, Ecke
Rue des Archives /
Rue des Haudriettes

254   Fontaine des Quatre-Saisons, linker Seitenflügel

häuse mit einer Wassernymphe von Mignot geschmückt, und das Blendfenster darüber enthielt eine Sonnenuhr.

Die aufwendigste Brunnenanlage des 18. Jh. entstand in dem stark expandierenden Nobelviertel des Faubourg St-Germain. Von 1739 bis 1746 baute Bouchardon die *Fontaine des Quatre-Saisons* in der engen Rue de Grenelle. Es handelt sich um einen zweigeschossigen Prospekt, unten gebändert und oben mit Figurennischen versehen, der nach innen einschwingt und einen Risalit mit einer Aedikula zum Zentrum hat. Diese steht auf dem eigentlichen Reservoir und überhöht die thronende Figur der Lutetia, zu deren Füßen Seine und Marne lagern. Der Bildhauer Edme Bouchardon fertigte auch die Stadtwappen, die vier Nischenfiguren, die die Jahreszeiten darstellen, und die Reliefs darunter, auf denen je nach Jahreszeit Putten sich mit Blumen bekränzen, Getreide ernten, Wein lesen und sich wärmen. Während der Grundriß der Anlage und die Skulpturen in heiterem Louis XV erscheinen, deutet die strengere Aufrißarchitektur schon auf die Stiltendenzen der zweiten Jahrhunderthälfte hin. Bis heute fehlt diesem Brunnenprospekt, dessen Arkadenbögen zu den dahinterliegenden und von ihm verstellten Häusern führen, der Raum, dessen es bedürfte, um ihn

254, 255

255   Fontaine des Quatre-Saisons, Rue Grenelle Nr. 57

angemessen wahrzunehmen. Das hat schon Voltaire so gesehen und
gespottet: »Sehr viel Stein für wenig Wasser.«
   Von der größten öffentlichen Bauaufgabe aus den letzten Jahren des
Ancien Régime und von den Bauten des Architekten, der nach dem
Rücktritt von Gabriel (1775) und dem Tode Soufflots (1780) auch
international die größte Achtung genoß, hat sich nur wenig erhalten.
Schon im 17. Jh. war Paris auf der Linie der Grands Boulevards mit
einer Zollmauer umgeben worden. Mit dem Wachstum der Stadt war
diese obsolet geworden, und als Necker 1780 die Ferme Générale als
oberste Steuerbehörde reorganisierte, wurde Paris von einer *neuen
Zollmauer* umgeben, die dem Verlauf der Boulevards extérieurs entsprach, also des großen Rings, der sich zwischen den Grands Boule-

vards und dem heutigen Boulevard périphérique hinzieht. Wie fast jede Maßnahme des Fiskus war auch diese natürlich unpopulär, da die erhobenen Zölle, die zu einem Teil an die Stadtverwaltung und zu zwei Teilen an den Staat gingen, die Preise hochtrieben. Daher der Satz: »Le mur murant Paris rend Paris murmurant«, und der Volkszorn hat sich nicht von ungefähr der neuen Stadtumgrenzung zugewandt, die erst 1790 fertig geworden ist.

Mit der Erbauung der insgesamt 54 unpopulären *Zollhäuser* war Nicolaus Ledoux beauftragt, der uns schon bei den Innendekorationen des Café militaire und des Hôtel d'Uzès begegnet war und der inzwischen eine Vielzahl von privaten und öffentlichen Bauten errichtet hatte, von denen die meisten zerstört sind. Mit dem Bau der staatlichen Salinen von Chaux, einer Manufaktur, und dem Theater von Besançon hatte er sich für höchste Aufgaben empfohlen. Er – und mit ihm Boullée und in geringerem Maße auch Lequeu – ist Repräsentant

256 Rotonde
de la Barrière
de Chartres
im Parc Monceau

der sog. »Revolutionsarchitektur«, die davon ausgeht, daß die herkömmliche Architektur ihre Botschaft nicht mehr zu vermitteln vermag. Folglich gilt es, eine neue Grammatik der Architektur aus reinen geometrischen Körpern und klaren Symbolen zu entwickeln, die den Sinn des Bauwerks in universaler Einfachheit zum Ausdruck bringt. Man kann sich zu recht fragen, was denn dies mit der »Großen Revo-

257   Rotonde de la Vilette

lution« als einer gesellschaftlichen zu tun habe und wieso der Begriff
»Revolutionsarchitektur« gerechtfertigt sei, wo deren Protagonisten
sich doch an durchaus dem Ancien Régime verpflichteten Bauaufgaben versucht haben. Aber der Versuch, eine allgemein verbindliche
und nicht nur der gebildeten Oberschicht zugängliche Formensprache
zu finden, entstammt, so illusionär er auch sein mag, bürgerlichem
Aufklärungsbedürfnis.

Ledoux, dessen Entwürfe vielfach an den Kosten gescheitert waren
und deshalb in vielen Fällen Reißbrettplanungen geblieben sind, hat
auch bei seinen Pariser Zollbauten die veranschlagten Kosten weit
überschritten. Vier davon stehen noch: die *Barrière du Trône* und die
Barrière d'Enfer bestehen aus zwei sich gegenüberliegenden mächtigen
Gebäuden auf rechteckigem Grundriß, während die *Barrière de Chartres* und *de la Vilette,* die hier abgebildet sind, als Zentralbauten ausgebildet wurden. Die Barrière de Chartres lehnt sich an Bramantes Tem-   256
pietto an, ist jedoch in einfachsten dorischen Formen und aus zwei sich
durchdringenden Zylindern gebildet. Die Rotonde de la Vilette ist   257
dagegen aufwendiger, da sie neben den Wachmannschaften verschiedene Büros aufnehmen mußte. In Anlehnung an Palladios berühmte
Villa Rotonda in Vicenza kombiniert sie den zentralen Zylinder mit
einem Kubus über kreuzförmigem Grundriß. Dabei entsteht eine
Monumentalität, die dem Zweck dieser Bauten unangemessen zu sein

scheint, die aber diesen Stil in noch stärkerem Maße auszeichnet als das, was wir als Louis XVI bezeichnen. Abgesehen von der direkten Nachfolge Ledoux' in England, wo er sich anscheinend auch inspiriert hatte, und in Deutschland (Gilly, Späth) ist die indirekte Einwirkung dieser puristischen Architekturkonzeption bis in die Moderne hinein zu verfolgen, und die sog. »Postmoderne« hat mit ihrer eigenen »architecture parlante« in Ledoux sicher einen gewichtigen Ahnvater. Kulturhistorisch ist jedenfalls bezeichnend, daß sich der architektonische Paradigmenwandel – so wie in den anderen Künsten auch und z.T. so illusionär wie in diesen – noch unter dem Ancien Régime vollzieht.

DIE »HAUPTSTADT DES 19. JAHRHUNDERTS«
VON DER REVOLUTION
BIS ZUM ERSTEN WELTKRIEG

Um die Mitte des 19. Jh. erreicht Paris seine heutige Ausdehnung. Kein Jahrhundert – auch nicht das üblicherweise so zerstörerische 20. – hat auf das heutige Stadtbild so nachhaltig eingewirkt wie das vorige. Schon ein Vergleich von Stadtplänen – etwa des berühmten »Plan des Artistes« vom Ende des 18. Jh. mit einem von 1900 oder heute – würde das deutlich machen. Aber nicht nur die urbanistischen Strukturen wurden durch einschneidende Neuorientierungen verändert, auch die Bausubstanz wurde in einem bis dahin unbekannten Ausmaß erneuert, verändert, umgeformt und restauriert. Schriftsteller und Maler, Kunstliebhaber und die Gesellschaft der »Freunde des alten Paris« haben diese Veränderungen wahrgenommen, beschrieben und sehr unterschiedlich bewertet. Vor allem die Fotografen der »Pariser Schule« von Le Secq und Marville bis hin zu Atget haben gerade die Orte, Häuser und Details festgehalten, welche vom Untergang bedroht waren, und vor allem daher rührt wohl der oft melancholische Zug dieser Bilder. Anders als die heutige Stadtzerstörung, die Urbanität den Interessen des Individualverkehrs und Kapitals opfert, hatte die des 19. Jh. aber auch positive Aspekte, die möglicherweise – und wir müssen das noch hinterfragen – gegenüber den negativen überwiegen.

Seit der Revolution und im Rahmen der Entfaltung der bürgerlichen und industriellen Gesellschaft entstehen neue Bauaufgaben und damit Bautypen, und in vielen Fällen liefern die Pariser Bauten Exempel, die weit über die Grenzen des Landes hinaus einflußreich waren. Zwar war England in bezug auf die industrielle Entwicklung durchweg führend und spielte bei der Herausbildung des industriell gefertigten Glas-Eisen-Baus zunächst die Vorreiterrolle. Aber in Frankreich lagen die Dinge insofern anders, als die Entfaltung der Industriegesellschaft und des Hochkapitalismus mit viel stärker einschneidenden gesellschaftspolitischen Veränderungen einherging. Während die englischen politischen Strukturen im Grunde auf die bürgerliche Revolution zurückgingen und in Gestalt der konstitutionellen Monarchie bis heute konservativ geblieben sind, kommen in Frankreich die gesellschaftlichen Widersprüche am schärfsten zum Ausdruck. Auf eine Revolution mit zunehmend radikaldemokratischer Tendenz folgt mit Direktorium und Erstem Kaiserreich eine Konsolidierungsphase der bürgerlichen Gesellschaft, die in den napoleonischen Eroberungszügen ganz Europa den Stempel ihrer Tugenden aufdrücken will. Da sie dabei jedoch gleichzeitig imperialistische Absichten verfolgt und somit die Sympathie der von relativen bürgerlichen Freiheiten beglückten Völker verscherzt, mußte sie scheitern. Die Restauration der alten

Mächte konnte sich in Frankreich – anders als in den anderen europäischen Staaten – nicht lange halten. Die Juli-Revolution von 1830 ließ die alte Monarchie endgültig von der Bildfläche verschwinden und ersetzte sie durch eine neue, die in offenkundigem Bündnis mit dem Finanzkapital stand. Gegenüber den Ansprüchen der Kleinbürger und des entstehenden Industrieproletariats mußte sich dieser »Bürgerkönig« Louis Philippe zunehmend repressiver verhalten, so daß es in der auf ganz Europa übergreifenden 48er Revolution wieder zur Republik kam. Während jedoch in den anderen europäischen Ländern die alten Führungsschichten des Adels bald wieder die Oberhand gewannen, verhalf 1851 der Staatsstreich des Louis Bonaparte, dem selbsternannten Napoleon III., an die Macht. Seinen Rückhalt fand er bei den konservativen ländlichen Wählerschichten und bei der Finanzbourgeoisie. Seine Hilfstruppen (um nicht zu sagen Schlägertrupps) hat Daumier in Gestalt des Gauners Robert Macaire verewigt. In den Augen der Legitimisten innerhalb und außerhalb von Frankreichs Grenzen blieb er ein Parvenu, und durch die pompösen und legitimatorischen Architekturen und Ausstattungen seiner Ära, durch den offiziellen kulturpolitischen Habitus, wird dieses Urteil eher bestätigt.
Mit der Niederlage von Sedan kam es am 4. September 1870 wiederum zur nunmehr Dritten Republik. Aber nun ging es nicht mehr um bürgerliche Freiheiten, sondern um die Frage, wer denn – die alten monarchistischen Fraktionen ausgeschlossen – die Macht übernehmen sollte, das Bürgertum oder das »Volk«. Die Pariser Kommune, der man soviel Schuld an der Zerstörung alter Bauwerke anlastet, war jedenfalls die erste – gescheiterte – Revolution, in der sich sozialistische und anarchistische Ideen vorrangig Geltung verschafft haben. Den Sieg trugen – wie sollte es anders sein – die bürgerlichen Kräfte davon, die zunächst eine reaktionär-republikanische Ordnung errichteten, welche sich entsprechend der Konjunkturlage dann liberalisierte. Paris und Frankreich haben seit 1870 zwar verschiedene Verfassungen durchlebt, aber zu monarchistischen oder imperialen sind sie seitdem nicht zurückgekehrt. Auch wenn man die Restauration, das Zweite Kaiserreich und die Dritte Republik als Rückschläge und gesellschaftshistorische Reaktion bezeichnen will, so ist Frankreich mit seiner Metropole doch das Land, in dem die Widersprüche am deutlichsten ausgetragen worden sind.
Auch auf kulturellem Gebiet sollte Paris bis weit in unser Jahrhundert hinein und in vielen Bereichen führend werden wie schon im 13., 17. und 18. Jh. So entspricht z. B. die Geschichte der modernen Malerei auf weite Strecken dem »Königsweg« der französischen, und in der Literatur – vor allem der epischen und lyrischen – war es ähnlich. Es wäre eine interessante Frage, warum diese Vorrangstellung in einigen anderen Gebieten wie etwa der symphonischen Musik oder der Philosophie nicht in derselben Weise gegeben war, aber gerade bei der

Ausbildung neuer Massenmedien und demokratischer Öffentlichkeit kommt Frankreich eine unbestrittene Spitzenposition zu. Man denke an die illustrierten Zeitungen, die Karikatur, an Panoramen und Dioramen, an die Fotografie und den Film, die Feuilletonromane, die Museen und Salons mit der sie begleitenden Kunstkritik, an die unzähligen Theater, an Oper und komische Oper und nicht zuletzt an die zahlreichen großen Weltausstellungen.

Auch in dem kulturellen Bereich, der uns hier in erster Linie interessiert, hat Frankreich große zukunftsweisende Leistungen hervorgebracht. Neben den repräsentativen Bauten der verschiedenen Regierungssysteme entstanden ganz neuartige, über die die Kunstgeschichte lange hinweggesehen hat: Eisenbrücken, Passagen, Kaufhäuser, Bahnhöfe, Ausstellungshallen und -monumente wie der Eiffelturm, Kirchen aus Gußeisen und später aus Stahl, Markthallen und öffentliche Bibliotheken, schließlich die Métro. In Frankreich wurde die Stahlbetonbauweise erfunden, und für die Statue of Liberty entwickelte Eiffel das sog. »curtain-wall-Prinzip«, welches dann im Stahlskelettbau entfaltet werden sollte. Im 19. Jh. erringt das französische Ingenieurwesen jedenfalls Weltbedeutung. Andererseits vergrößerte sich die Kluft zwischen architektonischer Gestalt und Konstruktion, zwischen Ingenieuren und Architekten, die – und das gilt bis heute – verschiedene Praxisfelder abzudecken hatten und deren Ausbildung sich entsprechend divergierend spezialisierte. Im Denkmälerbestand äußert sich das dahingehend, daß »reine« Ingenieurbauten in der Minderzahl sind und daß die »gestaltende« Architektur den Primat beansprucht. Man kann das wie Schivelbusch als einen Verdrängungsmechanismus und als »Abpolsterung« charakterisieren. Ingenieurbauten wirkten auf das Großbürgertum offenbar deshalb bedrohlich, weil die gesellschaftliche Arbeit in ihnen viel unverblümter zum Ausdruck kam. Es bedurfte also verbrämender Fassaden, die, meist in altem, d.h. historisierenden Gewande über den Produktionsprozeß hinwegtäuschen konnten. Vor allem diente die Fassadenarchitektur dazu, das Ideologem von der Architektur als hoher Kunst zu verfestigen und damit den Bauaufgaben eine entsprechend »hohe« Legitimität zukommen zu lassen. Erst die Ästhetik der Neuen Sachlichkeit und der »Funktionalismus« des 20. Jh. sollten in der Schule von Chicago, am Bauhaus und in der neuen Architektur der Sowjetunion diese Vorstellung von Architektur über Bord werfen. Ansätze zu einem derart radikalen Umbruch gab es jedoch auch schon in Frankreich, und es ist bezeichnend, daß sie in der Traditionslinie der »Neugotiker« besonders virulent werden sollten. Denn seit der Gotik hatte es keinen führenden Architekturstil mehr gegeben, in dem ingenieurwissenschaftliche Technik und architektonische Gestaltung in vergleichbarer Weise interdependent gewesen sind.

Aus verständlichen Gründen hat die Revolution baulich kaum etwas hinterlassen. Es fehlte an Mitteln, und zu sehr war sie mit dringlicheren

Aufgaben beschäftigt. Trotzdem hatte sie für die Stadt und ihre Bauwerke kaum absehbare Folgen. Die Königsmonumente wurden zerstört, Hinweise auf »Feudalismus und Aberglauben« von den Bauwerken entfernt, ein Dekret, dem außer Wappen, Lilien und Kronen auch große Teile der kirchlichen Bauskulptur zum Opfer gefallen sind. Durch die Enteignung adeligen und kirchlichen Besitzes wurde die Zerstörung vieler Kirchen, Klöster und Palais ermöglicht, deren Gelände in den folgenden Jahren dann neu bebaut und durch neue Straßen erschlossen werden konnte. Der Historiker Michelet hat etwas ironisch gesagt, die größte Bauleistung der Revolution sei das Marsfeld, also die riesige Freifläche zwischen Militärakademie und Seine gewesen. Hier fanden die revolutionären Massenfeste statt, und das Gelände war wie ein überdimensionierter römischer Zirkus von Tribünen umsäumt. Die Haupttribüne für die Nationalversammlung und zunächst auch noch für den König erhob sich vor der Fassade der Ecole militaire, während am anderen Ende des Terrains ein riesiger Triumphbogen mit drei gleich großen Öffnungen stand, die Freiheit,

258 Häuser im Revolutionsstil in der Rue des Colonnes

259 Neogotisches Haus mit ägyptisierendem Dekor, Place du Caire Nr. 2

Gleichheit, Brüderlichkeit symbolisierten. In der Mitte erhob sich der Vaterlandsaltar. Von diesen meist provisorischen Architekturen, von dem Brunnen der Erneuerung und des zu Ehren des »höchsten Wesens« auf dem Marsfeld aufgetürmten Berg hat sich nichts erhalten, und große Projekte wie die Kolossalstatue des Französischen Volkes in Gestalt des Herkules auf der Terrasse des Pont-Neuf sind erst gar nicht zur Ausführung gekommen.

Trotzdem war die Bautätigkeit nicht ganz zum Erlahmen gekommen, und eine Reihe von Projekten, die unter dem Ancien Régime begonnen worden waren, wurden fortgeführt wie z.B. die Rue de l'Odéon. Das interessanteste Neubauprojekt ist die 1794 begonnene *Rue des Colonnes* auf dem Gelände des Hôtel de Verneuil, das als Besitz eines adeligen Emigranten konfisziert worden war. Die Häuser der Straße sind einheitlich als kubische, glatte Blocks, die sich leicht nach oben verjüngen, gestaltet. Sie erheben sich über einem Arkadengang aus mächtigen dorischen, den Tempeln von Paestum nachempfundenen Pfeilern und Säulen ohne Basen und Kanneluren. Der De-

258

303

kor ist ebenso spartanisch: Palmetten über den Kämpfern, geriefelte Arkadenbögen und an den Fenstern der ersten Etage Brüstungen aus kleinen dorischen Säulen mit Architrav. Auch der Zuschnitt der Steine erweckt den Eindruck von Wuchtigkeit. Die Rue des Colonnes ist das einzige bedeutendere Bauwerk der »Revolutionsarchitektur«, welches auch tatsächlich zur Zeit der Revolution gebaut und erhalten ist, denn die wenigen nachrevolutionären Bauten von Ledoux sind sämtlich zerstört.

Der erfolgreiche Ägyptenfeldzug 1798 und die Rückkehr Bonapartes nach Paris im Jahr darauf lösten eine Ägyptomanie aus, die in der lapidaren Formensprache der Revolutionsarchitektur ihren Nährboden hatte. Begünstigt wurde sie durch die großen Abbildungswerke ägyptischer Kulturdenkmäler, welche Bonaparte hatte aufnehmen, zeichnen und stechen lassen. *Place, Rue und Passage du Caire* wurden 1799 anstelle eines aufgelassenen Klosters und der berüchtigten Cour des Miracles angelegt. Die Fassade des Hauses an der Place du Caire zeigt eine ganz ungewöhnliche Mischung fremder Stile: Die gotisierenden Arkaturen erinnern zunächst an einen venezianischen Palazzo, die Hathor-Konsolen, die Flachreliefs und die Lotussäulchen sind jedoch ägyptisch. Die Mode sollte noch einige Jahre andauern und sich in Monumenten wie dem *Fellahbrunnen* in der Rue de Sèvres (1806), dem *Palmenbrunnen* auf der Place du Châtelet, in *Obelisken* und kleinen *Pyramiden* niederschlagen, ehe sie überdeckt wurde von dem am römischen Kaiserreich anknüpfenden imperialen Stil des Ersten Kaiserreichs.

Im *Hôtel de Beauharnais,* das wir als Werk von Boffrand schon kennengelernt haben, kommen diese beiden Stile – oder besser Moden – zusammen. 1803 hatte Eugène Beauharnais, der Stiefsohn Bonapartes, dies Hôtel erworben und Umbaumaßnahmen nach Plänen des Architekten Bataille beginnen lassen. Als er 1805 Vizekönig von Italien wurde, überließ er es seiner inzwischen zur Kaiserin gekrönten Mutter Joséphine. Beide verausgabten sich bei der Ausstattung in einem Maße, das den Unmut Napoleons hervorrief, der das Hôtel zunächst für seinen Bruder Jérôme konfiszierte, um es dann 1811 an Eugène de Beauharnais und seine Schwester Hortense zurückzugeben. Schon 1814 wurde es Sitz der preußischen Gesandtschaft, 1871 dann der Deutschen Botschaft und dient nun als Residenz des Botschafters. Die *ägyptische Portikus* des Innenhofes wurde 1807 nach Plänen des Architekten Renard errichtet. Eingetiefte Flachreliefs in altägyptischer Manier zieren die Seitenpfeiler, die zwei Säulen mit Lotuskapitellen einfassen. Vor der schlichten Kulisse von Boffrands Hoffassade wirkt diese Vorhalle wie das Versatzstück einer Theaterarchitektur.

Die neue Innendekoration des Hôtel de Beauharnais orientiert sich vor allem am pompejanischen Stil. Der große *Salon der vier Jahreszeiten,* die auf großen allegorischen Gemälden erscheinen, ist in einem kühlen Akkord aus Grau, Weiß und Gold gehalten, der durch die farbigen, der pompejanischen Wandmalerei nachempfundenen Bemalungen der Türen und Supraporten etwas aufgeheitert ist. Der Dekor aus Arabesken, Genien und Grotesken ist streng gegliedert und zugleich sehr leicht. Nur in dem Adlerfries kommt der imperiale Anspruch zum Ausdruck. Auch das *Schlafzimmer* der Kaiserin mit dem 262 unumgänglichen und immer wiederkehrenden Motiv der Schwäne als Symbol der Treue ist erhalten. Beim Deckengemälde, der Bemalung der Türfelder, aber auch bei den Möbeln, ihrer Bespannung und ihren Intarsien kehren die Stilelemente pompejanischer Wandmalerei allenthalben wieder, die damals ja auch in anderen europäischen Ländern aufgegriffen wurde. Am exotischsten ist jedoch das *türkische Boudoir* vor dem Bad mit dem Ruhedivan. Wandbespannung, Möbel, XVII Tapeten und Deckenbemalung sind in Nachahmung türkischer Dekorationen des 18. Jh. gemustert, die ihrerseits traditionelles ottomanisches Formengut mit Einflüssen des osteuropäischen Rokoko verbinden. Unter der Decke und von einem Stalaktitenfries überfangen verläuft ein heiter-frivoler Fries mit Bade- und Tanzszenen aus einem Serail, der etwa gleichzeitig mit Ingres' berühmten Bild des türkischen Bades datiert. Gewiß gab es schon in den Appartements des 18. Jh. Räume mit Turquerien und Chinoiserien, und ebenso gewiß sind die Räume der Kaiserin Joséphine und der Königin Hortense nicht einfach

260 Die ägyptische Portikus des Hôtel de Beauharnais, Rue de Lille Nr. 78

261 Salon der Jahreszeiten im Hôtel de Beauharnais

historistisch-exotische Stilkopien, nähern sich solchen jedoch in viel stärkerer Weise an als jene und sind somit Vorläufer des gehobenen Edelkitsches, wie er uns später bei den Intérieurs Napoleons III. oder auch eines Ludwig II. von Bayern entgegentritt. Gemessen an dem ganz selbstbewußt auftretenden Prunk der Intérieurs aus der Zeit des Barockklassizismus und den äußerst »geschmackvollen« aristokratischen Wohnräumen des 18. Jh., bei denen Arabesken und Chinoiserien dem Rokokodesign mühelos einverleibt sind, gewinnt man hier jedoch den Eindruck des »Ausstaffierten« und Prätentiösen, das sich mit geschmacklicher Unsicherheit verbindet. Das mag – ähnlich wie bei den großbürgerlichen Salons der zweiten Jahrhunderthälfte – damit zusammenhängen, daß die Bewohner im Gegensatz zur alten Ari-

262   Schlafzimmer der Kaiserin im Hôtel de Beauharnais

stokratie nicht auf eine kontinuierliche kulturelle Tradition zurück-
greifen konnten und im Grunde Parvenus waren.

Bei den großen öffentlichen Bauvorhaben, die unter Napoleon begonnen wurden, stellt sich dies etwas anders dar, denn diese hatten ja
die Aufgabe, den neuen bürgerlichen Staat zu repräsentieren. Und
wenn, wie Marx gesagt hat, die Lebenden »eben damit beschäftigt
scheinen, sich und die Dinge umzuwälzen, noch nicht Dagewesenes zu
schaffen, grade in solchen Epochen revolutionärer Krise beschwören
sie ängstlich die Geister der Vergangenheit zu ihrem Dienste herauf,
entlehnen ihnen Namen, Schlachtparole, Kostüm, um in dieser altehr-
würdigen Verkleidung und mit dieser erborgten Sprache die neue
Weltgeschichtsszene aufzuführen. ... die Revolution von 1789–1814

307

drapierte sich abwechselnd als römische Republik und als römisches Kaisertum ...« Und die Heroen, zu denen er auch Napoleon zählt, »vollbrachten in dem römischen Kostüme und mit römischen Phrasen die Aufgabe ihrer Zeit, die Entfesselung und Herstellung der modernen bürgerlichen Gesellschaft«.

Die Regierungszeit des Kaisers war nur kurz, so daß viele urbanistische Konzepte nicht ausgeführt werden konnten wie z. B. die Bebauung des Marsfeldes und der Colline de Chaillot, die erst in unserem Jahrhundert definitiv gestaltet wurde. Immerhin wurde die *Avenue de l'Observatoire* angelegt, die *Quais entlang der Seine* wurden ausgebaut, zahlreiche Straßen bepflastert. Während in den ersten Jahren der Regierungszeit repräsentative Maßnahmen im Vordergrund stehen, herrschen seit 1811 die mehr utilitären vor. Durch die Erbauung des *Canal de l'Ourcq,* des *Bassin de la Vilette* und den Ausbau der Kanalisation wird die Wasserversorgung und -entsorgung der Stadt erheblich verbessert. Der *Pont des Arts* wird als erste Gußeisenbrücke Frankreichs gebaut, und das Dekret zum Bau mehrerer Markthallen – darunter auch der *Marché St-Germain* – sollte die Lebensmittelversorgung der Stadt verbessern.

Spektakulärer waren jedoch die Maßnahmen, die den Ruhm des Landes verkünden sollten und die, obwohl kaum eine bis 1815 abgeschlossen war, sich städtebaulich durchgesetzt haben. Sie konzentrierten sich auf die große *Ost-West-Achse nördlich des Louvre* mit ihren Querachsen und damit auch auf den Louvre selber. Dieser sollte auch im Norden mit den Tuilerien verbunden werden, eine Idee, die schließlich realisiert worden ist (s. o.). Zu dieser Maßnahme zählte auch der sog. *Kleine Triumphbogen,* der seit 1806 im Innenhof der Tuilerien, die kaiserliche Residenz waren, zur Erinnerung an die Schlacht von Marengo errichtet worden ist. Der Entwurf stammt von den Architekten Percier und Fontaine, die den Empire-Stil am nachhaltigsten und auch in provisorischen Architekturen und Festdekorationen geprägt haben. Sie orientierten sich an dem römischen Vorbild des Septimius-Severus-Bogens, bereicherten dieses jedoch durch die Verwendung verschiedener Steinsorten (Säulen und Gebälk sind nicht von ungefähr aus rötlichem Marmor, der an imperialen Porphyr erinnert), eine bronzene Quadriga und reicheren Statuenschmuck. Seit der Zerstörung der Tuilerien im Jahre 1871 ist dieses Monument zusammen mit dem Obelisken der Place de la Concorde und dem großen Triumphbogen in eine Perspektive gerückt, für die es zu klein ist und auch nicht bestimmt war.

263 Städtebaulich war der Durchbruch der *Rue de Rivoli* viel wichtiger, da sie endlich die längst fällige Ost-West-Verbindung von der Place de la Concorde zur Rue St-Antoine, die zur alten Rue St-Honoré keinen direkten Anschluß hatte, bewerkstelligen sollte. Sie war seit längerem geplant und wurde dann zusammen mit den senkrecht zu ihr verlaufen-

263   Rue de Rivoli

den Durchbrüchen der Rue Castiglione und Rue des Pyramides ab 1801 realisiert, allerdings erst 1854 wirklich fertig. Fast monoton ziehen sich die Häuser mit den Arkaden, drei Obergeschossen und dem abgerundeten Dachgeschoß (das von Palladios Vicentiner Basilika inspiriert ist und für die Gestaltung der späteren Haussmannschen Avenuen vorbildlich bleiben sollte) über die lange Entfernung, und die zurückhaltende Gestaltung dieser »Endlosstraße« sollte das Tuilerienschloß samt Tuilerienpark um so »prominenter« erscheinen lassen.

Quer zu dieser Achse stellte die neue *Rue de Castiglione* die *Verbindung zur Place Vendôme her*, eine Perspektive, die sich durch Abriß der Kapuzinerkirche und den Durchbruch der damaligen Rue Napoléon nun bis zu dem Boulevard de la Madeleine erstreckte und deren Mittelpunkt somit die *Vendômesäule* wurde. Wenn diese also, wie wir sahen, die Dimensionen der Place Vendôme in höchst unerfreulicher   201

Weise und wie ein überdimensioniertes militärisches Phallussymbol sprengt, so daß ihre Niederlegung in der Pariser Kommune, für die dann der Maler Courbet verantwortlich gemacht worden ist, als ein eher sympathischer Akt erscheint, so gewinnt sie in der übergeordneten städtebaulichen Planung, der auch die Platzanlage jetzt subsumiert wird, eine ästhetisch nachvollziehbare Bedeutung. Sie richtet sich nicht mehr an den, der den Platz begeht, sondern an den Rezipienten, der das übergeordnete urbanistische Gefüge als »Denkmal des Ruhmes« wahrzunehmen bereit ist. Die Idee zu solchen, an der römischen Trajanssäule orientierten Monumenten reicht einige Jahre zurück, aber erst nach der Schlacht von Austerlitz, die hier gefeiert wird, genehmigte Napoleon 1806 dieses Denkmal für sich und seine Grande Armée. Auch wenn man die Säule als Beispiel für die neue weitgreifende urbanistische Konzeption des Kaiserreichs an dieser Stelle für denkmalschutzwürdig erachten mag, so behält Courbets radikaldemokratisch-pazifistischer Vorschlag doch einiges für sich: nämlich die Säule dorthin zu versetzen, wo sie hingehört, auf die Esplanade der Invaliden. Sein Alternativvorschlag war ein pazifistisches Monument in Gestalt einer Kanone, die senkrecht und damit wirkungslos in die Luft schießt, wobei sie sich allenfalls selbst zerstört.

Selbst wenn die Rue de Rivoli damals schon fertig geworden wäre, so hätte dies vermutlich nicht viel bewirkt. Denn die eigentliche Achse durch die Tuilerien und die Champs-Elysées war ja in der Hauptrichtung schon vorgegeben, und auch die Hauptquerachse war durch die Anlage der heutigen Place de la Concorde mit ihren die Mitte freilassenden nördlichen Pavillons und mit der Brücke, die noch unter dem Ancien Régime begonnen worden war und in ihrer heutigen Gestalt auf die Verbreiterung von 1930 zurückgeht, schon präjudiziert. Das vorgegebene Raster wurde also unter Napoleon lediglich bestätigt und verstärkt. Es scheint, daß die Konzeption dieses großen urbanistischen Zusammenhangs im Dienste der »gloire« das Primäre war und daß es folglich unerheblich ist, einzelnen Bauten eine städtebauliche Auslöserfunktion zuzuschreiben. Die Fassade des Palais Bourbon, der Madeleine und des »Großen Triumphbogens« sind also nur Teile eines umfassender gedachten Konzeptes von Stadtgestalt.

Die Querachse des »Großen Kreuzes« wird an ihren Enden markiert durch zwei antikische Tempelfassaden, die baulich sehr unterschiedlich begründet sind. Im Süden korrespondiert diese Fassade aus zwölf Säulen nämlich keinem entsprechenden Baukörper. *Das Palais Bourbon* als adeliger Wohnsitz war unter dem Direktorium mit dem großen Sitzungssaal für die 500 Delegierten versehen worden, und dieser Gebäudekomplex versank nun teilweise hinter den erhöhten Kaimauern, so daß das große Dach des Sitzungssaales den Bau noch schwerfälliger wirken ließ. 1806 dekretierte Napoleon den Bau der Fassade nach den schon seit einigen Jahren vorliegenden und nun

264 Kolonnade vor dem Palais Bourbon; vorn links Pont Louis XVI (heute Pont de la Concorde)

leicht veränderten Plänen von Poyet. Einem mächtigen Querblock ist als Risalit eine Tempelfassade aus zwölf Säulen vorgestellt, die 1810 264 fertig wurde. Das Giebelrelief von Cortot stellt Frankreich dar, das sich auf die Verfassung von 1830 stützt. Wie der Großteil der Innenausstattung, an der sich auch Delacroix mit einem Großauftrag beteiligte, stammt es aus den Jahren der Juli-Monarchie.

Das nördliche Pendant dieses Peristyls ist die *Madeleine* in Gestalt 265 eines riesigen korinthischen Peripteros. Schon unter Ludwig XV. hatte man an dieser Stelle mit dem Bau einer Kuppelkirche begonnen, der jedoch nicht recht vorankam und aus dem man während der Revolution einen Profanbau machen wollte, wobei man bezeichnenderweise an eine Börse oder an öffentliche Kulturbauten dachte wie Bibliothek, Museum und Oper. Im selben Jahre 1806, als mit dem Bau der Seinefassade des Palais Bourbon begonnen wurde, dekretierte Napoleon hier den Bau eines Monumentes zum Ruhme der Großen Armee, eine Idee, die von Vivant Denon, dem Generaldirektor der öffentlichen

265 La Madeleine

Kunstsammlungen stammte. Den Wettbewerb gewann Pierre Vignon, doch kam sein Bau nur langsam voran, weil Napoleon im Gegensatz etwa zu Ludwig XIV., aber auch zu seinen faschistischen Nacheiferern gerade bei Prestigebauten auf die Einhaltung der Finanzierungspläne achtete. Schließlich erschien ihm 1813 dieses reine Ruhmesdenkmal denn doch zu verschwenderisch, so daß er den Bau wieder der Kirche überließ, eine Entscheidung, die sicher auch mit dem russischen Feldzug und der Völkerschlacht von Leipzig zusammenhing. Nachdem die Restauration ihn zur Sühnekirche zum Andenken an Ludwig XVI. und Marie Antoinette machen wollte, wurde er unter der Juli-Monarchie 1842 fertiggestellt und wieder der hl. Magdalena als der ursprünglichen Patronin dediziert. Diese divergierenden Intentionen haben zwar die bildnerische Ausstattung beeinflußt, die Baugestalt selber jedoch kaum. Es handelt sich in der Tat um einen monumentalen Ruhmestempel und um ein Monument, wie es – nach den Worten des Kaisers – »zwar in Athen, jedoch bislang nicht in Paris existierte«.

Mit dem Kleinen Triumphbogen, der ja ringsum von Gebäuden umschlossen war und somit die Funktion dieses Bautyps als weithin sichtbares und von einer Hauptstraße zu durchquerendes Monument nicht erfüllte, war der Kaiser zu Recht unzufrieden. Wiederum im Frühjahr 1806 begannen die Planungen für ein großes Monument, und nachdem man sich gegen die Place de la Bastille und für den *Rondpoint de l'Etoile* auf den Höhen von Chaillot als einen von weither sichtbaren Standort entschieden hatte, begann man im August 1806 nach Plänen

von Chalgrin mit dem Bau. Der Architekt hatte sich den vergleichsweise kleinen und schlichten römischen Titusbogen mit nur einem
Rundbogen zum Vorbild genommen, dessen Formensprache aber reduziert und zugleich monumentalisiert. Denn der *Arc de Triomphe* für XX
die Große Armee sollte mit 50 Metern Höhe gigantische Ausmaße
erreichen und wäre nur von den glücklicherweise nie ausgeführten
Plänen von Speer für Berlin übertroffen worden. Chalgrin verzichtete
auf Säulen und gestaltete die Pfeiler als weitgehend glatte Flächen.
Besonders geschickt ist eine andere Abweichung von dem römischen
Vorbild: Der mächtige Block ist auch in der Querachse von einem
Bogen durchdrungen, so daß er allseitig wird und auf die Situation des

266   Relief von Rude am Arc de Triomphe de l'Etoile: »La Marseilleise«

267 Die Börse

Platzes Rücksicht nimmt, statt nur eindimensional auf die Triumph-
straße. Da auch in diesem Fall die Sparsamkeitsgrundsätze eingehalten
wurden, war der Bau bei Napoleons Abdankung 1814 nur wenige
Meter über die Grundmauern gediehen. Anläßlich der Heirat mit Marie Louise im Jahre 1810 wurde die endgültige Gestalt dem Kaiser
jedoch mit Hilfe eines tuchbespannten Lattengerüstes vor Augen geführt. Nachdem auch die Bourbonen den Bau, jedoch mit der neuen
Zweckbestimmung der Verherrlichung ihres Sieges in Spanien, weiter-
getrieben hatten, wurde er 1836 auch auf Betreiben des Bürgerkönigs
und im Zuge der sich formierenden Napoleon-Renaissance vollendet.
Die monumentalen *Pfeilerreliefs* wurden 1833 bei Etex, Cortot und
Rude in Auftrag gegeben. Letzterer gestaltete in einem romantischen
266 Pathos, das dem Gegenstand angemessen ist, die »*Marseillaise*« bzw.
den Auszug der Freiwilligen aus Marseille im Jahre 1892. Auf diesem,
von der Marianne vorangetriebenen Zug alter und junger Revolutio-
näre entstand bekanntlich die kämpferisch-republikanische National-
hymne, deren Inhalte in diesem Monumentalrelief, an dem auch die
sozialistische Monumentalkunst anknüpfen sollte, beredten Ausdruck
finden. Heute hat sich die Botschaft des Triumphbogens mit dem
»Grab des unbekannten Soldaten« eher verkehrt: Er ist Treffpunkt
von Veteranenvereinen und konservativen Gruppierungen, was auch
in der neuerlichen Benennung des Platzes nach Charles de Gaulle zum
Ausdruck kommt.

314

Auch für den Bau der *Börse* hat sich Napoleon persönlich interessiert und diesen »Tempel des Geldes« an der Stelle eines aufgelassenen Dominikanerinnenklosters seit 1808 von Brongniart bauen lassen.
Ursprünglich handelte es sich um einen rechteckigen Baukörper, der
rings von 14 × 20 glatten korinthischen Säulen umstanden war und erst
zu Beginn des 20. Jh. kreuzförmig erweitert worden ist. Ein Giebel
kam bei dieser Breite kaum in Betracht, und so ist das Dach weitgehend von dem mächtigen Architrav verdeckt. Die Außenwand der
»Cella« ist in zwei Geschosse geteilt. Die unteren Arkaden öffnen sich
auf den Börsensaal, während die Fenster darüber die Räume belichten, in denen sich ursprünglich das Handelsgericht befand. Die Pariser
Börse bestand als Institution schon seit 1724, war bislang aber an
verschiedenen Orten untergebracht worden. Der äußerst anspruchsvolle, in der inflationären Reihung von Säulen aber auch etwas mono-
tone und bewußt karg dekorierte Bau dokumentiert mit aller Deutlichkeit den gesellschaftspolitischen Umschwung, in dessen Rahmen die
Finanzaristokratie höchste Bedeutung erhielt. Somit ist die Börse, für
die sich noch kein fester Bautyp herausgebildet hatte, ein noch unbe-
fangenes Monumentaldenkmal des bürgerlichen Kapitalismus, der sich
ja gerade erst die politische Macht erkämpft hatte. Die Bauaufgabe
blieb eine der interessantesten des 19. Jh.

Die Restauration ist arm an urbanistischen Konzepten und überläßt
vieles der Privatinitiative von Bau- und Finanzierungsgesellschaften.
Während die Stadt 1801 etwa 550 000 Einwohner hatte, wurden bei
der Volkszählung von 1817 schon über 700 000 ermittelt, und dieser
Trend sollte weiter anhalten. Vor allem zwischen dem Ring der
Grands Boulevards und der Zollmauer entstanden neue Quartiere,
deren Zentrum meist ein Kirchenneubau wurde – auch dies bezeichnend für die restaurative Epoche zwischen 1815 und 1830. So wurde
z. B. die nach Deutschland führende Landstraße ins Stadtinnere hinein
verlängert, und diese *Rue Lafayette* ist bis heute eine wichtige Ver-
kehrsader geblieben. Sie gab dem Faubourg Poissonnière seine Struktur und überquerte in der Mitte einen Platz, der von der Kirche *St-
Vincent-de-Paul* beherrscht wird. Diese fünfschiffige Basilika mit offe-
nem Dachstuhl liegt auf einer Anhöhe, die man über Treppen und
Grünanlagen ersteigt. Sie wurde von Lepère begonnen und von Hittorff vollendet, der die Pläne seines Schwiegervaters 1833 jedoch ver-
änderte. Der Grundgedanke bestand darin, die Formen der frühchrist-
lichen Basilika mit der Strenge des antiken Tempels zu verbinden, und
Hittorff verwertete hier viele Eindrücke seiner Italienreise, auf der er
die Polychromie der antiken Tempel entdeckt hatte. Das Innere hat er
nach dem Vorbild von Monreale sehr farbig gestaltet, was ihm jedoch
beim Äußeren verwehrt blieb. Während die Treppenanlage offensichtlich von der römischen Santa Trinità dei Monti inspiriert ist, stellt die
Fassade eine Paraphrase auf die von St-Sulpice dar.

268   St-Vincent-de-Paul, Fassade

Auch die Quartiere François I südlich der Champs-Elysées, St-Georges mit der Kirche *Notre-Dame-de-Lorete* – ebenfalls eine Basilika in der Art von St-Vincent – und das Quartier de l'Europe entstanden seit den zwanziger Jahren. Neben den beiden genannten Kirchen entstanden gleichzeitig *St-Pierre-du-Gros-Caillou, Notre-Dame-de-Bonne-Nouvelle, St-Denis-du-Saint-Sacrement, St-Jean-Baptiste-de-Grenelle* und *Ste-Marie-des-Batignolles,* die sowohl auf die neue Ausdehnung der Stadt verweisen als auch die innige Verbindung von Thron und Altar dokumentieren sollten.

269   Am deutlichsten werden diese Tendenzen bei der *Chapelle expiatoire,* der Sühnekirche auf dem Gelände des ehemaligen Madeleine-Friedhofs, wo die Opfer der Guillotine begraben lagen. Anfang 1815 hatte Ludwig XVIII. die Leichen von Ludwig XVI. und Marie-Antoi-

269   Die Chapelle expiatoire, Sühnekapelle für die Opfer der Revolution

nette exhumieren und nach der alten königlichen Grablege St-Denis
überführen lassen. Nach der endgültigen Verbannung Napoleons erwarb er den Friedhof, um hier eine Gedenkstätte für seinen Bruder
und seine Schwägerin und die anderen Opfer der Revolution errichten
zu lassen. Mit der Planung wurden Lebas und Fontaine, der in Amt
und Würden geblieben war, beauftragt. Die rechteckige Anlage wird
von offenen Arkaden nach Art der traditionellen Beinhäuser umsäumt. Sie liegen tiefer als das mittlere Terrain, dessen Niveau man
über Stufen in der Vorhalle erreicht und dessen Mittelweg beidseitig
von dem grasbewachsenen Massengrab begleitet wird. In geschickter
Inszenierung ist die Kapelle noch einmal erhöht. Sie wirkt wie ein
abweisendes Mausoleum und ist zweigeschossig. In der Krypta erinnert ein sarkophagartiger Altar an die Begräbnisstätte des Königs. Die

317

Oberkapelle in Form eines griechischen Kreuzes scheint außer der Tür keine Öffnungen zu haben, wird jedoch durch je ein Opaion in der mittleren Kuppel und den drei Halbkuppeln der Konchen erhellt. So fällt auf die Figuren des Königs und der Königin, die sich in den seitlichen Konchen befinden, ein verklärendes Licht von oben und läßt sie, was durch die an die Tradition barocker Heiligendarstellungen anknüpfenden Posen bestärkt wird, als Glaubensmärtyrer erscheinen – und das sind sie bestimmt nicht gewesen. In gewisse Schwierigkeiten geriet diese mystifizierend-reaktionäre Ideologie denn auch bei der Anlage der übrigen aus der Anonymität des Massengrabs herausgehobenen Grablegen. Daß die Schweizer, welche die königliche Familie bei der Erstürmung der Tuilerien schützen wollten, gemeinsam am Eingang begraben wurden, ist noch plausibel, aber links und rechts der Kapelle befinden sich auch die Einzelgräber von Philippe-Egalité und Charlotte Corday, die beide 1793 hingerichtet worden sind. Bei dieser handelt es sich um die Mörderin von Marat, also um eine zur Märtyrerin stilisierte Terroristin, bei jenem um einen Mann »von Blut«, der eigentlich nur der Märtyrer seiner gemäßigt republikanischen Überzeugungen gewesen ist.

Neben solchen offiziellen Anlagen entstanden jedoch noch andere Bauten, auf die die Kunstgeschichte lange keinen Wert gelegt hat, weil sie in der Hierarchie der Gattungen und Bauaufgaben nicht sehr hoch rangierten und weil sie mehr oder weniger dem Bereich der Nutzbauten angehören, die keiner höheren Patronage bedurften, sondern durch das freie Spiel der Kräfte im kapitalistischen System sozusagen »von sich aus« entstanden. Wir wissen zwar heute, daß die Architektur von Brücken, Passagen, Kaufhäusern, Mietwohnungen, Verkehrsbauten und dergleichen sehr folgenreich für die neue Architekturgeschichte werden sollte, aber die Prätentionen der »herrschenden Kultur« werden an den konventionellen oder konventionell verbrämten Gebäuden doch deutlicher.

Die Juli-Monarchie ist als Sachwalterin des Finanzkapitals nicht so sehr durch grandiose städtebauliche Konzepte, dafür aber durch zahlreiche Investitionsprogramme und öffentliche Einrichtungen wie Krankenhäuser, Schulen, Sparkassen, die Erweiterung des Rathauses und Planung der zentralen Markthallen und der Oper hervorgetreten, die teilweise erst später realisiert worden sind. Man muß sich verdeutlichen, daß Paris 1853 schon 1,2 Millionen Einwohner zählte, und so nimmt es nicht wunder, daß in dem Zeitraum zwischen 1830 und 1848 über hundert neue Straßen entstanden sind. Der Präfekt Rambuteau hatte eine besondere Vorliebe für Bäume und öffentliche Bänke, und nachdem 1828 die erste Gasbeleuchtung installiert worden war, erfreute sich bald die ganze Stadt dieser Neuerung. Ein besonderes Verdienst bestand in der Verbesserung der Wasserversorgung, die von 28 auf 110 Liter pro Kopf und Tag anstieg und die in einigen Prachtbrun-

270   Gare du Nord

nen, in 2000 öffentlichen Wasserstellen und in der ungeheuren Zunahme der privaten Wasseranschlüsse ihren Ausdruck findet. Besonders wichtig wurden die ersten Bahnlinien für den Personenverkehr, weil mit der Anlage der *Kopfbahnhöfe* zugleich auf die innerstädtische Erschließung dieser Verkehrsbauten zu achten war. 1837 wurde als erster der Bahnhof der Linie nach St-Germain-en-Laye eingeweiht, und nur fünf Jahre später trat die Gare St-Lazare als der bis heute verkehrsreichste Bahnhof überhaupt an seine Stelle. Die Gare du Nord wurde 1846 inauguriert, und nur ein Jahr darauf begann man mit der Gare de l'Est, die 1849 in Betrieb genommen wurde. Gleichzeitig entstand die Gare de Lyon. Was das Heraufkommen des sog. Eisenbahnzeitalters kulturell bedeutet hat, ist von Schivelbusch in einem höchst anregenden Buch beschrieben worden. Städtebaulich wurden die Kopfbahnhöfe nun so wichtig, wie es einst die mittelalterlichen Abteien gewesen waren. Sie präjudizierten den Verlauf der großen Verkehrsadern, die alle sehr bald entstehen sollten: die Rue de Lyon, Rue de Rome, die Boulevards de Denain, de Magenta, de Strasbourg und de Sébastopol.

271   Die Fontaine Molière an der Gabelung Rue Molière / Rue
Richelieu

270   Zehn Jahre nach Einweihung der *Gare du Nord* begann man nach
Plänen Hittorffs mit dem heute noch stehenden Bau. Die Fassadengestaltung ist Ergebnis eines Kompromisses, in dem durchaus deutlich
wird, daß sich hinter dem klassischen Gewand aus gekuppelten jonischen Kolossalpilastern eine weit geschwungene moderne Eisen-Glas-
Konstruktion verbirgt. Es gibt viele Bahnhöfe dieser Zeit, wo das nicht

so ist und bei denen die Fassaden sich eher auf die Maßstäblichkeit der umgebenden Stadtarchitektur beziehen. Sie wirken somit zwischen zwei völlig verschieden proportionierten Bereichen, zwischen den Dimensionen der historischen Stadt und denen der neuen Eisenhallen, wie ein Puffer für die Wahrnehmung. Mit welchen räumlichen Anordnungen die nämliche Wirkung erzielt worden ist, hat Schivelbusch näher dargelegt.

Schließlich wurde nach zügigen Beratungen zwischen 1841 und 1845 die *Befestigungslinie* im Verlauf des heutigen Boulevard périphérique gebaut. Sie war 36 km lang und umschloß außer der Hauptstadt, die in den Grenzen der Zollmauer blieb, eine Reihe von Vororten wie Batignolles, La Chapelle, La Vilette, Montmartre und Grenelle, die vor allem deshalb so schnell angewachsen waren, weil wegen der niedrigeren Zölle gerade die unteren Bevölkerungsschichten hierhin gezogen wurden. Damit beginnt ein Trend, der bis heute anhält und die Proletarisierung von Paris zugunsten einer um so stärkeren in der Banlieu verhindert. Der Befestigungsring, dessen militärischer Nutzen sich 1870 als zweifelhaft erweisen sollte, definierte jedenfalls das heutige Ausmaß der Stadt und bestimmte mit seinen Vorwerken noch den Verlauf der ersten in den sechziger Jahren unseres Jahrhunderts fertiggestellten Ringautobahn.

Als Beispiel für die neuen Brunnenanlagen mag die *Fontaine Molière* an der Gabelung von Rue Richelieu und Rue Molière gelten, die 271 zugleich ein Denkmal für den Komödiendichter ist, der ganz in der Nähe gewohnt hatte. Der Entwurf stammt von Visconti, der uns schon mehrfach begegnet ist. Mit der Grablege Napoleons im Invalidendom und mit der Vollendung des Louvre hatte er höchste Staatsaufträge erhalten. Hier inspiriert er sich an Canovas Grabmonument für Clemens XIV. Der Dichter – die Bronzefigur stammt von Seurre – sitzt auf einem hohen Podest, an welches sich die Figuren der ernsten und leichten Komödien lehnen, die von Pradier stammen. Er ist von einer Nische hinterfangen und wird von einer Ädikula auf gekuppelten korinthischen Säulen mit Segmentbogen gerahmt, die dem Monument einen starken barocken Anklang verleihen. Das Wasser fließt allerdings auch hier spärlich.

Die einzige wirklich repräsentative urbanistische Gestaltungsaufgabe der Juli-Monarchie bestand in der Herrichtung der *Place de la Concorde,* die diesen Namen erstmals unter dem Direktorium erhalten 272 hatte. Seit Jahrzehnten hatte es die verschiedensten Planungen gegeben, die politisch höchst brisant waren, weil es um die Entscheidung ging, was an die Stelle von Ludwig XV. ins Zentrum treten sollte. Verständlicherweise hatten Ludwig XVIII. und Karl X. sich hier die Wiedererrichtung von Königsdenkmälern für Ludwig XV. bzw. XVI. gewünscht. 1831 griff der Royalist Chateaubriand die Idee Napoleons für einen Brunnen auf, bei dem das Wasser jedoch von einem Bassin

272   Place de la Concorde mit der Ausstattung der Juli-Monarchie

aus schwarzem Marmor aufgefangen werden sollte, um mit dieser
Farbe der Trauer anzudeuten, »was hier abgewaschen werden sollte«.
Es gab auch Vorschläge einer Ehrensäule für Louis Philippe, die Philipon in Form einer Birne – also dem berüchtigten Symbol für den
»Speckkopf« des Bürgerkönigs – ausgeführt wissen wollte. Daß man
273 sich schließlich für den *Obelisken aus Luxor* entschied, dessen Be-
schaffung für die Hauptstadt noch während der Restauration gesichert

273   Aufrichtung des Obelisken von Luxor auf der Place de la Concorde 1833.
Stich von Jung

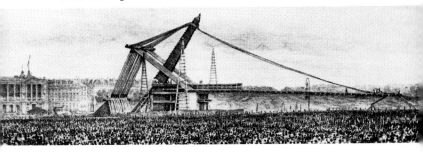

worden war, hat Louis Philippe ausdrücklich mit seiner »innenpolitischen Neutralität« begründet. Hittorff entwarf die heutige Gestaltung des Platzes, nachdem er viele Alternativen erwogen hatte: er begrenzte ihn achteckig, ließ die vom Pont de la Concorde stammenden acht Statuen französischer Städte auf die Pavillons setzen und flankierte den Obelisken in der Querachse und in unübersehbarer Anlehnung an den Petersplatz mit zwei Brunnen. Der Obelisk selber geriet auf einen Sockel, der die technische Leistung seiner Demontage und Wiederaufrichtung in technischen Zeichnungen schildert, und wurde von einem Eisengitter umfriedet und von acht Kandelabern gesäumt. Wolfgang Kemp hat an Bemerkungen von Walter Benjamin anknüpfend gezeigt, wie treffend diese Anordnung das Verhältnis zwischen Bürgertum und Feudalismus als »einen Punkt des Kräftegleichstands« markiert. Umbilicus urbis, Nabel der Stadt, blieb der Obelisk bis heute, aber »nicht einer von Zehntausenden, die hier vorübergehen, hält inne; nicht einer von Zehntausenden, die innehalten, kann die Aufschrift lesen«, und Walter Benjamin, der dies gesagt hat, schätzte das Monument in seiner Hittorffschen Inszenierung als »Briefbeschwerer« ein.

Das *Palais du Luxembourg* war 1799 dem Senat als zweiter Kammer überlassen worden, die jedoch nur 80 Abgeordnete zählte, so daß, abgesehen von dem Umbau der Medici-Galerie, keine allzu einschneidenden Veränderungen an der historischen Bausubstanz vorgenommen werden mußten. Schon unter der Restauration und auch während der Juli-Monarchie hatte die Zweite Kammer jedoch mehr als dreimal soviel Deputierte, so daß ab 1836 der Gartentrakt in Anlehnung an die Formen von Salomon de Brosse nach Plänen von Alphonse de Gisors verdoppelt wurde. Der halbrunde *Sitzungssaal* hat an seiner Basis eine 274 kleinere Exedra mit erhöhter Rednertribüne und dem Podest für das Präsidium, die mit Statuen von Gesetzgebern ausgezeichnet ist. Der dem Jardin du Luxembourg zugewandte Trakt wird ebenerdig von einer Galerie eingenommen, in der die *Bibliothek des Senats* untergebracht 275 ist. Der die Galerie unterteilende mittlere Kuppelraum wurde per Staatsauftrag zwischen 1840 und 1845 von Eugène Delacroix mit *Fresken* versehen, die sich auf Dantes Göttliche Komödie und auf antike Mythologie beziehen und die als Höhepunkte der französischen Monumentalmalerei gelten können, jedoch bis heute leider nur einem privilegierten Publikum zugänglich sind. Angesichts der in der Regel an mäßige Panegyriker des jeweiligen Systems und an systemkonforme Künstler verteilten öffentlichen Aufträge mag es verwundern, daß gerade ein so umstrittener Mann mit derart höchsten Aufgaben betraut wurde. Die Gründe sind vielleicht sehr privater Natur, aber die Beauftragung des damals – also vor Courbet – gewichtigsten Avantgardisten wirft auch ein Licht auf die Liberalität des herrschenden Bürgertums, welche sich angesichts des Drucks »von unten« schon bald verflüchtigen sollte. Courbet und Manet haben derartige Staatsaufträge jedenfalls nicht mehr erhalten.

Hatte man sich beim Senat bemüht, eine Angleichung an den Stil des frühen 17. Jh. aus denkmalpflegerischen Gesichtspunkten zu erreichen, so ist das *Palais d'Orsay* als Sitz des Außenministeriums ein offen historischer Bau, der zum Zwecke staatlicher Repräsentation an der Grandeur von Versailles und insbesondere des Großen Trianon anknüpft. Die Fassade des seit 1845 nach Plänen von Lacornée errichteten Baus ist mit polychromen Akzenten versehen, eine Mode, die in Garniers Oper ihren Höhepunkt finden sollte. Seit der Juli-Monarchie bemächtigt sich die historistische Architektur auch noch anderer heimischer oder entlegener Baustile, die schließlich sogar in eklektizistischer Weise miteinander vermengt werden.

Mit der Gotik hatte es in Frankreich eine besondere Bewandtnis, da sie im Grunde nie ganz ausgestorben war, wie man am besten an der Kathedrale von Orléans sehen kann. Zu Anfang des 19. Jh. kam die

277

274   Sitzungssaal des Senats im Palais du Luxembourg

275   Die Bibliothek des Senats im Palais du Luxembourg

sog. »Trobadour-Gotik« in Mode, für die das *Grabmonument von Abaelard und Héloise* auf dem Père Lachaise als pittoreskes Pasticcio ein gutes Beispiel darstellt. Mit der Erforschung der großen Kathedralen – die Sainte Chapelle wurde seit 1838, Notre-Dame seit 1845 restauriert – verwissenschaftlichte sich das Gotikbild. Einflüsse aus England – die englische Kirche in der Rue d'Aguesseau wurde 1833 begonnen – und Deutschland kamen hinzu. So stammt der Entwurf für *St-Clotilde* von François-Chrétien Gau, einem gebürtigen Kölner. Seit 276 1845 wurde er unter Mitarbeit von Ballu ausgeführt.

Daneben gab es eine andere Strömung, die sehr viel moderner anmutet und deren Hauptvertreter Henri Labrouste ist. Mit seiner von 1843 bis 1861 gebauten *Bibliothèque Ste-Geneviève* entwarf er einen 278 klar gegliederten kubischen Baukörper, der einen durchgehenden gro-

276 Ste-Clotilde

279 ßen, seinem Zweck als *Leseraum* entsprechend allseits gut belichteten
Saal beherbergt. Die schlanken Gußeisensäulen auf hohen Sockeln
sind den gotischen von St-Martin-des-Champs nachempfunden. Sie
teilen den Raum in zwei weite Schiffe und tragen eine metallene Dach-
konstruktion. Solche Gußeisenkonstruktionen hatte es bei der Halle
au blé und auch bei den Passagen schon gegeben, für einen repräsentativen Bildungsbau ist sie aber neu. Beim seit 1855 errichteten *großen*
280 *Lesesaal der Nationalbibliothek* gelingt Labrouste dann eine noch küh-
nere Kuppelkonstruktion.

Die Wende von 1848 und die Februar-Revolution sollten sich im
März über ganz Europa ausbreiten. Hier artikulierte sich erstmals –
egalitäre Ideen von Babeuf aufgreifend – der Vierte Stand, und das
kommunistische Manifest ist nicht von ungefähr im Vorfeld dieser

326

277   Palais d'Orsay, Sitz des Außenministeriums

Ereignisse abgefaßt worden. Schon im Gefolge der bürgerlichen Revo-
lution waren von deren Parolen nur die Liberté – im Sinne der freien
Entfaltung des Marktes – übriggeblieben, während sich Egalité und
Fraternité angesichts des Grundwiderspruchs zwischen Kapital und
Arbeit schnell als illusionär erwiesen hatten.

278   Bibliothèque Ste-Geneviève

279 Lesesaal der Bibliothèque Ste-Geneviève. Stich aus einem illustrierten
Journal

Im Zweiten Kaiserreich und unter dem Baron Haussmann als Prä-
fekten erfuhr die Hauptstadt die weitestreichende Umgestaltung ihrer
Geschichte, die zugleich für viele europäische Großstädte vorbildlich

280 Der große Lesesaal der Bibliothèque nationale

werden sollte. Lavedan hat gesagt, daß Paris um die Jahrhundertmitte eine kranke Stadt gewesen ist, die baulich mit der Bevölkerungsexplosion nicht hat mithalten können. Viele Quartiere sind hoffnungslos übervölkert. Die Häuser haben viel zu kleine Hinterhöfe und werden unzureichend ver- und entsorgt. Die großen Choleraepidemien von 1832 und 1849 haben den Zusammenhang zwischen diesen Verhältnissen und der je nach Quartier unterschiedlichen Sterblichkeitsrate zum Vorschein gebracht. Der *Abriß der alten Stadtviertel und die Öffnung großer Durchgangsstraßen* war also auch eine unerläßliche Maß- 281 nahme der Hygiene. Vor allem war es aber die Lösung eines Verkehrsproblems, das immer gravierender geworden war. Denn durch die Zentralisierung der Verwaltung in Paris, die Ansiedlung von Industrie und die Konvergenz der Straßen und Eisenbahnlinien in die Hauptstadt war das alte Straßennetz völlig überfordert. Es gab keine durchgehende Ost-West-Achse, und die Nord-Süd-Achse wurde durch das Straßengewimmel der Cité und die unzureichenden Brücken verstopft. Die Zustände in der Innenstadt verschlimmerten sich darart, daß man in den vierziger Jahren von einem »Déplacement de Paris«, einer Verlagerung der Stadt nach Nordwesten gesprochen hat – ein Trend, den auch die Neustrukturierung nicht aufzuheben vermochte. Schließlich kamen noch innenpolitische Gründe für die Neuordnung der Stadt hinzu, die seit 1789 nicht nur durch die bekannten Volkserhebungen von 1830 und 1848 erschüttert wurde. Immer wieder gab es Revolten und Aufstände, die von der Miliz gerade wegen der verwinkelten Straßen, zahllosen Sackgassen, Passagen und Durchgänge nur schwer zu kontrollieren waren. Gerade so repressive Regime wie die Restauration, die Juli-Monarchie und vor allem das Zweite Kaiserreich mußten versuchen, hier Abhilfe zu schaffen, und so ist es kaum verwunderlich, daß im Zuge der neuen Straßendurchbrüche auch Kasernen und Polizeistationen entstanden bzw. erschlossen wurden, um einen beschleunigten Einsatz in den jeweiligen Gefahrenherden zu ermöglichen. Man muß diese Gesichtspunkte zusammen sehen, wenn man Haussmanns Leistung, an der der selbsternannte Kaiser aber von vorneherein maßgeblich beteiligt war, richtig einschätzen will. Auf der einen Seite dienten sie den Kapitalinteressen und der Sicherung und dem Ausbau der bürgerlichen Gesellschaft und andererseits der öffentlichen Wohlfahrt. In gewisser Weise lieferte also Haussmann das Paradigma heutiger sozialdemokratischer Politik. Zwar wurde das Gebiet der Faubourgs zwischen alter Zollgrenze und neuer Verteidigungslinie annektiert, denn hier hatte es inzwischen den stärksten Bevölkerungszuwachs gegeben, aber die sozialen Probleme, die in diesen neuen Arrondissements bis heute bestehen, wurden z. T. in die neuen Vorstädte verlagert, wo sie ebenfalls andauern. Durch diese Politik wurde der Hauptstadt auf lange Sicht eine relative bürgerliche Mehrheit gesichert, während die Peripherie die eigentlichen Probleme zu bewältigen hatte.

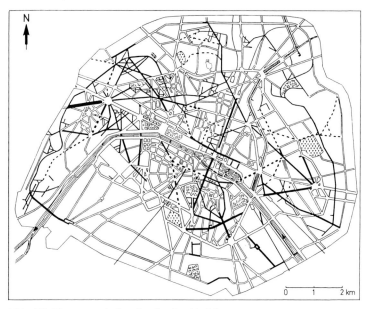

281 Die Haussmann'schen Straßendurchbrüche

Haussmann, der seine Verwaltungserfahrungen als Präfekt mehrerer Départements schon vor seiner Bestellung durch Napoleon III. sammeln konnte, ist der Prototyp eines kommunalen Beamten geworden, dem es gelang, die gesetzgeberischen Voraussetzungen für seine allumfassenden Aktivitäten zu schaffen, und der vor allem Finanzierungsmöglichkeiten in Form von öffentlichen Anleihen verbunden mit Garantien des Staates erschlossen hat, wie es sie bisher nicht gab. Man kann ihm zugute halten, daß er sich, obwohl er der Spekulation ungeheuren Vorschub geleistet und ziemlich genau definierbaren politischen und ökonomischen Interessen gedient hat, persönlich nicht bereicherte. Eine Planskizze verdeutlicht den Verlauf und die Lage der neuen Straßen und Plätze besser als viele Worte, und es ließe sich zeigen, daß die urbanistischen Ideen, denen sie Ausdruck verleihen, oft weit zurück reichen und daß Napoleon III. und Haussmann weniger mit ihnen als mit der politischen Fähigkeit zu kreditieren sind, daß sie ein so weitgespanntes Konzept auch durchgesetzt haben. Gewiß bedienten sie sich dabei autoritärer Mittel, aber die Planungen wurden doch in der Öffentlichkeit zur Diskussion gestellt.

Man kann, wie Lavedan oder Malet, die Arbeiten in ihrer topografischen Bedeutung oder chronologischen Folge behandeln, hier muß es genügen, die wichtigsten Merkmale hervorzuheben. So wurde das Zentrum auf der Ile-de-la-Cité von Grund auf saniert. Von den verwinkelten mittelalterlichen Vierteln blieb fast nichts erhalten. Die Insel wurde von dem Boulevard de la Cité überquert, im Westen wurde der Justizpalast erheblich erweitert, und auch im Osten entstanden große öffentliche Gebäudekomplexe: die heutige Präfektur, das Handelsgericht und das Hôtel-Dieu als zentrales Krankenhaus. Die Fläche des heutigen Blumenmarkts entsteht, Notre-Dame wird freigelegt und das Parvis Notre-Dame erheblich vergrößert. Aufgrund dieser Maßnahmen wird die Bevölkerung der Cité um zwei Drittel reduziert.

Die Sanierung der Cité beseitigte das Haupthindernis der Nord-Süd-Achse, die durch die Anlage der Boulevards de Strasbourg, de Sébastopol, de la Cité und St-Michel nun zügig befahrbar war. Diese wichtige Achse schuf in Verbindung mit dem neuen Boulevard de Magenta und dem schon bestehenden Boulevard de Montparnasse zugleich die Verbindung zwischen Gare du Nord und Gare de l'Est im Norden und der südlichen Gare de Montparnasse und war außerdem durch schon bestehende oder neue Straßen an das überregionale Verkehrsnetz angebunden. Dem Durchbruch der Rue de Rivoli vom Palais Royal bis zur Rue St-Antoine fielen ebenfalls viele alte Bauten und Quartiere zum Opfer, aber erstmals seit Jahrhunderten bestand nun wieder eine durchgehend befahrbare Ost-West-Achse, von der die anderen Bahnhöfe – die Gare St-Lazare, die Gare de Lyon und indirekt auch die Gare d'Austerlitz begünstigt worden sind. Auch auf dem Südufer hat man Ansätze zu einem solchen Achsenkreuz realisiert durch den Boulevard St-Germain, der erst später fertig geworden ist. Die Rue de Rennes bewirkte jedoch wiederum die Verbindung zu der Eisenbahn, die Paris mit der bretonischen Metropole verband.

Ein weiteres Merkmal der Haussmannschen Planung sind die strahlenförmigen Plätze, von denen aus gleich mehrere Stadtbezirke erschlossen worden sind. Acht der insgesamt zwölf von der Place de l'Etoile ausgehenden Avenuen wurden damals gebaut oder geplant, wobei vier alte einbezogen worden sind. Ähnlich war es bei der Place de la Nation, der Place de la Bastille und bei der Place de l'Opéra.

Somit war die Stadt durch ein Achsenkreuz, durch mehrere z.T. ältere und nun besser kurzgeschlossene Ringe und durch sternförmige Erschließung bestimmter Quartiere verkehrstüchtig, aber auch beherrschbar geworden. Nach Annektierung der Außenbezirke zwischen alter Zollmauer und neuem Befestigungsring mußte es also nur noch darum gehen, das sternförmig ausstrahlende und ringförmig kommunizierende Straßennetz den verschiedenen Notwendigkeiten anzupassen – und auch dies wurde noch im Zweiten Kaiserreich realisiert bzw. in Gang gesetzt. Ausfallstraßen dieser Zeit sind die Avenue Foch, die Rue Jeanne d'Arc, die Avenue Daumesnil, die Boulevards Diderot, Barbès und Ornano u.a., Querverbindungen sind Teile des heutigen Boulevard périphérique, aber auch die lange Rue des Pyrénées im Osten und die Avenues Paul Doumer und Mozart im Westen. Im Nordwesten entstanden neue Stadtviertel, »Les beaux quartiers«, de-

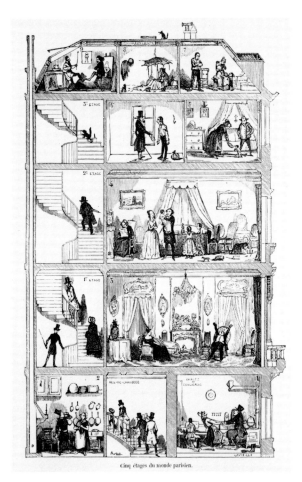

282
Die Belegung
eines Pariser
Hauses.
Karikatur von
Texier 1852

Cinq étages du monde parisien.

ren Luxus Aragon in dem gleichnamigen Roman kontrastierend zu
den »quartiers populaires« im heutigen 15. Arrondissement beschrieben hat.

Ganz wichtig für das heutige Erscheinungsbild der Stadt war jedoch,
daß diese weitreichenden Planungen der architektonischen Tradition
insoweit verhaftet blieben, als sie für die Plätze und Straßenzüge nicht
nur wie woanders auch die Geschoßhöhen festlegten, sondern die allgemeine »Ordonnance« – also die Gestaltung der Fassaden – soweit
bestimmten, daß Wildwuchs ausgeschlossen blieb. Daher kommt es,
daß auch das Paris des 19. Jh. und somit die Stadt, wie wir sie heute vor
allem erleben, immer noch den Eindruck macht, als sei sie von einem
barocken Fürsten geplant. Insgesamt gesehen wurde die proletarische
Bevölkerung durch die Haussmannschen Maßnahmen zwar verdrängt,

die Häuser entlang der neuen Avenuen boten aber immer noch vielen Schichten Platz, wenn auch in unterschiedlicher Weise. Das haben Karikaturen vielfach thematisiert, und sie machen sehr deutlich, welche Bevölkerungsgruppen jeweils im Souterrain, Mezzanin, in den Obergeschossen oder der Attika und welche im Bel Etage wohnen. 282
Das Vorbild für solche Durchmischung lieferte vielleicht Turin, wo man schon jahrhundertelang die Vorteile gemischter Wohnstruktur, die die Degradierung der Bausubstanz verhindert, erfahren hatte. Ein derart geplantes Wohnen von Arm und Reich unter einem Dach könnte auch für heutige Konzepte städtischen Wohnens modellhaft sein. Die Straßenzüge des barocken Turin und des Haussmannschen Paris haben sich jedenfalls besser bewährt als viele andere Konzepte bürgerlich-kapitalistischer Wohnstruktur.

In seinem Londoner Exil hatte Louis Bonaparte die wohltuende Wirkung *öffentlicher Grünanlagen* kennengelernt. Auch in Haussmanns Konzept spielen sie eine hervorgehobene Rolle. Man kann sie in drei Kategorien teilen. Am kleinsten sind die sog.»squares«, die auf kleiner Fläche, oft jedoch nicht rechteckig angelegt sind wie ihre Londoner Vorbilder. Seit 1854 wurde als erster der *Square de la Tour St-Jacques* angelegt, der großen Anklang beim Publikum fand, so daß ihm insgesamt 23 weitere folgten. Diese Anlagen sind von Gittern umgeben und mit Ausnahme des Square des Arts-et-Métiers als Landschaftsgärten mit Rasenflächen gestaltet, die, weil sie anders als in England nicht betreten werden dürfen, den Spielraum der Kinder einschränken. Gerade bei älteren Leuten erfreuen sie sich aber bis heute großer Beliebtheit.

Die nächst höhere Kategorie von Grünanlagen sind die Parcs, von denen Paris schon einige besaß: den Jardin du Luxembourg, dessen Gelände erheblich beschnitten wurde, die Tuilerien, die Champs-Elysées und den *Parc Monceau*. Er war 1778 als »Folie de Chartres« für den Duc d'Orléans angelegt und von Napoleon dem Publikum geöffnet worden. Nachdem er den Orléans zurückgegeben worden war, wurde er schließlich 1848 konfisziert und 1860 von der Stadt erworben, die zwei Drittel der Fläche zu Spekulationszwecken verkaufte. Den Rest gestaltete Alphand zu dem heutigen englischen Garten für die anwohnende Großbourgeoisie. Architekturgeschichtlich interessant sind die Architekturfragmente historischer Bauten, die in dem Park aufgestellt wurden. Die *Eingangsgitter* am Boulevard des Courcelles dokumentieren den wiederaufkommenden Geschmack am Rocaillestil des 18. Jh. 283

Neu angelegt wurden dagegen zwei Parkanlagen: der *Parc de Montsouris* im Süden und der *Parc des Buttes-Chaumont* im Norden. Letzterer ist eine ganz ungewöhnliche Schöpfung. Die Kalkfelsen von Belleville, das 1860 eingemeindet worden war, waren überall von Steinbrüchen durchlöchert und als Standplatz des Galgens ein übler Ort, den derselbe Alphand bis zur Weltausstellung 1867 völlig neu gestaltete. Unter riesigem Kostenaufwand wurde hier eine Felslandschaft mit gewundenen auf- und absteigenden Wegen, einer Felseninsel mit bekrönendem Monopteros und zwei Brücken, mit einem See, Grotten und Wasserfall errichtet. Über den Geschmack dieser allzu malerischen und offensichtlich an den Berglandschaften der Dioramen und Salonmalerei orientierten »kleinen Alpen« mag man streiten. Bestimmt waren sie für die Bewohner des 19. und 20. Arrondissements, die bis heute nicht gerade den gehobenen Schichten angehören.

Zur dritten Kategorie von Grünanlagen zählen die beiden Bois, der *Bois de Boulogne* im Westen und der *Bois de Vincennes* im Osten. Bei beiden handelt es sich um ehemalige Staatsforste, die aber heruntergekommen waren und 1852 bzw. 1860 an die Stadt übergingen. Auch sie wurden von Alphand umgestaltet, der die meisten der alten geradlinigen Alleen »à la française« durch gewundene Straßen, Wege und Pfade ersetzen, Seen und Wasserfälle anlegen und Pavillons bauen ließ, so daß beide den Charakter englischer Gärten annahmen. Mit einer Fläche von 846 und 901 Hektar sind es die Lungen von Paris geworden, da auch die Bepflanzung dieser Parks entscheidend vermehrt worden ist.

Auch die *Wasserversorgung* wurde unter Haussmann stark verbessert. Das Trinkwasser, das nun von dem restlichen Brauchwasser getrennt herbeigeführt wurde, kam über zwei Aquaedukte aus der Champagne und Burgund. Insgesamt wird die Versorgung nun mehr

283 Eingangsgitter des Parc Monceau auf dem Boulevard des Courcelles

334

284 Parc des Buttes-Chaumont

als verdreifacht. Die direkte Versorgung der privaten Haushalte steigt derart an, daß die öffentlichen Wasserzapfstellen nicht in demselben Maße zunehmen. Es handelt sich um serienmäßig hergestellte gußeiserne Wasserspender, die meist an Straßenecken aufgestellt wurden. Die letzten waren 100 Exemplare mit drei Frauenfiguren nach dem Entwurf von Lebourg, die Sir Richard Wallace der Stadt im Jahre 1872 geschenkt hat und von denen noch einige erhalten sind. Die Wasserträger verschwinden nun aus dem Stadtbild, und die Brunnenanlagen erfüllen mehr dekorative Zwecke, indem sie etwa zum Pointde-Vue neuer Straßendurchbrüche werden. Dies ist bei der *Fontaine St-Michel* der Fall; denn der neue Boulevard gleichen Namens lag 285 nicht genau in der Verlängerung des Boulevard du Palais, so daß für diesen ein Zielpunkt erforderlich wurde. Die neobarocke Brunnenan-

285 Fontaine
St-Michel

lage nach Entwürfen des nun vielbeschäftigten Davioud mit der Mittelgruppe von Duret nimmt die gesamte Höhe eines Haussmannschen Häuserblocks ein und orientiert sich an manieristischen und barocken Vorbildern wie dem Medici-Brunnen im Jardin du Luxembourg und der Fontana di Trevi in Rom.

286   Indirekt ist auch der *Brunnen der vier Weltteile* an der Avenue de l'Observatoire in diesem Zusammenhang zu sehen, obwohl er erst 1874 nach Plänen desselben Davioud als Schalenbrunnen entstand. Kunsthistorisch ist er von großer Bedeutung wegen der beteiligten Bildhauer. Während die Rosse und Delphine von Frémiet eine Vorahnung der bewegten Skulpturen um die Jahrhundertwende aufkommen lassen, die man noch unter die Stilkategorie »Neorokoko« subsumieren könnte, wird in der bekrönenden Gruppe der vier Weltteile von Carpeaux ein bildhauerisches Konzept realisiert, das in der Aktivierung des Raumes zwischen den Figuren und in Gestalt des von ihnen getragenen »Himmelskörpers« ganz neue Töne anschlägt und das über Carpeaux's Schüler Rodin bis weit in unser Jahrhundert hinein Nach-

wirkungen zeigen sollte. Trotz ihres neobarocken und offiziösen Charakters ist diese Skulptur also ein Meilenstein in der Geschichte der modernen Plastik.

Neben solchen Brunnen und den Hausfassaden, die im Zusammenhang der urbanistischen Neuordnung errichtet wurden, spielen jedoch auch die öffentlichen Bauten eine Rolle, die – mehr oder weniger repräsentativ – neu entstanden. Das *Hôtel de Ville* war fast fertig, so daß sich die Aktivitäten fast ausschließlich auf die – verbrannte – Innenausstattung konzentrierten. Von den insgesamt 20 Bürgermeistereien der einzelnen Arrondissements entstanden fünf neu, von denen die Mairie des 1. – gegenüber der Louvre-Fassade und in Analogie zu St-Germain-l'Auxerrois gestaltete – besonders hervorzuheben ist, während sechs vergrößert oder restauriert worden sind – allesamt Rathäuser der durch Annexion neu hinzugekommenen Stadtteile. Als Wirtschaftsbauten entstehen der *Schlachthof und Viehmarkt von La Vilette,* deren gaullistischer Nachfolgebau sich als Fehlinvestition sondergleichen erweisen sollte, die Markthallen der neuen Arrondissements und vor allem die *zentralen Markthallen,* auf die weiter unten

291

286   Fontaine des Quatre parties du monde, Ave de l'Observatoire

eingegangen wird. Auch das *Hôtel-Dieu* in seiner architektonisch eher mäßigen Erscheinungsform wurde damals errichtet und von der Südseite des Parvis an dessen Nordseite verlegt.

An den städtebaulich wichtigsten Punkten entstanden jedoch Bauten mit höherem künstlerischen Anspruchsniveau, zu denen auch *St-Augustin* gehört. Der merkwürdige Grundriß mit den sich verbreiternden Seitenschiffen ergab sich aus dem Zuschnitt des Grundstücks, dessen umgebende Straßenzüge alle gerade erst entstanden waren. Der Boulevard Malesherbes machte hier notwendigerweise einen Knick, so daß die Fassade des Neubaus den Point-de-Vue von der Madeleine aus liefern mußte. Der Entwurf von Baltard berücksichtigt diese Gegebenheiten und verbindet die moderne Ingenieurtechnik mit dem repräsentativen Anspruch. Der an der Frührenaissance orien-

287
St-Augustin

tierte eklektizistische Außenbau mit der Giebelfassade, die von der 287
Kuppel und den zwei seitlichen Glockentürmen überhöht wird, läßt
kaum erkennen, daß der Innenraum aus einer Gußeisenkonstruktion
besteht, die in ähnlicher Weise statisch wirksam wird wie die gotische
en-délit-Technik, indem nämlich die Eisenelemente eine erhebliche
Verringerung der Mauerstärke und größere Wölbspannweiten ermöglichen. Dieser Bezug auf die Höchstleistungen historischer Bautechnik
– nämlich auf burgundische Gotik und Brunelleschis Florentiner Domkuppel – erweist Baltard trotz des banalen Gewandes dieser Kirche als
großen Neuerer. Und die Kirche ist ein Beispiel dafür, wie zukunftweisend die Rückbesinnung auf Architekturhistorisches sein kann.

   Die Chaussée d'Antin war zwar keine neue Straße, wohl aber war es
die quer zu ihr verlaufende Achse der Rue St-Lazare und de Châteaudun, deren Gelenkpunkt die Kirche der *Trinité* markiert als das zweit- 288
ehrgeizigste Projekt dieser Zeit. Der Architekt Ballu befleißigte sich
hier einer an St-Eustache orientierten Neorenaissance und erleichterte
potentiellen Kirchgängern den Besuch des Gottesdienstes, indem er
das Erdgeschoß der Westfassade als Kutschenzufahrt gestaltete und
den Chor in der Art einer Theaterbühne höher legte als das als Zu-

schauerraum konzipierte Langhaus. Für die Geschichte der Frömmigkeit und der kirchlichen Strategien der »propaganda fide« mag dies von Bedeutung sein.

XIX   Das aufwendigste Projekt des Zweiten Kaiserreichs war die *Oper,* und dies nicht von ungefähr: Das ganze Regime hatte in seinem Selbstverständnis etwas Opernhaftes an sich, im Verständnis der demokratischen Opposition sogar eher etwas Operettenhaftes. Und Marx hat Hegels Bemerkung in den »Vorlesungen über die Philosophie der Geschichte«, wonach »alle großen weltgeschichtlichen Tatsachen und Personen sich sozusagen zweimal ereignen«, dahingehend präzisiert, daß sie es »das eine Mal als Tragödie, das andere Mal als Farce« tun. Der historisch nicht mehr zu legitimierende Anspruch des Kaiserreichs kommt in der Scheinwelt der Oper und in ihrer auf Fassadenwirkung abzielenden Architektur jedenfalls sehr deutlich zum Ausdruck, auch wenn der Bau erst unter der Dritten Republik vollendet wurde.

1860 wurde ein Wettbewerb ausgeschrieben, der 171 Eingaben zeitigte und aus dem Charles Garnier als Sieger hervorging. Er verband Anregungen aus historischen Bauwerken der Mittelmeerländer zu einem Eklektizismus, der durch die Verwendung verschiedenfarbiger Materialien prunkte und stilbildend werden sollte. Das Haus hat eine besondere westliche Auffahrt für den Kaiser, und über der Fassade des Foyers türmen sich die Kuppel des Zuschauerraums und der noch höhere Giebel des Bühnenhauses. Schon die Verhältnisse der funktionellen Einheiten zueinander verdeutlichen, für wen dieser Bau errichtet worden ist. Denn im Vergleich zu dem sicherlich nicht kleinen Zuschauerraum sind das Foyer als Ort des »gesellschaftlichen« Zusammentreffens, die Repräsentationsräume und der Bühnentrakt, in dem die Opernillusion erzeugt wird, unverhältnismäßig groß. Die Oper, deren Konzept Garnier den gesellschaftlichen Verhältnissen, wie immer man auch im Nachhinein zu ihnen stehen mag, sicher optimal angepaßt hat und die somit den Anspruch der frühen emanzipatorischen bürgerlichen Bildungsinstitutionen (wie z.B. des Odéon) als allgemeine Bildungsanstalt durch Exklusivität in ihr Gegenteil verkehrt, ist somit Ausdruck eines kulturellen Hegemoniebestrebens großbürgerlicher Kräfte. Das wird schon darin deutlich, daß die –
289 heute in den Louvre überführte – *Skulpturengruppe des Tanzes* am rechten Seiteneingang von Carpeaux einen Skandal ausgelöst hat: die lustbetonte und von keiner Etikette gezügelte Bewegung freier Individuen hat das Bürgertum – zu Recht! – als bedrohlich empfunden. Der restliche Skulpturenschmuck hielt sich dagegen besser »im Rahmen«.

Im selben Jahr als der Opernwettbewerb ausgeschrieben wurde, war das *Hôtel de la Païva* fertig geworden. Es liegt an den Champs-Elysées, die – wie die übrigen westlichen Stadtteile auch – damals noch locker bebaut waren. Das Hotel ist in mehrfacher Hinsicht exemplarisch. Es verkörpert den Typus des kleinen aber luxuriös ausgestatteten Hotels

289 Gruppe
»La Danse«
von Carpeaux
an der Opern-
fassade
(heute Louvre)

dieser Zeit und bietet einen Vorgeschmack auf den pompösen Stil der
Oper. Bezeichnend ist auch, wer sich diesen Luxus erlaubte. Die Marquise de Païva war eine polnische Jüdin namens Thérèse Lachmann,
die in Konstantinopel, London und Paris das abenteuerliche Leben
einer galanten Halbweltdame und Spionin geführt hatte. Als ihr Hôtel
gebaut wurde, war sie mit dem schwerreichen Grafen Henckel, einem
Vetter Bismarcks, liiert, den sie 1871 als Gräfin von Donnersmarck
heiratete. Die Empfänge in ihrem Hôtel waren ausschließlich Männern
vorbehalten, und zu ihren regelmäßigen Besuchern gehörten auch etli-
che literarische Größen der Zeit. Die Räume sind mit Skulpturen von
Dalou, Barrias und Carrier-Belleuse und mit Gemälden von Baudry
ausgestattet. Am prächtigsten ist das *Treppenhaus* austaffiert. In den 290
Nischen des Obergeschosses stehen Vergil, Dante und Petrarca. Man
ist versucht die Emotionen eines von der Hausherrin favorisierten Inti-
mus nachzufühlen, der die Treppe emporstieg, die samt den Stufen
aus Onyx besteht und ehedem zum Schlaf- und Badezimmer dieser
Dame führte. Seit 1902 ist das Hôtel Sitz des Traveller's Club, er-

freut sich weiterhin eines fast ausschließlich männlichen exklusiven Publikums und ist nur am Sonntag Vormittag zu besichtigen. Es gibt wohl keinen Bau, bei dem sich der Style Napoléon III so deutlich als das entlarvt, was er ist: schieres Luxusgebaren von Emporkömmlingen.

Am 4. September 1870 – mitten im Krieg gegen Preußen – war es mit der kaiserlichen Herrlichkeit bekanntlich vorbei. Gambetta, der das Hôtel de la Païva übrigens gut kannte, proklamierte die Dritte Republik, stellte Massenheere auf, die den Fall der Hauptstadt am 6. Februar 1871 jedoch nicht verhindern konnten, und ging als Führer der extremen Linken in die Opposition, um sich dann den sog. Opportunisten anzuschließen, die im Wahlkampf von 1877 als Republikaner den Sieg errangen. Vorerst war die Nationalversammlung mehrheitlich von monarchistischen Abgeordneten beschickt, die jedoch in Legitimisten, Orléanisten und Bonapartisten gespalten waren. Kein Wunder also, daß nicht nur die Kulturpolitik der letzten Jahrzehnte mit republikanischem Etikett weiterverfolgt wurde, denn an der Hegemonie der großbürgerlichen Schichten hatte sich ja nichts geändert. Der Widerstand der »Pariser Kommune« wurde Ende Mai 1871 blutig niedergeschlagen. Die letzten Insurgenten wurden am »Mur des Fédérés« des Père Lachaise erschossen. In den letzten Tagen dieses Bürger-

290 Treppenhaus des Hôtel de la Païva, Avenue des Champs-Elysées Nr. 25

291 Hôtel de Ville, das nach der Zerstörung 1871 wiederaufgebaute Rathaus

kriegs waren – die Schuld wird wie fast immer den Verlierern in die Schuhe geschoben – mehrere öffentliche Gebäude in Flammen aufgegangen, so auch die Tuilerien und das *Hôtel de Ville.* Während dieses 291 nach Plänen von Ballu und Deperthes in historisierender Anlehnung an das erweiterte Renaissance-Rathaus von Boccador, jedoch in noch einmal gesteigerten Dimensionen in der heutigen Form wiederaufgebaut wurde, hat man die Ruinen der Tuilerien weggeräumt und damit den Innenhof des Louvre nach Westen geöffnet. Das ist bezeichnend: indem man nämlich die eigentliche Stadtresidenz der letzten Könige und Kaiser definitiv entfernte, verstärkte man beim Rathaus den Charakter eines riesigen Schlosses. Nur auf den ersten Blick sieht das wie eine Stärkung der kommunalen Selbstverwaltung aus; denn diese war ja gerade in Gestalt der Kommune niedergeworfen worden, und der wirkliche »Schloßherr« war der von der Zentralregierung eingesetzte zivile Präfekt. Der für die öffentliche Ordnung zuständige Polizeipräfekt residierte weiterhin auf der Cité.

Nicht nur die Niederschlagung der Kommune, auch die nachträgliche Verfolgung, Internierung und Verschleppung der Kommunarden hatte Zehntausende von Opfern gefordert, deren Martyrium im Bewußtsein des Volkes blieb (noch heute ist der Mur des Fédérés ein Denkmal der Arbeiterbewegung) und offenbar schwer auf dem Gewissen der Sieger lastete. Im Interesse des innenpolitischen Friedens mußte also ein Sühnezeichen gesetzt werden, das die Schandtaten der herrschenden Klasse wegwaschen sollte. Das Produkt dieses Bedürfnisses ist bezeichnenderweise eine Pilgerkirche, *Sacré-Cœur,* deren die 292 Stadtsilhouette beherrschende Scheußlichkeit jedoch auch von konser-

vativen Kritikern immer hervorgehoben worden ist. Sie krönt den bis dahin eher dörflichen Montmartre-Hügel. Der Bau wurde 1873 von der Nationalversammlung beschlossen, durch eine landesweite Sammlung finanziert, 1914 abgeschlossen und 1919 geweiht. Die Pläne lieferte Paul Abadie, der sich als Diözesanbaumeister und Restaurator der aquitanischen Kuppelkirchen profiliert hatte, und zwar in sehr bedenklicher Weise, da die von ihm restaurierten Kirchen kaum noch Originalsubstanz enthalten und vielfach »geschönt« sind. Für Sacré-Cœur, dessen fade Skulpturen und Mosaiken trotz der ästhetischen Neubewertung des 19. Jh. bislang keinen Apologeten gefunden haben, übernahm er den letztlich auf Byzanz zurückgehenden Typus dieser Kuppelkirchen und insbesondere den von St-Front in Périgueux, vermengte ihn jedoch mit anderen maurisch-byzantinisch-mittelalterlichen Elementen zu einem künstlerisch höchst fragwürdigen Gebilde. Trotzdem ist diese eines Konditormeisters würdige Architektur eine Attraktion für den naiven Pilger und den historisch unbelasteten Touristen geworden, und es scheint nicht ausgeschlossen, daß sie auch das Wohlwollen der intellektuellen Liebhaber postmoderner Architektur erringen könnte. Für jemand, der die historischen Entstehungsbedingungen kennt, müssen ästhetische Fragwürdigkeiten und Scheinheiligkeit des Zwecks jedoch als sich gegenseitig konstituierend erscheinen.

293 »Triumph
der Republik«,
Denkmal von
Dalou
auf der Place
de la Nation

Wie die Erste Republik mit ihrem kolossalen Denkmalprojekt für den
Pont-Neuf hatte auch die Zweite durch die Ausschreibung eines großen
Wettbewerbs für das Bild der Republik versucht, eine neue demokratische politische Ikonographie zu entwickeln. Aber erst der Dritten Republik gelang es nach vielem Hin und Her, ein solches Denkmal auch
zu realisieren. Nach der Amnestie für die Beteiligten und Sympathi-
santen der Kommune im Jahre 1879 legte Jules Dalou, aus dem Londoner Exil zurückgekehrt, seinen Wettbewerbsentwurf für den
Triumph der Republik vor, der schließlich 1889 akzeptiert wurde. 293
Wiederum zehn Jahre später wurde das Denkmal enthüllt. Die jugend-
liche Figur der Republik bekrönt einen Festzugswagen, der von Löwen
gezogen und von allegorischen Figuren des arbeitenden Volkes begleitet wird. Man mag solche Allegorik für überholt halten und könnte
versucht sein sich vorzustellen, was Rodin, der damals an den »Bürgern von Calais« und der »Höllenpforte« gearbeitet hat, aus dem
Thema gemacht hätte. Aber der kräftige Realismus der Figurengrup-
pen verleiht dem Werk doch ein Pathos, welches auf das Denkmal der
Arbeit verweist, mit dem sich Dalou in seinen letzten Lebensjahren
beschäftigt hat.

Von dem Widerspruch zwischen »Architektur« und den Leistungen
der sog. Ingenieurbaukunst war schon die Rede. Er ist im 19. Jh. nicht

294   Innenraum der Galerie de Bois im Palais Royal. Lithografie um 1825

neu und wird auch im 20. nicht aufgehoben, kommt damals jedoch mit
besonderer Deutlichkeit zum Vorschein. Architekten und Ingenieure
hatten verschiedene Ausbildungen und besaßen verschiedene Qualifikationen, und der Konflikt zwischen diesen Berufsgruppen dauert bis
heute an, wo man je nach Anspruchsniveau der Bauaufgabe diesen
oder jenen mit der Planung betraut. So hatten die Ingenieure bei rein
technischen Bauten wie etwa Brücken, die Architekten bei konventionellen wie Kirchen, Schlössern und dergleichen in der Regel den Vorrang. Dazwischen gab es Bauaufgaben, wo die Zuständigkeit eher umstritten war, und es ist höchst interessant und gesellschaftsgeschichtlich
aufschlußreich, wie der Konflikt zwischen »Technik« und »Kunst«, so
fragwürdig uns diese Begriffsscheidung heute erscheinen mag, jeweils
gelöst worden ist.

Eine durchaus profane und keineswegs nobilitierte Bauaufgabe waren die Handelsbauten. Damit sind nicht jene gemeint, in denen sich
das Handelskapital repräsentierte wie in Börsen oder Handelskam-
mern, sondern die, in denen die Warenzirkulation tatsächlich erfolgte.
Man könnte in diesem Zusammenhang die Geschichte der Einzelhan-
delsläden oder etwa die des Schaufensters erörtern, wichtiger ist für
Paris jedoch die Herausbildung von zwei neuartigen Bautypen, die sich
über ganz Europa verbreiten sollten: die *Passage* und das moderne
Warenhaus.

Während das schon seit vielen Jahren angekündigte Passagenfrag-
ment von Walter Benjamin immer noch nicht erschienen ist, liegt das

346

295
Die Passage de
l'Opéra nach
einem alten Foto

von Johann Friedrich Geist verfaßte Passagenbuch nun schon in einer
dritten erweiterten Auflage vor. In diesem Werk wird der Gegenstand
definiert, typologisch geordnet und in seinen baugeschichtlichen und
allgemein kulturhistorischen Aspekten gründlich abgehandelt. Geist
hat mehrere Faktoren benannt, die zur Entstehung und frühen Verbreitung des Bautyps gerade in Paris geführt haben. Die Straßen in
ihrem veralteten Zustand und mit ihrem regen Verkehr machten es für
den Fußgänger immer gefährlicher, in ihnen zu verkehren, da sie bis
auf wenige Ausnahmen keine Trottoirs hatten, ein Zustand, der seit
Jahrhunderten beklagt worden ist. Mit der von Habermas sehr ein-
dringlich geschilderten und jedenfalls in Frankreich ruckartigen Herausbildung der neuen demokratischen Öffentlichkeit in den letzten
Jahren des Ancien Régime entstand zugleich ein Bedarf an öffentlichem, störungsfreiem Raum. Gleichzeitig bedurfte die durch die libe-
ralistische Gesetzgebung geförderte Luxusindustrie eines Ortes, wo
ihre Waren angeboten werden konnten – und die Straßen boten sich
wegen der genannten Verkehrsverhältnisse dazu kaum an. Es kam
hinzu, daß durch die Enteignung des innerstädtischen Besitzes von
Adel und Klerus gerade im Inneren der neuen Blockbebauung Möglichkeiten für derart lukrative Nutzungen gegeben waren.

296   Die neue Galerie d'Orléans im Palais Royal nach einem alten Foto

Den Prototyp der Passagen stellen die von 1786 bis 1788 erbauten
294   *Galeries de Bois* im Palais Royal dar, die 1828 abgerissen und durch
die Kolonnade ersetzt wurden, die bis heute besteht. In einem für
Fußgänger reservierten Bereich lagen sie im Zentrum des damaligen
öffentlichen Lebens. In den vom Duc d'Orléans vermieteten Räumlichkeiten, in den angrenzenden Läden, Spielsalons, Lokalen für politische Geheimclubs und Bordellen trafen sich Angehörige aller Schichten, und man hat hier zu Recht das Zentrum der französischen Revolution gesehen. Die durch Oberlicht erhellte Passage bot also einen
Raum zum ungestörten Beschreiten, wobei man die Auslagen der in
den »Seitenschiffen« untergebrachten Geschäfte begutachten konnte.
Mochte es im Palais Royal noch recht ungestüm zugegangen sein, so
wird mit der geradezu unflationären Entwicklung des Bautyps die Passage zum bevorzugten Aufenthaltsort des Flaneurs, der, von dem »en-
nui« als dem »mal du siècle« geplagt, hier seine ungefährdete Zer-
streuung sucht, wobei er – und diesen Typ gab es nach Benjamin – als
Ausdruck seines Widerstandes gegen die Hektik der Stadt eine Schild-
295   kröte spazieren führt. Der *Passage de l'Opéra* ist zwar 1924, fast genau
100 Jahre nach seiner Entstehung abgerissen worden, kann aber für
viele noch bestehende Passagen als repräsentativ gelten.
Der Typus der Prachtpassage, wie er uns heute noch in der Galleria
Vittorio Emanuele in Mailand oder der römischen Galleria Colonna
entgegentritt, die aus der zweiten Jahrhunderthälfte stammen, war in
296   Gestalt der *Galerie d'Orléans,* die anstelle der Galeries de Bois noch

unter der Restauration in den Jahren 1828–1830 entstand und die erst 1935 abgerissen wurde, ebenfalls vorgegeben. Schon hier war die Passage zu einem Ort des exklusiven »window-shopping« für die gehobenen Schichten geworden, was man dem Foto auch ansieht. Urbane Kommunikation findet nicht mehr statt: der Freiraum bleibt leer, und die vereinzelten zahlungskräftigen Konsumenten beschränken sich auf das Studium der Auslagen. Die Passage als Handelsort verkümmerte, indem sie obsolet oder exklusiv wurde, und erst in den letzten Jahren hat sie als Umschlagplatz wieder an Bedeutung gewonnen, weil sie den sich individualisierenden Bedürfnissen der Konsumenten so wie ein Flohmarkt entgegenkommt. Es wäre zu fragen, wie dieser Bautyp für zukünftige kommunikativ-urbane Planungskonzepte revitalisiert werden kann.

Waren die Passagen in erster Linie Distributionsorte für ein gehobenes Käuferpublikum, so versorgten die *Markthallen* die Menschen der Stadt mit allen nötigen Lebensmitteln. Noch heute ist es so, daß die Nahrung für die Stadt in den zentralen Markthallen zusammenkommt, die heute südlich der Stadt in Rungis liegen, und von dort zu den Märkten der einzelnen Quartiere und in den Einzelhandel gelangt. Seit dem Mittelalter bis zu ihrem Abriß im Jahre 1972 befanden sich die »Hallen« im Zentrum von Paris. In seinem Buch »Der Bauch von Paris« hat Emile Zola das Leben an diesem opulenten Umschlagplatz beschrieben. Auch architekturgeschichtlich waren die großen Pavillons eine Pionierleistung, die dem Londoner Kristallpalast von 1851 gleichzuachten ist. 298

Schon im Ancien Régime und den zurückliegenden Jahrzehnten hatte man immer wieder große Neubauprojekte erwogen, aber erst im Zweiten Kaiserreich kam es zur Ausführung. 1851 entschloß sich Haussmanns Vorgänger Berger für einen Entwurf von Baltard und Callet – massive Steinbauten, von denen der zunächst ausgeführte sofort den Spottnamen »Fort de la Halle« erhielt. Ähnlich wie bei Baltards Kirche St-Augustin sollte die neuartige Eisenkonstruktion in ein konventionelles Gewand aus Naturstein gehüllt werden. Nur widerwillig fügte sich der Architekt der Anordnung Haussmanns und des Kaisers, der hier »so etwas wie Regenschirme aus Eisen« sehen wollte, und baute die Eisen-Glas-Konstruktionen, die erst 1936 ganz fertiggestellt wurden. Die Stützen waren aus Gußeisen, die Dachkonstruktionen aus Schmiedeeisen. Dieses konstruktive Gerüst war verglast und mit einem jalousieartigen Gitterwerk ausgefacht, das die Luftzirkulation erleichterte. Die rechteckigen Pavillons hatten ringsum Seitenschiffe und einen erhöhten Mittelteil, der für die Beleuchtung des Inneren sorgte. Sie waren zu zwei Baugruppen von sechs und vier zusammengefügt, die durch kreuzförmig angeordnete, hoch überdachte Straßenzüge erschlossen wurden. Jeder Pavillon war wie bei den älteren Märkten auch einer bestimmten Gruppe von Gütern vor- 297

297 Die Markthallen von Baltard

behalten. Es ist äußerst bedauerlich, daß nicht ein einziger Pavillon erhalten oder doch wenigstens an einem anderen Ort wiederaufgebaut worden ist. Denn es handelte sich hier nicht nur um Meisterwerke der Ingenieurbaukunst, sondern – und dies konnte man nur durch Begehung im Inneren erfahren – um Gebäude von hohem künstlerischen

298 Die Zerstörung der Pavillons von Baltard im Jahre 1972

Reiz, der vor allem in dem neuen hier vermittelten Raumgefühl bestand.

Gleichzeitig mit den Hallen wurden städtebauliche Maßnahmen ergriffen, die die Zufahrt erleichterten. Die Rues Rambuteau, Berger, de Turbigo und des Halles stellten die Verbindung zu der neuen Nord-Süd-Achse sicher. Durch die Rue Baltard, die die beiden Pavillonkomplexe voneinander trennte, waren diese Straßen miteinander verbunden. Erst im 20. Jh. sollte sich diese Verkehrserschließung als unzureichend erweisen. Zur Zeit ihrer Erbauung zielte die mittlere überdachte Längsstraße der Hallen auf einen älteren Rundbau, die *Halle aux Blés*. Diese war anstelle des Hôtel de Soissons, von dem sich nur die große, vermutlich astronomischen Zwecken dienende dorische Säule mit Aussichtsplattform von Bullant aus dem späteren 16. Jh. erhalten hat, in den sechziger Jahren des 18. Jh. errichtet worden und hatte 1811 eine Eisen-Glas-Kuppel von immerhin 40 Metern Spannweite erhalten. An deren Stelle trat 1887 die heutige *Bourse du Commerce* nach Plänen von Blondel, deren ebenfalls mit einer Eisenkonstruktion überwölbter Mittelraum an den Vorgängerbau anknüpft.

Nach Klaus Strohmeyer, dem wir eine geistreiche Untersuchung zu diesem Gegenstand verdanken, sind »Markthalle und Passage ... die unmittelbaren Vorläufer des Warenhauses«, das sich, obwohl es Kaufhäuser seit dem Mittelalter in verschiedener Ausprägung gegeben hatte, in Europa als neuer Bautyp herausbildete. Wiederum spielt Paris eine typenbildende Schrittmacherrolle, jedoch hat sich aus der Frühzeit der Warenhausarchitektur nicht allzuviel erhalten. Während die amerikanischen Warenhäuser von Anfang an kapitalistische Großbetriebe waren, die sich aus dem Bautypus des vielgeschossigen Lagerhauses entwickelten, waren die frühen europäischen fast alle aus Spezialgeschäften des Tuchhandels hervorgegangen. So auch das älteste Kaufhaus »*Au Bon Marché*«, dessen Eisen-Glas-Konstruktion 1869 von Eiffel entworfen worden ist und 1876 fertig wurde. Es ist zwar vielfach umgebaut worden, aber gerade weil es in den letzten Jahrzehnten wirtschaftlich nicht besonders erfolgreich war, hat sich doch vieles besser erhalten als bei den bald folgenden Konkurrenzbetrieben. Vor allem die großen *Lichthöfe,* von denen einige wahre Prunktreppen 299 haben, sind noch heute eindrucksvoll.

Dem industriellen Gewand entspricht die Funktion. Nach Strohmeyer ist »das Warenhaus integraler Bestandteil des Industriezeitalters; es wird zur Brücke zwischen den auseinandergetretenen Sphären Produktion und Konsum«, und aus diesem Grunde liegt es denn auch an den großen Verkehrsadern der Stadt. Indem es der Demokratisierung des Konsums, die infolge der ungeheuer expandierenden Textilindustrie auch tatsächlich stattgefunden hat, und den immer schneller wechselnden Moden Ausdruck verleiht, wurde es zum beliebten Ziel gerade der unteren Schichten, und in dem Roman »Le Bonheur des

299 Lichthof der Magasins au Bon Marché

Dames« hat wiederum Zola die Anziehungskraft und auch Gefähr-
dung geschildert, die es damals auszuüben vermochte. Oberstes Ren-
tabilitätsprinzip war ein möglichst großer Umsatz durch eine möglichst
kleine Gewinnspanne. Dabei änderte sich das Verhältnis zwischen
Verkäufer und Kunde grundlegend. Die Preise wurden erstmals fest
ausgezeichnet, so daß das Kundengespräch entfiel. Der Gebrauchs-
wert wird vom Tauschwert überlagert, und warenästhetische Präsentation drängt sich in den Vordergrund.

Den »Magasins au Bon Marché« sollten bald weitere folgen. Der
Bazar de l'Hôtel de Ville, die *Belle Jardinière* und auch die *Samaritaine*
sind etwas heruntergekommen, wogegen *Le Printemps* und die *Gale-*

300 Galeries Lafayette, Blick in die Kuppel

ries Lafayette wegen ihrer Lage bei den großen Boulevards heute zu den vornehmeren zählen. In beiden haben sich die großen *Lichtkup-* 300 *peln* erhalten, deren Wirkung im Printemps jedoch dadurch eingeschränkt ist, daß der alte Lichthof durch Einfügung von Geschoßflächen verschwunden ist. Dafür sind hier aber die Außenfassaden mit den begrenzenden Ecktürmen erhalten. Es ist erfreulich, daß die Pariser Kaufhauskonzerne angefangen haben, ein Gefühl für ihre Tradition zu entwickeln, statt auf die ansonsten gängigen »pflegeleichten« Einheitsfassaden zu setzen.

Ein besonderes Betätigungsfeld für die französische Ingenieurbaukunst des 19. Jh. hat sich anläßlich der *Weltausstellungen* ergeben. Leider waren diese Bauten meist provisorisch und sind deshalb nur noch über alte Abbildungen und Pläne zugänglich. Mit den großen nationa- 301 len Ausstellungen war es in Paris kurz nach Abschaffung der Zünfte durch die Revolution im Jahre 1798 losgegangen. Seit 1834 wurden dafür die ersten eigenständigen Ausstellungshallen gebaut. Nachdem für die erste Weltaustellung im Jahre 1851 der Londoner Kristallpalast gebaut worden war, wurde dieser vorbildlich für den 1855 fertiggestellten *Pariser Industriepalast,* der bei 192 m Länge und 35 m Höhe eine Spannweite von 48 m erreichte. Er war verbunden mit der 1200 m langen *Galerie des Machines.* 1867 folgte eine weitere Pariser Weltaustellung mit einem riesigen ovalen Bau aus mehreren Ringen, und für die von 1878 überbaute man fast das gesamte Marsfeld mit einer mehrschiffigen Riesenhalle, die nun auch skurrile Fassaden aus Eisenelementen erhielt. Auf den Höhen von Chaillot errichtete man gleichzeitig das *Trocadéro*. Die Pariser Weltausstellung von 1889, die das 100. Jubiläum der Republik krönen sollte, zeichnete sich durch zwei technische Pionierbauten aus. Die 1910 leider abgerissene *Maschinenhalle* von Dutert übertraf an Spannweite, überdeckter Fläche, Höhe, Technik (Gelenkbinder mit extrem günstigem Verhältnis von Höhe zu Spannweite) alles bisher – vor allem an Londoner Bahnhöfen – Erprobte. Auch ästhetisch war dieser oft abgebildete Bau von hohem Reiz.

XXI   Der *Eiffelturm,* der derzeit einer grundlegenden Erneuerung unterzogen wird, war das zweite Denkmal, welches sich die prosperierende französische Stahlindustrie auf dieser Ausstellung setzte. In zwei Jahren wurde es nach Entwürfen von Eiffel montiert, der schon mehrere große Brücken und Ausstellungshallen errichtet hatte und noch errichten sollte und der schließlich auch die Konstruktion der Statue of Liberty nach dem curtain-wall-Prinzip erdachte. Der Turm, der auf jegliche »architektonische« Verbrämung verzichtet und seine Statik direkt zum Ausdruck bringt, ist in erster Linie ein Beweis für die

301   Weltausstellung von 1900: Eingangsbogen auf dem Cours de la Reine

Leistungsfähigkeit der neuen Ingenieurbaukunst. Dieser erschien den Sponsoren so wichtig, daß sie seine scheinbare Zwecklosigkeit in Kauf genommen haben, denn man könnte ja meinen, daß zur Unterbringung eines Restaurants auf der ersten und eines Aussichtspunktes auf der dritten Plattform der ganze Aufwand unangemessen sei. Aber die Aktiengesellschaft, die den Bau finanzierte, hatte ihre Einlagen nicht nur bald zurück, sie ist bis heute ein florierendes Unternehmen geblieben. Das Publikum reagierte höchst widersprüchlich auf diesen Bau, der die Proportionen der am anderen Ende des Marsfeldes gelegenen Ecole militaire tatsächlich zwergenhaft erscheinen läßt und der die scheußliche Monumentalität des Palais de Chaillot auf der anderen Seineseite geradezu provozierte. Vor allem die Künstler und Literaten empörten sich, und schnell machte der Witz von einem Mann die Runde, der täglich im Restaurant auf der ersten Plattform speisen ging, weil dies der einzige Ort der Stadt sei, an dem man das Scheusal nicht sehe. Trotz dieser eher elitären Vorbehalte (Roland Barthes hat die Bedeutungsschichten des Turms und seine vielfältige Rezeption in einem monografischen Essay dargelegt) erfreut er sich bis heute einer Popularität, die ihn zum eigentlichen Wahrzeichen der Stadt und nach Zählungen zum meistbesuchten Baudenkmal der Welt überhaupt gemacht hat – Notre-Dame folgt erst mit einigem Abstand. Auch wenn er in kunsthistorischer Sicht ein Vorläufer konstruktivistischer Assemblage-Skulptur sein bzw. noch »zwecklosere« Planungen wie den »Running Fence« von Christo präfigurieren mag, ist auch er – wie es Benjamin vom Obelisk der Concorde gesagt hat – zum »Briefbeschwerer« geworden.

In seinem Buch »Zwischen Glaspalast und Palais des Illusions« hat Erich Schild die Errungenschaften der Ingenieurbaukunst vom Standpunkt des Bauhistorikers und Ingenieurs in ihrem Verhältnis zur traditionellen Architektur gewürdigt. Erst eine sozialpsychologisch-gesellschaftshistorisch angelegte Untersuchung könnte klären, wieso die eine oder andere Spielart des Bauens – und bei welchen Bauaufgaben – den Primat für sich verlangt und auch durchsetzt. Wenn wir gegen Ende des Jahrhunderts eine Tendenz beobachten, wonach Ingenieurbauten »verdrängt« und konventionelle, an den Mustern der Académie entwickelte Baukonzepte eher bevorzugt werden, dann ist das erklärungsbedürftig. Und die Monumente, die einer solchen Erklärung bedürfen, sind das *Grand und Petit Palais* und der *Pont Alexandre III*. Sie alle entstanden anläßlich der Jahrundertausstellung 1900, deren ephemäre Bauten auf der Esplanade des Invalides und entlang der Seine geradezu ein Panoptikum pseudonationaler Stile und Stilprätentionen boten. Hatten sich die Nationen in den gleichförmigen Hallen der früheren Glas-Eisen-Bauten noch in Gestalt ihrer Produkte mit Gebrauchswerten präsentiert, so taten sie es nun im Schein ihrer vermeintlichen Kulturtradition und im Gewande rückeroberter nationaler

355

Historizität, die zu einem Disneyland verkommen war. Im Petit Palais
wurden bei der Fassadengestaltung Traditionen des 17. und 18. Jh.
heraufbeschworen, und auch die Umhüllung des Grand Palais ist neo-
302 barock-pompös. Selbst wenn man den bekrönenden *Skulpturengrup-
pen* eine virtuose Bewegtheit nicht absprechen mag, bleiben sie doch
im Stil der Champagnerplakate der »Belle Epoque«, die wohl deshalb
die »Schöne« genannt worden ist, weil sie die wirklichen sozialen Umstände des Landes und der Stadt hinter der Fassade einer frenetischen
Lebensfreude der führenden großbürgerlichen Schichten zu verstek-
ken verstand. Und diese befanden sich im Einvernehmen mit dem
alten Adel. Wie anders hätte sonst Zar Nikolaus II. den *Pont Alex-
303 andre III* zum Andenken an seinen Vater in Auftrag geben können,
wobei sicher auch die französisch-russische Koalition gegen die sog.
Dreierallianz Preußen-Österreich-Italien dem Projekt Vorschub geleistet hat. Der große Schwung der festlichen Brücke, die die dauerhafte
Verbindung zwischen den Ausstellungsgeländen auf der Esplanade des
Invalides und den Champs-Elysées herstellen sollte, wird durch die
pylonartigen Pfeiler mit den bekrönenden Skulpturen als Widerlager
statisch ermöglicht. Bei der Brücke und bei den beiden Palais wird die
Ingenieurstechnik also »in Dienst« genommen und gleichzeitig einer
an konventionellen Mustern orientierte Ästhetik subsumiert, die die
kulturelle Hegemonie des Besitzbürgertums sichern soll.

Man sollte annehmen, daß der Sakralbau gegenüber der neuen Ingenieurtechnik besonders resistent gewesen ist, und statistisch gesehen trifft das auch zu. Christian Schädlich hat in seiner leider unveröffentlicht gebliebenen Weimarer Habilitationsschrift über »Das Eisen in der Architektur des 19.Jahrhunderts« ein höchst interessantes Kapitel zu diesem Thema vorgelegt. Schon im 18.Jh. hatte man vor allem in England Gußeisenelemente für den Kirchenbau genutzt, aber erst seit 1813 hat man in Liverpool und Birmingham (und wenig später auch in Hannover) gußeiserne Kirchen aus Fertigteilen gebaut, diese Praxis dann aber wegen der Weigerung der Bischöfe, solche Gebilde zu konsekrieren, eingestellt. Nur für den Export in die Kolonien, wo die Christianisierung ja eine wichtige machterhaltende Funktion hatte, die nicht zu teuer kommen sollte, hat man weiterhin an dieser Frühform der Fertigteilbauweise festgehalten. Bezeichnenderweise orientieren sich diese Bauten an gotischem Formengut, das, wie hier dargelegt worden ist, ja selber aufgrund einer älteren Form von Fertigteilbauweise entstanden ist. So wundert es denn nicht, daß der bedeutendste Neogotiker Viollet-le-Duc gußeiserne Alternativentwürfe zu gotischen Bauten vorgelegt hat, und auch in der Denkmalpflege hatte man dieses Material inzwischen bei Dachstühlen (Chartres 1836) und Dachreitern (Rouen 1823, Paris Notre-Dame 1858, Kölner Dom 1858) erfolgreich angewendet. Schließlich gab es mehrere Projekte für

303   Pont Alexandre III

304   St-Eugène, Blick nach Osten

derart industrialisierte Sakralbauten, von denen das 1840 eingereichte, befürwortete, schließlich abgewürgte und heute vergessene für den Berliner Dom vielleicht das interessanteste ist.

Auch in Paris gibt es Kirchen, die sich der neuen Technik bedienen. Bei der *Trinité* wird sie unter Stuck verborgen, bei *St-Augustin,* wie wir sahen, in eine entsprechend anspruchsvolle Steinarchitektur integriert. Letzteres ist, wenn auch nicht in demselben Maße, bei zwei anderen Eisenkirchen der Fall: bei *St-Eugène* und bei *Notre-Dame-du-Travail.* In beiden Fällen steht die Verwendung des neuen und erheblich billigeren Materials in Zusammenhang mit den Ressourcen und der sozialen Zusammensetzung der jeweiligen Pfarrei, verweist also neben ideologischen auch auf sozio-ökonomische Sachverhalte.

305 Notre-Dame-du-Travail, Innenansicht

St-Eugène liegt an der Ecke eines Häuserblocks, die durch die Straßen Ste-Cécile und du Conservatoire gebildet wird, so daß es zwei
Straßenfronten zu gestalten galt, was – abgesehen von den in Gußeisen
ausgeführten Fenstermaßwerken – durchaus mit den üblichen neogotischen Requisiten geschah. Revolutionär ist jedoch der Innenraum, der   304
in Guß- und Schmiedeeisen eine gotische Staffelhalle mit eingezogenen Seitenkapellen in der Art spätgotischer Formulierungen reproduziert, wobei in den Details ausdrücklich Bezug auf das Refektorium
von St-Martin-des-Champs und auf die Sainte Chapelle genommen
wird. Die Baukosten von 530000 Francs waren vergleichsweise sehr
niedrig, und die Bauzeit mit 20 Monaten in den Jahren 1854/55 ungewöhnlich kurz. Das Konzept stammte von einem Architekten, Louis-

Auguste Boileau, dem der Ingenieur Louis-Adrien Lusson assistierte. Das Patrozinium St-Eugène, der Missionar in Spanien war, kam auf ausdrücklichen Wunsch des Kaisers zustande, denn seine Frau Eugénie stammte ja von dorther. Der Eindruck von »Billigbauweise« wurde hier durch die deutlichen Stilanleihen bei nobilitierter Hochgotik und durch die Bemalung und Ausstattung konterkarriert. Vor allem die bunten Fenster verleihen dem Raum eine Märchenhaftigkeit, wie wir sie sonst nur noch an Projektionen von Laterna-magica-Bildern nachvollziehen können.

Notre-Dame-du-Travail verzichtet auf solche Jahrmarktsillusion und ist sehr viel direkter und radikaler. Westfassade, Chor und auch die Seitenschiffmantelmauern sind zwar noch in konventioneller Steinbauweise und entsprechend der typologischen Tradition aufgeführt,
305 aber das Langhaus mit seinem fünfschiffigen basilikalen Querschnitt – die äußeren Schiffe sind als Kapellen und Emporen zweigeschossig gestaltet – könnte man für sich genommen auch als Markthalle rezipieren. Denn die Eisenskelettkonstruktion mit den versteifenden Gitterträgern und Dachbindern mit ihren Nieten verweist auf unrepräsentativen Nutzbau. Ein Plakat von Etienne Moreau-Nélaton von 1897 (die Kirche wurde kurz darauf von Astruc gebaut) verweist auf den soziologischen Hintergrund; es ruft alle Arbeiter Frankreichs auf, »ihren Stein« in Form einer Spende zu diesem Bau beizutragen. Dieser von einem Arbeiterpriester veranlaßte Aufruf der christlich-sozialen Gewerkschaftsbewegung, die man mit ihren radikalen Forderungen nicht mit heutigen christlich-sozial etikettierten Parteien verwechseln darf und der so radikale Künstler wie Millet und van Gogh angehört haben, war offenbar erfolgreich, da der Bau schon 1901 abgeschlossen war. Bis heute liegt er nicht nur abseits vom Tourismus, sondern ist auch – als Monument einer Gegenkultur – weitgehend unbekannt. Im Grunde bringt er in modernem Gewande Bescheidenheitstopoi und finanzielle Zurückhaltung zum Ausdruck, wie sie von den Zisterziensern und Bettelorden als religiöse Protestbewegungen schon im Mittelalter praktiziert worden waren. Gerade im Vergleich zu den exuberantesten sakralen Baudenkmälern der Zeit – wie Sacré-Cœur – handelt es sich um einen Bau von hohem Niveau, ungeachtet dessen, daß seine ästhetische Wertschätzung nicht zu trennen ist von seiner ideologischen. Aber das ist im Grunde immer so. Insofern handelt es sich also um das ausgeprägteste Beispiel einer Bettelordenskirche des 20.Jh. Und im Bereich der Sakralarchitektur ist solche »Radikalität« meines Wissens bis heute kaum übertroffen.

Im Eisen-Glas-Bau konkurrierten die französischen Ingenieure ständig mit den englischen, im Beton- und insbesondere im Stahlbetonbau hatten sie jedoch eine eindeutige Vorrangstellung, die durch entsprechende Patente urheberrechtlich abgesichert war. Sie äußerte sich bis weit in 20.Jh. hinein auch im Sakralbau – man denke an

Corbusiers Ronchamp! *St-Jean-de-Montmartre* wurde von Anatole de 306
Baudot entworfen, der als Schüler von Viollet-le-Duc auch ein bedeutender Bauhistoriker war. Die Modernität dieser 1894 begonnenen
Eisenbetonkirche überrascht noch heute. Auch hier haben Kosten-
gründe die Wahl der Bautechnik bestimmt, deren Strenge durch die
Verwendung farbiger Materialien jedoch abgemildert ist. Besonders interessant ist hier der Versuch des Architekten, noch vor dem
beginnenden Jugendstil eine architektonische Formensprache zu

306 St-Jean-
l'Evangéliste
auf dem
Montmartre

entwickeln, die nur entfernte Anleihen an historische Vorbilder zu
erkennen gibt und aus den Möglichkeiten des neuen Baustoffs entwik-
kelt ist.

    War der Eisenbeton von St-Jean-de-Montmartre noch an Ort und
Stelle gegossen worden, so besteht die seit 1926 errichtete Vorortkir-
che *St-Christophe-de-Javel* fast ausschließlich aus vorher gegossenen 307
Betonfertigteilen. Das verleiht dem von Charles-Henri Besnard entworfenen Bau einen seriellen Charakter, der durch die Wandfresken
etwas gemildert werden sollte. Während St-Christophe sich an den
überkommenen Bautyp der Basilika sehr eng anklammert, kann man
an der wenige Jahre früher begonnenen Kirche *Notre-Dame du Raincy*

und an der gleichzeitigen *Ste-Thérèse de Montmagny* (beide stammen von Auguste Perret) sehen, welche ästhetischen Möglichkeiten hier eigentlich gegeben waren.

Auch bei anderen Bauaufgaben hat Perret gezeigt, welche Schönheit dem Stahlskelett- und Eisenbetonbau abzugewinnen war. Das erste Wohn- und Geschäftshaus, das ganz aus Eisenbeton bestand, wurde 1899 von Hennebique in der Rue Danton gebaut. Die Fassade läßt die Struktur zwar erkennen, ist jedoch mit historisierendem Stuck ver-
308 brämt. Bei dem berühmten 1903 vollendeten *Wohnhaus Rue Franklin* von Perret ist das anders. Es mußte in eine vergleichsweise breite, aber nur wenig tiefe Baulücke eingefügt werden, was zu einer äußerst geschickten Grundrißlösung geführt hat. Während Treppenhaus und Nutzräume nach hinten verlegt und nur spärlich beleuchtet sind, hat Perret alle fünf Wohnräume zur Straßenfassade hin orientiert, die er durch einen mittleren zurückspringenden Teil mit Balkons und zwei seitliche Erker belebt. In konventionellem Baumaterial wäre eine solch luftige Lösung kaum möglich gewesen. Das statische Gerüst tritt klar erkennbar hervor. Es ist mit schönen, heute leider etwas verdunkelten Steinzeugplatten ausgefacht. Das Haus gehört zu den Gründungsbauten moderner Architektur. Das nicht weniger eindrucksvolle

Garagengebäude in der Rue Ponthieu von 1905 ist leider vor wenigen Jahren trotz internationaler Proteste abgerissen worden.

Bei der Betrachtung des Eisenbetonbaus zwischen 1894 und 1905 haben wir uns in einer Epoche bewegt, die in Frankreich als »style moderne« und »art nouveau«, in Deutschland nach der 1896 erstmals erschienenen Zeitschrift »Die Jugend« als Jugendstil bezeichnet wird. Die Zentren dieses neuen Stils, der mit dem historischen Plunder aufräumen wollte, lagen über Europa verstreut: Brüssel, Glasgow, Nancy, Barcelona, Wien, Darmstadt und nicht zuletzt Paris, wo Hector Guimard sein Hauptvertreter war. Es handelt sich um eine Erneuerungsbewegung innerhalb der bürgerlichen Kultur, die alle möglichen Lebensbereiche einbezog bis hin zum Reformkleid und der Freikörperkultur. Man hat diese Kultur als Befreiung empfunden, aber auch als

308   Wohnhaus von Perret, Rue Franklin Nr. 25

363

bürgerliche Fluchtbewegung charakterisiert, und tatsächlich ist sie fast
ausnahmslos bürgerlich-exklusiv geblieben und konnte keine Massen-
kultur des Industriezeitalters werden. Dieser Widerspruch ist bald erkannt und etwa 1914 auf dem Kölner Werkbundkongreß in aller
Breite diskutiert worden. Er wurde konstitutiv für neue Konzepte, wie
sie etwa das Bauhaus vertrat. Der künstlerische Stil, der sich von allem
historistischen Ballast löste und durch eine vegetabile Ornamentik gekennzeichnet ist, war – von einigen Spätlingen abgesehen – von noch
kürzerer Dauer und hatte sich schon gegen 1905 überlebt. Die damals
verbreitete Parole von der »Einheit von Kunst und Leben«, welche
verständlicherweise nur vom begüterten Bildungsbürgertum eingelöst
werden konnte und die in manchen heutigen Alternativbewegungen
ihre Parallele hat, führte in den bildenden Künsten zur Idee vom »Gesamtkunstwerk«. So ging es denn nicht nur um Architektur, sondern
um die Einbeziehung aller Gattungen inklusive der Kleinkunst. Im
Grunde war dieser Stil industriefeindlich.

310 Pfeiler der Ecole du Sacré Cœur, Avenue La Frillière Nr. 9

311 Die Métrostation Monceau

312   Eingang des Wohnhauses Avenue Rapp Nr. 29

309   1897–1898 baute Guimard das *Castel Béranger,* ein sechsstöckiges, an einer Ecke gelegenes Wohnhaus, das in der Verwendung von diversen Materialien wie Haustein und Ziegel und in der Skurrilität des Entwurfs allen Symmetrieregeln Hohn spricht. Besonders die Tür – ein architektonisches Gebilde mit skulpturalen Elementen und einer asymmetrischen Eisenblechvergitterung – kann typische Tendenzen des intendierten Gesamtkunstwerks verdeutlichen.

   1895 war Guimard mit dem Bau der *Ecole du Sacré-Cœur* beauftragt worden, wo er seine Fähigkeiten als Ingenieur unter Beweis
310 stellte. Die Fassade ruht auf schweren Eisenträgern, die von schräg gestellten Gußeisenstützen gehalten werden, so daß im Erdgeschoß ein heute leider verbauter Freiraum bleibt. Auch wenn die Idee schon über drei Jahrzehnte früher von Viollet-le-Duc vorgetragen worden war (auf den sich übrigens auch andere Jugendstilarchitekten wie

313 Das Gebäude der Zeitungsredaktion des »Parisien Libéré«,
Rue Réaumur Nr. 124

Gaudi beziehen), weist sie doch auf Konzeptionen voraus, wie sie Le Corbusier dann vielfach realisiert hat.

Wirklich berühmt wurde Guimard jedoch durch die einmalige Chance, die der offizielle Auftrag zur Gestaltung der *Métro* ihm bot, mit deren Bau 1898 begonnen worden war und deren erste Linie von Vincennes zum Bois de Boulogne 1900 zur Weltausstellung eingeweiht wurde. Von der alten Innendekoration und den ursprünglichen Waggons ist heute nichts mehr zu sehen, aber an vielen Stellen stehen noch die *gußeisernen Eingangsstationen,* die Guimard in verschiedenen Typen entworfen hat. Ob mit oder ohne Glasdach bilden sie immer ein organisches Ganzes aus Brüstung, Eingangstor mit Schild, Beleuchtung und Tafel für den Netzplan. Die hellgrüne Farbe dieser Gußeisenelemente verstärkt den vegetabilen Charakter der Formen.

Im Vergleich zu der gleichzeitigen Schwülstigkeit, wie sie uns bei den Ausstellungsbauten des Grand und Petit Palais schon begegnet war, mutet Guimards Stil eher elegant-zurückhaltend an. Es gab aber auch Spielarten des Jugendstils, die einen Kompromiß mit dem herrschenden Geschmack der Belle Epoque gesucht haben. Das 1901 von Lavirotte in der *Avenue Rapp* gebaute *Wohnhaus* kann als eines von vielen Pariser Beispielen dafür stehen. Der Volksmund hat angesichts solcher Gebilde den sicher recht treffenden Begriff »style nouille« (Nudelstil) geprägt.

Sehr viel überzeugender als solcher Wust scheinen Gebäude, bei denen sich die Jugendstilelemente mit der neuen Technik treffen. Das ist in besonderer Weise bei dem *Eisenbau in der Rue Réaumur* der Fall, der heute die Redaktion des »Parisien libéré« beherbergt. Er wurde 1904 von dem Architekten Georges Chédanne errichtet, der sich durchaus auch durch pompös-historistische Bauten wie das Palasthotel

der Champs-Elysées profiliert hatte, hier aber einen äußerst glückli-
chen Wurf getan hat. Ursprünglich waren in den unteren Etagen die
Geschäfts- und Büroräume eines Konsortiums von Seidenfabrikanten
(wir befinden uns im Viertel des Textilhandels) untergebracht. Dort,

315 Foyer des Théatre des Champs-Elysées

wo die Loggien aus der ansonsten sehr strengen Fassade hervorspringen, befand sich die Wohnetage.

Überall in Europa war man der ausufernden Jugenstilformen aber bald überdrüssig, kehrte zu einem nüchternen Stil zurück und besann sich etwa auf »stille Größe und edle Einfalt« klassizistischer Formen. Zum Teil hängt das auch mit den Bauaufgaben zusammen. Für das *Théâtre des Champs-Elysées* hatte sich der Bauherr erst an Bouvard und dann an den berühmten Brüsseler Jugendstilarchitekten Henry van de Velde gewandt, der von Perret als Ingenieur unterstützt werden sollte. Dieser legte jedoch 1911 ein eigenes Entwurfskonzept vor, nach dem der Bau innerhalb von zwei Jahren errichtet wurde. Die Rückkehr Perrets zur akademischen Tradition wird an der Fassade, aber auch im Innenraum mit den säulenartigen Stützen deutlich. Der fast quadratische Fassadenrisalt mit dem weit vorspringenden Dachgesims ist seitlich durch Pfeiler eingefaßt, die an eine Kolossalordnung erinnern. Über dem Eingangsgeschoß erhebt sich eine kleinere Kolossalordnung, die ein mächtiges Gebälk trägt. In der »Attika« darüber erscheinen große Reliefs von Bourdelle, der ebenso wie einige bedeutende Maler (Maurice Denis, Vuillard, Roussel) auch an der Innenausstattung beteiligt war. In gewisser Weise wird hier auch der »Dampferstil« der zwanziger und dreißiger Jahre vorweggenommen, der dem Geschmack der gehobenen Gesellschaft so außerordentlich entgegenkam. Und exklusiv ist dieses Theater immer gewesen. Auch in seinen späteren Bauten – wie z. B. dem Mobilier National – bleibt Perret dem neoklassizistischen Stil verhaftet.

Blickt man auf den Zeitraum von der Revolution bis zum Ersten Weltkrieg zurück, dann konstatiert man zweierlei: Nie zuvor scheint es einen auch nur annähernd vergleichbaren Reichtum an Bauaufgaben, -typen, -techniken und Architekturstilen gegeben zu haben, und auch das urbanistische Gefüge hat sich in einer Weise geändert, wie sie bislang nicht denkbar war. Wie diese Wandlungen nicht nur miteinander zusammenhängen und wie sie sich auf einen gemeinsamen Nenner beziehen, konnte hier immer nur angedeutet werden. Sie sind Ausdruck des Wandels von der feudalen und ständisch gegliederten zur bürgerlichen Gesellschaft, die sich im Gefolge bzw. in Wechselbeziehung zu einer Produktivkraftentfaltung herausgebildet hat, die wir als Industriezeitalter bezeichnen. Wenn man sich umgekehrt aus der Sicht des Historikers das Ausmaß dieser ökonomischen und gesellschaftlichen Veränderungen verdeutlicht, wäre es verwunderlich, wenn sie keinen entsprechenden Niederschlag in der Stadtgestalt gefunden hätten.

Was der Baron Haussmann in Paris zuwege gebracht hat, nämlich die Anpassung der Stadtstruktur an die Bedürfnisse des Industriezeitalters, war andernorts meist nicht in derselben radikalen Weise zu realisieren. Es bedurfte in der Tat eines stark autoritären Regimes, um den Widerstand der aus ihren angestammten Vierteln vertriebenen Anwohner zu brechen. In anderen europäischen Großstädten ermöglichten oft erst die Verheerungen der Kriege, von denen Paris glücklicherweise verschont geblieben ist, eine neue Infrastruktur. Der Moloch des Verkehrs und Konsums, der nicht nur den unzerstörten europäischen Städten so unermeßlichen Schaden zugefügt hat, ließ auch Paris nicht unberührt. Die Stadt wurde mit einem vielspurigen Autobahnring umgeben, die ehemals idyllischen Seinekais mußten Verkehrsadern weichen, und wegen des allzu hohen Verkehrsaufkommens mußten auch die Markthallen an die Peripherie verlegt werden. Die Erweiterung des Metronetzes macht sich dagegen eher positiv bemerkbar.

Die Stadt Paris war aber nicht nur deshalb, weil Haussmann schon für eine moderne Infrastruktur gesorgt hatte, vergleichsweise gut dran, sie profitierte vor allem davon, daß sie sich flächenmäßig nicht mehr vergrößert hat, so daß die eigentlichen Probleme in die Region »verdrängt« werden konnten, wo sie denn auch in einer um so gravierenderen Weise bestehen. Gewiß, auch in der eigentlichen Stadt gab und gibt es noch Problemgebiete, gemessen an denen der Banlieue fallen sie jedoch längst nicht so ins Gewicht. So konnten erhaltenswerte Altbauviertel wie das Marais, das Markthallengebiet und das Quartier Latin allmählich saniert werden, zumal sich die finanzkräftigen Kreise aus Standortgründen geradezu danach drängten, hier zu investieren. Die großen Neubaugebiete innerhalb der Stadtgrenzen befinden sich dagegen ausschließlich in heruntergekommenen traditionellen Arbeiter- und Handwerkervierteln, in Belleville, bei der Place d'Italie, südlich der Gare Montparnasse und im 15. Arrondissement, während es mit dem Quartier de la Défense eine besondere Bewandtnis hat. An all diesen peripher zum Stadtkern gelegenen Orten schießen riesige Wohn- und Geschäftshäuser aus dem Boden, die zusammen mit anderen Wolkenkratzern (Rundfunkgebäude, Tour Montparnasse und Tour Jussieu) die Stadtsilhouette erheblich verändert haben. Auch wenn man diese Tendenzen beklagen mag, sind sie jedoch längst nicht so gravierend wie bei anderen Städten – man denke z. B. an Frankfurt.

Architekturhistorisch spielt Paris im 20. Jh. keine besondere Rolle. Abgesehen von einzelnen hervorragenden Leistungen, auf die noch kurz hingewiesen werden soll, herrscht Mittelmaß – ganz im Gegensatz zu anderen kulturellen Bereichen. Im Bereich der »Hochkünste« konnte die Stadt noch eine Vorrangstellung behaupten, und in der

316   Wohnhaus von Mallet-Stevens, Rue Mallet-Stevens Nr. 16

Malerei war die Ecole de Paris noch bis gegen Ende der fünfziger
Jahre international stilbildend. Teilweise gilt das auch für Literatur
und Film. Als intellektuelles Zentrum Frankreichs übt die Stadt auch
weiterhin und weit über die Landesgrenzen hinaus große Faszination
aus. Aber von einer Hauptstadt des 20. Jh. ist sie weit entfernt, obwohl
es schwer fällt, diese Hauptstadt anderswo zu lokalisieren.

Wenn die Konzepte der sog. modernen Architektur – wir sahen es –
auch weit vor den Ersten Weltkrieg zurückreichen und ihre Ursprünge
in der englischen »Arts and Crafts Bewegung«, in der Schule von
Chicago, im Werkbund in der Eisen- und Betonarchitektur sowie in
den Werken einzelner hervorragender Architekten wie Sullivan, Frank
Lloyd Wright, Perret, Behrens, Loos u. a. haben, so wurden sie in den
zwanziger Jahren doch vor allem (wenn man wiederum von Individuen
wie Le Corbusier, Wright, Sant Èlia absieht) in der Sowjetunion, in
Holland und Deutschland entwickelt. Und der internationale Stil oder
»Funktionalismus«, der uns in seiner pervertierten bzw. standardisier-
ten Form in den Pariser Neubauvierteln begegnet, hat seine Quellen
ebendort.

Sicher ist es fragwürdig, aus der Vielzahl von Gebäuden, die seit
dem Ersten Weltkrieg entstanden sind, einzelne herauszugreifen, weil
sie nach Gesichtspunkten einer an der Avantgarde orientierten Architekturgeschichte interessant sind – denn typisch für den allgemeinen
Geschmack sind sie damit noch lange nicht. Aber die *Häuser von
Robert Mallet-Stevens* sind ästhetisch doch so überzeugend, daß sie

371

316

317

317   Wohnhaus von Le Corbusier,
Rue Nungesser-et-Coli Nr. 24

zumindestens eine Erwähnung verdienen.
1927 erbaute er in Auteuil an der heutigen
Rue Mallet-Stevens Privathäuser für Architekten, Musiker, Regisseure und Maler,
die den jeweiligen individuellen Bedürfnissen angepaßt sein sollten (ein übrigens
sehr fragwürdiges Konzept, weil es zu un-
flexibel sein kann) und eine Art Künstler-
kolonie bilden. Ihre kubisch-einfache
Komposition scheint an Bauten der hol-
ländischen De-Stijl-Architekten anzu-
knüpfen. Dudok konnte jedoch erst 1929
mit dem *Niederländischen Haus der Cité
Universitaire* ein reales Exemplum dieses
Stils setzen.

Le Corbusier hatte sich zwar schon 1917
in Paris niedergelassen, er war aber fast
ausschließlich mit Bauaufgaben außerhalb
der Stadtgrenzen betraut. Sein eigenes
Wohnhaus in der Rue Nungesser-et-Coli
im vornehmen 16. Arrondissement mußte
er, den allgemein geltenden Vorschriften
folgend, in die Häuserzeile einordnen. Das Prinzip des durchlässigen
Erdgeschosses realisierte er jedoch partiell durch die freistehenden
Stützen, und die nach dem curtain-wall-Prinzip gebildete, fast restlos
durchfensterte Fassade war damals für einen Wohnbau jedenfalls ein
Novum. Man muß sich die umgebende und auch die gleichzeitig gebaute Wohnarchitektur vor Augen führen, bevor man sich klar darüber wird, daß eine derartige Transparenz und Offenheit des Wohnbe-
reichs damals eine Errungenschaft war, die mit den hergebrachten
Formen des Wohnens in ähnlicher Weise gebrochen hat wie die Konzeptionen eines Mies van der Rohe. Kurz vorher hatte derselbe Architekt zusammen mit P. Jeanner das *Schweizer Haus in der Cité Universitaire* fertiggestellt.

Bei den adeligen Palais und Hôtels hatten wir es mit Zeugnissen des
vorherrschenden Geschmacks der herrschenden Schicht zu tun, bei
den avantgardistischen Bauten des 19. und 20. Jh. kann davon jedoch
in zunehmendem Maße keine Rede mehr sein, da das Gros der bürgerlichen Architektur (genauso wie die Salonkunst) ästhetischen Normen
folgte, die eher rückwärtsgewandt waren. Erst im fortgeschrittenen
20. Jh. dient avantgardistische Form – aber auch dann nur mit Ein-
schränkungen – der bürgerlichen Repräsentation, und die Avantgarde,

die ja als antibürgerliche Erneuerungsbewegung aufgetreten war, leidet – zu Recht – bis heute darunter, daß sich ihre Produkte als Dekor der bürgerlichen Gesellschaft erweisen. In den dreißiger Jahren war das noch nicht so eindeutig der Fall. Die Leitidee des öffentlichen Geschmacks war damals »Monumentalität«. Sie äußert sich in Architektur, Bildhauerei und Malerei in gleicher Weise, und die Erklärung dieses Phänomens steht seitens der Kunstwissenschaft noch aus.

Es fällt vergleichsweise leicht, das faschistische Bedürfnis nach Monumentalarchitektur zu deuten, und es ist auch verständlich, daß sie sich in der Sowjetunion in der Konsolidierungsphase nach 1932 breit macht. Man macht es sich aber zu leicht, wenn man in solcher Megalomanie nur die Verirrungen von Faschismus und Stalinismus sehen will und die Erklärung dann im sog. »Totalitarismus« sucht. Man könnte auch meinen, daß faschistische Ästhetik auf demokratische Baukultur abgefärbt habe. Denn in der Tat standen sich zu Füßen des *Palais de Chaillot,* das zusammen mit dem benachbarten *Musée de* 318 *l'Art moderne* für die Weltausstellung 1937 errichtet worden ist, die fatal aufeinander ausgerichteten monumentalen Pavillons von NS-Deutschland und Sowjetunion mit Drohgebärden gegenüber. Aber ohne den architektonischen Habitus des Faschismus beschönigen zu

318   Palais de Chaillot

wollen, der auch im Vergleich zur Architektur der Stalinzeit noch besonders schlimme spezifische Merkmale hatte, muß doch gesagt werden, wie sehr diese »Monumentalität« auch den Ausdrucksbedürfnissen bürgerlich-republikanischer Staaten entgegenkam und die offiziellen Bauaufträge bestimmte. Man denke z.B. an die National Gallery in Washington, an den Genfer Völkerbundpalast und die Verwaltungsbauten des British Dominion. Man kann allerdings von Glück sagen, daß sich die architektonische Großmannssucht dieser Jahre, wie sie an einer ganzen Reihe von Bauten (z.B. beim Musée de la France d'Outre-Mer oder bei der neuen Medizinischen Fakultät) zum Vorschein kommt, nicht auch städtebaulich durchgesetzt hat. Denn das Palais de Chaillot ist nur eine Verkleidung des alten Trocadéro mit neuen Fassaden, wobei lediglich der Mittelpavillon durch eine Terrasse, unter der ein Theatersaal eingerichtet wurde, ersetzt ist. Es verstärkt mit seinen überdimensionierten Brunnenanlagen, Monumentalskulpturen und peinlich-hymnischen Inschriften von Valéry also lediglich eine Inszenierung, die, an barocke Muster anknüpfend, schon im 19. Jh. vorgegeben war.

Auch nach dem Zweiten Weltkrieg blieb die Stadt der modernen
320 Architektur verschlossen, und das *UNESCO-Gebäude* von Marcel Breuer (einem Bauhäusler), dem Elsässer Bernard Zehrfuss und dem

319 Das Brasilianische Haus in der Cité Universitaire

320 Das UNESCO-Gebäude mit dem Konferenzbau

bedeutendsten europäischen Stahlbetonbaumeister Pier Luigi Nervi
wurde erst in den Jahren 1955–1958 gebaut. Ähnlich wie bei dem
UNO-Gebäude in New York wurden bedeutende, international aner-
kannte Künstler mit Ausstattung und Dekor betraut: Henry Moore,
Juan Mirò, Alexander Calder und andere. Auch wenn die Architektur
mit ihrem Y-förmigen Grundriß sehr glücklich auf die Platzsituation
vor der Hoffassade der Ecole militaire Rücksicht nimmt, indem sie
deren Halbkreisform betont, handelt es sich doch um einen Bau, dessen Qualität nicht eigentlich dem »genius loci« verbunden ist.

Und das gilt für andere erwähnenswerte Exempla moderner Architektur in ähnlicher Weise. Das *Brasilianische Haus* von Le Corbusier 319
in der Cité Universitaire wirkt – wie viele Betonbauten der fünziger
Jahre – heute schon etwas heruntergekommen. Und als Beispiel für
organische und farbige Architektur hat man es erleben müssen, bevor
es sich abgenutzt hat. Einem heutigen Besucher ist jedenfalls schwer
zu vermitteln, was an diesem Studentenheim attraktiv gewesen sein
soll und was es heute über andere hervorzuheben vermag. Im Reglement und in den Vollzugsformen von Kommunikation unterschied sich
diese Anstalt jedenfalls kaum von den herkömmlichen Studenten-
kasernen.

Die anspruchvollste Planung seit dem Zweiten Weltkrieg ist das
Quartier de la Défense mit seinen Wolkenkratzern, der riesigen *Aus-* 321
stellungshalle und den westlich davon liegenden Schlafstädten. Hier 322

375

sollte das große Geschäftszentrum von Paris entstehen, und man hatte
sich ausgemalt, daß es von Menschen wimmeln würde, und deshalb
entsprechende Fußgängerbereiche vorgesehen. Aber wann immer man
dieses Viertel auch besucht, fühlt man sich als Fußgänger sehr verein-
zelt. Mag sein, daß sich das ändern wird, aber vorerst scheint es, als
würde die hier gebaute Architektur Kommunikationsfreudigkeit eher
verhindern und nur ein weiteres Beispiel für die »Unwirtlichkeit« des
modernen Städtebaus liefern.

Während die Bürohochhäuser des Quartier de la Défense ihren
Zweck aber sicher erfüllen, war das gaullistische Großprojekt des zentralen *Schlachthofes von Vilette* bei seiner Fertigstellung schon obsolet
und mußte den Betrieb einstellen, noch ehe er recht begonnen hatte.
Architektonisch-funktional war es sicherlich ansprechend. Ein schöner
moderner Bau ist auch das *Musée national des Arts et Traditions populaires* im Bois de Boulogne mit seinem neungeschossigen Verwaltungsbau und dem weitläufig angelegten Ausstellungstrakt. Besondere Be-
323 achtung verdient jedoch das *Stadion des Parc des Princes,* das Roger
Taillibert 1969–1972 im Süden des Bois de Boulogne errichtet hat.
Die Tribünen werden ringsum von einem Dach aus Spannbeton überfangen, dessen Träger außen als 52 schmale Rippen in Erscheinung
treten und dem Bau einen hohen plastischen Ausdruckswert geben.

321   Quartier La Défense

322   Ausstellungshalle des CNIT im Quartier La Défense

In den Jahren 1970/71 hat die *Kommunistische Partei* ihre *Zentrale* von Oscar Niemeyer, dem Planer von Brasilia, erbauen lassen. Auf einem Eckgrundstück an der Place du Colonel-Fabien gelegen, umschließt die geschwungene und völlig aufgeglaste Fassade einen merkwürdig hügelig gestalteten Hof, der unterkellert ist und den Sitzungssaal für das Zentralkomitee enthält, dessen Kuppel wie die eines Bunkers wirkt. Das steht in merkwürdigem Kontrast zu dem Verwaltungsbau, dessen Fassade Transparenz signalisieren soll.

Das seitdem am meisten beachtete Beispiel moderner Architektur in Paris ist das *Centre Pompidou,* das gemäß dem Willen des ehemaligen Staatspräsidenten zu einem nationalen Zentrum für die internationalen avantgardistischen Kunstströmungen werden sollte. Denn die in dem sehr faschistisch anmutenden Gebäude untergebrachten Museen für moderne Kunst des Staates und der Stadt konnten sich in der Aktualität ihrer Präsentation und Erwerbungspolitik längst nicht mehr mit vergleichbaren Institutionen anderer westeuropäischer Länder und der USA messen. Den international ausgeschriebenen Wettbewerb gewannen Renzo Piano und Richard Rogers, die 1976 mit dem Bau betraut wurden und die kurz vorher mit einem Fabrikbau in Tadworth (Surrey) Beachtung gefunden hatten. Das Konzept ist sehr einfach: der mehrgeschossige kubische Bau ist so angelegt, daß das Konstruk-

tionssystem mit den nach außen verlegten Stützen und den weit ge-
spannten Trägern der Geschosse keine zusätzlichen Stützen im Innenbereich benötigt und somit eine äußerst flexible Aufteilung der Ge-
schoßgrundrisse ermöglicht. Die technischen Funktionen sind vor die
beiden Längsfassaden im Osten und Westen verlegt. Die Rohre für
Heizung, Lüftung und Energie bestimmen die Straßenansicht der Rue
Beaubourg. In ihrer teilweisen Überdimensionierung und farbigen
Gestaltung erinnern sie an Schiffsarchitektur und kokettieren in geradezu auffälliger Weise damit, daß hier technische Notwendigkeit bloßgelegt sei. Sie wird nämlich nicht nur bloßgelegt, sondern geradezu
präsentiert.

324   Die *Hauptfassade* ist jedoch die Westfront, schon weil sie wegen der
ihr vorgelagerten geneigten Plaza, auf der sich auch die entscheidenden Aktivitäten entfalten, auf größere Distanz angelegt ist. Sie ist der
Kommunikation gewidmet, indem dem Stützensystem ein schräg dazu
verlaufendes transparentes Gebilde mit den Rolltreppen vorgelagert
ist, welches das Auge auch sofort als disparat von der eigentlichen
Fassade wahrnimmt.

Man könnte diese auch architektonisch zum Ausdruck gebrachte
Trennung von disponibler Nutzung (Kernbau), Versorgung (Ostfassade) und Zirkulation (Westfassade) als glücklich charakterisieren,
träte sie nicht auf der einen Seite mit derart ostentativer Prätention
zum Vorschein und wäre sie auf der anderen Seite dem Sinn einer
Kulturinstitution mit so hohem Anspruch angemessen. Um es nicht
einmal überspitzt zu sagen: der Entwurf wäre für ein Warenhaus moderner Prägung durchaus angemessen. Daß er den 1. Preis für eine
Kulturinstitution mit höchstem Anspruch erhielt, wirft dagegen ein
Schlaglicht darauf, was man unter Kultur versteht: nämlich eine Ware,
die dem flanierend-müßigen Publikum in derselben Weise – und er-

323   Stadion des Parc des Princes

324 Centre Pompidou, Westfront

folgreich! – präsentiert werden kann wie die neueste Mode bei Karstadt. Solche Konzepte der Kulturvermittlung gibt es – z.B. beim ebenfalls äußerst erfolgreichen »Römisch-Germanischen-Museum« in Köln – auch anderswo. Kultur gerät zum Konsumgut und zum nach warenästhetischen Gesichtspunkten präsentierten Artikel, den man wie die Auslage eines Warenhauses besichtigt. Es gibt kaum einen Bau, der solch einem eingeschränkten Begriff von Kultur stärker Vorschub leisten kann und ihn gleichzeitig so deutlich entlarvt wie das Centre Pompidou. Es ist ein Trost, daß sich dieses Gebilde in seiner ästhetischen Faszination sehr viel schneller abnutzen wird und daß sich damit seine Legitimität schneller verlieren wird als etwa die des Eiffelturms.

Aber wie eine Stadt die Widersprüche zwischen der sie derzeit bestimmenden Gesellschaftsformation und der auch durch die vorangegangenen Formationen bestimmten Struktur und Stadtgestalt einerseits und den Erfordernissen der Zukunft andererseits lösen wird, kann ein historischer Überblick nicht prognostizieren. Er kann allerdings verdeutlichen, welchen Erkenntniswert bestimmte historisch gewachsene Strukturen für eine bessere und planbare Zukunft haben können. Denn eine Beschäftigung mit der Geschichte – und sei es auch nur der Baugeschichte – wäre so lange müßig, als sie keine Handlungsperspektiven für eine – hoffentlich – bessere Zukunft eröffnete.

BIBLIOGRAPHIE

Der 1974 im Hirmer Verlag erschienene Parisband von Michel Fleury, Alain Erlande-Brandenburg, Jean-Pierre Babelon und Max und Albert Hirmer enthält eine
umfangreiche Bibliographie, die hier nur um die wichtigsten Titel nach demselben
Gliederungsprinzip ergänzt werden soll.

Als allgemeine Werke sind hervorzuheben: Histoire de la France urbaine, hrsg. von
G. Duby, 5 Bde., Paris 1980. – Nouvelle histoire de Paris. Hinzugekommen sind die
Bände J. Favier, Paris au XVe siècle, 1380–1500, Paris 1974, und das Standardwerk
über die Stadtentwicklung P. Lavedan, Histoire de l'urbanisme à Paris, Paris 1975,
das für ein vertiefendes Studium und mit seiner über 500 Titel umfassenden Bibliographie sehr empfehlenswert ist. Gute Informationen auch zu den hier nicht behan-
delten Bauten liefern der Guide Bleu und der in der Reihe Bibliothèque des Guides
Bleus erschienene Band von G. Huisman und G. Poissons, Les monuments de Paris,
Paris 1966. In deutscher Sprache empfiehlt sich der Reclams Kunstführer Frankreich, Bd. 1, Paris und Versailles, von Chr. Beutler, Stuttgart 1970. Der Ausstellungskatalog La montagne Sainte-Geneviève, Paris 1981, Musée Carnavalet, bezieht sich
auf die Geschichte des 5. Arrondissements. Vgl. auch den Ausstellungskatalog Ile
Saint-Louis, Paris 1980.

Die neu aufgefundenen Fragmente von Notre-Dame, über die vielfach berichtet
worden ist, sind noch nicht wissenschaftlich bearbeitet. Vgl. vorerst M. Fleury / A.
Erlande-Brandenburg, Les rois retrouvés, Paris 1977, und zu den älteren Funden A.
Erlande-Brandenburg / D. Kimpel, La statuaire de Notre-Dame de Paris avant les
destructions révolutionnaires, in: Bulletin Monumental, Bd. 136, 1978, S. 213–266.
Für die Kunst des 14. Jh. besonders wichtig ist der Ausstellungskatalog, Les Fastes du
Gothique – le siècle de Charles V, Paris 1981. Zur Geschichte der alten Pariser
Brücken vgl. M. Mislin, Die überbauten Brücken von Paris, ihre bau- und stadtbau-
geschichtliche Entwicklung im 12.–19. Jh., Diss. ing. Stuttgart 1979.

Zur Architektur des 16. bis 18. Jh. sind mehrere Titel zu verzeichnen: F. Fichet, La
théorie architecturale á l'âge classique – Essay d'anthologie critique, Brüssel o. J. –
V. L. Tapié, Baroque et classicisme, Paris 1980. – L'urbanisme de Paris et l'Europe
1600–1680, hrsg. von P. Francastel, Paris 1969. – U. Keller, Reitermonumente
absolutistischer Fürsten, München/Zürich 1971. – A. Braham, The Architecture of
the French Enlightenment, London 1980. – Wichtig auch die Ausstellungskataloge
Soufflot et son temps 1780–1980, Paris 1980, und Ledoux et Paris, Cahiers de la
Rotonde Nr. 3, Paris 1979.

Der Ausstellungskatalog des Museum of Modern Art, The Architecture of the Ecole
des Beaux-Arts, New York 1977, ist vornehmlich dem 19. Jh. gewidmet. Als allgemein kulturgeschichtliche Titel sind zu nennen: W. Benjamin, Charles Baudelaire.
Ein Lyriker im Zeitalter des Hochkapitalismus, in: Gesammelte Schriften, Bd. I, 2,
S. 509 ff. – S. Kracauer, Jacques Offenbach und das Paris seiner Zeit, Kracauer
Schriften Bd. 8, Frankfurt ^{2}1976 (Amsterdam 1937). – Paris – Deutsche Republikaner reisen, hrsg. von K. Witte, Frankfurt 1980. – Le Parisien chez lui au XIXe siècle –
1814–1914, Ausstellungskatalog der Archives Nationales, Paris 1976.

Zu Einzelaspekten vgl. M. Ozouf, La fête révolutionnaire 1789–1799, Paris 1976. –
Von Brutus zu Marat – Kunst im Nationalkonvent 1789–1795, hrsg. von K. Schein-
fuß, Dresden 1973. – J.F. Geist, Passagen – Ein Bautyp des 19. Jh., 3., ergänzte

Auflage, München 1979. – Le »gothique« retrouvé avant Viollet-le-Duc, Ausstellungskatalog der Monuments historiques, Paris 1979. – »Il y a cent cinquante ans … JUILLET 1830«, Ausstellungskatalog Musée Carnavalet, Paris 1980. – Kunst der bürgerlichen Revolution von 1830 bis 1848/49, Ausstellungskatalog der NGBK, Berlin 1972. – W. Schivelbusch, Geschichte der Eisenbahnreise – Zur Industrialisierung von Raum und Zeit im 19.Jh., Frankfurt/Berlin/Wien 1979. – K. Strohmeyer, Warenhäuser – Geschichte, Blüte und Untergang im Warenmeer, Berlin 1980. – Le temps des gares, Ausstellungskatalog des Centre Pompidou, Paris 1978.

Zu den Planungen von Haussmann aus der umfänglichen Literatur: H. Saalman, Haussmann: Paris transformed, New York 1971. – H. Malet, Le baron Haussmann et la rénovation de Paris, Paris 1973. – P. Lavedan / R. Plouin / J. Hugueney / R. Auzelle, Il barone Haussmann, prefetto della Senna 1853–1870, Mailand 1978.

Für Liebhaber des »alten Paris« und für die Geschichte der Fotografie und ihrer Vorgängermedien sind wichtig: H. Buddemeier, Panorama – Diorama – Photographie, Entstehung und Wirkung neuer Medien im 19.Jh., München 1970. – Photographie et architecture, in: Monuments historiques Nr.110, Paris o.J. – Charles Nègre photographe, Ausstellungskatalog, Paris 1980. – Charles Marville – Photographe de Paris de 1851 à 1879, Ausstellungskatalog der Bibliothèque de la Ville de Paris, Paris 1980. – B. Abbott, The World of Atget, New York ²1979. – J. Leroy, Atget – magicien du vieux Paris en son époque, Joinville le Pont 1975. – H.G. Puttnies, Atget, Köln 1980. – Besonders hervorzuheben ist der Ausstellungskatalog »Charles Meryon – Paris um 1850 – Zeichnungen, Radierungen, Photographien«, Frankfurt 1975.

Zu den Pariser Park- und Gartenanlagen vgl. jetzt J.-J. Lévêque, Guide des parcs et jardins de Paris et de la région parisienne, Paris 1980. Zum Eiffelturm: R. Barthes / A. Martin, Der Eiffelturm, München 1970, und A. Lanoux / V. Hamy, La Tour Eiffel, Paris 1980. Zu den öffentlichen Denkmälern vgl. F. Narjoux, Paris – Monuments élevés par la ville 1850–1880, 4 Bde., Paris 1880–1883.

Die Entwicklung und die Perspektiven der letzten Jahrzehnte sind am besten zusammengefaßt in N. Evenson. Paris: a Century of Change, 1878–1978, Yale 1979, und in dem Ausstellungskatalog »Programmation urbaine et architecturale« des Centre Pompidou, Paris 1981.

FOTONACHWEIS

REGISTER

Die Künstler des Mittelalters sind unter ihrem Nachnamen bzw. Herkunftsort aufgeführt (z. B. Chelles, Jean de). Die kursiven Ziffern beziehen sich auf die Abbildungen.

Aachen 26, 27
– Frieden von (1668) 282
Abadie, Paul, Architekt 344
Abaelard, Peter, Philosoph 31, 325
Académie française (s. a. Collège des Quatre-Nations) 225
Adam, Bildhauerfamilie 247
– Nicolas-Sébastien 249
Aix-en-Provence, Justizpalast 292
Albertus Magnus, dt. Gelehrter 31
Albingenserkriege (1209–29) 28
Alemannen(reich) 18, 20, 26
Alexander III., Papst (1159–81) 34, 61
Alexander I., Zar von Rußland (1801–25) 256
Alexander III., Zar von Rußland (1881–94) 356
Alphand, Adolphe, Ingenieur und Gartenarchitekt 333, 334
Amboise, Jacques d', Abt von Cluny 130
Amiens, Kathedrale 50, 79, 82, 95, 98
Amphitheater s. Arènes de Lutèce
Androuet Du Cerceau, Architektenfamilie
– Baptiste 181, 190
– Jacques I. 139, 154, 170
– Jacques II. 141, 189
– Jean 198
Anet, Schloß 166, 218, 219
Angers 60
Anguier, Michel, Bildhauer 223
Anjou 27, 28, 60, 111
– Herzöge von (s. a. Plantagenet, René) 110, 152
Anna von Österreich, Gemahlin Ludwigs XIII., Regentin 145, 185, 206, 208, 222, 224, 232, 268
Anne de Bretagne, Gemahlin Karls VIII. und Ludwigs XII. 111
Antoine, Jacques-Denis, Architekt 287, 292
Apollos Sonnenpferde, Relief an den Pferdeställen des Hôtel Rohan-Soubise 250; *208*

Aquädukt 10
Aquitanien 28
Aragon, Louis, Dichter 332
Arcueil 10
Arènes de Lutèce 9, 10, 12, 13; *2*
Arles 12, 13
Armagnac, königstreue Partei 111
Ártois 185
– Comte d' s. Karl X.
Arts and Crafts-Bewegung 371
Astruc, Zacharie, Bildhauer 360
Atget, Eugène, Fotograf 299
Au Bon Marché s. Magasins
Aubert, Jean, Architekt 252
– Marcel 63
Augst 12
Aumont, Antoine Duc d', Marschall 205
Austerlitz, Schlacht bei (1805) 310
Austrasien 26
Auteuil 372
Auxerre, Kathedrale 90
Avenue Daumesnil 331
– Foch 331
– Mozart 331
– de l'Observatoire 234, 308, 336
– Paul Doumer 331
– Rapp, Wohnhaus 367; *312*
Avignon 110
Azincourt, Schlacht bei (1415) 111

Babelon, Ernest 5, 218
Babeuf, François, Revolutionär 326
Bagatelle im Bois de Boulogne 265, 266; *XIV*
Bahnhöfe s. Gare
Ballu, Théodore, Architekt 325, 339, 343
Baltard, Victor, Architekt 32, 278, 338, 349
Balzac, Honoré de, Schriftsteller 180, 251
Banque de France (s. a. Hôtel de Toulouse) 246, 247

Barcelona 363
Barrias, Louis-Ernest, Bildhauer 341
Barrière de Chartres 297; *256*
– d' Enfer 297
– du Trône 297
– de la Vilette 297; *257*
Barthes, Roland 355
Bartholomäusnacht (1572) 153
Bassin de la Vilette 308
Bastille 113, 198
Batignolles 321
Baudot, Anatole de, Architekt 361
Baudry, Paul, Maler 341
Bauhaus 301, 364, 375
Bavay 12
Bazar de l'Hôtel de Ville 352
Beauharnais (s. a. Joséphine)
– Eugène, Vizekönig von Italien 304
– Hortense, Königin von Holland 304, 305
Beaumarchais, Pierre Augustin Caron de, Schriftsteller 288
Beauvais, Kathedrale 50
Beauvais, Pierre de, Maler 206
Behrens, Peter, Architekt 371
Bélanger, François, Architekt 265
Belle Jardinière, Kaufhaus 352
Belleville 7, 8, 333, 370
Bellier, Catherine-Henriette 206
Benediktiner 32, 51, 222
Benjamin, Walter 6, 323, 325, 346, 348, 355
Berger, Amtsvorgänger Haussmanns 349
Berlin, Dom-Projekt 358
Bernini, Lorenzo, ital. Bildhauer und Architekt 147, 148, 209, 233
Berruer, Pierre, Bildhauer 286
Berry, Jean Duc du, Bruder Karls V. 110, 134
Besançon, Theater 296
Besnard, Charles-Henri, Architekt 361
Bettelorden (s. a. Dominikaner, Franziskaner) 360
Beutler, Christian 218
Biard, Pierre, Bildhauer 166
Bibliothèque nationale 205, 326; *279*
– Ste-Geneviève 325, 326; *278, 279*
– de la Ville de Paris s. Hôtel d' Angoulême
Bièvre, Nebenfluß der Seine 7, 10
Birmingham 357

Bismarck, Otto von, dt. Reichskanzler 341
Blois, Schloß 171
Blondel, François, Architekt 237, 351
Blumenmarkt 9, 331
Blunt, Antony 137, 156, 166, 218
Boccador, Domenico da Cortona, gen. le, Architekt 147, 171, 343
Börse (Bourse) 315; *267*
Boffrand, Germain, Architekt 210, 211, 214, 247, 283, 304
Boileau, Louis-Auguste, Architekt 360
Bois de Boulogne 135, 154, 265, 334, 367, 376
– de Vincennes 334
Bologna, Giovanni, Bildhauer 191
Bologna, Universität 31
Bonaparte (s. a. Napoleon I und III)
– Jérôme, König von Westfalen 304
Bonaventura, Philosoph und Kirchenlehrer 31
Bordeaux, Königsplatz 242
– Schloß 134
– Stadttheater 290
Borromini, Francesco, ital. Architekt 147
Bosio, François Joseph, Bildhauer 238
Bouchardon, Edme, Bildhauer 283, 294
Boucher, François, Maler 248, 249
Boulevard Barbès 331
– de la Cité 331
– des Courcelles 333
– de Denain 319
– Diderot 331
– des Invalides 264
– de la Madeleine 309
– de Magenta 119, 319, 331
– Malesherbes 338
– Ornano 331
– de Sébastopol 257, 319, 331
– St-Germain 331
– St-Michel 8, 10, 276, 331, 333
– de Montparnasse 331
– du Palais 333
– périphérique 321, 331
– de Strasbourg 119, 319, 331
Boullée, Etienne-Louis, Architekt 272, 296
Boullier, Jean, Architekt 210
Bourbon, franz. Königsdynastie (1598–1792, 1814–30) 184, 314
– Charles de, Haupt der Liga 182

Bourdelle, Antoine, Bildhauer 369
Bourges 210
– Kathedrale 67, 99
Bourse du Commerce 351
Bouvard, Joseph-Antoine, Architekt 369
Bramante, Donato, ital. Baumeister 171, 297
Branner, Robert 82, 95
Brasilia 377
Bretagne 111
Brétigny, Frieden von (1360) 110
Breuer, Marcel, Architekt 374
Brongniart, Alexandre-Théodore, Architekt 263, 278, 315
Brosse, Salomon de, Architekt 196, 217, 323
Bruant, Libéral, Architekt 210, 227
Brüssel 363, 368
Brunelleschi, Filippo, ital. Architekt 339
Bullant, Jean, Architekt 139, 351
Bullet, Pierre, Architekt 237, 272
Burckhardt, Jacob 152
Burgund 29, 60, 334, 339
– Herzöge (Philippe le Hardi, Jean sans Peur) 110, 111
– Königreich 110
Butte aux Cailles 7

Cabinet de l'Amour s. Hôtel Lambert
– des Singes (Hôtel Rohan-Strasbourg) 250, 251; XVI
Caen, Hôtel d' Escoville 179
Cäsar, G. Julius 7
Café militaire 259, 296; 218
Cailleteau s. Lassurance
Calais 110, 111
Calder, Alexander, Bildhauer 375
Callet, Félix, Architekt 349
Calonne, Finanzminister 245
Cambrai 20
Canal de l' Ourcq 308
– St-Martin 7
Canova, Antonio, ital. Bildhauer 321
Caroussel, Arc de Triomphe du (Kleiner Triumphbogen) 186, 308, 312; XVIII
Carpeaux, Jean-Baptiste, Bildhauer 336, 340
Carracci, Annibale, ital. Maler 205
Carrefour Buci 266

Carrier-Belleuse, Albert, Bildhauer 341
Castel Béranger 366; 309
Cellini, Benvenuto, ital. Goldschmied und Bildhauer 175
Centre Pompidou 377–379; 324
Chabot de Rohan, Anne 212
Chaillot 7, 308, 354; 318
Chalgrin, Jean-François, Architekt 271, 277, 313
Chalons, Kaufherrenfamilie 193
Châlons-sur-Saône 20
Chambiges, Pierre 171
Chambord, Schloß 135, 171
Chambre des Bains s. Hôtel Lambert
– des Muses s. Hôtel Lambert
Champ de Mars (Marsfeld) 281, 282, 302, 303, 308, 353, 355
Champagne 110, 334
Champeaux, Guillaume de, Kirchenlehrer 31
Champs-Elysées 140, 186, 198, 282, 284, 310, 316, 333, 340, 356, 367
Chantal, Jeanne de, Salesianerin 219
Chantilly, Schloß 171
Chapelle expiatoire 316–318; 269
– St-Aignan 90
– St-Louis (Ecole militaire) 279, 280; 240
– de la Visitation (Visitandinenkapelle) 219, 220; 179, 180
Charleville 189
Chartres 357
– Kathedrale 40, 50, 77, 79, 82, 99
– Duc de s. Orléans
Chassériau, Théodore, Maler 278
Chastillon, Claude, Ingenieur und Kupferstecher 189, 193
Château de Madrid im Bois de Boulogne 135, 154, 156, 265; 124, 125
Chateaubriand, François-René Vicomte de, Schriftsteller und Politiker 321
Châtelet 27
– Comte du 261
Chaussée d' Antin 339
Chaux, Salinen 296
Chédanne, Georges, Architekt 367
Chelles 20
– Jean und Pierre de, Kathedralbaumeister 62, 73, 82
Cherpitel, Mathurin, Architekt 261
Chicago, Schule von 371

Childebert, merowing. Frankenkönig
(511–58) 22, 32
– Trumeaufigur von St-Germain-des-
Prés 103; *84*
Childerich I., merowing. König der
salischen Franken (gest. um 482)
20
Chlodio, König der salischen Franken,
Ahnherr der Merowinger (gest. um
460) 20
Chlodwig I., Begründer des Franken-
reiches (gest. 511) 19, 20, 22, 25, 26,
40
Christo 355
Cimetière des Innocents 117, 171, 173,
237; *197, 198*
Cité (s. Ile-de-la-Cité)
– Universitaire 372
– – Brasilianisches Haus 375; *319*
– – Niederländisches Haus 372
– – Schweizer Haus 372
Clemens XIV., Papst (1769–74) 321
Clos des Arènes 12
– Ste-Geneviève 29
– St-Magloire 30
– St-Marcel 30
– St-Martin 30
– St-Médard 29
– St-Germain-des-Prés 29
– St-Merry 30
– du Temple 30
– St-Victor 29
Cluny, Kloster in Burgund 56
– Museum s. Musée
– Thermen 13–16; *3–6*
Coelestinerkirche, Statuen Karl V. und
Jeanne de Bourbon 126, 127; *103*
Colbert, Jean-Baptiste Marquis de
Seignelay, Staatsmann, Finanz-
minister 148, 154, 157, 242
Collège des Bernardins 114; *90*
– de France 10
– des Quatre-Nations (s. a. Institut de
France) 145, 224–226; *186–188*
Colo, Kunstschreiner 163
Comédie française (s. a. Odéon) 255,
288
Conciergerie (s. a. Justizpalast, Palais de
la Cité) 106–109, 113; *85*
– Grand' Chambre 107
– Küchenhaus 109; *88*
– Salle des Gardes 107
– Salle des Gens d' Armes (= Salle
St-Louis) 108, 114; *85, 87*
– Salle des pas perdus 109
Condé, Louise-Adélaïde de (Mlle de
Condé) 263
Conservatoire des Arts et Métiers
(St-Martin des Champs) 56
Contant d' Ivry, Pierre, Architekt 283
Corday, Charlotte, Mörderin Marats
318
Cordeliers, Couvent des 114
– Refektorium *91*
Cormont, Robert de, Kathedralbau-
meister von Amiens 95
Corrozet, Gilles 171
Cortona, Domenico s. Boccador
– Pietro, Maler 205
Cortot, Jean-Pierre, Bildhauer 311,
314
Cotte, Robert de, Architekt 227, 233,
246, 272
Cour carrée s. Louvre
Cour du Mai (Hof des Justizpalastes)
292; *252*
– des Miracles 304
– du Parlement 22, 106, 177, 292
Courbet, Gustave, Maler 243, 310,
323, 324
Cours du Commerce St-André 106
– la Reine 198
Courtonne, Jean, Architekt 251
Courtrai, Schlacht bei (1302) 110
Coustou, Bildhauer
– Guillaume 233, 284
– Nicolas 233
Couture Ste-Cathérine 181
Coysevox, Antoine, Bildhauer 171, 233

Dagobert I., merowing. Frankenkönig
(623–39) 26
Dalou, Aimé Jules, Bildhauer 341, 345
Dante Alighieri 198, 323, 341
Darmstadt 363
Daumier, Honoré, Maler und
Graphiker 300
Dauphiné 110
David, Jacques Louis, Maler 192
Daviler, Claude-Louis, Architekt 258
Davioud, Gabriel, Architekt 336
Debias-Aubry, François, Architekt 255
De Gaulle, Charles, franz. Staatspräsi-
dent 314

Delacroix, Eugène, Maler 198, 311, 323
Delamair, Pierre-Alexis, Architekt 212, 214, 249
Delaunay, Robert, Maler 118
De l'Orme, Philibert, Architekt 139, 162, 166, 218, 219
Denis, Maurice, Maler 369
Denon, Vivant, Baron de, Museumsbeauftragter, Zeichner 311
Deperthes, Pierre-Joseph-Edouard, Architekt 343
Derrand, François, Architekt 218
Desjardins, Martin, Bildhauer 209, 238
Desmaisons, Pierre, Architekt 266, 292
Desmares, Charlotte, Schauspielerin 255
Desmoulins, Camille, Revolutionär 290
De Stijl 372
Deutsche Botschaft s. Hôtel Beauharnais
Diane de France, Duchesse d' Angoulême, natürl. Tochter Heinrichs II. 181
Diane de Poitiers, Favoritin Heinrichs II. 154
Diderot, Denis, Schriftsteller 271, 272
Dijon 126
Dionysios (Areopagita), hl. Bischof von Paris 21
Dominikaner 315
Donnersmarck s. Lachmann, Thérèse
Dreißigjähriger Krieg 226
Dubarry (Marie Jeanne Bécu), Maitresse Ludwigs XV. 244
Duby, Georges 47, 111
Du Cerceau s. Androuet
Dudok, Willem Marinus, Architekt 272
Dupuis, Nicolas, Steinmetz 178
Dutert, Charles-Louis, Architekt 354

Ecole de Chirurgie 265, 284–286; *244, 245*
– de Droit 276, 277; *237*
– militaire 279–282, 292, 302, 355, 375; *241*
– de Paris (Malerschule) 371
– du Sacré Cœur 366; *310*
Edward III., König von England (1327–77) 110
Ehrenlegion (Palais Salm-Kyrburg) 264

Eiffel, Gustave, Architekt (s. a. Tour Eiffel) 301, 351, 354
Elias, Norbert 112, 148, 184, 193, 200, 238
Elsaß 185, 225
Elyséepalast 255–257
– Salon des Ambassadeurs *214*
– Salon de l'hémicycle *215*
Engels, Friedrich 21
England 20, 27, 28, 46, 110, 111, 244, 298, 299, 325, 357
Erlande-Brandenburg, Alain 5, 20, 81
Escorial 221, 228
Esplanade des Invalides 228, 243, 310, 355, 356
Etex, Antoine, Bildhauer 314
Etoile, Arc de Triomphe de l' 186, 308, 310, 312–314; *XX*
Eugen III., Papst (1145–53) 50
Eugènie de Montijo, Gemahlin Napoleons III. 360
Evelyn, John, engl. Gelehrter 154
Evreux, Louis-Henri de la Tour d' Auvergne, Comte d' 255

Faubourg St-Antoine 198
– Poissonnière 315
– St-Germain 180, 198, 212, 214, 251, 268, 294
– St-Honoré 198, 282
– St-Marcel 10
Fauvel de Villers, Jean, Architekt 252
Februarrevolution (1848) 300, 326
Félin, Jean de, Architekt 123, 169
Feuillade, Maréchal de la 238, 242
Feuillantines 198, 242
Flamel, Nicolas, Universitätsschreiber 129
– Haus des *106*
Flandern 20, 49, 50, 110, 225
Fleury, Kardinal 244
Fleury, Michel 5, 27
Florenz, florentinisch 154, 156
– Boboli-Gärten 196, 197
– Domkuppel 339
– Palazzo Pitti 196
Folie de Chartres 333
Fontaine du Fellah 304
– des Haudriettes 293, 294; *253*
– des Innocents 171–176, 179; *139–143*
– Molière 321; *271*

Fontaine des Quatre Parties du
    Monde 336, 337; *286*
– des Quatre-Saisons 294, 295; *254,*
    255
– St-Michel 335, 336; *285*
Fontaine, Pierre, Architekt 150, 308,
    317
Fontainebleau, Schloß 135, 175
Formigé, Jean-Camille, Architekt 12
Forum von Lutetia 9–12; *1*
Fouquet, Jean, Maler 153
Fouquet, Nicolas, Vicomte de Vaux,
    Finanz-Oberintendant 204, 210
Fra Giocondo 169
Fragonard, Jean-Honoré, Maler 259
François, Gatien 154
Franken(reich) s. a. Merowinger 18–20,
    22, 26
Frankfurt 370
Franqueville, Pierre de 191
Franz I., König von Frankreich
    (1515–47) 134, 135, 153, 154, 157
Franz II., König von Frankreich
    (1559/60) 153
Franziskaner s. Cordeliers
Franz-Xaver, hl., span. Jesuit 218
Frémiet, Emmanuel, Bildhauer 336
Friesen 26
Fronde, Adelspartei 111, 147, 185

Gabriel, Ange-Jacques, Architekt 279,
    281, 282, 284, 295
– Jacques V, Architekt 252
Gadier, Pierre 154
Galerie(s) d'Apollon (Louvre) 141
– dorée (Goldene Galerie) im Hôtel de
    Toulouse 246, 247; *203*
– de Bois (Palais Royal) 348; *294*
– d' Hercule im Hôtel Lambert 203,
    204; *167*
– Lafayette, Kaufhaus 353; *299*
– des Machines 353, 354
– Mazarine im Hôtel Tubeuf 205; *X*
– d'Orléans im Palais Royal 291, 348;
    250, 296
Gall, Ernst 46, 47
Gallifet, Marquis de 262
Gambetta, Léon, Staatsmann 342
Gare d' Austerlitz 331
– de l'Est 331
– de Lyon 331
– du Nord 319–321, 331; *270*

Gare de Montparnasse 370
– St-Lazare 331
Garnier, Charles, Architekt 324, 340
Gau, François-Chrétien, Architekt 325
Gaudi, Antonio, Architekt 367
Geist, Johann Friedrich 347
Genf, Völkerbundpalast 374
Genoveva, hl. 20, 25, 40
– Trumeaustatue aus Ste-Geneviève
    44; *29*
Germanus (Germain), hl. Bischof von
    Paris 32
– hl. Bischof von Auxerre, Trumeau-
    statue in St-Germain l'Auxerrois 91;
    71
Gilly, David, dt. Architekt 298
Girardon, François, Bildhauer 221,
    242, 250
Gisors, Alphonse de, Architekt 323
Glasgow 363
Godde, Etienne Hippolyte, Architekt
    278
Goethe, Johann Wolfgang von 46, 48
Gondoin, Jacques, Architekt 284
Goujon, Jean, Bildhauer und Architekt
    136, 137, 139, 166, 174, 179, 263
Grand Palais 355, 356, 367; *301*
Gregor von Tours, hl. Bischof,
    Geschichtsschreiber (gest. 594) 22,
    26
Grenelle 281, 321
Grimaldi, Giovanni Francesco, Archi-
    tekt 205
Grodecki, Louis 99
Guarini, Guarino, Architekt 147, 216
Guérin, Claude, Steinmetz 167
Guilhermy, François de 97
Guimard, Hector, Architekt 366, 367
Guise, Herzogsfamilie 212
– Henri I. de Lorraine (erm. 1588) 153
– Ludwig, Kardinal (erm. 1588) 153

Habermas, Jürgen 147, 150, 287
Habsburg 111
Halle aux Blés 351
Halle s. Markthallen
Handelsgericht 331
Hannover 357
Hardouin, Jules-Michel, Architekt 256
Hardouin-Mansart, Jules, Architekt
    160, 210, 211, 225, 227, 229, 232,
    238, 241, 242, 272

Hardouin-Mansart de Jouy, Jean,
  Architekt 160
Harlay, Parlamentspräsident 192
Haussmann, Georges-Eugène, Baron,
  Präfekt des Dép. Seine 9, 119, 309,
  328–330, 333, 334, 336, 349, 370
– Straßendurchbrüche 329; *281*
Hegel, Georg Wilhelm Friedrich, Philo-
  soph 75, 340
Heinrich II. Plantagenet, Herzog von
  Anjou und Normandie, König von
  England (1154–89) 111
Heinrich V., König von England
  (1413–22) 111
Heinrich I., König von Frankreich
  (1031–60) 56
Heinrich II., König von Frankreich
  (1547–59) 136, 139, 153, 154, 167,
  173, 180, 181
Heinrich III., König von Frankreich
  (1574–89) 153, 163, 190
Heinrich IV., König von Frankreich
  (1589–1610) 6, 141, 153, 167, 171,
  182–195, 237
Héloise, Geliebte Abaelards 325
Henckel, Graf 341
Hennebique, Architekt 362
Herrenchiemsee, Schloß 249
Hittorff, Jacques, Architekt 279, 284,
  315, 320, 323
Hôtel d' Angoulême (de Lamoignon)
  181; *152*
– d' Aubert de Fontenay s. Hôtel
  Salé
– d' Aumont 199, 205, 206; *168*
– de Beauharnais 214, 304–307; *176,
  260–262, XVII*
– de Beauvais 206–209; *169–171*
– Biron 252–255; *211, 212*
– de Bourbon-Condé 263, 264; *224*
– de Bourgogne 114
– de Bretonvilliers 202
– Le Brun 210, 211; *173*
– Carnavalet 139, 176–181, 198;
  145–151
– de Chalons-Luxembourg 193–195;
  158, 159
– du Châtelet 261, 262; *220*
– Chénizot 257
– de Clisson 113, 176; *89*
– de Cluny 8, 14, 124, 130–132;
  108–110

Hôtel de Condé 288
– de Conti 287
– Dieu (Krankenhaus) 331, 338
– de Fécamp 176; *144*
– Gallifet 262; *221*
– de Guise 212
– de Jarnac 262
– Lambert 201–205, 215; *164–167*
– Lauzun 206; *XI*
– du Luxembourg 184, 196–198, 323;
  160
– Matignon 251–253, 261; *209, 210,
  XIII*
– Miramion 199, 205; *163*
– des Monnaies s. Münze
– des Mousquétaires 242
– de la Païva 340–342; *290*
– Rohan-Soubise 113, 210, 212–214,
  247–249; *205–207, XII, XV*
– Rohan-Strasbourg 212–214,
  249–251; *175, XVI*
– de Rôthelin 211, 212; *174*
– Royal des Invalides 226–232
– de Sagonne 210
– Salé 209, 210; *172*
– Salm-Kyrburg 264, 265; *225*
– de Sens 106, 130, 176; *107*
– de Soissons 356
– Soubise s. Rohan-Soubise
– Sully 198; *162*
– de Torcy s. Beauharnais
– de Toulouse 246, 247
– Tubeuf 205; *X*
– d' Uzès 260, 261, 296; *219*
– Vendôme 241
– de Verneuil 303
– de Ville 30, 169, 171, 176, 318, 337,
  343; *287*
– de Villeroy 255; *213*
Houdon, Jean-Antoine, Bildhauer
  173
Huet, Christophe, Maler 250
Hugenotten(kriege) 153, 184, 185
Hugo I., Prior von Cluny (1130–47) 57
Hugo Kapet, Begründer der
  Kapetinger-Dynastie in Frankreich
  (987–96) 27
Hugo, Victor, Dichter 189
Huisman, Georges, Schriftsteller 268
Hundertjähriger Krieg (1338–1453)
  110, 111
Huysmans 54, 118

Ignatius von Loyola, hl. Ordensgründer
der Jesuiten 218
Ile-de-la-Cité 8–10, 16, 22, 24, 25, 27,
29, 32, 106, 149, 190, 191, 329–331,
343; *156*
Ile-de-France 7, 27, 29, 39, 46, 47, 74,
154
Ile-St-Louis 198, 201, 206, 273
Industriepalast 353
Ingenieurbauten 301, 345, 346, 350,
351, 353–363
Ingres, Jean Auguste Dominique,
Maler 305
Innocents (Unschuldige Kinder)
s. Cimetière, Fontaine
Innocenz III., Papst (1198–1216) 31
Institut de France (s. a. Collège des
Quatre-Nations) 145, 235
Invalides, Invalidendom 226–232, 235,
252, 261, 281, 321; *189–191, IX*
Italien, italienisch (s. a. Florenz, Lom-
bardei, Mailand, Rom) 135, 136,
139, 148, 152, 153, 160, 166, 169,
189, 205, 207, 215, 217, 293, 315

Jacobus von Voragine 45
Jantzen, Hans 47
Jardin des Plantes 198
– du Luxembourg 10, 293, 333, 336;
161
– du Vert-Galant 191, 192
Jean sans Peur, Herzog von Burgund
(1404–19) 113
Jeanne d'Arc 111
Jeanne de Bourbon, Gemahlin Karls V.
126, 127
Jeanne d'Evreux, Gemahlin Karls IV.
125
Jeanner, P., Architekt 372
Jesuiten (s. a. St-Louis-des-Jésuites)
119, 218
Johann II., König von Frankreich
(1350–64) 110
Joséphine de Beauharnais, Gemahlin
Napoleons I. 256, 304, 305
Juli-Monarchie 311, 312, 321, 323,
324, 329
Juli-Revolution (1836) 300
Julian Apostata, röm. Kaiser (361–63)
9, 13, 19
Justizpalast (s. a. Conciergerie) 9, 106,
192, 292, 293, 331

Kapetinger, franz. Königsdynastie
(987–1328) 27, 110
Karl d. Große, fränk. König (ab 768),
röm. Kaiser (800–814) 26
Karl der Kahle, westfränk. König
(ab 843), röm. Kaiser (875–77) 26, 27
Karl V., röm.-dt. Kaiser (1519–56) 111
Karl V., König von Frankreich
(1364–80) 110, 111, 113, 126, 127,
134, 236
Karl VI., König von Frankreich
(1380–1422) 110, 111
Karl VII., König von Frankreich
(1422–61) 111
Karl VIII., König von Frankreich
(1483–98) 111, 153, 169
Karl IX., König von Frankreich
(1560–74) 153
Karl X., König von Frankreich
(1824–30) 265, 321
Karl d. Kühne, Herzog von Burgund
(1467–77) 111
Karlmann, Sohn Pippins d. J., König von
Burgund und Austrien (768–71) 26
Karl Martell, fränk. Hausmeier
(714/17–41) 26
Karolinger, karolingisch 26, 27, 54
Katharina von Medici, Gemahlin
Heinrichs II., Regentin 139, 140,
153, 186
Kathedrale (s. a. Notre-Dame) 9, 22, 30
– St-Etienne 22–24, 77; *10–12*
Keller, Ulrich 188, 189
Kernevenoy, Mme de 179
Köln 364
– Dom 357
– Römisch-Germanisches Museum
379
Kommune von Paris (1870) 300, 310,
342–345
Kommunistische Parteizentrale 377
Königspalast (Palais de la Cité) 9, 22,
27, 106, 292
Konstantinopel 341
Korsika 244

Labienus, röm. Leutnant 7
Labrouste, Henri, Architekt 325, 326
La Chapelle 8
Lachmann, Thérèse 341
Lacornée, Jacques, Architekt 324
La Défense 370, 375, 376; *321, 322*

La Fosse, Charles de, Maler 231
Lambert de Thorigny, Jean-Baptiste,
  Sekretär Ludwigs XIII. 201
Lamoignon, Guillaume de, Parlaments-
  präsident 181
Landry, hl. Bischof von Paris (gest. 656)
  92
Lange, Michel, Bildhauer 256
Langlois, Nicolas, Stecher 172
Languedoc 28
Languet de Gergy, Curé s. St-Sulpice
Laon 27, 110
– Kathedrale 50, 65, 70
Lapidarium der Stadt Paris 26
La Rochelle 185
Lassurance (Jean Cailleteau) Architekt
  212, 227
Lassus 97
Launnoy, Robert de, Bildhauer 125
Lavedan, Pierre 9, 25, 330
La Vilette 321, 337
– Schlachthof 376
Lavirotte, Jules, Architekt 367
Law, Jean 242
Lebas, Hippolyte, Architekt 279, 317
Lebourg, Albert, Maler 335
Le Brun, Charles, Maler 148, 202, 205,
  206, 210
Le Corbusier, C.E.J., Architekt 361,
  367, 371, 375
– Wohnhaus 372; *317*
Ledoux, Nicolas, Architekt 259, 260,
  292, 296–298
Le Duc, Gabriel, Architekt 222
Le Févre de la Broderie, Antoine,
  Diplomat 194
Lefuel, Hector, Architekt 141, 150
Le Goff, Jacques 47
Legrand, Antoine-François, Architekt
  262
Leipzig, Völkerschlacht bei (1813) 312
Le Lorrain, Robert, Bildhauer 250
Lemercier, Jacques, Architekt 143,
  144, 220, 222, 272
Lemoine, François, Maler 269
Lemot, François-Frédéric, Bildhauer
  192
Lemoyne, Jean-Baptiste II, Bildhauer
  248
Le Muet, Pierre, Architekt 205, 222
Le Nôtre, André, Gartenarchitekt 139,
  197, 282

Leonardo da Vinci 153
Lepautre, Antoine, Architekt 206, 208
– Jean, Maler und Kupferstecher 206
Lepère, Jean-Baptiste, Architekt 279,
  315
Le Prévost, Jeanne 193
Le Printemps, Kaufhaus 352
Lequeu, Architekt 296
Leroux, Jean Baptiste, Architekt 255
Lescot, Pierre, Architekt 135–140,
  144, 145, 178, 179
Le Secq, Fotograf 299
Le Sueur, Eustache, Maler 203
Le Vau, Louis, Architekt 139, 141,
  144, 148, 199, 200, 202, 203, 205,
  225, 268, 273
Lheureux, Brüder Pierre und François,
  Bildhauer 142
Libergier, Hugues de, Baumeister 103
Ligneris, Jacques de, Parlaments-
  präsident 177
Limburg, Brüder, Miniaturisten 134
Lissabon, Königsplatz 242
Liverpool 357
Loire-Schlösser 130, 134, 149, 153
Lombardei, lombardisch (s. a. Mailand)
  153, 155, 156, 158, 171
London 333, 341, 345, 354
– Glas/Kristallpalast 102, 349, 353
– St-Paul's 230, 275
Loos, Adolf, Architekt 371
Lothringen 21, 189, 244
Louis, Victor, Architekt 290
Louis-Philippe d'Orléans, »Bürger-
  könig« (1830–48) 291, 300, 314,
  322, 323
Louvois, Superintendent des Bauwesens
  229, 242
Louvre (s. a. Musée) 5, 106, 113, 126,
  134–151, 178, 179, 185–187, 191,
  198, 287, 321, 343; *111–123*
– Cour carrée 134–136, 139, 141, 143,
  145, 149, 150, 186, 224; *112*
– Grande Galerie 141, 142, 150, 186;
  119
– Kolonnade (Ostfassade) 125,
  146–149, 234, 283, 337; *120, 121*
– Nordflügel 308; *123*
– Petite Galerie 139, 140, 145; *118*
– Salle des Caryatides 139, 175; *114*
– Tour (Pavillon) de l'Horloge 118;
  VIII

Ludwig VII., König von Frankreich (1137–80) 50

Ludwig IX. d. Heilige, König von Frankreich (1226–70) 50, 82, 93, 106, 110, 218, 280

Ludwig XII., König von Frankreich (1498–1515) 111, 153

Ludwig XIII., König von Frankreich (1610–43) 143, 184, 185, 188, 189, 198, 201, 205, 218, 232, 246
– Statue (Notre-Dame) 233; *193*

Ludwig XIV., König von Frankreich (1643–1715) 111, 137, 140, 144, 147, 148, 171, 183, 184, 193, 208, 210, 213, 214, 222, 226, 229, 232, 233, 236–239, 242, 244, 281, 312
– Statue (Carnavalet) 67; *138, 149*
– Statue (Notre-Dame) 233; *194*

Ludwig XV., König von Frankreich (1715–74) 244, 256, 265, 273, 279, 280–282, 286, 311, 321

Ludwig XVI., König von Frankreich (1774–93) 244, 245, 263, 265, 286, 312, 316–318, 321

Ludwig XVIII., König von Frankreich (1814–24) 316, 321

Ludwig II., König von Bayern (1864–86) 249, 306

Lusson, Louis-Adrien, Ingenieur 360

Luxembourg, François Duc de 196

Luxembourg, Mme 193

Luzarches, Robert de, Kathedralbaumeister von Amiens 95

Lycée Henri IV 41
– St-Louis 10

Lyon 110

Maasgebiet 20, 21, 80

Macaire, Robert (Daumier) 300

Maclaurin, Oudot de, Architekt 271

Madeleine 198, 283, 310–312, 338; *265*
– Friedhof 316, 317

Magasins Au Bon Marché 6, 351, 352; *299*

Mailand, Herzogtum 153, 155
– Galleria Vittorio Emanuele 348

Mâle, Emile 46

Malet, H. 330

Mallet-Stevens, Robert, Architekt 371
– Wohnhaus 372; *316*

Manet, Edouard, Maler 324

Mansart, François, Architekt 176, 205, 219, 220, 222, 246

Marais 7, 180, 198, 212, 251, 370

Marat, Jean Paul, Revolutionär 318

Marcel, Etienne, »Prévot des Marchands« (gest. 1358) 110

Marcellus, hl. Bischof (gest. um 430) 26, 77, 87

Marché St-Germain 308

Marengo, Schlacht bei (1800) 308

Maria Magdalena Aegyptiaca (St-Germain l'Auxerrois) 127, 128; *104*

Maria von Medici, Gemahlin Heinrichs IV., Regentin 184, 191, 196, 197

Maria Theresia, Gemahlin Ludwigs XIV. 208

Marie-Antoinette, Gemahlin Ludwigs XVI. 265, 312, 316–318

Marie-Louise von Österreich, 2. Gemahlin Napoleons I. 314

Markthallen 100, 156, 160, 173, 308, 318, 337, 349–351, 370, 173; *297, 298*

Marly, Schloß und Park 284
– Pferde aus 140, 284; *243*

Marot, Jean, Architekt und Kupferstecher 176, 192, 208, 226

Marseillaise-Relief am Arc de Triomphe de l'Etoile 314; *266*

Marseille 314

Marsfeld s. Champ de Mars

Martellange, le Fr. Etienne, Architekt 218

Marville, Charles, Fotograf 299

Marx, Karl 48, 76, 307, 340

Matignon, Graf 251

Mazarin, Jules, Duc de Nevers, Staatsmann, Kardinal (gest. 1661) 185, 205, 206
– Grabmal (Kapelle des Collège-des-Quatre-Nations) 225, 226; *188*

Mazin, Antoine, Architekt 251

Medici, Florentiner Familie, Großherzöge von Toskana (s. a. Katharina, Maria) 191
– Brunnen (Jardin du Luxembourg) 197, 336; *161*
– Galerie (Rubens) 184, 198, 323

Menilmontant 7

Mercier, Sébastien 293

Merkur, Statue von Coysevox im Tuileriengarten 140; *117*
– Tempel 10
Merowinger, fränk. Königsdynastie (ca. 430–751) s. a. Childerich, Chlodwig, Chlodio, Dagobert 19, 20, 23–27, 43, 51
Meryon, Charles, Stecher 176
Métézeau, Architektenfamilie 196
– Clément 189
– Louis 141, 189
Métro 301, 367, 370; *311*
Metz 20, 26, 27, 189
Michelangelo Buonarotti 153, 219, 229, 230
Michelet, Jules, Historiker (gest. 1874) 302
Mies van der Rohe, Ludwig, Architekt 372
Mignot, Pierre-Philippe, Bildhauer 294
Millet, Jean-François, Maler 360
Ministerien
– Arbeit 26
– Außen 262
– Marine 283
Mirò, Juan, span. Maler 375
Mobilier National 369
Molière, Komödiendichter 321
Mollet, Armand-Claude, Architekt 255
Monreale 315
Montagne Ste-Geneviève 7–13, 40, 273
Montesquieu, Charles de Secondat, Baron de, Schriftsteller 244
Montholon, Wohnhaus 266, 267; *226*
Montmartre 7, 8, 10, 234, 321, 344
Mont Parnasse (Montparnasse) 7, 8
Montreuil, Pierre de, Kathedralbaumeister 58, 62, 73, 85, 86, 90, 95, 100, 102, 104
Moore, Henry, Bildhauer 375
Morard(us), Abt von St-Germain-des-Prés (990–1014) 32
Moreau-Desproux, Pierre-Louis, Architekt 160, 293
Moreau-Nélaton, Etienne, Maler und Kunstsammler 360
Münze (Hôtel des Monnaies) 287; *246, 247*
Mur des Fédérés (Père Lachaise) 342, 343
Murat, Joachim, Marschall, Schwager Napoleons I. 256

Musée de l'Art moderne 373
– Carnavalet 12, 16, 26, 74, 85, 171, 260
– de Cluny 24, 26, 33, 34, 44, 74, 77, 79, 80, 84–86, 98–100, 125
– de la France d'Outre-Mer 373
– du Louvre 43, 45, 74, 77, 91, 103, 126, 175, 184, 197, 203, 340
– national des Arts et Traditions populaires 376
– Rodin 252

Nancy 363
– Place Stanislas 283
Nantes, Edikt von (1598) 153, 184
Napoleon I., Kaiser d. Franzosen (1804–14/15) 19, 141, 145, 150, 231, 242, 243, 264, 283, 304, 307, 308, 310, 312, 314, 315, 317, 321, 333
Napoleon III. (Charles Louis Napoléon), Kaiser (1852–70) 256, 300, 306, 329, 330, 333, 349, 360
Natoire, Charles, Maler 248, 249
Nautenkorporation 17, 18
Nautenpfeiler 10, 16, 17, 26; *7–9*
Navarra 184, 218
Neapel, Königreich 152, 153
Necker, Jacques, Finanzminister 244, 295
Nekropolen 10
Nervi, Pier Luigi, Ingenieur und Architekt 375
Neue Sachlichkeit 301
Neuilly 186
Neustrien 26
New York, Cloisters 74, 77
– Statue of Liberty 301, 354
– Uno-Gebäude 375
Niemeyer, Oscar, Architekt 377
Nikolaus II., Zar von Rußland (1894–1917) 356
Nîmes 13
Nordfrankreich 21, 50, 80
Norditalien (s. a. Lombardei) 49, 50
Normandie 27–29, 46, 153
Normannen, normannisch 19, 23, 26, 27, 29, 33, 46, 54, 69
Notre-Dame, Kathedrale 10, 16, 34, 38, 45, 53, 54, 61–91, 99, 102, 104, 112, 113, 157, 161, 325, 331, 355, 357; *42–70, II, V*

- Adam (Südquerhaus) 86, 89; *68*
- Annenportal 76, 77; *56, 57*
- Chorausstattung 17. Jh. 232, 233; *192–194*
- Königsgalerie 81, 82; *61*
- Marienportal (Nord) 82–86, 89, 99; *60, 62, 63*
- Marienportal (West) 77–79, 92; *58*
- Marienstatue (Notre-Dame) 90, 91, 124; *70*
- Porte Rouge (Chor) 87, 89; *69*
- Stephansportal (Süd) 85–90, 100, 103, 124, 125; *64–67*
- Weltgerichtsportal (West) 79–82, 92; *59*

Notre-Dame-de-Bonne-Nouvelle 278, 316
Notre-Dame-de-Lorete 279, 316
Notre-Dame du Raincy 361
Notre-Dame-du-Travail 358, 360; *305*
Nourriche, Guillaume de, Bildhauer 125
Noyon, Kathedrale 37, 38
Nymwegen, Frieden von (1678/79) 238

Obelisk 304
- Place de la Concorde 283, 308, 322, 323, 355; *273*
Oberkirch, Mme 288
Observatorium 234, 235; *195*
Odéon (s. a. Comédie française) 288, 289, 292, 340; *248*
Österreichischer Erbfolgekrieg (1740–48) 244
Oloron 24
Oper 318, 324, 340–342; *XIX*
- Tanz-Relief 340; *289*
Oppenord, Gilles Maria, Architekt und Stukkator 268, 269
Orléans 26
- Kathedrale 324
Orléans, Herzöge von (s. a. Louis-Philippe) 110, 290, 333
- Gaston Duc d', Sohn Heinrichs IV. (gest. 1660) 185
- Ludwig Duc d', Sohn Karls V. (erm. 1407) 111
- Ludwig Philipp II. Duc d', (Philippe Egalité, gest. 1793) 290, 291, 318, 348
- Philipp II. Duc d', Regent (1715–23) 244

Paestum, Tempel 303
Païva, Marquise de, s. Lachmann, Thérèse
Pajou, Augustin, Bildhauer 173
Palais Bourbon 283, 310–312; *264*
- de Chaillot 282, 355, 373, 374; *318*
- de la Cité s. Königspalast
- de l'Elysée s. Elyseepalast
- de Justice s. Justizpalast
- du Luxembourg 196, 198, 234, 288, 323
- d'Orsay 324; *277*
- Royal 198, 289–292, 348; *250, 251, 294, 296*
- de Salm-Kyrburg 264, 265
- des Tournelles 153, 162, 186, 187
Palasthotel (Champs-Elysées) 367, 368
Palladio, Andrea, ital. Architekt 223, 297, 309
Palmenbrunnen 304
Panofsky, Erwin 47, 152
Pantheon (Ste-Geneviève) 26, 106, 169, 273–277; *234–236*
Parc des Buttes-Chaumont 333; *284*
- Chaillot 171
- Monceau 171, 333; *283*
- de Montsouris 333
Pâris-Duverney, Joseph, Bankier 281
Pariser Becken 7, 8
Parisien Libéré, Zeitungsredaktion Rue Réaumur 367; *313*
Parler, Bildhauerfamilie 126
Parma, Universität 31
Parvis Notre-Dame 7, 9, 23, 331
Passage du Caire 304
- de l'Opéra 348; *295*
Patel, Pierre, Maler 206
Pavia, Kartause 155, 156
- Schlacht bei (1525) 153, 154
Pavillon de l'Ermitage (Park des Hôtel Matignon) 252
- de Flore 139, 141
- de l'Horloge s. Louvre
- der Königin (Val-de-Grâce) 222
- de Marsan 139, 150
- du Roi, de la Reine (Louvre) 137
- – (Place des Vosges) 73
Percier, Charles, Hofarchitekt 308
Père Lachaise, Friedhof 325, 342
Perelle, Stecher 171
Périgueux, St-Front 344

Perrault, Claude, Architekt und Arzt 148, 234
Perret, Auguste, Architekt 362, 369, 371
– Wohnhaus Rue Franklin 362; *308*
Perrier, François, Maler 246
Petit Palais 355, 356, 367
Petit-Pont 31
Petrarca, ital. Dichter 341
Peyre, Marie-Joseph, Architekt 288
Peyrenc de Moras, Abraham, Financier 252
Phélypeaux de La Vrillière, Louis, Staatssekretär 246
Philipon, Charles, Zeichner und Publizist 322
Philipp I., König von Frankreich (1060–1108) 56
Philipp II. August, König von Frankreich (1180–1223) 11, 28, 29, 32, 82, 105, 134, 171
Philipp IV. der Schöne, König von Frankreich (1285–1314) 106, 108, 110
Philipp II., König von Spanien (1556–98) 222
Philippe-Egalité s. Orléans
Piano, Renzo, Architekt 377
Piemont 225
Pigalle, Jean-Baptiste, Bildhauer 269
Pilon, Germain, Bildhauer 162
Pippin der Kleine, fränk. Hausmeier (741–51), König (bis 768) 26
Pippin der Mittlere, fränk. Hausmeier (gest. 714) 26
Pirenne, Henri, Wirtschaftshistoriker 28
Pisani, ital. Bildhauerfamilie 84
Place de la Bastille 312, 331
– du Caire 304; *259*
– du Châtelet 304
– du Colonel-Fabien 377
– de la Concorde 186, 193, 308, 310, 321–323; *272, 273*
– Dauphine 185, 190–193, 239; *157, VII*
– de l'Etoile 331
– de Grève 30
– d'Italie 370
– Louis XV s. a. Place de la Concorde *242*

Place Louis-le-Grand s. a. Place Vendôme *202*
– de la Nation 331
– de l'Odéon 106; *248*
– de l'Opéra 331
– Royale s. a. Place des Vosges *154*
– Vendôme 210, 238, 241–243, 309; *201, 202*
– des Victoires 238–241; *199, 200*
– des Vosges 185–189, 192, 193, 238; *155, VI*
Plantagenet, engl. Königsdynastie franz. Abstammung 27
Poisson, Georges 268
Poitiers, Schlacht bei (732) 26
Pompadour, Jeanne-Antoinette Poisson, Marquise de, Maitresse Ludwigs XV. 244, 256, 257, 281
Pont Alexandre III 355, 356; *302*
– des Arts 146, 308
– de la Concorde (vormals Louis XVI) 323; *264*
– Neuf 185, 190, 191, 193, 303, 345; *156, VII*
– Notre-Dame 169–171, 183, 189, 190; *137*
– de la Paix 146
– de la Tournelle 106
Pont-à-Mousson (Lothringen) 189
Port-Royal des Champs, Zisterzienserinnenkloster 198
Porte Barbet de Jouy (Louvre) 141
– Gibart 106
– d'Olivier de Clisson 212
– St-Denis 236; *196*
– St-Germain 106
– St-Jacques 106
– St-Marcel 106
– St-Martin 236, 237
– St-Victor 106
Poyet, Bernard, Architekt 311
Präfektur 331
Prag 126
Primaticcio, Francesco, Baumeister, Maler, Dekorateur 153, 175
Provence 29, 110, 111
Pyramiden 304
Pyrenäen 20
– Frieden (1659) 225

Quai de l'Horloge 106
– de la Tournelle 199

Quartier de l'Europe 316
– François I 316
– Latin 31, 370
– St-Georges 316
Quatremère de Quincy, Antoine
  Chrysostome, Archäologe 173

Rainaldi, Carlo, Architekt 147
Rambuteau, Präfekt 318
Rathaus s. Hôtel de Ville
Ravaillac, François, Mörder
  Heinrichs IV. 237
Ravy, Jean de, Kathedralbaumeister 63
Reims 20, 27, 111
– Kathedrale 50, 69, 71, 82, 89, 126
– St-Remi 70, 103
Renard, Nicolas, Architekt 304
René d'Anjou, »le bon roi René« (gest.
  1480) 111
Republik-Denkmal (Place de la
  Nation) 345; 293
Restout, Jean II., Maler 248
Revolution (1789) 40, 74, 103, 114,
  150, 151, 154, 171, 186, 188, 192,
  208, 244, 245, 259, 262, 264, 274,
  283, 288, 296, 297, 299, 301, 302,
  304, 307, 317, 327, 348, 353
Rhein-Maas-Gebiet 20
Richelieu, Louis François Armand du
  Plessis, Duc de, Staatsmann, Kardinal
  184, 185, 198, 220, 221, 290
– Grabmal (Sorbonne-Kirche) 221;
  182
Robbia, Girolamo della, ital. Bildhauer
  154
Robert II. der Fromme, König von
  Frankreich (996–1031) 162, 163
Rodin, Auguste, Bildhauer 252, 336,
  345
Römer, (gallo-)römisch 8–20, 24, 273
Rogers, Richard, Architekt 377
Rohan, Adelsfamilie 212
– Armand Gaston de, Fürstbischof von
  Straßburg 213
Rom, römisch 153, 156, 215, 218,
  221–223, 225, 270, 271
– Alt-St. Peter 24
– Farnese-Galerie 246
– Galleria Colonna 348
– Il Gésu 217
– Lateran 24
– Petersplatz 146, 147, 284, 323

Rom, S. Agnese in Piazza Navona 225
– S. Carlo ai Catinari 221
– S. Giovanni dei Fiorentini 219
– S. Paolo fuori le mura 277
– S. Pietro 152, 223, 229, 230, 233
– Sta Sabina 277
– Sta Trinità dei Monti 315
– Septimius-Severus-Bogen 308
– Tempietto (Bramante) 297
– Titusbogen 237, 313
– Trajanssäule 310
– Trevi-Brunnen 336
Romanelli, Giovanni Francesco,
  Maler 205
Ronchamp, Wallfahrtskirche 361
Ronsard, Pierre de, Dichter 136
Rosati, Rosato, Architekt 221
Rosso, Giovanni Battista, Maler 153
Rotonde s. Barrières
Rouen 111, 129, 357
Roule (s. a. St-Philippe du Roule)
  278
Rousseau, Pierre, Architekt 264
Roussel, Ker Xavier, Maler 369
Roussillon 185, 225
Rubens, Peter Paul, Maler 184
Rude, François, Bildhauer 314
Rue d'Aguesseau 325
– de l'Ancienne Comédie 288
– des Archives 129
– de Bailly 55
– Baltard 351
– Beaubourg 378
– Berger 351
– du Caire 304
– Castiglione 309
– de Châteaudun 339
– Clotilde 41
– Clovis 40
– des Colonnes 303, 304; 258
– du Conservatoire 359
– Cujas 8
– Danton 362
– Descartes 9
– de l'Ecole de Médecine 285
– des Ecoles 8, 9, 124
– Etienne Marcel 106
– de la Ferronnerie 237; 197, 198
– François-Miron 257
– Franklin 362; 308
– Gay-Lussac 8, 9, 10
– Gît-le-Cœur 258

Rue de Grenelle 262, 294
– des Halles 351
– de La Harpe 8, 9, 257
– des Jardins St-Paul 106
– Jeanne d'Arc 331
– de la Jussienne 257
– Lafayette 315
– Le Goff 12
– Lhomond 257
– de Lille 214, 264
– de Lyon 319
– Mallet-Stevens 372; *316*
– Molière 321
– Monge 12
– Monsieur-le-Prince 258; *216*
– Montmartre 160
– Montmorency 129; *106*
– Mouffetard 9
– Napoléon 309
– Nungesser-et-Coli 372
– de l'Odéon 303
– de la Parcheminerie 257
– Pierre Nicole 10
– Ponthieu 363
– des Pyramides 309
– des Pyrénées 331
– Rambuteau 351
– Rapp 367; *313*
– Réaumur 367; *124*
– de Rennes 331
– Richelieu 321
– de Rivoli 150, 308, 310; *263*
– de Rome 319
– de Seine 257
– de Sèvres 304
– Soufflot 8–10, 276
– St-André-des Arts 258; *217*
– St-Antoine 8, 9, 106, 187, 219, 308
– Ste-Cécile 359
– St-Denis 9, 106, 172
– St-Honoré 106, 242, 259, 308
– St-Jacques 8–10, 257
– St-Lazare 339
– St-Martin 8, 9, 106
– Turbigo 351
– de Varenne 251, 252, 255
– Vaugirard 8, 9
– de Vertbois 55
– Victor Cousin 12
– Vieille-du-Temple 106
– Volta 129; *105*
Ruhrgebiet 21

Rundfunkgebäude 370
Rungis 10, 293, 349

Sacco di Roma (1527) 167
Sacré-Cœur 343–345, 360; *292*
Sainte Chapelle 82, 93–101, 104, 125,
    292, 325, 359; *74, 75, III, IV*
– Apostelfiguren 99; *76–80*
– Fenster 99, 100; *III, IV*
Sales, Franz von, Gründer des
    Salesianerordens 219
Salet, Francis 99
Salle du Livre d'Or s. Palais du Luxem-
    bourg
Salm-Kyrburg, Friedrich III. von 264
Salon des Ambassadeurs s. Elyseepalast
– de l'hémicycle s. Elyseepalast
– der Jahreszeiten im Hôtel
    Beauharnais 304, 305; *261*
Samaritaine, Kaufhaus 352
Sant' Elia, Architekt 371
Santiago de Compostela 29
Sarazenen 11
Sarrazin, Jacques, Bildhauer 144
Sauerländer, Willibald 74
Scarron, Michel-Antoine 205
Schädlich, Christian 357
Schild, Erich 355
Schivelbusch, W. 301, 321
Scibec de Carpi, Francisque, Ebenist
    139
Sedan, Schlacht bei (1870) 300
Sedlmayr, Hans 47
Senat (Hôtel du Luxembourg)
– Bibliothek 198, 323; *275*
– Sitzungssaal 323; *274*
Sens, Kathedrale 80, 81
Serlio, Sebastiano, Architekt 153, 178
Servandoni, Jean-Nicolas, Architekt
    269, 271, 277
Seurre, Gabriel Bernard, Bildhauer 321
Sévigné, Marquise de 179, 189
Sèvre, Nebenfluß der Seine 7
Siebenjähriger Krieg (1756–63) 244,
    260, 281
Silvestre, Israel, Stecher 101, 102, 157
Simonnet, Nicolas, Architekt 258
– Maison Rue St-André-des Arts 258,
    259; *217*
Simson, Otto von 47, 58
Slodtz, Brüder 268, 269
– Michel-Ange 270

Sluter, Claus, Bildhauer 126
Soissons 20, 26
– Kathedrale 50, 69
Soldatenkirche s. Invalides
Sorbonne 31
– Kapelle 220; *181*
Soubise, Adelsfamilie (s. a. Hôtel
  Rohan-Soubise) 213
Soufflot, Jacques-Germain, Architekt
  79, 273, 276, 277, 295
Sowjetunion 371, 373, 374
Späth 298
Spanien, spanisch 153, 166, 314, 360
Speer, Albert, Architekt 313
Square des Arts et Métiers 333
– Paul-Langevin 171
– de la Tour St-Jacques 333
Stadion des Parc des Princes 376;
  323
Stadtmauer, Befestigungsring 11, 23,
  29, 55, 91, 105, 106, 134, 198, 224,
  236, 295, 296, 315, 321; *13*
Ste-Anne-la-Royale, ehem. Theatiner-
  kirche 216
St-Augustin 338, 339, 349, 358; *287*
St-Benoît 124
– Portal (Cluny-Museum) *100*
St-Bertrand de Comminges (Pyrénées)
  12
St-Christophe-de-Javel 361; *307*
Ste-Clotilde 325; *276*
St-Denis, Abteikirche 20, 45, 51, 59,
  69, 73
– Königsgräber 317
– Suger-Chor 38, 46, 47, 49, 56, 77
St-Denis-du-Saint-Sacrement 278, 316
St-Etienne s. Kathedrale
St-Etienne-du-Mont 163–166, 183,
  216; *24, 135, 136*
St-Eugène 358, 359; *304*
St-Eustache 156–160, 164, 169, 272,
  339; *126–129, 231*
Ste-Geneviève, ehem. Klosterkirche,
  Vorgängerbau des Pantheon 39–45,
  164, 169, 273; *24–28*
– Refektorium 41, 43; *25, 26*
St-Germain-des-Prés 25, 30, 32–40,
  43, 55, 95, 103; *14–23, I*
– Abtpalais 182, 183; *153*
– Marienkapelle (zerstört) 59, 99, 100,
  103, 104, 113
– Refektorium (zerstört) 103; *84*

St-Germain-en-Laye, Schloß 154
– Königskapelle 59, 99, 113
– St-Louis 277
St-Germain-l'Auxerrois 25, 45, 91–93,
  114, 163, 237, 337; *71–73, 92, 93,
  134*
– Marienkapelle 91, 127; *104*
St-Gervais 120, 121, 217, 218; *97, 177*
St-Jacques-de-la-Boucherie (s. a. Tour
  St-Jacques) 121, 123
St-Jacques l'Hôpital 125
– Apostelfiguren *101, 102*
St-Jean-Baptiste-de-Grenelle 316
St-Jean-de-Montmartre 361; *306*
St-Julien-le-Pauvre 53, 54, 64; *34–37*
St-Laurent 119, 120; *96*
St-Louis d'Antin 278
St-Louis-des-Jésuites (St-Paul-
  St-Louis) 218, 219; *178*
St-Louis-en-l'Ile 273; *233*
St-Marcel 25, 26
Ste-Marie-des-Batignolles 316
St-Martin-des-Champs, Abteikirche
  25, 26, 54–58, 160, 326; *38, 39*
– Refektorium 43, 58–60, 100, 359;
  40, 41
St-Médard 114
St-Merry 25, 123, 124, 268; *99*
St-Nicolas-des-Champs 114, 160–162;
  130, 131, 133
St-Paul-St-Louis s. St-Louis-des-
  Jésuites
St. Peter und Paul, merowing. Vorgän-
  gerkirche von Ste-Geneviève 20, 25,
  40, 43
St-Philippe-du-Roule 277, 278; *238,
  239*
St-Pierre-aux-Bœufs 100; *81*
St-Pierre de Montmartre 50–53; *30–33*
St-Pierre du Gros-Caillou 278, 316
St-Roch 272, 273; *232*
St-Séverin 100, 117, 118; *81, 94, 95*
St-Sulpice 160, 224, 268–273, 277,
  315; *227, 230*
– Grabmal Curé Languet de Gergy
  270, 271; *229*
– Marienkapelle 269, 270; *228*
Ste-Thérèse de Montmagny 362
St-Victor 31
St-Vincent-de-Paul 279, 315, 316; *268*
Suckale, Robert 90
Südwestfrankreich 58

Suger, Abt von St-Denis 38, 57
Sullivan, Louis Henri, Architekt 371
Sully, Maurice de, Bischof (gest. 1196)
  61
Sully, Maximilien de Béthune, Herzog
  von, Minister Heinrichs IV. 184,
  188, 189, 192, 198

Tadworth (Surrey) 377
Taillibert, Roger, Architekt 376
Talleyrand, Charles Maurice Duc de,
  Staatsmann 263
Temple, Raymond du, Baumeister 134
Temple Ste-Marie s. Chapelle de la
  Visitation
Templerkirche 101; *82, 83*
Théâtre des Champs-Elysées 369; *314,
  315*
Thermen 9, 10
Thirion, Jacques 77
Thomas von Aquin, hl., Scholastiker 31
Tiberius, röm. Kaiser (14–37) 17
Torigny, Robert de, Chronist 61
Toulouse 20, 24, 29
Tour d'Argent 107
– Bonbec 106
– de César 107
– Clovis 41; *27*
– Eiffel 282, 301, 354, 355, 379; *XXI*
– de l'Horloge 106, 144; *VIII*
– Jean-sans-Peur 113
– Jussieu 370
– Montparnasse 370
– de Nesle 106, 134, 224
– de Paris 134
– St-Jacques 123; *98*
– du Temple 113
Tourelle de la Rue de la Tixéranderie
  176
Tournai 20
Traveller's Club 342
Trémolières, Charles, Maler 248
Trianon (Park von Versailles) 210, 245,
  253, 265, 324
Trient, Konzil von (Tridentinum,
  1545–63) 148, 215
Trinité 339, 340, 358; *288*
Triumphbogen (s. a. Caroussel, Etoile)
  163, 186, 236, 237, 302
Trocadéro 354, 374
Troyes, Frieden von (1420) 111
Tuby, Jean-Baptiste, Bildhauer 225

Türkisches Boudoir im Hôtel Beauhar-
  nais 305; *XVII*
Tuilerien 135, 141, 143, 150, 151, 186,
  191, 245, 282, 308, 309, 318, 343;
  122
– Garten 139, 140, 309, 333; *116, 117*
Turgot, Finanzminister 244, 282
Turin 333

Unesco-Gebäude 282, 374, 375; *320*
Universität (s. a. Cité Universitaire) 31,
  258
Ursulinen-Kloster 198
Uzès, Herzog von 260

Vacquer, Théodore, Archäologe 10
Val-de-Grâce 198, 221–224, 228;
  183–185
Valéry, Paul, Dichter 374
Valois-Dynastie (1328–1589) 110, 153
Van de Velde, Henry, Architekt 369
Van Gogh, Vincent, Maler 360
Van Loo, Carle, Maler 248, 269
Van Opstal, Gérard, Maler 204
Vassé, François-Antoine, Bildhauer
  233, 246
Vauban, Sébastien le Prestre, Marquis
  de, Festungsbaumeister 228, 232
Vaux-le-Vicomte, Schloß 204, 210
Venantius Fortunatus 23
Vendômesäule 243, 309, 310
Venedig 304
– Il Redentore 223
Verdier, Philippe 100
Verdun, Vertrag von (843) 26
Vergil 341
Versailles, Schloß und Park 134,
  147–150, 205, 210, 245, 248, 250,
  253, 265, 324
– St-Symphorien 277
Vicenza, Basilika 309
– Villa Rotonda 297
Vichy, Schloß 134
Vien, Joseph-Marie, Maler 246
Vigevano (Lombardei) 171
Vigneulles, Philippe de, Chronist 170
Vignon, Pierre, Architekt 312
Villeroy, Duc de 255
Villers-Cotterets, Schloß 154
Vincennes 367
– Schloß 245
Vinzenz, hl. 25, 32

Viollet-le-Duc, Eugène, Architekt, Bau-
    historiker 63, 64, 67, 73, 79, 95, 160,
    233, 357, 360
Visconti, Ludovico, Architekt 231,
    321
Visitandines (Salesianerinnen, s. a.
    Temple Ste-Marie) 219, 220
Vitruv (Vitruvius Pollio), röm. Baumei-
    ster und Architekturtheoretiker 12,
    234
Voltaire, François-Marie Arouet,
    Schriftsteller 244, 295
Vouet, Simon, Maler 205
Vuillard, Edouard, Maler 369

Wailly, Charles de, Architekt 269, 288
Wallace, Sir Richard 335

Washington 283
– National Gallery 374
Weltausstellungen 301, 334, 353–355,
    367, 373; *300*
Werkbund 371
Westfälischer Frieden (1648) 224
Westgoten(reich) 20
Wien 363
Winckelmann, J. J., Archäologe 262
Wren, Sir Christopher, engl. Architekt
    230
Wright, Frank Lloyd, Architekt 371

Zehrfuss, Bernard, Architekt 374
Zisterzienser 28, 114, 360
Zola, Emile, Schriftsteller 349, 352
Zollhäuser s. Barrières

INHALT

Vorwort 5

Das antike Paris
Anfänge, erste Blüte und dunkle Zeit 7

Das frühe Mittelalter
(6.–12. Jahrhundert) 20

Die Gotik des 12. und 13. Jahrhunderts 46

Die spätmittelalterliche Stadt
Vom Ende des 13. bis zum Beginn des
16. Jahrhunderts 110

Exkurs: Der Louvre 134

Renaissance und Manierismus
Von Franz I. bis zum Regierungsantritt
Heinrichs IV. 152

Der Barockklassizismus des »Grand Siècle«
Vom Regierungsantritt Heinrichs IV.
bis zum Tode Ludwigs XIV. 184

Von der Régence zur Revolution 244

Die »Hauptstadt des 19. Jahrhunderts«
Von der Revolution bis zum Ersten Weltkrieg ... 299

Ausblick
Die Stadtentwicklung bis heute 370

Bibliographie 380

Fotonachweis 381

Register 382